Springer-Lehrbuch

Springer-Verlag Berlin Heidelberg GmbH

Markus Lusti

Data Warehousing und Data Mining

Eine Einführung in entscheidungs-unterstützende Systeme

Zweite, überarbeitete
und erweiterte Auflage

Mit 197 Abbildungen
und 33 Tabellen

Springer

Professor Dr. Markus Lusti
Universität Basel
WWZ/Abteilung Wirtschaftsinformatik
Petersgraben 51
CH-4051 Basel
Schweiz
E-mail: markus.lusti@unibas.ch

Additional material to this book can be downloaded from http://extras.springer.com.

ISBN 3-540-42677-9

Die Deutsche Bibliothek - CIP-Einheitsaufnahme
Data Warehousing und Data Mining: Eine Einführung in entscheidungsunterstützende Systeme / Markus Lusti. - 2., überarb. und erw. Aufl. - Berlin; Heidelberg; New York; Barcelona; Hongkong; London; Mailand; Paris; Tokio: Springer, 2002
(Springer-Lehrbuch)
ISBN 978-3-540-42677-6 ISBN 978-3-642-56033-0 (eBook)
DOI 10.1007/978-3-642-56033-0

http://www.springer.de

Ursprünglich erschienen bei Springer-Verlag Berlin Heidelberg New York 2002

Umschlaggestaltung: Design & Production GmbH, Heidelberg

SPIN 10853196 42/2202-5 4 3 2 1 0 - Gedruckt auf säurefreiem Papier

Vorwort

Gegenstand dieses Lehrbuchs sind Architekturen, Methoden und Werkzeuge entscheidungsunterstützender Systeme mit einem Schwerpunkt auf dem Data Warehousing und Data Mining. Lernziel ist weniger der Erwerb von Reproduktionswissen als die selbständige Anwendung von Methoden und Werkzeugen. Die CD ROM lädt zum Nachvollzug und zur Neuentwicklung praktischer Anwendungen ein. Entwurfs- und programmiersprachliche Algorithmen vertiefen den Hintergrund, und kapitelweise Vergleiche erleichtern die Bewertung alternativer Methoden und Werkzeuge.

Im Unterschied zu Lehrbüchern mit ähnlichen Inhalten ...

- beschränkt sich der Inhalt nicht auf die blosse Beschreibung entscheidungsunterstützender Systeme, sondern führt auch in repräsentative *Software* ein.
- lernt der Leser am Entwurfs- und Quellcode einfacher Programme den algorithmischen *Hintergrund* der Demonstrationssoftware kennen.
- enthalten die meisten Kapitel *Beispiele und Aufgaben*. Dabei geht es weniger um die "bells and whistles" von Software als um die grundlegenden Eigenschaften repräsentativer Werkzeugklassen. Bedienungshinweise finden sich in den Beispielen und Aufgaben sowie auf der CD ROM.

Der Text behandelt nach den *begrifflichen* Klärungen des ersten Kapitels zwei traditionelle Arten der Entscheidungsunterstützung, die Nutzwertanalyse und die Tabellenkalkulation: Der *Analytische Hierarchieprozess* (AHP) ist eine mathematische Verfeinerung der Nutzwertanalyse und eignet sich zur rechnergestützten Lösung schlecht strukturierter Aufgaben (Kapitel 2). Das dritte Kapitel stellt Ansätze zur Lösung wohlstrukturierter Probleme vor. Es führt an Spreadsheets in die *What if-* Analyse ein und veranschaulicht die Lösung deterministischer Probleme an der linearen Optimierung. Während diese hohe Anforderungen an die Messqualität stellt, setzen die *regelbasierten Systeme* des vierten Kapitels "nur" mehr oder weniger scharfe Expertenregeln voraus.

Die Forschungsinteressen der angewandten Informatik folgen Konjunkturzyklen. Die Kapitel 5 und 6 führen von den "Expertensystemen" - einem Buzzword der achtziger Jahre - zu zwei Schwerpunkten der neunziger Jahre: *Data Warehouses* bereiten die Inhalte operativer Datenbanken so auf, dass systematisches und zuverlässiges *Data Mining* möglich wird. Nach einem Überblick über die wichtigsten Data Mining-Verfahren (Kapitel 6) konzentrieren sich das siebte und achte Kapitel auf zwei der verbreitetsten Verfahren, die *Regelinduktion* und die *neuronalen Netze.* Im Gegensatz zu den modellgetriebenen Methoden der Kapitel 3 bis 6 arbeiten sie datengetrieben und erkunden grosse Datenmengen mit rechenintensiven Verfahren.

Einzelne Abschnitte sind besser verständlich, wenn Sie über Grundkenntnisse der Tabellenkalkulation und Datenbankverwaltung verfügen und in einer prozeduralen Sprache programmiert haben. Elementare Kenntnisse der linearen Algebra und Statistik erleichtern das Verständnis einiger Algorithmen.

Die didaktische Gestaltung orientiert sich an den folgenden Grundsätzen:

- Jedes Kapitel fasst die wichtigsten Ergebnisse thesenartig zusammen, und *Wiederholungsfragen* prüfen den Lernfortschritt. Die Antworten können Sie mit den Web Quizzes der CD ROM prüfen.
- *Vertiefungsaufgaben* helfen bei der aktiven Aneignung des Stoffes.
- Bibliographische *Hinweise* nennen Lehrbücher, Zeitschriften und Websites, die sich zur Vertiefung eignen. Der Text selbst verzichtet der Leserlichkeit halber auf detaillierte Quellnachweise.
- Die beiliegende CD ROM stellt ergänzendes Unterrichtsmaterial bereit und enthält mehr als 800 interaktive *Farbfolien* mit Hyperlinks zum Glossar, zu Beispielen, Aufgaben, Demonstrationssoftware und Websites.

  Software ist kurzlebig. Der Buchtext beschränkt sich deshalb auf die grundsätzlichen Eigenschaften von Anwendungen, Methoden und Werkzeugklassen. Informationen über Softwaretrends erhalten Sie über dieHyperlinks der Foliensammlung und der Softwareanleitungen.

Wer den Text und die CD ROM im Unterricht einsetzt, wird je nach Stundendotation den einen oder anderen Abschnitt weglassen. Eine erste Variante beschränkt sich auf das unmittelbar anwendungsrelevante Material und lässt das methodische Hintergrundwissen der folgenden Abschnitte weg: 2.5 (AHP), 4.5 (Regelverkettung), 7.5 (Regelinduktion) und 8.4 (neuronale Netze). Eine andere Strategie behält die algorithmischen Lernziele bei, lässt aber vertiefende Abschnitte weg, zum Beispiel die Abschnitte 3.3.3 (Weitere Arten der Optimierung), 4.4.2 (Erklärungen), 5.5 (Aufgabenteilung in Rechnernetzen), 8.4.4 (Mehrstufiges Perzeptron) und 8.4.5 (CCN-Netze).

Buchtext und Foliensammlung verwenden die folgenden *Konventionen*:

- ‣ verweist auf das Glossar (In der Foliensammlung führt ein Klick zur Definition).
- 🖰 steht vor einer rechnerpraktischen Übungsaufgabe.
- 🕮 steht vor einem PDF-Dokument. In der Foliensammlung lädt ein Klick *Adobe Acrobat* zusammen mit dem Dokument.
- 💻 steht vor den übrigen ausführbaren Dateien. Wenn der Dateiverweis keinen Pfad enthält, finden Sie die Datei im Verzeichnis ...\BeispieleAufgaben. In der Foliensammlung lädt ein Klick die Software zusammen mit der

ausführbaren Datei. Wenn Sie zum Beispiel Kioskstandort.xls anklicken, dann wird die Arbeitsmappe Kioskstandort.xls in *MS Excel* geladen.

Der Text hält sich ausserdem an die folgende Notation:

- Neu eingeführte Begriffe sind fett markiert, Hervorhebungen kursiv.
- Programmcode ist im `Courier`-Zeichensatz geschrieben.
- Eine konsequent geschlechtsneutrale Sprache erschwert die Verständlichkeit. Der Text verzichtet deshalb auf die gleichzeitige Nennung männlicher *und* weiblicher Formen.

Die CD ROM enthält einige Programme in Visual Basic für Applikationen. VBA ist nicht nur weit verbreitet, sondern lässt sich unter der Entwicklungsumgebung von MS Excel auch einfach in eine Benutzeroberfläche einbetten (Die Wahl von VBA erfolgt aus pragmatischen Gründen und ist nicht mit einem Urteil über das Programmierkonzept von Visual Basic verbunden). Der Text selbst enthält nur wenig Code. Die meisten Algorithmen werden verbal und entwurfssprachlich eingeführt. Mit etwas Programmiererfahrung werden Sie den VBA-Code der CD ROM im Programmeditor von MS Excel nachvollziehen können - auch dann, wenn Sie noch nie mit VBA gearbeitet haben.

Wer sich entschliesst, Beispiele und Aufgaben, insbesondere Programme aufzunehmen, nimmt zusätzliche Fehlerquellen in Kauf. Für Hinweise auf inhaltliche oder formale Fehler in Text und Programmen bin ich dankbar. Mit einem Klick auf das Briefsymbol einer Folie können Sie Ihre Bemerkung per E-Mail an den Autor senden. Korrekturen zu Text und CD ROM finden Sie auf der Website http://www.wwz.unibas.ch/wi/books/bucheus.html.

Bei der Erstellung von Aufgaben haben Dr. Andreas Born, Andreas Thurnheer, Dr. Ute Trapp und Thomas Zuber mitgeholfen. Alessio Ishizaka, Christian Rittmann, Dr. Dirk Krampe und Prof. Dr. Rosenkranz haben ausgewählte Kapitel durchgesehen. Dr. Andreas Born hat wertvolle Hinweise zur VBA-Programmierung beigesteuert, und Thomas Zuber hat den Web Quiz implementiert. Ich danke allen herzlich für ihre Hilfe.

Markus Lusti — Frühling 1999, Herbst 2001

Vorwort zur 2. Auflage

Die Änderungen der zweiten Auflage erstrecken sich auf den gedruckten Text und die CD ROM. Zum einen betreffen Sie die Form und die Verständlichkeit des Texts und der Abbildungen, zum anderen wurden einige Inhalte neu konzipiert und einzelne Aufgaben hinzugefügt. Viele Hyperlinks wurden aktualisiert. Die Seitenzahl hat vor allem aus den folgenden Gründen leicht zugenommen:

- Abschnitt 2.5 über den theoretischen Hintergrund von AHP wurden erweitert und verständlicher formuliert.
- Die Aufgaben 3.1a (🖰 BILANZANALYSE mit MS Excel) und 5.10 (🖰 LADEN) wurden neu hinzugefügt.
- Einzelne Abschnitte mit Vertiefungshinweisen wurden um aktuelle bibliographische Angaben ergänzt.

Die meisten Änderungen betreffen die beiliegende CD ROM. Ein grosser Teil der Aufgaben der beiden Verzeichnisse ...\BeispieleAufgaben wurden angepasst oder ersetzt. Einige Hersteller bieten statt zeitlich unbeschränkter Demonstrationsprogramme nur noch Evaluationsversionen mit Zeitstempel an. Weil sich solche Prüfprogramme schlecht für den Unterricht eignen, enthält das Verzeichnis ...\Demonstrationsprogramme der CD ROM auch zeitliche unbeschränkte Demonstrationsprogramme zum vorletzten Release. Zu Cognos PowerPlay finden Sie Demonstrationsprogramme zur letzten *und* vorletzten Version.

Das CD ROM-Verzeichnis ...\Grundlagen Excel\Fallbeispiel TESTS enthält eine Datenbankanwendung, mit der Sie Mehrfachwahl-, Zuordnungs- und Essayaufgaben für schriftliche und interaktive Tests erstellen können. TESTS ist als Fallstudie für Veranstaltungen wie "Datenbanken" und "Anwendungsentwicklung" entstanden. TESTS lässt Sie nicht nur Prüfungen verwalten, sondern führt Sie über die Hilfe auch in die Entwicklungsumgebung der Kapitel 4 und 8 ein.

Bei der Vorbereitung der zweiten Auflage haben Dr. Andreas Born, Andreas Thurnheer, Alessio Ishizaka und Patrick Wirz mitgeholfen. Ich danke ihnen herzlich für die Hilfe.

Markus Lusti Herbst 2001

Inhalt

1 Entscheidungsunterstützende Systeme

Neue Begriffe

Welche Faktoren bestimmen den Entscheidungsprozess?
- Ziel
- Kriterien
- Alternativen
- Umwelt

Welche Merkmale von Entscheidungen beeinflussen die Methodenwahl?
- individuelle - vs. kollektive -
- operative -, taktische -, strategische -
- routinierte -, adaptive -, innovative -
- schlecht strukturierte -, halbstrukturierte -, wohlstrukturierte -
- programmierbare -, nicht programmierbare -
- subjektiv probabilistische -, objektiv probabilistische -, deterministische -
- heuristische -, algorithmische -

Welche Entscheidungstheorien lassen sich unterscheiden?
- deskriptive Entscheidungstheorien
- präskriptive Entscheidungstheorien

Welche Informationssysteme lassen sich unterscheiden?
- entscheidungsunterstützende Systeme (EUS)
- administrative Systeme

Welche wichtigen Methoden werden von EUS unterstützt?
- Nutzwertanalyse
- Was-Wenn-Analyse
- Regelverarbeitung
- Data Warehousing
- Regelinduktion
- Neuronale Netze

Entscheidungsunterstützende Systeme nutzen nicht nur die Ergebnisse der Informatik, sondern auch jene anderer Disziplinen - zum Beispiel der mathematischen Statistik und der Betriebswirtschaftslehre. Dieses Kapitel geht von den entscheidungstheoretischen Begriffen der Wirtschafts- und Formalwissenschaften aus und wendet sie auf rechnergestützte Systeme an.

1.1 Entscheidungen

Computergestützte Informationssysteme versorgen die Unternehmung mit Daten, die Entscheidungen unterstützen. Eine **Entscheidung** ist eine rationale Wahl von Aktionen in einer gegebenen Umwelt. *Rational* ist ein Entscheidungsprozess, wenn er mit sinnvollen Kriterien und gültigen Daten konsistent abläuft. Die rationale Beurteilung der Kreditwürdigkeit eines Bankkunden setzt zum Beispiel zutreffende Daten über den Antragsteller voraus und folgt einer konsistenten Methode, im einfachsten Fall einer widerspruchsfreien Checkliste.

Ergebnis einer Entscheidung ist eine Aktion oder Strategie (ein Bündel von Aktionen). Zum Beispiel gelangt eine Sachbearbeiterin zur Aktion "Annahme" oder "Ablehnung" eines Kreditgesuchs. Individuelle oder kollektive Entscheidungsträger bewegen sich immer in einer restriktiven Umwelt, deren Daten sie in der Regel nicht beeinflussen können. Die Kreditsachbearbeiterin kann zum Beispiel die Eigenschaften eines Antragstellers nicht ändern.

Entscheidungen sind Gegenstand verschiedenster wissenschaftlicher Disziplinen. **Deskriptive** Entscheidungstheorien versuchen die *empirischen* Fragen der Wirtschafts- und Sozialwissenschaften zu beantworten. Psychologen und Soziologen untersuchen etwa, wie Entscheidungen von Individuen und Gruppen *tatsächlich* zustande kommen, und viele Wirtschaftswissenschafter interessieren sich für den realen Ablauf volks- und betriebwirtschaftlicher Entscheidungsprozesse.

Präskriptive oder normative Entscheidungstheorien untersuchen hingegen, wie rationale Entscheidungen ausfallen müssen, damit Ziele unter einschränkenden Umweltbedingungen optimal erfüllt werden können. Die Volkswirtschaftslehre analysiert zum Beispiel, wie der homo oeconomicus unter der Annahme eines nutzenmaximierenden und widerspruchsfreien Verhaltens Entscheidungen fällt. Diese allgemeine Fragestellung ist von Formal-, Ingenieur- und Betriebswissenschaftern auf ihre Probleme übertragen worden: Die präskriptiven Entscheidungstheorien der Betriebswirtschaftslehre, der Unternehmungsforschung (‣Operations Research) und der Informatik bilden die Grundlage der entscheidungsunterstützenden Systeme der folgenden Kapitel.

1.2 Entscheidungsunterstützende Systeme

Entscheidungsunterstützende Systeme, abgekürzt EUS, sind computergestützte Informationssysteme, die Endbenutzern aller Ebenen - auch Entscheidungsträgern ohne Erfahrung mit der Informationstechnologie - bei der Lösung komplexer Probleme helfen. Die Beurteilung der Kreditwürdigkeit unterstützen sie zum Beispiel, indem sie Daten von Kreditsuchenden durch mathematische Manipulation verdichten und darstellen.

In der englischsprachigen Literatur heissen entscheidungsunterstützende Systeme Decision Support Systems (DSS). Verwandte oder synonym gebrauchte Termini sind Management-Informationssysteme (MIS) und Führungsinformationssysteme (engl. Executive Information Systems, EIS).

Entscheidungsunterstützende Systeme fällen selbst keine Entscheidungen, sondern beschränken sich auf die Unterstützung von Handlungsträgern in bestimmten Entscheidungsphasen. Übersicht 1.1 beschreibt die von Informationssystemen unterstützten Entscheidungsklassen.

Informations-systeme	*Reichweite*	*Neuigkeitsgrad*	*Strukturie-rungsgrad*	*Automatisierungs-freundlichkeit*
EUS bedingt geeignet	strategisch (langfristig)	innovativ	schlecht strukturiert	niedrig
EUS	taktisch (mittelfristig)	adaptiv	semi-strukturiert	mittel
Administrative Systeme	operativ (kurzfristig)	routiniert	wohl-strukturiert	hoch

Übersicht 1.1: Computerunterstützte Entscheidungen

Schwerpunkt der folgenden Kapitel sind *EUS*, die taktische (mittelfristige), adaptive und semistrukturierte Entscheidungen unterstützen. Strategische (langfristige) und innovative Entscheidungsprozesse lassen sich nur in Ausnahmefällen von EUS begleiten. Kurzfristige Routinelösungen wohlstrukturierter Probleme sind die Domäne *administrativer* Systeme.

Entscheidungen heissen **wohl**strukturiert, wenn ihre wichtigsten Variablen und Beziehungen bekannt sind. Dies gilt etwa für mathematische ‣Optimierungsprobleme, insbesondere die verbreitete lineare Optimierung (Kapitel 3: Was-Wenn-Analyse). **Schlecht** strukturierte Entscheidungen müssen hingegen auf Information über wichtige Variablen und Beziehungen verzichten. Einige schlecht strukturierte Probleme - etwa schlecht quantifizierbare Investitionsvorhaben - lassen sich ‣nutzwertanalytisch angehen (Kapitel 2: Analytischer Hierarchieprozess).

EUS können sichere, aber auch risikobehaftete Entscheidungen unterstützen. Sichere oder **deterministische** Entscheidungen gehen von bekannten Umweltbedingungen aus und ordnen jedem Umweltzustand mit Sicherheit eine bestimmte Aktion oder Strategie zu. Falls zum Beispiel das Ziel und die Nebenbedingungen eines linearen ‣Optimierungsmodells korrekt spezifiziert werden, ordnet der Optimierungsalgorithmus den unbekannten Variablen mit Sicherheit die optimalen Werte zu. Anders als deterministische sind **probabilistische** Entscheidungen risikobehaftet. *Objektiv* probabilistische Entscheidungen setzen nicht nur die Kenntnis der Modellvariablen und Zusammenhänge voraus, sondern verlangen auch, dass der Analytiker den Variablenwerten objektive, das heisst empirisch begründbare, ‣Wahrscheinlichkeiten zuordnet. Ein Expertensystem-Entwickler wird zum Beispiel versuchen den Regelbedingungen objektive Wahrscheinlichkeiten zuzuordnen (Kapitel 4: Regelbasierte Systeme). Ein Modell muss sich dann mit *subjektiven* Wahrscheinlichkeiten begnügen, wenn keine empirischen Daten vorliegen. Nutzwertanalysen ersetzen zum Beispiel objektive Wahrscheinlichkeiten durch subjektive Schätzungen (Kapitel 2: Analytischer Hierarchieprozess).

EUS-Entscheidungen sind teils oder ganz **automatisierbar**. *Adaptive* Entscheidungen lassen sich meist automatisieren, weil ihre wichtigsten Variablen und Beziehungen bekannt sind. *Innovative* Entscheidungen sind hingegen schlecht automatisierbar, weil wichtige Variablen oder Zusammenhänge fehlen, nur schlecht operationalisierbare ‣Heuristiken existieren oder für die bekannten Daten höchstens subjektive Wahrscheinlichkeiten vorliegen. Einige innovative Entscheidungen sind gar nicht automatisierbar - etwa unternehmungspolitische Entscheide wie eine Grossinvestition oder eine Diversifikation. Die meisten ihrer Variablen und Beziehungen sind unbekannt, die Daten sind ungewiss und die Entscheidungssituation ist meist einmalig.

Entscheidungsprobleme lassen sich algorithmisch oder heuristisch lösen. Ein **algorithmisches** Verfahren ist eine umgangs- oder programmiersprachlich formulierte Regelfolge, die nach endlich vielen eindeutigen Schritten Probleme eines meist engen Bereichs beweisbar optimal löst. Ein Beispiel aus der Schulmathematik ist der euklidsche Algorithmus zur Bestimmung des grössten gemeinsamen Teilers. Kapitel 2 behandelt am Beispiel der Planung eines Werbebudgets einen verbreiteten Algorithmus aus der ‣Unternehmungsforschung, die lineare ‣Optimierung. Ein **heuristisches** Verfahren besteht ebenfalls aus einer aus umgangs- oder programmiersprachlich formulierten Regelfolge. Die Regeln lösen aber die Probleme eines meist breiteren Bereichs nur suboptimal: Die Ergebnisse sind zwar brauchbar, ihre Optimalität lässt sich aber - im Gegensatz zu algorithmischen Lösungen - nicht formal beweisen. Heuristische Verfahren verbessern naive Lösungen oft inkrementell. Beispiele solcher Verfahren sind die ›Nutzwertanalyse (Kapitel 3: Analytischer Hierarchieprozess), Simulationstechniken sowie ›Portfolio- und ›ABC-Analysen.

1.3 Entscheidungsunterstützende Methoden

Die Abschnitte 1.1 und 1.2 haben die Begriffe der Entscheidung und des entscheidungsunterstützenden Systems eingeführt. Im Mittelpunkt der Kapitel 2 bis 8 steht eine Auswahl von Methoden und Werkzeugen, die betriebliche Entscheidungen teilweise automatisieren. Wir verfolgen dabei vier **Ziele**:

- Der Leser soll den Funktionsumfang wichtiger entscheidungsunterstützender Methoden und Werkzeuge, insbesondere aus dem ›Data Warehousing und ›Data Mining, beschreiben können.
- Wer die rechnerpraktischen Übungen gelöst hat, ist in der Lage, einfache entscheidungsunterstützende Systeme selbst zu entwickeln.
- Wer die algorithmischen und programmtechnischen Aufgaben gelöst hat, kann den methodischen Hintergrund repräsentativer Softwarewerkzeuge an einfachen Beispielen nachvollziehen.
- Nach dem Studium des Buches kann der Leser die Argumente der Verfechter wichtiger Methoden und Werkzeuge beurteilen.

Jedes Kapitel führt in eine Familie entscheidungsunterstützender Methoden und Werkzeuge ein. Buch und CD veranschaulichen diese Methoden- und Werkzeugklassen an ausgewählten Softwarebeispielen. Eine Einführung in die Foliensammlung und die Demonstrationssoftware finden Sie auf der Hülle der CD ROM und den README-Dateien der jeweiligen CD ROM-Verzeichnisse.

Das Buch enthält nur eine **Auswahl** entscheidungsunterstützender Methoden. Im Vordergrund stehen Verfahren, die möglichst viele der folgenden Kriterien erfüllen:

✓ Die behandelten Methoden sollen zusammen die gesamte *Breite* der betrieblichen Entscheidungsunterstützung veranschaulichen. Das Spektrum reicht zum Beispiel vom deterministischen bis zum subjektiv probabilistischen Verfahren - von der linearen Optimierung des Kapitels 3 bis zum Analytischen Hierarchieprozess von Kapitel 2.

Abbildung 1.2 ordnet den im Buch behandelten Kategorien entscheidungsunterstützender Systeme die Unterscheidungsmerkmale dieses Kapitels zu. Die Klassifikation konzentriert sich auf die Anwendungs*schwerpunkte* der Systeme. Ausserdem untersucht der Vergleich nur, ob eine Methode (Spalte) eine Klasse von Entscheidungen (Zeile) *grundsätzlich* unterstützt. Über die Qualität der Unterstützung wird nichts ausgesagt. OLAP (engl. On Line Analytical Processing), eine Methode des fünften Kapitels, unterstützt zum Beispiel alle erwähnten Entscheidungen. Die meisten dieser Entscheidungen werden aber von mindestens einer der konkurrierenden Methoden besser unterstützt.

Unterstützte Entscheidungen ...	*›AHP*	*›Optimierung*	*›OLAP*	*›Regelbasierte Systeme*	*›Regelinduktion*	*›Neuronale Netze*
deterministische		✓	✓			
probabilistische	✓		✓	✓	✓	✓
wohlstrukturierte		✓	✓			
schlecht strukturierte	✓		✓	✓	✓	✓
routinierte		✓	✓	✓		
adaptive	✓		✓	✓	✓	✓
innovative	✓		✓			

Vergleich 1.2: Methoden und von ihnen unterstützte Entscheidungen

- ✓ Die Unterstützung von Entscheidungen scheitert oft an der zuverlässigen *Messung* der Variablen und Beziehungen. Besonders gut zur Einführung der Messproblematik eignet sich die Nutzwertanalyse (Kapitel 2: Analytischer Hierarchieprozess).
- ✓ Entscheidungen unter Unsicherheit verlangen eine sorgfältige Abschätzung der Folgen unterschiedlicher Datenkonstellationen. Die Kapitel 3 (Was-Wenn-Analyse) und 2 (Analytischer Hierarchieprozess) gehen deshalb auf das Konzept der *Sensitivitätsanalyse* ein. Diese prüft, wie empfindlich ein Modell auf Parameter- und Datenänderungen reagiert. Zum Beispiel untersucht sie, wie stark sich die Koeffizienten eines linearen ›Optimierungsmodells ändern lassen, ohne dass die gefundene Lösung ihre Optimalität verliert.
- ✓ Entscheidungsunterstützung kann daten- oder modellorientiert sein. **Daten**orientierte Verfahren leiten aus grossen Datenmengen Modellparameter ab, welche sich auf die Analyse anderer Daten verallgemeinern lassen.

Modellorientierte Verfahren sind rechnerisch weniger aufwendig und erfordern weniger Daten. Sie setzen aber die Gültigkeit einschränkender Modellbedingungen voraus. Data Warehousing (Kapitel 5), Induktion (Kapitel 7) und neuronale Netze (Kapitel 8) sind typische Beispiele datenorientierter Methoden, während die Optimierung (Kapitel 2), regelbasierte Systeme (Kapitel 4) und die meisten inferenzstatistischen Verfahren modellorientiert vorgehen. Wichtige Methoden des Data Mining stammen aus der Statistik. Die folgenden Kapitel gehen nur am Rande auf diese Verfahren ein. Grundlagen finden Sie in den Lehrbüchern der mathematischen Statistik.

✓ **Wissensbasierte** Methoden stammen aus dem Bereich der "Künstlichen Intelligenz". Die Bemühungen, mit Computern nicht nur Zahlen und Massendaten zu verwalten, sondern auch Wissen darzustellen und herzuleiten, sind turbulent verlaufen. Pessimistische Einschätzungen und euphorische Vorhersagen lösten sich ab. 1960 sah der damalige Schachweltmeister - selbst Informatiker - bereits in zehn Jahren ein Programm als Schachweltmeister. Im selben Jahr erschienen Berichte, die den baldigen Ersatz von Übersetzern durch Programme vorsahen. Beide Vorhersagen sind nicht eingetroffen. Das Gebiet der wissensbasierten Systeme hat sich trotzdem an der Schnittstelle zwischen der Informatik und Nachbardisziplinen wie Logik, Linguistik und Psychologie etabliert.

Viele für den Menschen einfache Probleme sind maschinell noch nicht befriedigend lösbar. Dazu gehört das Lesen von Handschriften oder das Fahren eines Autos. Andere, intelligentere Aufgaben, die den meisten Menschen schwerfallen, lassen sich hingegen bereits durch Programme lösen. Beispiele sind die Manipulation und Herleitung mathematischer Ausdrücke und Spiele gegen menschliche Experten.

Die anfängliche Begeisterung für die Künstliche Intelligenz ist mittlerweile der Ernüchterung gewichen. In eng begrenzten Bereichen haben sich indessen Methoden wie Regelverarbeitung, Induktion und neuronale Netze durchsetzen können. Die Kapitel 4, 7 und 8 illustrieren an einfachen Beispielen, wie wissensbasierte Methoden die Entscheidungsunterstützung befruchten können. Wissensbasierte Methoden haben ihre praktische Anwendung in so unterschiedlichen Bereichen wie ›Bonitätsprüfung, Datenbank-Marketing, ›Portfolioanalyse und Kreditkartenbetrug gefunden.

Die ausgewählten EUS-Verfahren werden anhand verbreiteter Software und betrieblicher Fallbeispiele so illustriert, dass die wichtigsten Eigenschaften der Methoden und Werkzeuge transparent werden (Übersicht 1.3).

Methode	*Verwendetes Fallbeispiel*	*Werkzeug*
Analytischer Hierarchieprozess	Standort einer Filiale wählen	*ExpertChoice*
Was-Wenn-Analyse (insb. Optimierung)	Anzeigen kostenminimal plazieren	*MS Excel*
Data Warehouses	Daten so organisieren, dass sie strategische Entscheidungen besser unterstützen	*Cognos PowerPlay*
Regelbasierte Systeme	Bonität von Kreditnehmern beurteilen	*XpertRule KBS*
Regelinduktion	Bonität von Kreditnehmern beurteilen	*XpertRule Miner*
Neuronale Netze	Bonität von Kreditnehmern beurteilen	*MS Excel / Predict*

Übersicht 1.3: EUS-Methoden, -Fallbeispiele und -Software

Zusammenfassung

- Eine *Entscheidung* ist eine rationale Wahl einer Aktion oder Strategie in einer gegebenen Umwelt.
- *Entscheidungsunterstützende Systeme* (EUS) sind computergestützte Informationssysteme, die Endbenutzern aller Entscheidungsebenen bei der Lösung komplexer Probleme helfen. EUS konzentrieren sich in der Regel auf taktische, adaptive, semistrukturierte und unsichere Entscheidungen.
- Die Entscheidungsverfahren der nachfolgenden Kapitel sind *präskriptiv*, weil sie untersuchen, wie rationale Entscheidungen ablaufen müssen, die formalen Optimalitätskriterien und Umweltbedingungen genügen.
- Ein *wissensbasiertes* System besteht aus einer Wissensbasis und einer Herleitungskomponente. Die Wissensbasis stellt die Objekte und Beziehungen des Allgemein- und Fallwissens so dar, dass die Herleitungskomponente daraus erklärbare Schlüsse ziehen kann. Die verbreitetste Form wissensbasierter Systeme sind regelbasierte Systeme.
- Ein *algorithmisches* Verfahren ist eine Regelfolge, die nach endlich vielen eindeutigen Schritten Probleme eines meist engen Bereichs beweisbar optimal löst. Im Gegensatz dazu lässt sich für das Ergebnis eines *heuristischen* Verfahrens nicht formal beweisen, wie weit es von einem allfälligen optimalen Ergebnis entfernt ist.

Wiederholungsfragen

Wählen Sie jeweils die beste Antwortalternative. Sie können die Aufgaben auch unter der Kontrolle des Testprogramms \Folien\WebQuiz\WebQuiz lösen. Es begründet falsche Antworten und verweist Sie auf die entsprechende Folie.

1. Wie heisst die *englischsprachige* Entsprechung von EUS?

a) MIS
b) FIS
c) EIS
d) DSS

2. Welche Probleme behandelt die *lineare Optimierung*?

a) objektiv probabilistische
b) deterministische
c) schlecht strukturierte
d) deskriptive

3. Welche Frage stellt die *präskriptive Entscheidungstheorie*?

a) Wie komme ich zu einer optimalen Entscheidung?
b) Wie kommen Entscheidungen tatsächlich zustande?
c) Wie kommen ökonomische Entscheidungen zustande?
d) Wie fällen Manager Entscheidungen?

4. Wie unterscheiden sich *algorithmische* und *heuristische* Entscheidungen?

a) Algorithmische Entscheidungen ergeben eine einzige Lösung.
b) Heuristische Entscheidungen beziehen sich auf enge Bereiche.
c) Die Optimalität heuristischer Entscheidungen ist nicht beweisbar.
d) Algorithmische Entscheidungen sind deterministisch.

5. Was ist ein *Synonym* für operative Systeme?

a) kurzfristige Systeme
b) administrative Systeme
c) wissensbasierte Systeme
d) taktische Systeme

6. *Expertensysteme* gehören zu den ...

a) operativen Systemen
b) dispositiven Systemen
c) deterministischen Systemen
d) wissensbasierten Systemen

7. Welche Entscheidungen werden von EUS am *besten* unterstützt?

a) operative -
b) taktische -
c) strategische -
d) Routine-

8. Welche Entscheidungen werden von EUS *nicht* unterstützt?

a) adaptive -
b) innovative -
c) unsichere -
d) subjektiv probabilistische -

Vertiefungshinweise

Lehrbücher

▷ Dhar, V., Stein, R., *Intelligent Decision Support Methods*, Prentice-Hall 1997, 244 S.

Didaktisch sorgfältige und kurze Einführung in neuronale Netze, genetische Algorithmen, regelbasierte Systeme, Fuzzy Logic, fallbasiertes Schliessen und maschinelles Lernen. Anhang mit Fallstudien

▷ Olson, D.L., Courtney, J.F., *Decision Support Models and Expert Systems,* Dame 1997

Einführung mit ähnlichen Zielen wie unser Text. Anders als Holsapple/Whinston und Turban/Aronson (siehe unten) legen die Autoren den Schwerpunkt auf die Methoden und Werkzeuge der Entscheidungsunterstützung (insbesondere auf AHP mit ExpertChoice, Optimierung und Simulation mit MS Excel, Expertensysteme mit Exsys und neuronale Netze). Die Themen Data Warehousing und OLAP werden nicht behandelt.

▷ Holsapple, C.W., Whinston, A.B., *Decision Support Systems. A Knowledge-Based Approach*, West 1996, 850 S.

Gut aufgemachte und umfangreiche Einführung für Leser ohne Informatikkenntnisse. Die breite Abdeckung und der grosse Anteil des Reproduktionswissens gehen allerdings auf Kosten der methodischen Vertiefung.

▷ Turban, E., Aronson, J.E., *Decision Support Systems and Intelligent Systems*, 6. Aufl., Prentice-Hall 2001, 882 S.

Umfangreiche Einführung mit ähnlichem Anspruch wie Holsapple/Whinston. Einführende Themen sind ein Überblick über DSS, Datenverwaltung, -modellierung und -analyse, Benutzerschnittstellen und Kommunikation. Den Schwerpunkt bilden wissensbasierte Systeme, insbesondere Expertensysteme, neuronale Netze, genetische Algorithmen, Fuzzy Logic und intelligente Agenten.

▷ Bender, E.A., *Mathematical Methods in Artificial Intelligence*, IEEE Computer Society Press 1996, 636 S.

Methodisch sorgfältige und umfassende Einführung in die formalen Grundlagen wissensbasierter Systeme für mathematisch Interessierte. Der Text enthält bibliographische Verweise und Übungsaufgaben. Ein grosser Teil des Inhalts betrifft die in Klammern erwähnten Kapitel unseres Texts:

Entscheidungsbäume (7), Prädikatenlogik (4), Wahrscheinlichkeits- und Informationstheorie sowie Statistik (6, 7) und neuronale Netze (8).

Zeitschriften

▷ *Communications of the ACM*, Ass. for Computing Machinery, 1515 Broadway, New York, NY 10036-5701 (http://www.acm.org/cacm/)

Zeitschrift über verschiedenste Themen der Informatik, nicht zuletzt auch über entscheidungsunterstützende Systeme

▷ *Wirtschaftsinformatik,* Friedr. Vieweg & Sohn, Postfach 58 29, D-65048 Wiesbaden (http://www.wirtschaftsinformatik.de/)

▷ *Decision Support Systems*, Elsevier Science, Inc., Journal Information Center, 655 Avenue of the Americas, New York, NY 10010 (http://www.elsevier.nl/homepage/)

▷ ›*MIS Quarterly*, MIS Research Center, 271 19th Avenue South, University Minnesota, Minneapolis, MN 55455 (http://www.misq.org/)

▷ *Journal of Management Information Systems*, M.E. Sharp, Inc., 80 Business Park Drive, Armonk, NY 10504 (http://rmm-java.stern.nyu.edu/jmis/)

Websites

▷ *Power, D.J., DSS Research Resources*
http://dssresources.com/

Umfassende Website von D.J. Power zu entscheidungsunterstützenden Systemen. Dazu gehören eine Sammlung von On Line-Artikeln, ein Glossar sowieVerweise auf Dokumente, Software, Hersteller und Forscher.

▷ *Holsapple/C.W. Whinston* (siehe oben)
http://www.uky.edu/BusinessEconomics/dssakba/

Die Website zum Buch (siehe oben) enthält Lernmaterialien, Verweise auf Zeitschriften, Konferenzankündigungen und verwandte Websites

▷ *PC Webopaedia*
http://webopedia.internet.com/

On line-Enzyklopädie mit Zugang zu vielen ›IT-Termini, die in konventionellen Wörterbüchern noch nicht erscheinen. Viele Produkteverweise

2 Analytischer Hierarchieprozess

Neue Begriffe

Wie lassen sich schlecht strukturierte Entscheidungsprozesse ordnen?
mit der konventionelle Nutzwertanalyse
mit dem analytischen Hierarchieprozess (AHP)

Welche Phasen durchläuft AHP?
1. Problem strukturieren
2. Kriterien bzw. Alternativen ordnen
3. Alternative wählen
4. Sensitivität der Wahl testen

Wie kann man die Wichtigkeit von Kriterien bzw. Alternativen messen?
ordinal
intervallskaliert

Welche Arten von Prioritäten unterscheidet AHP?
Kriterienprioritäten
lokale Alternativenprioriäten
globale Alternativenprioritäten

Wie berechnet man Prioritäten?
Alle Kriterien bzw. Alternativen simultan vergleichen
Kriterien- bzw. Alternativenpaare sukzessiv vergleichen

Wie lassen sich mit AHP Prioritäten berechnen?
näherungsweise
exakt

2.1 Unterrichtsmaterial

Dieses Kapitel beschreibt die Anwendung und Theorie des analytischen Hierarchieprozesses (engl. Analytic Hierarchy Process, AHP), einer Verfeinerung der konventionellen Nutzwertanalyse. Sie lernen dabei mit *ExpertChoice* ein Softwarepaket kennen, das AHP-Modelle erstellen hilft. Wer sich für den methodischen Hintergrund interessiert, findet im letzten Abschnitt die mathematischen Grundlagen von AHP.

Aus der Foliensammlung der CD ROM gelangen Sie zu ...

- einer kurzen Präsentation von AHP
- einem einstündigen Tutorial zu *ExpertChoice*
- Anwendungsbeispielen und Aufgaben mit *ExpertChoice*
- Theoriebeispielen mit *MS Excel*
- Anbieter- und Produktinformation zu *ExpertChoice* auf dem WWW.

2.2 Grundlagen

Die **Nutzwertanalyse** ist eine entscheidungsunterstützende Methode, die Handlungsalternativen an benutzerdefinierten Kriterien auf einer einheitlichen Punkteskala bewertet. Sie eignet sich auch für Kriterien, die qualitative, ungewisse und innovative Entscheidungen bewerten. Ein verbreiteter Anwendungsbereich ist die Beurteilung alternativer Investitionsvarianten - vor allem dann, wenn der Anteil schlecht quantifizierbarer Kosten und Nutzen gross ist und sich deshalb die klassische Investitionsrechnung schlecht eignet.

Der **analytische Hierarchieprozess** unterscheidet sich von der herkömmlichen Nutzwertanalyse, weil er die Kriterien und Wahlalternativen nicht nur gleichzeitig (simultan), sondern auch hintereinander (sukzessiv) bewerten kann. *Gleichzeitig* bewerten heisst mehrere Kriterien oder Alternativen in einem einzigen Bewertungsvorgang vergleichen. Die gleichzeitige Bewertung vieler Entscheidungselemente überfordert die meisten Anwender. Wir zeigen deshalb, dass eine Reihe *hintereinander ausgeführter Paarvergleiche* zuverlässiger ist als ein einziger simultaner Vergleich.

Am Beispiel der Standortwahl für einen Kiosk führen wir in die Grundlagen von AHP ein, lernen an Übungsaufgaben die Software *ExpertChoice* kennen und begründen in *MS Excel* den theoretischen Hintergrund. Im Fallbeispiel 2.1 versuchen wir mit AHP das Entscheidungsproblem "Wahl des besten Kioskstandorts" möglichst rational zu lösen. Wenn Sie neben der Methode auch das

Für einen Kiosk bieten sich drei Standorte an ...

- *ein Warenhaus in der weiteren Agglomeration*
  Kunden sind vor allem Rentner, die oft Zeitungen und Zeitschriften kaufen. Die Mietkosten sind vergleichsweise hoch.
- *ein Einkaufszentrum in der näheren Agglomeration*
  Die Kundschaft ist heterogen. Im Gegensatz zu den übrigen Standorten herrscht reger Wettbewerb.
- *eine Altstadtstrasse*
  Die Kunden kehren meist von Ihrer Arbeit zurück.

Die Entscheidung für eine der Alternativen hängt von vier Kriterien ab:

Kriterium	*Operationalisierung*
Sichtbarkeit	Werbewirksamkeit der Kioskfront für Passanten
Konkurrenz	Zahl der Konkurrenten
Frequenz	durchschnittliche Zahl der Kunden pro Tag
Miete	Mietkosten pro Quadratmeter

Fallbeispiel 2.1: Standortwahl für einen Kiosk

Werkzeug ExpertChoice kennen lernen möchten, finden Sie auf der CD ROM das folgende Material:

- AHPDemo.dbd ist eine englischsprachige Einführung in AHP (Wo nicht anders angemerkt, finden Sie eine Datei immer im Verzeichnis ...\BeispieleAufgaben).
- ECTut.exe im Installationsverzeichnis von ExpertChoice ist ein englischsprachiges Tutorial mit einer Lösung des Fallbeispiels 2.1.
- Kioskstandort.ec1 ist unsere eigene Lösung des Fallbeispiels 2.1. Wir werden in Aufgabe 2.1 detailliert darauf eingehen.

Nach der Fallbeschreibung 2.1 identifizieren wir die Entscheidungselemente Ziel, Kriterium und Alternative. AHP verlangt die Definition eines einzigen *Oberziels* - im Fallbeispiel ist dies "optimaler Kioskstandort". *Kriterien* sind Sichtbarkeit, Konkurrenz, Frequenz und Miete. *Alternativen* sind die Standorte Warenhaus, Einkaufszentrum und Altstadtstrasse.

Die **Entscheidungselemente** stehen in einer hierarchischen Beziehung. Die Einrückungsliste 2.2 ordnet dem *Oberziel* Kioskstandort die *Kriterien* (Unterziele) Sichtbarkeit, Konkurrenz, Frequenz und Miete unter. Jedes Kriterium wird später an seiner Bedeutung für das Oberziel gemessen. Die unterste hie-

Kioskstandort (*Oberziel*)
    Sichtbarkeit (*Kriterium*)
        Einkaufszentrum (*Alternative*)
        Warenhaus
        Altstadt
    Konkurrenz
        Einkaufszentrum
        Warenhaus
        Altstadt
    Frequenz
        Einkaufszentrum
        Warenhaus
        Altstadt
    Miete
        Einkaufszentrum
        Warenhaus
        Altstadt

Einrückungsliste 2.2: Hierarchie der Entscheidungselemente

rarchische Stufe ordnet schliesslich jedem Kriterium die möglichen *Handlungsalternativen* zu. Jede Alternative messen wir später an ihrer Bedeutung für die Erfüllung jedes Kriteriums. Der Einfachheit halber verwendet das Standortbeispiel nur eine einzige Stufe von Unterzielen. AHP und Expert-Choice erlauben aber beliebig viele hierarchische Stufen von Kriterien.

Die Einrückungsliste 2.2 legt die Beziehungen zwischen dem Oberziel, den Kriterien und den Alternativen fest. Sie entscheidet sich aber noch nicht für eine **Priorisierung** innerhalb der Kriterien bzw. Alternativen. Die folgenden vier Schritte und das Schema 2.3 integrieren die Berechnung von Prioritäten der Kriterien und Alternativen in den Gesamtablauf von AHP. Das Ablaufschema 2.3 gibt einen allgemeinen Überblick über den Hierarchisierungsprozess. Details folgen später am Beispiel Kioskstandort.

1 Wie kann ich das Entscheidungsproblem strukturieren?

✓ Problem verbal beschreiben

✓ Entscheidungselemente unterscheiden

AHP unterscheidet die Entscheidungselemente *Ziel*, *Kriterien* und *Alternativen*. Das Schema 2.3 verwendet neben dem Ziel nur drei Kriterien (Kreise) und zwei Alternativen (Quadrate).

1 Problem strukturieren

- Ziel (dunkel)
- Kriterien (hell)

2 Kriterien und Alternativen ordnen

2.1 Zielrelevanz jedes Kriteriums

Kriterien k_1, k_2, k_3	k_1	k_2	k_3
Prioritäten der Kriterien	...	...	...

- Alternativen a_1 und a_2

2.2 Kriteriumsrelevanz jeder Alternative

Kriterien	k_1	k_2	k_3
Priorität von a_1 bezüglich des Kriteriums	...	...	...
Priorität von a_2 bezüglich des Kriteriums	...	...	...

2.3 Zielrelevanz jeder Alternative

Alternativen	a_1	a_2
Priorität einer Alternative bez. des Ziels ...	...	...

3 Alternative wählen

4 Sensitivität der Entscheidung testen

Schema 2.3: Analytischer Hierarchieprozess

(Ziel und Kriterien sind Kreise, Alternativen Quadrate)

✓ Entscheidungselemente hierarchisieren

Schema 2.3 stellt die hierarchische Beziehung zwischen Ziel, Kriterien und Alternativen als Baum mit der Wurzel "Ziel", den Zwischenknoten "Kriterien" und den Blättern "Alternativen" dar. Wurzel ist im Fallbeispiel 2.1 das Ziel "optimaler Kioskstandort". Zu den Blättern gehört zum Beispiel die Alternative "Warenhaus".

2 Wie kann ich die Kriterien und Alternativen ordnen

✓ Zielrelevanz jedes Kriteriums messen

AHP bewertet zuerst jedes Kriterium k_i nach seiner Bedeutung für die Zielerfüllung mit einem numerischen Gewicht, der sogenannten Priorität.

✓ Kriteriumsrelevanzen jeder Alternative messen

Nachdem jedem Kriterium eine Priorität zugeordnet worden ist, misst AHP, wie gut jede Alternative jedes Kriterium erfüllt. Zum Beispiel interessiert den Entscheidungsträger, wie gut sich die Alternative Warenhaus aus der Sicht des Kriteriums Sichtbarkeit als Kioskstandort eignet.

✓ Zielrelevanz jeder Alternative messen

Zur Entscheidung führt allerdings erst die Bewertung der Alternativen nach ihrem Zielerreichungsgrad.

3 Welche Alternative erfüllt das Ziel am besten?

Nachdem die Bedeutung der Alternativen bezüglich des Ziels bekannt sind, kann AHP die Alternative mit dem höchsten Gewicht auswählen. Falls die Alternativen nicht unvereinbar sind, kann das Ergebnis auch aus mehreren Alternativen bestehen.

4 Wie empfindlich reagiert die Entscheidung auf Modelländerungen?

Die Sensitivitätsanalyse prüft, wie sich ein Ergebnis ändert, wenn die Modellparameter - zum Beispiel die Kriterien- und Alternativenprioritäten - ändern.

2.3 Messproblematik

Nach der Identifikation der Entscheidungselemente und ihrer hierarchischen Beziehungen bleiben die folgenden Fragen offen:

- Wie stark soll ein *Kriterium* im Vergleich zu den übrigen Kriterien gewichtet werden?
- Wie gut befriedigt eine *Alternative* ein bestimmtes Kriterium?
- Wie gut befriedigt eine Alternative das *Oberziel*. Mit anderen Worten, wie müssen die Bewertungen einer Alternative durch die Kriterien aggregiert werden, um den Zielerfüllungsgrad der Alternative zu messen?

Einfache Varianten der Nutzwertanalyse vergleichen die Kriterien und Alternativen simultan. Die Wichtigkeit unserer Standortkriterien liesse sich zum Beispiel wie folgt ermitteln: Miete 50 Punkte, Sichtbarkeit 24 Punkte, Kundenfrequenz 15 Punkte und Konkurrenz 11 Punkte. Die Idee des **Simultan**vergleichs ist einfach. Ihre Ausführung stellt aber folgende Problem: Je mehr Kriterien in den Simultanvergleich eingehen, desto schwieriger wird die Begründung der Kriteriengewichte. Die simultane Bewertung einer grossen Zahl von Entscheidungselementen überfordert den Anwender. Der analytische Hierarchieprozess schlägt deshalb eine zuverlässigere Art der Gewichtung von Kriterien und Alternativen vor.

AHP ersetzt die komplexe Simultanbewertung durch mehrere einfache Paarvergleiche, die hintereinander ausgeführt werden (**Sukzessiv**vergleich). Weil sich der Vergleich auf zwei Elemente beschränkt, ist ein einzelner Paarvergleich einfacher als der simultane Vergleich vieler Elemente. Stellen Sie sich vor, Sie seien Richter einer Schönheitskonkurrenz. Es dürfte Ihnen schwerfallen, von zehn Kandidatinnen oder Kandidaten simultan und erst noch auf einer quantitativen Skala zu beurteilen. Wenn Sie aber hintereinander Kandidatenpaare vergleichen, fällt Ihnen das Urteil leichter.

Paarvergleiche sind deshalb zuverlässiger als Simultanvergleiche. Psychologische Experimente haben ergeben, dass sich die Resultate sukzessiver Vergleiche besser reproduzieren lassen als jene simultaner. Das heisst, Versuchspersonen reagieren bei einer Wiederholung der Paarvergleiche konsistenter als bei der Wiederholung des Simultanvergleichs. Allerdings ist der Vergleichsaufwand - besonders bei vielen Entscheidungselementen - gross. Für die vier Kriterien des Standortbeispiels ist die Zahl der Paarvergleiche sechs. Die Zahl ist sechs und nicht 4·4=16, weil Paarvergleiche mit Wiederholungen (AA, BB, ...) redundant sind und die Anordnung eines Vergleichs irrelevant ist (AB ist äquivalent zu BA). Bei mehr Elementen kann die Zahl der Vergleiche aber rasch ansteigen, im Fall der zehn Entscheidungselemente der Schönheitskonkurrenz sind es bereits 45 Vergleiche. Allgemein ist die Zahl der nichtredundanten Paarvergleiche bei n Entscheidungselementen gleich der Zahl der Kombinationen ohne Wiederholung zur zweiten Klasse:

$$\frac{n!}{2\,(n-2)!}.$$

Angewandt auf unser Fallbeispiel ergibt die Formel bei vier Kriterien wie bereits erwähnt:

$$\frac{4!}{2(4-2)!} = \frac{4 \cdot 3 \cdot 2}{2 \cdot 2} = 6 \text{ Paarvergleiche.}$$

Bevor wir ein Verfahren zur Aggregation von Paarvergleichen kennen lernen, gehen wir auf eine weitere methodische Fussangel von Nutzwertanalysen ein, die Messqualität. Empirische Wissenschafter unterscheiden drei Messskalen: Die **Nominalskala** klassifiziert lediglich. Sie weist zum Beispiel einem Betriebsstandort den Wert "Inland "oder "Ausland" zu und kann deshalb nur

Häufigkeiten, zum Beispiel die grösste oder kleinste Häufigkeit, berechnen. Eine **Ordinalskala** (Rangskala) kann nicht nur klassifizieren, sondern auch ordnen und ermöglicht Aussagen wie "Standort XY ist besser geeignet als Standort YZ". Neben Häufigkeitszählungen erlaubt sie auch die Berechnung ordnender Lageparameter, zum Beispiel des ‣Medians. Die beste Messqualität garantiert die **Intervallskala**. Sie kann Rangunterschiede nicht nur feststellen, sondern auch ihr Ausmass quantifizieren. Die Intervallskala ermöglicht zum Beispiel nicht nur die Aussage, *dass* Standort XY näher liegt als Standort YZ, sondern auch, wie *weit* XY von YZ entfernt ist.

Die Entscheidung für ein Skalenniveau fällt nicht immer leicht. Wenn ein Prüfer zum Beispiel ganze Noten zwischen 1 und 10 vergibt und die Studierenden A, B, C und D Durchschnittsnoten von 4.5, 5.5, 6.8 und 9.8 erzielen, dann ist fraglich, ob der Notenunterschied zwischen A und B (nämlich 1) dreimal kleiner ist als jener zwischen C und D (3). Wenn hingegen die Durchschnitte aufgrund sorgfältig genormter Hochschulleistungstests zustande kommen, dann ist die Annahme einer Intervallskala eher gerechtfertigt.

Nutzwertanalysen erheben meist den Anspruch, auf einer Intervallskala zu messen. AHP vergleicht zum Beispiel die Entscheidungselemente standardmässig auf einer Skala von 1 bis 9. Verglichen mit einem anderen Element ist die Eigenschaft eines Vergleichselements gleich ausgeprägt (1), etwas stärker ausgeprägt (3), klar stärker ausgeprägt (5), viel stärker ausgeprägt (7) oder äusserst stark ausgeprägt (9). Der Wert "äusserst stark" ist im Verhältnis zu "etwas stärker" dreimal wichtiger, wenn die Skala von 1 bis 9 als Intervallskala interpretiert wird. Je nach Anwendung stellt sich allerdings die Frage, ob die Messgenauigkeit eines schlecht objektivierbaren Urteils die Annahme der Intervallskala rechtfertigt.

Nach diesem Ausflug in die Messtheorie kehren wir zur Unterscheidung von Simultan- und Sukzessivvergleichen zurück: *Mehrere* hintereinander ausgeführte Paarvergleiche sind zwar zuverlässiger als ein *einziger* simultaner Vergleich, Paarvergleiche können sich aber - im Gegensatz zu Simultanvergleichen - widersprechen. Gründe für Widersprüche (Inkonsistenzen) sind zum Beispiel unklar definierte Probleme, unsichere Information oder mangelnde Beurteilungssorgfalt. Nehmen Sie an, ein Anwender führe die folgenden Paarvergleiche zwischen den Kriterien Miete, Sichtbarkeit und Konkurrenz durch:

- Miete ist zweimal wichtiger als Sichtbarkeit
- Sichtbarkeit ist dreimal wichtiger als Konkurrenz
- Miete ist viermal wichtiger als Konkurrenz.

Die dritte Aussage ist **inkonsistent**, weil aus den ersten zwei Aussagen folgt, dass das Kriterium Miete sechsmal wichtiger ist als das Kriterium Konkurrenz ("zweimal" multipliziert mit "dreimal"). Mit einer zunehmenden Zahl von Entscheidungselementen steigt die Wahrscheinlichkeit inkonsistenter Vergleiche. AHP führt deshalb eine Methode ein, welche die Paarvergleiche erst unter Berücksichtigung allfälliger Inkonsistenzen aggregiert und dann die **Prioritäten** der Entscheidungselemente auf einer Intervallskala anordnet. Eine von AHP berechnete Masszahl, das sogenannte Inkonsistenzverhältnis (Abschnitt 2.4), ist umso grösser, je mehr inkonsistente Paarvergleiche bei der Bewertung der Kriterien bzw. Alternativen vorkommen.

Die Berechnung der Prioritäten erfolgt in drei Schritten (vgl. Schema 2.3, Ziffer 2). Wir illustrieren die Schritte am Kioskproblem und übernehmen die Rechenergebnisse von ExpertChoice. Die Begründung folgt in Abschnitt 2.5.

✓ **Kriterienprioritäten**

Der erste Schritt priorisiert die Kriterien bezüglich des Ziels. Die Aggregation der Paarvergleiche des Beispielbenutzers ergibt die folgenden Kriterienprioritäten: Sichtbarkeit 0.24, Konkurrenz 0.09, Frequenz 0.16 und Miete 0.51. Wichtige Kriterien sind also Miete und Sichtbarkeit, die restlichen Kriterien sind von geringer Bedeutung. Man sieht leicht, dass die Prioritäten so normiert sind, dass ihre Summe 1 ergibt.

✓ **Lokale Alternativenprioriäten**

Eine lokale Alternativenpriorität misst die Wichtigkeit einer Alternative bezüglich eines *bestimmten* Kriteriums. Weil sie sich auf ein einziges Kriterium bezieht, heisst sie *lokal*. Die Wichtigkeit der Alternative Warenhaus bezüglich des Kriteriums Sichtbarkeit ist zum Beispiel 0.69.

✓ **Globale Alternativenprioriäten**

Die Kriterienprioritäten und die lokalen Alternativenprioritäten sind nur Zwischenergebnisse auf dem Weg zur Berechnung der globalen Alternativenprioritäten. Während die lokalen Alternativenprioritäten eine Alternative bezüglich eines *einzigen* Kriteriums ordnen, priorisiert eine globale Alternativenpriorität eine Alternative bezüglich *aller* Kriterien, also bezüglich des Oberziels. Bild 2.4 zeigt die Wichtigkeiten der Alternativen in Bezug auf das Ziel "Wahl eines optimalen Kioskstandorts". Die Aggregation der Paarvergleiche zwischen den Kriterien und zwischen den Alternativen ergibt für die Alternativen Zentrum und Warenhaus beinahe gleich grosse Prioritäten. Es stellt sich deshalb die Frage, ob die knappe Bevorzugung von Zentrum zufallsbedingt ist.

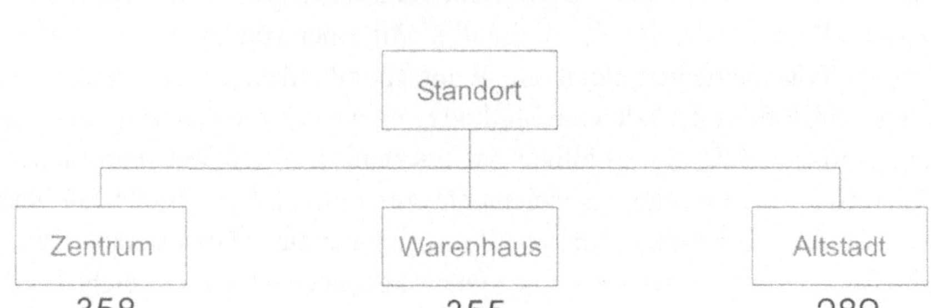

Bild 2.4: Globale Alternativenprioritäten des Problems *Standortwahl*

Die **Sensitivitätsanalyse** prüft deshalb, wie empfindlich eine Alternativenprioriät auf eine Änderung der Kriteriengewichte reagiert. Wenn sich herausstellt, dass marginale Änderungen von Paarvergleichen oder Prioritäten das Endergebnis nicht beeinflussen, spricht man von einem ›robusten Ergebnis. ExpertChoice versteht unter einer Sensitivitätsanalyse ein Prüfverfahren, das die Empfindlichkeit der globalen Alternativenprioriäten auf Änderungen der Kriteriengewichte untersucht. Bild 2.5 stellt das Ergebnis des Standortproblems grafisch dar. Durch Verschieben der vertikalen Balken lassen sich die

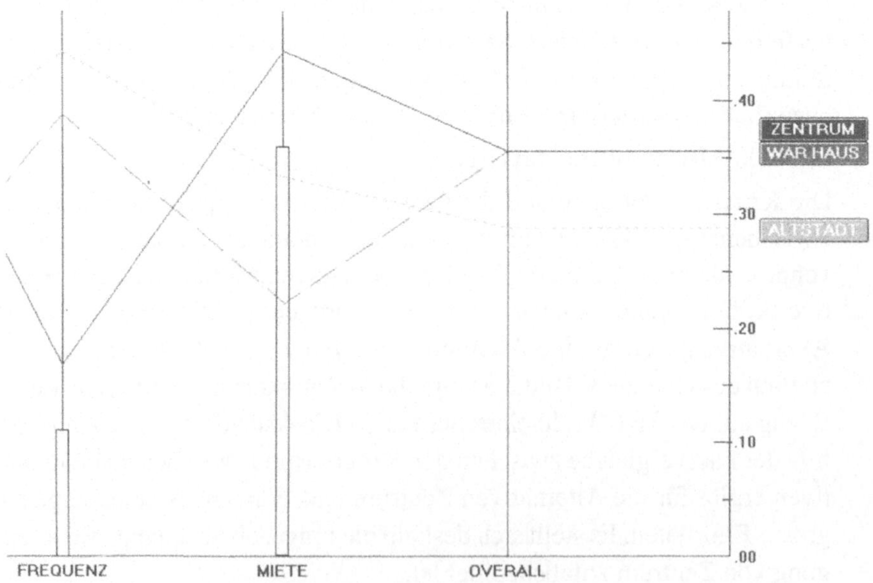

Bild 2.5: Sensitivitätsanalyse in *ExpertChoice*

Gewichte der Kriterien ändern. Gleichzeitig wird angezeigt, wie sich die globalen Alternativenprioritäten am rechten Fensterrand ändern.

Verallgemeinernd lässt sich die Sensitivitätsanalyse als Prüfverfahren definieren, das die Empfindlichkeit (die Sensitivität oder Robustheit) eines Modells auf Parameter- und Datenänderungen untersucht. Sensitivitätsanalysen sind auch für andere entscheidungsunterstützende Verfahren von Bedeutung. In einer linearen Optimierung kann zum Beispiel eine sensitivitätsanalystische Frage wie folgt lauten: Wie weit lassen sich die Koeffizienten des Modells ändern, ohne dass die Lösung ihre Optimalität verliert? (siehe Kapitel 3: Was-Wenn-Analyse).

2.4 Anwendung mit ExpertChoice

Der letzte Abschnitt hat die grundsätzliche Vorgehensweise von AHP skizziert. Die detaillierte Aggregation der Paarvergleiche und der Prioritäten ist dabei verborgen geblieben. Wer ExpertChoice benutzt, braucht sich nämlich nur um das *Was*, nicht aber um das *Wie* der Prioritätenberechnung zu kümmern. Dieser Abschnitt beschreibt deshalb nur die Benutzeroberfläche der Software[1]. Erst Abschnitt 2.5 befasst sich mit den methodischen Grundlagen von AHP.

Die Bildschirmausschnitte 2.6 und 2.7 stammen aus dem Dialog zwischen ExpertChoice und dem Anwender und sind Vorstufen der aus Bild 2.4 bereits bekannten globalen Alternativenprioritäten. Der obere Teil des Bildschirms 2.6 lässt die Benutzerin die Kriterienpaare [Sichtbarkeit, Konkurrenz], [Sichtbarkeit, Frequenz], [Sichtbarkeit, Miete], [Konkurrenz, Frequenz], [Konkurrenz, Miete] und [Freqenz, Miete] auf einer Skala von 1 bis 9 bezüglich des Ziels vergleichen. Die Zeilenzahl 6 entspricht der in Abschnitt 2.4 ermittelten Zahl der Paarvergleiche. Der untere Teil des Bildschirms zeigt die aus der Vergleichsmatrix abgeleiteten *Kriterienprioritäten*. Miete, Sichtbarkeit, Frequenz und Konkurrenz tragen 51%, 24%, 16% und 9% zur Zielerfüllung bei.

Bild 2.7 zeigt die *lokalen Alternativenprioritäten*. Die Frage ist hier, wie gut eine Alternative ein bestimmtes Kriterium befriedigt. Der obere Teil des Bildschirms lässt die Benutzerin die Alternativenpaare [Zentrum, Warenhaus], [Zentrum, Altstadt] und [Warenhaus, Altstadt] auf einer Skala von 1-9 bezüg-

1 Die Abbildungen enthalten Bildschirmausschnitte der beiliegenden Version von ExpertChoice. Die neueste Version bietet eine modernere Benutzeroberfläche an. Eine zeitlich begrenzte Evaluationskopie ohne eingeschränkte Funktionalität erhalten Sie unter http://www.expertchoice.com/.

Wahl des Standorts eines Kiosks

Node: 0

Compare the relative IMPORTANCE with respect to GOAL

1=EQUAL 3=MODERATE 5=STRONG 7=VERY STRONG 9=EXTREME

1	SICHTBAR	9	8	7	6	(5)	4	3	2	1	2	3	4	5	6	7	8	9	KONKURR.
2	SICHTBAR	9	8	7	6	5	4	3	2	(1)	2	3	4	5	6	7	8	9	FREQUENZ
3	SICHTBAR	9	8	7	6	5	4	3	2	1	2	(3)	4	5	6	7	8	9	MIETE
4	KONKURR.	9	8	7	6	5	4	3	2	(1)	2	3	4	5	6	7	8	9	FREQUENZ
5	KONKURR.	9	8	7	6	5	4	3	2	1	2	3	4	(5)	6	7	8	9	MIETE
6	FREQUENZ	9	8	7	6	5	4	3	2	1	2	(3)	4	5	6	7	8	9	MIETE

Abbreviation	Definition
Goal	Wahl des Standorts eines Kiosks
SICHTBAR	Sichtbarkeit des Standorts
KONKURR.	Zahl der Konkurrenten
FREQUENZ	Kundenfrequenz
MIETE	Mietkosten pro Quadratmeter

SICHTBAR	.243
KONKURR.	.094
FREQUENZ	.155
MIETE	.509

Inconsistency Ratio =0.1

Priorität jedes Kriteriums bezüglich des Ziels

Bildschirm 2.6: Kriterienprioritäten (Zielrelevanz jedes Kriteriums)

lich des Kriteriums Sichtbarkeit vergleichen. Aus dem unteren Teil des Bildschirms geht zum Beispiel hervor, dass die Alternative Warenhaus das Kriterium Sichtbarkeit mehr als drei Mal besser erfüllt als die Alternative Zentrum.

Beide Reihen von Paarvergleichen sind inkonsistent. Die Vergleiche von Bild 2.7 ergeben zum Beispiel folgendes Bild:

- Warenhaus ist viermal wichtiger als Zentrum
- Zentrum ist dreimal wichtiger als Altstadt
- Warenhaus ist sechsmal wichtiger als Altstadt.

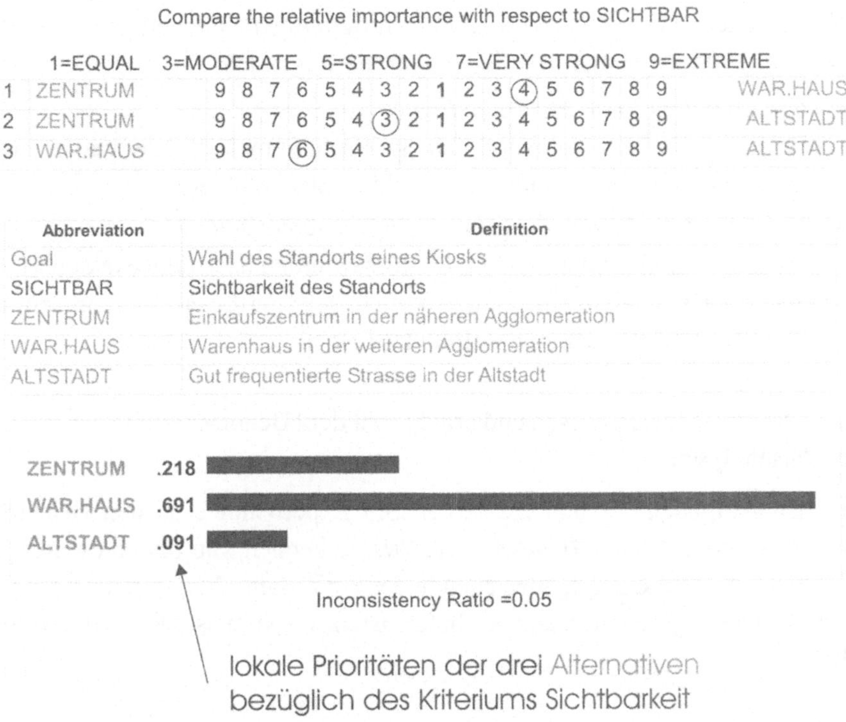

Bild 2.7: Lokale Alternativenprioritäten (Kriteriumsrelevanz jeder Alternative)

In ihrer Richtung ist die dritte Aussage zwar konsistent, ihr Ausmass widerspricht aber den ersten beiden Aussagen. Wenn die Vergleiche intervallskaliert sind, folgt nämlich aus den ersten beiden Aussagen "Warenhaus ist zwölfmal wichtiger als Altstadt".

Inkonsistenzen lassen sich auch positiv interpretieren. Mit jedem widersprüchlichen Vergleich korrigiert der Benutzer einen seiner früheren Vergleiche. ExpertChoice berechnet deshalb für jede Vergleichsmatrix ein **Inkonsistenzverhältnis**, welches das Ausmass der Inkonsistenz der betreffenden Paarvergleiche angibt. In Bild 2.7 beträgt es zum Beispiel 0.05. Wenn das Inkonsistenzverhältnis grösser als 0.1 ist, ermittelt ExpertChoice jenen Paarvergleich, dessen Änderung den grössten Konsistenzgewinn verspricht und fordert die Benutzerin auf, diesen Vergleich zu revidieren. Die Definition des Inkonsistenzverhältnisses und des Schwellenwerts von 0.1 lassen sich motivieren. Abschnitt 2.5 geht näher auf die Aggregation der Paarvergleiche und das Inkonsistenzverhältnis ein.

Nutzwertanalysen, insbesondere AHP, lassen sich auch mit ›generischen Werkzeugen wie Tabellenkalkulationsprogrammen unterstützen. Die Verwendung von **ExpertChoice** bietet aber die folgenden Vorteile:

- *Die Eingabe ist benutzerfreundlicher.*
  Der Benutzer kann Paarvergleiche grafisch, numerisch oder verbal eingeben. Plausibilitätskontrollen vermeiden Eingabefehler.
- *Die Verarbeitung der Eingaben erfolgt automatisch.*
  Prioritäten und Inkonsistenzverhältnisse werden nach dem exakten Eigenvektorverfahren berechnet (Abschnitt 2.6). ExpertChoice schlägt dem Benutzer ausserdem vor, wie er Inkonsistenzen verringern kann.
- *Die Ausgabe ist benutzerfreundlicher.*
  Die Ausgabe ist grafisch und ermöglicht dem Benutzer einfache Sensitivitätsanalysen.

In den Aufgaben 2.1 und 2.2 lernen Sie ExpertChoice an den Beispielen KIOSKSTANDORT und PERSONALAUSWAHL kennen. Sie finden die mit Hyperlinks versehenen Aufgaben auch in der Foliensammlung. Ein tieferes Verständnis der Aggregation und des Inkonsistenzverhältnisses ist nicht erforderlich.

Aufgabe 2.1 (KIOSKSTANDORT mit ExpertChoice)

In dieser Aufgabe vollziehen Sie die Ihnen aus dem Text bekannte Lösung des Problems "Kioskstandort" in ExpertChoice nach. In Aufgabe 2.2 (Personalauswahl.ec1) können Sie Ihre AHP-Kenntnisse auf ein neues Problem anwenden.

Lernziele

⇨ Ergebnisbildschirm interpretieren

⇨ Paarvergleiche durchführen

⇨ Prioritäten berechnen

⇨ Sensitivität prüfen

A Problem

siehe die Beschreibung in Fallbeispiel 2.1

B Aufgabe

- Laden Sie Kioskstandort.ec1. Sie arbeiten mit einer *Demo*version von ExpertChoice, welche das Ergebnis zwar nicht speichern kann, aber zur Lösung der Aufgabe ausreicht.
- Klicken Sie auf die *Sprechblase* rechts oben. Sie erhalten so Hilfe zu allen Bildschirmelementen. Zum Beispiel finden Sie mit der Sprechblase leicht die Bedeutung eines Toolbar-Symbols. Ein Klick auf das *Fragezeichen* öffnet die konventionelle Hilfe.

Hauptbildschirm

a) Lernen Sie mit der Sprechblase den Hauptbildschirm kennen.

b) Erinnern Sie sich an die Aufgabenstellung, indem Sie auf das rote Buchsymbol links oben klicken.

Entscheidungselemente

c) Unterscheiden Sie auf dem Hauptbildschirm zwischen Ziel, Kriterien und Alternativen. Beachten Sie den Kommentar links oben, wenn Sie ein Entscheidungselement der Hierarchie anklicken.

Interpretation des Ergebnisses

d) Was bedeuten die unterschiedlich hohen grünen Markierungen der Kriterien?

e) Klicken Sie doppelt auf das Kriterium "Sichtbarkeit". Was bedeuten *hier* die grünen Markierungen?

f) Kehren Sie zur Gesamthierarchie zurück, indem Sie doppelt auf "Goal" klicken.

g) Navigieren Sie durch die ganze Hierarchie, indem Sie mit Doppelklicks experimentieren.

h) Wählen Sie den Menüpunkt *Assessment/Priorities Graph* und interpretieren Sie das angezeigte Balkendiagramm. Was verstehen Sie unter dem Inkonsistenzverhältnis (engl. inconsistency ratio)?

Paarvergleich

i) Ein Klick auf das Apfelsymbol öffnet den Dialog zum paarweisen Vergleich der Entscheidungselemente. Schalten Sie die Sprechblase ein, um den Dialog kennen zu lernen.

j) Experimentieren Sie frei mit den vier Eingabearten "Verbal", "Matrix", "Questionnaire" und "Graphic". Vergleichen Sie deren Vor- und Nachteile. Wenn Sie vor dem Verlassen die Schaltfläche "Abandon" und dann "Ja" klicken, werden Ihre Änderungen nicht gespeichert. Sie können also die ursprünglichen Paarvergleiche spontan ändern, solange Sie nicht "Enter" klicken.

k) Klicken Sie in der Eingabeart "Matrix" auf die Matrixzelle "Best Fit". Was bedeutet die angezeigte Meldung?

Berechnung der Prioritäten

l) Klicken Sie auf die Schaltfläche "Calculate" und interpretieren Sie das Balkendiagramm.

m) Kehren Sie mit "Abandon" zum Hauptbildschirm zurück. Klicken Sie dann abwechselnd auf die Entscheidungselemente und beobachten Sie die Meldungen an der rechten oberen Bildschirmecke. Was bedeuten die Meldungen "Local" und "Global"?

n) Die vergebenen Gewichte des Paarvergleichs werden durch die Synthese zusammengefasst und in eine Rangfolge der Alternativen übersetzt.

   Der Menüpunkt *Synthesis/from Goal* zeigt ein Balkendiagramm dieser Rangfolge. Weshalb heisst das Konsistenzverhältnis "*Overall* Consistency Index"? Interpretieren Sie die beiden Ansichten "Summary" und "Details".

Sensitivitätsanalyse

o) Klicken Sie auf das Symbol mit dem Streudiagramm ("Display sensitivity graphs"). Ändern Sie die Kriteriengewichte und beobachten Sie die globalen Prioritäten der Alternativen. Experimentieren Sie mit verschiedenen Graphen, indem Sie auf das Symbol mit den verschiedenen Fenstern klicken.

Benutzeroberfläche

p) Beurteilen Sie die Benutzeroberfläche von ExpertChoice.

Aufgabe 2.2 (🖱 PERSONALAUSWAHL mit ExpertChoice)

Das folgende Problem unterscheidet sich von der Aufgabe KIOSKSTANDORT. Ziel ist nämlich nicht die Wahl einer bestimmter Alternative, sondern lediglich eine Kriterienhierarchie zur Beurteilung von Stellenbewerbern.

A Problem

Eine Personalverantwortliche möchte Einstellungsentscheidungen rationaler gestalten. Dazu bewertet sie die folgenden Auswahlkriterien mit der Methode des paarweisen Vergleichs von AHP:

- Zuverlässigkeit

- Ausbildung
- Erfahrung
- Arbeitsquantität und -qualität
- Einstellung zur Arbeit
- Führungsqualitäten.

Jedes Auswahlkriterium enthält mehrere Ausprägungen. Das Kriterium Ausbildung hat zum Beispiel die Ausprägungen "Doktorat", "Universitätsdiplom", "Fachhochschulabschluss" und "Abitur oder Lehrabschluss".

Alle Kriterien und ihre Ausprägungen werden auf einer diskreten Skala von 1 bis 9 gemessen. Ihnen soll AHP Prioritäten zuweisen. Auf die Bewertung konkreter Alternativen (zum Beispiel die Einstellung oder Ablehnung eines Bewerbers XY) soll verzichtet werden.

B Aufgabe

Im ersten Teil wiederholen Sie wichtige Begriffe aus Kioskstandort.ec1. Im zweiten Teil verbessern Sie die Ausgangslösung. Laden Sie dazu den Lösungsvorschlag Personalauswahl.ec1.

1. ExpertChoice geleitet kennen lernen

a) Nennen Sie die Prioritäten der Kriterien.

b) Wie gross sind die globalen und lokalen Prioritäten der Ausprägungen von "Zuverlässigkeit". Wozu sind die Ausprägungen lokal?

   (Hauptbildschirm: "Zuverlässigkeit" doppelt klicken, Menüpunkt *Synthesis/from Current Node*)

c) Wie gross sind die Inkonsistenzen der Kriterien? Wie gross sind je Kriterium die Inkonsistenzen der Ausprägungen?

   (Hauptbildschirm: Kriterium bzw. Ausprägung klicken, Balkendiagramm-Symbol "Priorities Graph" klicken)

d) Interpretieren Sie die Vergleichsmatrix der Kriterien.

   (Hauptbildschirm: Goal klicken, *Assessment/pairwise*, Tab Matrix klicken)

e) Suchen Sie den Paarvergleich, dessen Änderung die grösste Abnahme des Inkonsistenzverhältnisses bewirkt.

   (Hauptbildschirm: Goal klicken, *Assessment/pairwise*, Tab Matrix klicken, *Inconsistency/most*)

f) Stellen Sie fest, wie die Paarvergleiche geändert werden müssen, damit sie konsistenter ausfallen.

(Hauptbildschirm: Goal klicken, *Assessment/pairwise*, Tab Matrix klicken, *Inconsistency/best fit*)

g) Die Prioritäten der Ausprägungen hängen von den Prioritäten der Kriterien ab. Untersuchen Sie die Empfindlichkeit (Sensitivität) der Ausprägungsprioritäten auf Änderungen der Kriteriumsprioritäten.
(Hauptbildschirm: *Sensitivity/Graphs/Performance*)

2. ExpertChoice selbständig erkunden

a) Verbessern Sie die Hierarchie Personalauswahl, indem Sie neue Kriterien und Ausprägungen definieren:
   - Überlegen Sie sich ein weiteres Beurteilungskriterium und passende Ausprägungen.
   - Fügen Sie Kriterium und Ausprägungen in die Hierarchie ein (*Edit/Insert*).
   - Führen Sie den paarweisen Vergleich für die neuen Ausprägungen durch (Kriterium wählen, *Assessment/Pairwise*).
   - Legen Sie die Kriteriumsprioritäten fest, indem Sie diese ebenfalls paarweise vergleichen (Goal, *Assessment/Pairwise*).
   - Wir wirkt sich das neue Kriterium auf die Entscheidung der Personalselektion aus (*Synthesis/from Goal*)? Ist die Konsistenz der Vergleiche noch ausreichend?

b) Ändern Sie die Bewertung der Kriterien und Ausprägungen, wo sie nicht plausibel erscheint.

2.5 Ein Blick in die Blackbox

Paarvergleiche lassen sich näherungsweise oder exakt zu Prioritäten zusammenfassen. Die **grobe** Berechnung erfordert nur einfache arithmetische Operationen, vor allem Summen und Durchschnitte. Die **exaktere** Methode berechnet nicht nur Prioritäten exakter, sondern schlägt auch dem Benutzer theoriebasiert vor, wie er das Ausmass der Inkonsistenz vermindern kann. Sie verwendet dazu ein Verfahren aus der linearen Algebra, die Eigenwertberechnung. Kioskstandort.xls enthält Tabellenkalkulationsblätter, die beide Verfahren veranschaulichen.

Sowohl die näherungsweise als auch die genauere Methode gehen von Vergleichsmatrizen aus. Eine **Vergleichsmatrix V** besteht aus den Vergleichsergebnissen v_{ij} aller Paare von Entscheidungselementen i und j. Weil **V** jedes

Entscheidungselement i mit jedem Entscheidungselement j vergleicht, ist die Vergleichsmatrix immer quadratisch. Die Beispielmatrix 2.8 vergleicht Kriterien bezüglich ihrer Zielerfüllung. Die 5 in Zelle (1,2) bedeutet zum Beispiel, dass Sichtbarkeit fünfmal wichtiger ist als Konkurrenz. Die Zelle (2,1) stellt die umgekehrte Information dar: Konkurrenz ist nur 1/5 so wichtig wie Sichtbarkeit. 1/5 verhält sich reziprok zu 5. Entsprechende Vergleiche unter und über der Hauptdiagonalen sind *immer* reziprok. Der reziproke Teil der Matrix ist deshalb redundant. Trivial ist auch die Hauptdiagonale: Die 1 in Zelle (1,1) vergleicht zum Beispiel das Kriterium Sichtbarkeit mit sich selbst. Die schattierte Hauptdiagonale besteht deshalb aus Einsen.

	Sichtbarkeit	***Konkurrenz***	*Frequenz*	*Miete*
Sichtbarkeit	**1**	**5**	1	1/3
Konkurrenz	1/5	1	1/5	1/5
Frequenz	1	5	1	1/3
Miete	3	5	3	1

Matrix 2.8: Eine Vergleichsmatrix der Kriterien bezüglich des Ziels

Den in Abschnitt 2.3 eingeführten Begriff der Inkonsistenz können wir nun wie folgt formalisieren: Eine Vergleichsmatrix **V** enthalte die drei Entscheidungselemente i, j und k. Zum Beispiel sei i der Standortfaktor Frequenz, j die Sichtbarkeit und k die Konkurrenz. v_{ik} ist das Ergebnis des Vergleichs von i und k. v_{ik} heisst **konsistent** zu den Vergleichsergebnissen v_{ij} und v_{jk}, falls (1) und (2) gelten:

(1) $v_{ik} = 1/v_{ki}$ (Reziprozität)

(2) $v_{ik} = v_{ij} \bullet v_{jk}$ (Transitivität)

Für die Kriterien Frequenz i, Sichtbarkeit j und Konkurrenz k der Matrix 2.8 ist das Vergleichsergebnis $v_{ik} = v_{\text{Frequenz Konkurrenz}} = 5$ zum Beispiel aus den folgenden Gründen konsistent:

Reziprozität liegt vor, weil $v_{\text{Frequenz Konkurrenz}} = 1/v_{\text{Konkurrenz Frequenz}}$ bzw. $5 = 1/1/5 = 5$ gilt. Transitivität ist erfüllt, weil $v_{\text{Frequenz Konkurrenz}} = v_{\text{Frequenz Sichtbarkeit}} \bullet v_{\text{Sichtbarkeit Konkurrenz}}$ bzw. $5 = 1 \bullet 5$ gilt. Mit anderen Worten: Weil Frequenz i gleich wichtig ist wie Sichtbarkeit j und Sichtbarkeit j fünfmal wichtiger ist als Konkurrenz k, muss Frequenz i fünfmal wichtiger sein als Konkurrenz k.

Aufgabe 2.3 (Konsistenz einer Vergleichsmatrix)

Eine Vergleichsmatrix heisst konsistent, falls sie kein inkonsistentes Vergleichsergebnis enthält. Weisen Sie nach, dass die Vergleichsmatrix 2.8 inkonsistent ist.

Die Vergleichsmatrix der Kriterien und die Vergleichsmatrizen der Alternativen bezüglich eines Kriteriums gehen in die Berechnung der Kriterienprioritäten bzw. der lokalen Alternativenprioritäten ein. Wir berechnen zuerst die Prioritäten grob und motivieren in Abschnitt 2.5.2 eine mathematisch aufwendigere, exaktere Methode. Die vollständigen Berechnungen finden Sie in Kioskstandort.xls.

2.5.1 Grobe Berechnung der Prioritäten

Es soll jene Alternative ermittelt werden, die das Oberziel am besten erfüllt. AHP berechnet dazu die Prioriäten der Kriterien bezüglich des Ziels (1) und dann die lokalen Prioriäten jeder Alternative bezüglich jedes Kriteriums (2). Der dritte Schritt, die Berechnung der globalen Alternativenprioritäten baut auf den in den Schritten (1) und (2) berechneten Prioritäten auf. Er setzt voraus, dass alle Prioritäten vergleichbar sind. Wir normieren deshalb die drei Arten von Prioritäten so, dass die Summe der Ergebnisse bezüglich eines Kriteriums bzw. einer Alternative immer 1 ergibt.

Wir veranschaulichen die drei Schritte am Beispiel Kioskstandort:

1. Zur Berechnung der Prioritäten der *Kriterien bezüglich des Ziels* bestimmt das grobe Verfahren zuerst die Spaltensummen der Kriterienmatrix (Matrix 2.9). Dann normiert es diese auf 1, indem es das Ergebnis jedes Paarvergleichs durch die Spaltensumme dividiert (Matrix 2.10). Die Zeilenmittel ergeben schliesslich die Kriterienprioritäten.
2. Der zweite Schritt berechnet nach der gleichen Methode die *lokalen Alternativenprioritäten bezüglich jedes Kriteriums*. Matrix 2.11 beschränkt sich auf die lokale Alternativenmatrix bezüglich des Kriteriums Sicherheit.
3. Matrix 2.12 aggregiert schliesslich die lokalen Alternativenprioritäten mit Hilfe der Kriterienprioritäten zu *globalen Alternativenprioritäten*. Dazu wird jede lokale Alternativenpriorität mit der entsprechenden Kriteriumspriorität gewichtet. Die auf zwei Stellen gerundeten Zahlen der letzten Spalte von Matrix 2.11 entsprechen den in Matrix 2.12 verwendeten genaueren Zahlen der ersten Spalte. Die übrigen Spalten von Matrix 2.12 lassen sich analog berechnen.

	Sichtbarkeit	*Konkurrenz*	*Frequenz*	*Miete*
Sichtbar	1	5	1	1/3
Konkurrenz	1/5	1	1	1/5
Frequenz	1	1	1	1/3
Miete	3	5	3	1
Spaltensumme	**5.20**	**12.00**	**6.00**	**1.87**

Matrix 2.9: Die Spaltensumme der Paarvergleiche ist Basis der Normierung

	Sichtbark.	*Konkurr.*	*Frequ.*	*Miete*	***Kriteriumspriorität***
Sichtbark.	0.19	0.42	0.17	0.18	**0.24**
Konkurr.	0.04	0.08	0.17	0.11	**0.09**
Frequenz	0.19	0.08	0.17	0.18	**0.16**
Miete	0.58	0.42	0.50	0.54	**0.51**
Spaltensumme	1.00	1.00	1.00	1.00	1.00

Matrix 2.10: Das ungewichtete Zeilenmittel ergibt eine *Kriteriumspriorität*

	Zentrum	*Warenhaus*	*Altstadt*	***lokale Alternativenpriorität***
Zentrum	0.19	0.18	0.30	**0.22**
Warenhaus	0.75	0.71	0.60	**0.69**
Altstadt	0.06	0.12	0.10	**0.09**
Spaltensumme	1.00	1.00	1.00	1.00

Matrix 2.11: Das ungewichtete Zeilenmittel ergibt eine *lokale Alternativenpriorität* (bezüglich des Kriteriums Sichtbarkeit)

	Sichtbark. (aus 2.11)	*Konkurrenz*	*Frequenz*	*Miete*	***globale Priorität***
Zentrum	0.218	0.543	0.169	0.444	***0.356207***
Warenhaus	0.691	0.157	0.387	0.222	***0.355654***
Altstadt	0.091	0.300	0.443	0.333	***0.288475***
	1.000	1.000	1.000	1.000	1.00000
Kriteriumspriorität	*0.243*	*0.094*	*0.155*	*0.509*	

Matrix 2.12: Das gewichtete Zeilenmittel ergibt eine *globale Alternativenpriorität*

Wir zeigen am Beispiel der Alternative Zentrum die Berechnung einer globalen Priorität:

$$0.218 \bullet \mathit{0.243} + 0.543 \bullet \mathit{0.094} + 0.169 \bullet \mathit{0.155} + 0.444 \bullet \mathit{0.509} = \mathbf{0.356207}.$$

Die erste Zeile des schattierten Teils von Matrix 2.12 wird mit dem kursiv geschriebenen Zeilenvektor der Kriteriumsprioritäten skalar multipliziert und ergibt 0.356207. Der Vektor der Kriterienprioritäten entspricht der noch nicht aufgerundeten Version der in Matrix 2.10 berechneten Kriterienprioritäten.

Eine Vergleichsmatrix, deren Paarvergleiche sich nicht widersprechen, heisst **konsistent**. Die grobe Berechnung der Prioritäten kümmert sich allerdings nicht darum, ob die Vergleichsmatrizen konsistent sind. ExpertChoice verwendet deshalb eine rechnerisch aufwendigere Methode, an welche sich die Berechnung eines Inkonsistenzmasses anschliesst. Der nächste Abschnitt motiviert die Prioritätenberechnung von ExpertChoice.

2.5.2 Exaktere Berechnung der Prioritäten und Inkonsistenzen

Gegeben sei eine Matrix **V** der Ergebnisse v_{ij} aller Vergleiche zwischen n Entscheidungselementen (Kriterien bzw. Alternativen). Die erste Zeile der folgenden Tabelle zeigt den Vektor **p** jener Prioritäten, die Abschnitt 2.5.1 grob berechnet hat:

Prioritäten	p_1	...	p_j	...	p_n
Entscheidungselemente	*1*	...	*j*	...	*n*
1	$v_{11} = 1$	...	v_{1j}	...	v_{1n}
...	...	1	...	...	...
i	$v_{i1} = 1/v_{1i}$	...	$v_{ij} = 1$	...	v_{in}
...	...	...	...	1	...
n	$v_{n1} = 1/v_{1n}$	...	$v_{nj} = 1/v_{jn}$	...	$v_{nn} = 1$

Wir zeigen zuerst, dass bei *gleich* wichtigen Entscheidungselementen eine triviale Beziehung zwischen **V**, n und dem Prioritätenvektor **p** besteht (1). Dann verallgemeinern wir diese Beziehung auf *ungleich* wichtige Elemente konsistenter Paarvergleiche (2). Schliesslich motivieren wir die Definition eines Inkonsistenzmasses, indem wir die Beziehung zwischen **V**, n und **p** auf *inkonsistente* Vergleiche verallgemeinern (3).

(1) Konsistente Vergleichsmatrix für gleich wichtige Entscheidungselemente

Im (unwahrscheinlichen) Fall *gleich* wichtiger Entscheidungselemente haben die Vergleichsmatrix **V** und der Prioritätenvektor **p** die folgenden Eigenschaften:

- **V** besteht aus lauter Einsen.

- **V** ist konsistent.
- Die Elemente des Prioritätenvektors **p** sind gleich gross.
- Die Summe der Prioritäten von **p** ist 1.

Für die Dimension n = 2 gilt dann zum Beispiel die folgende Gleichung:

$$\mathbf{V} \cdot \mathbf{p} = \begin{bmatrix} 1 & 1 \\ 1 & 1 \end{bmatrix} \cdot \begin{bmatrix} p \\ p \end{bmatrix} = \begin{bmatrix} 2p \\ 2p \end{bmatrix} = 2 \cdot \begin{bmatrix} p \\ p \end{bmatrix} = n \cdot \mathbf{p}$$

Es ist offensichtlich, dass $\mathbf{V} \cdot \mathbf{p} = n \cdot \mathbf{p}$ auch für beliebige n gilt. Wenn alle n Entscheidungselemente gleich wichtig sind, dann ist also das Produkt einer Vergleichsmatrix **V** mit dem zugehörigen Prioritätenvektor **p** gleich dem Produkt der Dimension n der Vergleichsmatrix und dem Prioritätenvektor **p**.

(2) Konsistente Vergleichsmatrix für ungleich wichtige Entscheidungsemente

Wir zeigen, dass $\mathbf{V} \cdot \mathbf{p} = n \cdot \mathbf{p}$ auch für konsistente Vergleichsmatrizen *ungleich* wichtiger Entscheidungselemente gilt. Die Gleichung gilt, falls es gelingt die linke Seite $\mathbf{V} \cdot \mathbf{p}$ durch zulässige Transformationen in die rechte Seite $n \cdot \mathbf{p}$ zu überführen. Dazu leiten wir v_{ij} aus den Prioritäten p_i und p_j der Entscheidungselemente i und j her.

Gegeben sei der Paarvergleich “Ein Mann i ist zwei mal grösser als sein Kind j”. $v_{ij}=2$ ist der numerische Ausdruck des Vergleichs “zwei mal grösser als”. Statt i und j direkt zu vergleichen ('zwei mal grösser'), messen wir zuerst die *absoluten* Körpergrössen (mit anderen Worten die Prioritäten p_i und p_j) und ermitteln erst dann das *relative* Verhältnis v_{ij}:

> Wenn ein Mann i die Körpergrösse 1.8 und sein Kind j die Grösse 0.9 haben, dann gilt $v_{ij}=1.8/0.9$.

Allgemein lässt sich ein Element v_{ij} einer konsistenten Vergleichsmatrix aus den Prioritäten der Entscheidungselemente i und j wie folgt ableiten, falls diese messbar sind:

$$v_{ij} = p_i/p_j$$

Leider lassen sich viele Prioritäten nicht direkt messen. Die Standorte von Beispiel 1 sind zum Beispiel nur *indirekt* (über mehr oder weniger subjektive Urteile von Experten) messbar. Die folgenden Abschnitte zeigen, wie die absoluten Prioriäten von Entscheidungselementen aus den bekannten Urteilen v_{ij} der Vergleichsmatrix abgeleitet werden können.

Die Elemente v_{ij} einer konsistenten Vergleichsmatrix **V** lassen sich wie folgt durch p_i/p_j ersetzen:

Entscheidungselemente	*1*	...	*j*	...	*n*
1	$p_1/p_1 = 1$	...	p_1/p_j	...	p_1/p_n
...	...	1	...	...	...
i	p_i/p_1	...	$p_i/p_j = 1$	...	p_i/p_n
...	...	...	...	1	...
n	p_n/p_1	...	p_n/p_j	...	$p_n/p_n = 1$

Wenn wir diese Form der Vergleichsmatrix mit dem Prioritätenvektor **p** multiplizieren, erhalten wir das folgende Multiplikationsschema:

				Prioritätenvektor **p**	p_1 ... p_n
	Vergleichsmatrix **V**				
p_1/p_1	...	p_1/p_j	...	p_1/p_n	$n\ p_1$
...	...	...	...	...	...
p_n/p_1	...	p_n/p_j	...	p_n/p_n	$n\ p_n$
					Produkt $\mathbf{V} \cdot \mathbf{p}$

Die fett eingerahmte Spalte ist das Ergebnis von $\mathbf{V} \cdot \mathbf{p}$ und besteht aus den mit n multiplizierten Prioritäten der Entscheidungselemente von 1 bis n. Wenn wir die Konstante n ausklammern, erhalten wir die rechte Seite der zu beweisenden Ausgangsgleichung, nämlich $n \cdot \mathbf{p}$. Wenn die Vergleichsmatrix **V** und die Dimension n bekannt sind, dann kann man also aus $\mathbf{V} \cdot \mathbf{p} = n \cdot \mathbf{p}$ eine Lösung für den unbekannten Prioritätenvektor **p** ableiten.

Wir veranschaulichen dieses Problem an der folgenden Vergleichsmatrix:

	Zentrum	*Altstadt*	*Warenhaus*
Zentrum	1	6	3
Altstadt	1/6	1	1/2
Warenhaus	1/3	2	1

Weil die Vergleichsmatrix *konsistent* ist, lässt sich **p** aus der Matrixgleichung $\mathbf{V} \cdot \mathbf{p} = n \cdot \mathbf{p}$ berechnen:

$$\mathbf{V} \cdot \mathbf{p} = \begin{bmatrix} 1 & 6 & 3 \\ 1/6 & 1 & 1/2 \\ 1/3 & 2 & 1 \end{bmatrix} . \mathbf{p} = 3 \cdot \mathbf{p} = n \cdot \mathbf{p}$$

Der Prioritätenvektor **p** ist die Lösung des folgenden Systems linearer Gleichungen. Die kursiv gedruckten Koeffizienten stammen aus der gegebenen Vergleichsmatrix **V** der Dimension n=3. Gesucht ist der Prioritätenvektor **p**:

$$\begin{aligned} \mathit{1} \cdot p_1 &+ \mathit{6} \cdot p_2 + \mathit{3} \cdot p_3 = 3 \cdot p_1 \\ \mathit{1/6} \cdot p_1 &+ \mathit{1} \cdot p_2 + \mathit{1/2} \cdot p_3 = 3 \cdot p_2 \\ \mathit{1/3} \cdot p_1 &+ \mathit{2} \cdot p_2 + \mathit{1} \cdot p_3 = 3 \cdot p_3 \end{aligned}$$

Die Auflösung der 3 Gleichungen nach den Unbekannten p_1, p_2 und p_3 ergibt:

$$\mathbf{p} = \begin{bmatrix} p_1 \\ p_2 \\ p_3 \end{bmatrix} = \begin{bmatrix} 0.667 \\ 0.111 \\ 0.222 \end{bmatrix}$$

(3) Inkonsistente Vergleichsmatrix für ungleich wichtige Eemente

Für eine inkonsistente Vergleichsmatrix gilt die Gleichung $\mathbf{V} \cdot \mathbf{p} = n \cdot \mathbf{p}$ nicht, weil $v_{ij} = p_i/p_j$ nicht mehr für alle Entscheidungselemente i und j zutrifft. Wenn ein bestimmtes Vergleichsergebnis v_{ij} inkonsistent zu einem anderen ist, dann wird es in der Regel nicht mit p_i/p_j übereinstimmen. n wird dann nicht mehr mit der Dimension der Vergleichsmatrix übereinstimmen. Wir ersetzen es deshalb durch λ (Lambda). Die Berechnung der Unbekannten λ und **p** einer Gleichung $\mathbf{V} \cdot \mathbf{p} = \lambda \cdot \mathbf{p}$ heisst in der linearen Algebra "Eigenwertproblem". **p** nennt man einen *Eigenvektor* der quadratischen Matrix **V**, falls ein Eigen*wert* λ so existiert, dass $\mathbf{V} \cdot \mathbf{p} = \lambda \cdot \mathbf{p}$ gilt.

Eine *inkonsistente* Vergleichsmatrix enthält meist nur wenige inkonsistente Vergleichsergebnisse v_{ij}. Man kann zeigen, dass eine solche kleine Störung der Vergleichsmatrix nur eine kleine Störung der Eigenwerte nach sich zieht. Alle Eigenwerte ausser dem gesuchten Prioritätenvektor **p** weichen nur wenig von 0 ab. Ausserdem kann man beweisen, dass der betragsgrösste Eigenwert, (welcher dem gesuchten Prioritätenvektor entspricht), gleich gross oder grösser als die Dimension n ist.

Für eine beliebige Vergleichsmatrix V gilt zusammenfassend:

- Der Eigenvektor **p** des betragsgrössten Eigenwerts λ_{max} ist gleich dem gesuchten Prioritätenvektor.
- Der Unterschied zwischen λ_{max} und n ist ein Mass der Inkonsistenz von **V** (vgl. Abschnitt 2.4).

Ein Ausschnitt aus dem Fallbeispiel Kioskstandort soll das Vorgehen von ExpertChoice veranschaulichen. Eine Benutzerin vergleicht die Standortkriterien Sichtbarkeit, Konkurrenz, Frequenz und Miete bezüglich ihrer Zielerfüllung und erstellt die folgende Vergleichsmatrix:

$$\begin{bmatrix} 1 & 5 & 1 & 1/3 \\ 1/5 & 1 & 1 & 1/5 \\ 1 & 1 & 1 & 1/3 \\ 3 & 5 & 3 & 1 \end{bmatrix}.$$

ExpertChoice berechnet die Prioritäten und das Inkonsistenzverhältnis in drei Schritten:

✓ Es berechnet aus der Gleichung $V \cdot \mathbf{p} = \lambda \cdot \mathbf{p}$ den betragsgrössten Eigenwert λ und den zugehörigen Prioritätenvektor (Eigenvektor) **p**:

$$\begin{bmatrix} 1 & 5 & 1 & 1/3 \\ 1/5 & 1 & 1 & 1/5 \\ 1 & 1 & 1 & 1/3 \\ 3 & 5 & 3 & 1 \end{bmatrix} \cdot \begin{bmatrix} p_1 \\ p_2 \\ p_3 \\ p_4 \end{bmatrix} = \lambda \cdot \begin{bmatrix} p_1 \\ p_2 \\ p_3 \\ p_4 \end{bmatrix}$$

✓ Wenn λ gleich gross ist wie n, dann ist die Vergleichsmatrix **V** konsistent, sonst ist der Unterschied zwischen λ und n ein Mass für die Inkonsistenz der Vergleichsmatrix. Die absolute Differenz $\lambda - n$ ist allerdings abhängig von der Dimension n der Kriterien bzw. Alternativen. ExpertChoice berechnet deshalb ein relatives Mass, das sogenannte Inkonsistenz*verhältnis*.

✓ Wenn das Inkonsistenzverhältnis grösser als 0.1 ist, dann verweist ExpertChoice den Benutzer auf jenen Paarvergleich, dessen Änderung den grössten Konsistenzgewinn verspricht.

Die Arbeitsmappe 🖫 Kioskstandort.xls berechnet den Prioritätenvektor (Eigenvektor) und den betragsgrössten Eigenwert der Kriterienmatrix 2.8 mit der **Potenzmethode**:

	Sichtbar	*Konkurr.*	*Frequenz*	*Miete*	*Quersumme*	***Eigenvektor***
Sichtbar	4.00000	12.66667	8.00000	2.00000	26.67	**0.24**
Konkurr.	2.00000	4.00000	2.80000	0.80000	9.60	**0.09**
Frequenz	3.20000	8.66667	4.00000	1.20000	17.07	**0.16**
Miete	10.00000	28.00000	14.00000	4.00000	56.00	**0.51**
					109.33	1.00

Matrix 2.13: Erste Iteration der Potenzmethode der Prioritätenvektorberechnung

a) Es quadriert die Vergleichsmatrix. Das Ergebnis ist gleich der (schattierten) Matrix 2.13.
b) Es berechnet die Quersumme jeder Matrixzeile.
c) Es normiert die Quersummen, indem es jede Quersumme durch die Summe aller Quersummen dividiert.
d) Das Ergebnis ist eine erste Näherung des gesuchten Prioritätenvektors.
e) Es wiederholt die Schritte a bis d solange, bis sich der Prioritätenvektor nicht mehr ändert.

Im Beispiel Kioskstandort führt bereits die erste Iteration zu einem Prioritätenvektor, der sich nicht mehr ändert. Die Prioritäten sind praktisch identisch mit den Näherungswerten von Matrix 2.10. Miete ist mit einer Priorität von 0.51 das wichtigste Kriterium, Konkurrenz mit 0.09 das unwichtigste.

Die Berechnung verläuft im einzelnen wie folgt: Aus der Multiplikation von **V** mit sich selbst ergibt sich die quadratische Matrix 2.13. Der Wert 4 der Zelle (1,1) entsteht zum Beispiel aus dem Skalarprodukt des ersten Zeilenvektors mit dem ersten Spaltenvektor:

$$[1, 5, 1, 1/3] \cdot \begin{bmatrix} 1 \\ 1/5 \\ 1 \\ 3 \end{bmatrix} = 4$$

Die übrigen Operationen ersehen Sie leicht aus der Matrix 2.13. Die Berechnung der lokalen Alternativenprioritäten verläuft analog. Die *globalen* Alternativenprioritäten werden gleich wie mit dem groben Verfahren berechnet (siehe 🖫 Kioskstandort.xls).

Zusammenfassend wählt ExpertChoice den folgenden Weg:

A Analyse

1. Entscheidungselemente (Ziel, Kriterien und Alternativen) identifizieren
2. Entscheidungselemente hierarchisieren

B Synthese

3. Entscheidungselemente paarweise vergleichen
   a) Der Vergleich der Kriterien bezüglich des Ziels ergibt eine einzige Vergleichsmatrix.
   b) Der Vergleich der Alternativen bezüglich jedes Kriteriums ergibt so viele Vergleichsmatrizen wie Kriterien.

4. Prioritätenvektoren und Inkonsistenzverhältnisse berechnen
   a) Aus dem Vergleich der Kriterien bezüglich des Ziels wird mit der Eigenwertmethode ein einziger Prioritätenvektor und ein einziges Inkonsistenzverhältnis berechnet.
   b) Der Vergleich der Alternativen bezüglich jedes Kriteriums ergibt für jede Alternative je einen Prioritätenvektor und je ein Inkonsistenzverhältnis.
5. Globale Alternativen bezüglich des Ziels berechnen
   a) Die Prioritäten jeder Alternative bezüglich der Kriterien werden mit den Kriterienprioritäten gewichtet
   b) Die Addition der gewichteten Prioritäten jeder Alternative ergibt die jeweilige globale Alternativenpriorität.
6. Alternative(n) mit dem (den) höchsten Gewicht(en) wählen
7. Sensitivität der Prioritäten prüfen.

Aufgabe 2.4 (KIOSKSTANDORT mit *MS Excel)*

Zuerst werden Sie die bereits bekannten Lösungsmethoden *nachvollziehen*. Dann erhalten Sie Gelegenheit, das Tabellenblatt zu ergänzen.

Lernziele

⇨ Grobe Berechnung der Prioritäten in MS Excel nachvollziehen

⇨ Exaktere Berechnung der Prioritäten in MS Excel nachvollziehen

Aufgabe

Laden Sie die Arbeitsmappe Kioskstandort.xls. Sie enthält ein Tabellenblatt zur groben und eines zur exakteren Prioritätenberechnung. Sie erhalten auf drei Arten Hilfe:

- Wenn Sie den Cursor auf ein Toolbar-Symbol positionieren, erscheint eine Kurzbeschreibung des Symbols.
- Ausführliche Hilfe erhalten Sie, wenn Sie auf einem Menüpunkt *Shift/F1* drücken.
- Wenn Sie den Cursor auf die orange Zelle *Hilfe* bewegen, erscheint eine Erläuterung zum Tabellenblatt. Für Details bewegen Sie den Cursor über Zellen mit ◥.

Beantworten Sie anhand des Tabellenblatts die folgenden Fragen:

a) Beschreiben Sie die Bedeutung aller Spalten, Zeilen, Zellen und Formeln, ohne gleich die Zellenkommentare (◥) zu lesen. Folgen Sie dabei den Schritten der *Hilfe*.
b) Die beiden Tabellenblätter sind vor allem deshalb unvollständig, weil sie nur eine von mehreren lokalen Alternativenprioritäten berechnen. Vervollständigen Sie die Tabellenblätter so, dass sich die Änderung einer Vergleichsmatrix auf die weiteren Ergebnisse fortpflanzt.
c) Wie müssten Sie die Arbeitsmappe ändern, damit sie nicht nur Vergleichsmatrizen des Problems Kioskstandort, sondern beliebige Vergleichsmatrizen akzeptiert?

2.6 AHP im Vergleich

Der Vergleich 2.15 betrachtet AHP zusammen mit den entscheidungsunterstützenden Methoden der übrigen Kapitel. + bedeutet einen überdurchschnittlichen Wert auf dem Zeilenkriterium, ∅ einen durchschnittlichen und – einen unterdurchschnittlichen. Der Vergleich verwendet die Kriterien der Übersicht 2.14. Die Aufzählung ist nicht erschöpfend, weitere Kriterien sind zum Beispiel ▸Fehlertoleranz, ▸Skalierbarkeit und Validierungsfreundlichkeit. Die letzte Spalte enthält mit der Regressionsanalyse eine konventionelle statistische Methode. Sie ist so verbreitet und bekannt, dass wir sie als Referenzmethode anführen.

Im Vergleich zu den Methoden der übrigen Kapitel zeichnet sich der analytische Hierarchieprozess vor allem durch seine breite Anwendbarkeit aus. Seine Allgemeinheit steht allerdings oft im Gegensatz zur Operationalität und Genauigkeit. Die lineare Optimierung (Kapitel 3) ist zum Beispiel weniger allgemein, ihre Indikation und Ergebnisse sind aber wesentlich genauer. Man wird deshalb AHP vor allem dort einsetzen, wo sich keine genauere und besser automatisierbare Methode anbietet. AHP eignet sich vor allem für schlecht quantifizierbare Probleme, deren Datenlage nur mehr oder weniger subjektive Vergleiche ermöglicht. Die Synthese von Gewichten (Prioritäten) setzt allerdings voraus, dass sich die Entscheidungselemente (Ziele, Kriterien und Alternativen) ▸kardinal und unabhängig messen lassen. Selbst wenn diese Voraussetzungen erfüllt sind, lassen sich die Werte der benutzerdefinierten Vergleichsmatrizen nur unzulänglich begründen. Dies führt vor allem bei Mehrpersonenentscheidungen zu schlecht objektivierbaren Entscheidungsgrundlagen. Der paarweise Vergleich der Entscheidungselemente erfordert ausserdem viele

Kriterium	*Ziel*
Methode breit anwendbar	Schwache Modellvoraussetzungen - insbesondere an das ›Messniveau und die Beschaffbarkeit der Daten - erlauben einen breiten Einsatz.
Methode automatisierungsfreundlich	Viele Endbenutzerentscheidungen lassen sich automatisieren. Benutzerinterventionen sind selten.
Ergebnis genau	Das Ergebnis ist unzweideutig und verbessert eine uninformierte Vorhersage klar.
Unabhängige Variablen gewichtbar	Die Methode bewertet den unterschiedlichen Einfluss der unabhängigen Variablen.
Lösungsweg begründbar	Das Zustandekommen eines Ergebnisses lässt sich einfach und automatisierbar erklären.
Methode plausibel	Die Methode als ganzes ist für den Anwender gut nachvollziehbar.
Ergebnis einbettbar (engl. embeddability)	Das erstellte Problemlösungsmodell lässt sich einfach in andere Informationssysteme - vor allem ›RDBMS - integrieren.
Entwicklungsaufwand	Der Zeitaufwand zur Entwicklung eines domänenangepassten Problemlösungsmodells ist klein (vor allem die Datenvorbereitung).
Rechnerbelastung	Der Laufzeit- und Speicheraufwand zur Erstellung und Anwendung eines Modells ist bescheiden

Übersicht 2.14: Vergleichskriterien entscheidungsunterstützender Methoden

Benutzerinterventionen und beschränkt den Automatisierungsgrad einer Nutzwertanalyse.

Ein Hauptvorteil der Nutzwertanalyse ist ihre leichte Kommunizierbarkeit. Weil ihr Vorgehen plausibel ist, lassen sich ihre Ergebnisse leicht begründen. Für den Spezialfall AHP gilt dies allerdings nur eingeschränkt; die Aggregation der Paarvergleiche und die Berechnung der Inkonsistenzverhältnisse sind für den Durchschnittsbenutzer schwer nachvollziehbar. Oft wendet man deshalb ein, AHP "schiesse mit Kanonen auf Spatzen". Die konventionelle Nutzwertanalyse eigne sich für die ohnehin beschränkt objektivierbaren Urteile in schlecht strukturierbaren, ungewissen und innovativen Entscheidungssituationen ebenso gut. Dieser Einwand ändert allerdings nichts an der mangelnden ›Reliabilität der simultanen Vergleiche einfacher Nutzwertanalysen (vgl. Abschnitt 2.3).

Kriterium	*AHP*	*Optimierung*	*OLAP*	*Regelbasierte Systeme*	*Induktion*	*Neuronale Netze*	*Regression*
Methode breit anwendbar	+	–	+	∅	∅	∅	–
Automatisierungsgrad	–	+	–	∅	+	+	+
Ergebnis genau	–	+	+	∅	+	+	+
Unabhäng. Variablen gewichtbar	1)	–	–	–	∅	–	+
Lösungsweg begründbar	∅	–	∅	+	+	–	–
Methode plausibel	+	∅	+	+	∅	–	∅
Ergebnis einbettbar	∅	+	∅	∅	+	∅	+
Entwicklungsaufwand	+	+	–	–	+	∅	∅
Rechnerbelastung	+	+	–	∅	∅	–	+

Vergleich 2.15: AHP und andere EUS-Methoden

1) Gewichtung durch den Benutzer

Zusammenfassung

- Der analytische Hierarchieprozess (AHP) ist eine Verfeinerung der herkömmlichen Nutzwertanalyse. Die *Nutzwertanalyse* ist eine entscheidungsunterstützende Methode, die quantitative und vor allem qualitative Alternativen und Kriterien an einem oder mehreren Zielen auf einer gemeinsamen Punkteskala bewertet.
- Eine Nutzwertanalyse besteht aus den *Phasen* "Problem strukturieren", "Kriterien und Alternativen ordnen", "Alternative(n) wählen" und "Sensitivität der Entscheidung testen".
- Der *analytische Hierarchieprozess* unterscheidet sich von der konventionellen Nutzwertanalyse, weil er die Alternativen und Kriterien auch paarweise statt nur simultan bewerten kann und die Ergebnisse der Paarvergleiche mathematisch begründet aggregiert. Eine Reihe von Paarvergleichen ist zuverlässiger als eine simultane Bewertung der gleichen Kriterien bzw. Alternativen.
- AHP aggregiert die Paarvergleiche zu Kriterienprioritäten, lokalen Alternativenprioritäten und globalen Alternativenprioritäten. *Kriterienprioritäten* ordnen die Wichtigkeiten der Kriterien in Bezug auf das Ziel. Eine *lokale* Alternativenpriorität misst die Bedeutung einer Alternative aus der Sicht eines einzigen Kriteriums, während eine *globale* Alternativenpriorität die Bedeutung einer Alternative für die Erfüllung des Ziels angibt.
- Wegen der bei Paarvergleichen auftretenden Inkonsistenzen berechnet AHP für jede Vergleichsmatrix ein *Inkonsistenzverhältnis*, das angibt, ob inkonsistente Paarvergleiche korrigiert werden sollen.
- AHP reduziert die Berechnung der Prioritäten und des Inkonsistenzverhältnisses auf ein *Eigenwertproblem*. Der Vergleich der Kriterien bezüglich des Ziels ergibt einen einzigen Prioritätenvektor und ein Inkonsistenzverhältnis. Der Vergleich der Alternativen bezüglich jedes Kriteriums ergibt für jede Alternative einen Prioritätenvektor und ein Inkonsistenzverhältnis. Aus den mit den Kriterienprioritäten gewichteten lokalen Alternativenprioritäten ergeben sich schliesslich die gesuchten globalen Alternativenprioritäten.

Wiederholungsfragen

Die folgenden Mehrfachwahl- und Zuordnungsaufgaben ergänzen die Vertiefungsaufgaben des Kapitels. Wählen Sie bei den Mehrfachwahlaufgaben jeweils die beste Antwortalternative. Sie können die Aufgaben auch unter der Kontrolle des Testprogramms \Folien\WebQuiz\WebQuiz lösen. Es begründet falsche Antworten und verweist Sie auf die entsprechende Folie.

1. Was heisst *AHP*?

a) Analytisches Hierarchisierungs-Programm
b) Analytischer Hierarchieprozess
c) Analytic Hierarchical Programming
d) Analytical Hierarchy Partitioning

2. Was ist *falsch?*

a) AHP ist breit anwendbar.
b) AHP ist plausibel.
c) Die Ergebnisse sind genau.
d) Die Rechnerbelastung ist gering.

3. *AHP ...*

a) hierarchisiert ein Ziel und mehrere Kriterien und Nebenbedingungen.
b) ordnet mehreren Zielen Lösungsalternativen zu.
c) bewertet ein einziges Ziel anhand von Entscheidungselementen.
d) ordnet mehrere Ziele, Kriterien und Alternativen hierarchisch.

4. Ordnen Sie die Messskalen A bis C den Aufgaben 1 bis 3 zu.

A Ordinalskala
B Nominalskala
C Intervallskala

1 Klassifikation
2 Klassifikation und Ordnung
3 quantitative Messung von Rangunterschieden

5. Wie *vergleicht* AHP Entscheidungselemente?

a) simultan auf einer Verhältnisskala
b) paarweise auf einer Intervallskala
c) hintereinander auf einer Ratioskala
d) sukzessiv auf einer Nominalskala

6. Was ist *richtig*?

a) Simultanvergleiche sind aufwendiger als Paarvergleiche.
b) Paarvergleiche sind besser reproduzierbar als Simultanvergleiche.
c) Inkonsistenzen treten vor allem bei Simultanvergleichen auf.
d) Bei 5 Kriterien beträgt die Zahl der Paarvergleiche 25.

7. Welchen *Vorteil* hat AHP?

a) Vergleiche dürfen inkonsistent sein.
b) Seine simultanen Vergleiche sind flexibel.
c) Es verwendet die Ordinalskala.
d) Die Prioritätenberechnung ist durchschaubar.

8. Ordnen Sie den Satzanfängen A und B das richtige Satzende 1 bis 3 zu.

A Globale Prioritäten ordnen ...
B Lokale Prioritäten ordnen ...

1 Kriterien bezüglich der Zielrelevanz.
2 Alternativen bezüglich *eines* Kriteriums.
3 Alternativen bezüglich *aller* Kriterien.

9. Welche AHP-Ergebnisse können nur mit der *Eigenvektor*-Methode exakter berechnet werden?

a) Vergleichsmatrizen
b) globale Alternativenprioritäten
c) globale Kriterienprioritäten
d) lokale Prioritäten

10. Je grösser die *Differenz zwischen dem betragsgrössten Eigenwert und n*, ...

a) desto grösser das Inkonsistenzverhältnis.
b) desto konsistenter die Paarvergleiche.
c) desto grösser λ.
d) desto kleiner die Dimension.

11. Welches Problem lässt sich *nicht* mit einer Sensitivitätsanalyse lösen?

a) Wie beeinflusst eine Parameteränderung das Ergebnis?
b) Wie empfindlich reagiert eine lokale Alternativenpriorität auf die Änderung eines Kriteriengewichts?
c) Wie empfindlich reagiert AHP auf die Einführung neuer Kriterien und Alternativen?
d) Wie empfindlich reagiert der Zielwert einer linearen Optimierung auf marginale Änderungen der Koeffizienten?

Vertiefungshinweise

Lehrbücher

▷ Saaty, Thomas L., *How to Make a Decision: The Analytic Hierarchy Process*, Interfaces, Vol.24, No.6, 19-43

Kurze und gut verständliche Einführung in den Begriff und die Theorie von AHP durch dessen Begründer

▷ Saaty, Thomas L., *The Fundamentals of Decision Making and Priority Theory with the Analytic Hierarchy Process*, The Analytic Hierarchy Process Series, Vol. 6, RWS Publications, Pittsburgh 1994, 527 S.

Mehrere Artikel zu Begriff, Anwendung und Theorie

▷ Saaty, Thomas L., *The Analytic Hierarchy Process, Planning, Priority Setting*, McGraw-Hill, United States of America1980, 287 S.

Umfangreiche Einführung in den Begriff, die Anwendung und die Theorie. Der dritte Teil enthält eine Einführung in die mathematischen Grundlagen.

Websites

▷ *ExpertChoice, Inc.*
http://www.expertchoice.com/

Produkt- und Anbieterinformation zur neuesten Version des AHP-Produkts *ExpertChoice*

▷ *Institute for Accounting and Controlling*, Universität Bern/Schweiz
http://www.iuc.unibe.ch/Menus/lehre/vorlesungen/ConII_2k.htm

Anwenderorientierte Einführung in AHP und Excel-Anwendung zum Herunterladen

3 Was-Wenn-Analyse

Neue Begriffe

Welche Entscheidungen eignen sich für Was-Wenn-Analysen in MS Excel?
- wohlstrukturierte Entscheidungen
- sichere Entscheidungen
- adaptive Entscheidungen
- Entscheidungen mit mittlerem Automatisierungsgrad

Nach welche Kriterien werden Was-Wenn-Analysen eingeteilt?
- Zahl der Wenn-Variablen
- Zahl der möglichen Konstellationen von Ausgangswerten
- automatische Änderung der Ausgangswerte in Richtung Zielwert?

Welche Methoden der Was-Wenn-Analyse stellt MS Excel bereit?
- einfache Neuberechnung
- Mehrfachoperation
- Szenario
- einfache Zielwertsuche
- Optimierung

Welche Optimierungsverfahren stellt MS Excel bereit?
- lineare Optimierung
  - konventionelle -
  - ganzzahlige -
- nichtlineare Optimierung

Wie setzt sich ein lineares Optimierungsmodell zusammen?
- lineare Zielfunktion
- lineare Nebenbedingungen

3.1 Unterrichtsmaterial

Das letzte Kapitel hat mit dem analytischen Hierarchieprozess eine Methode eingeführt, die ungenaue qualitative Urteile über Kosten und Nutzen von Handlungsalternativen auf einer ›Intervallskala abbildet und aggregiert. Im Gegensatz dazu erstellen die Verfahren dieses Kapitels aus sicheren und genauen Daten numerische Modelle, die Wirkungen von unabhängigen Variablen (Ausgangswerten) auf eine oder mehrere abhängige Variablen (Zielwerte) untersuchen. Die gemeinsame Fragestellung lautet "Was geschieht, wenn ...?". Was geschieht zum Beispiel mit den Ergebnissen der ›Jahresabschlussrechnung, wenn der Warenaufwand um 20% steigt?

Man fasst deshalb solche Verfahren unter der Bezeichnung **Was-Wenn-Analyse** zusammen. Dieses Kapitel verwendet ein Werkzeug, das sich besonders gut zur Was-Wenn-Analyse eignet, die Tabellenkalkulation.

Aus der Foliensammlung der CD ROM gelangen Sie zu den folgenden *MS Excel*-Tabellenblättern und -Informationen:

- Was-Wenn-Beispiele zur Erfolgsrechnung
- Aufgaben BILANZ und ROI zur elementaren Was-Wenn-Analyse
- Beispiel ANZEIGENPLANUNG zur linearen Optimierung
- Aufgabe PRODUKTIONSPLANUNG zur linearen Optimierung
- Anbieter- und Produktinformation zur Tabellenkalkulation.

Die Tabellenblätter und -skelette der CD ROM enthalten Anleitungen zur Bedienung von MS Excel. Die folgenden Abschnitte behandeln deshalb nur grundsätzliche Aspekte der Verfahren.

3.2 Elementare Verfahren

Dieser Abschnitt veranschaulicht vier elementare Verfahren der Was-Wenn-Analyse an einfachen Erfolgsrechnungen. Eine **Erfolgsrechnung** beschreibt zusammen mit der Bilanz, der ›Kapitalflussrechnung und der ›Kennzahlenanalyse den ›Jahresabschluss einer Unternehmung. Sie ermittelt den Erfolg (Gewinn oder Verlust) aus dem Ertrag und dem Aufwand der vergangenen Buchungsperiode. Gegenstand von Was-Wenn-Analysen ist insbesondere die Planerfolgsrechnung. Sie ist eine zukunftsgerichtete Variante der Erfolgsrechnung, die auf der Planerlösrechnung und der Plankostenrechnung aufbaut.

Die Frage "Was ändert sich an den Zielwerten, wenn sich die Ausgangswerte ändern?" beantworten verschiedene Techniken der Was-Wenn-Analyse unterschiedlich. Wir beurteilen verschiedene Varianten nach den folgenden **Kriterien**:

- ✓ Wie viele Wenn-*Variablen* (Ausgangsvariablen) kann das Modell darstellen? Wie viele Posten der Erfolgsrechnung können zum Beispiel in ihrer Wirkung auf den Erfolg variiert werden?
- ✓ Wieviele *Sätze* von Wenn-Variablen lassen sich *gleichzeitig* analysieren? Wieviele verschiedene Branchen-Erfolgsrechnungen lassen sich zum Beispiel simultan analysieren?
- ✓ Lassen sich die Ausgangswerte *automatisch* in Richtung eines Zielwerts ändern? Ist es zum Beispiel möglich, die Wenn-Werte automatisch solange ändern zu lassen, bis ein fester Zielwert oder ein Minimum bzw. Maximum erreicht wird.

Die nächsten Abschnitte wenden diese Kriterien auf die einfache Neuberechnung, die Mehrfachoperation, das Szenario und die einfache Zielwertsuche an.

3.2.1 Einfache Neuberechnung

In der Arbeitsmappe 💻 Erfolgsrechnung.xls finden Sie ein Tabellenblatt "Neuberechnung", das die elementarste Methode der Was-Wenn-Analyse veranschaulicht. Die Benutzerin kann im Tabellenblatt 3.1 einen oder beide Wenn-Werte (Warenertrag, Warenaufwand) in der Bearbeitungsleiste ändern und die Wirkung auf den Was-Wert "Bruttogewinn" beobachten. Nachteil dieses Verfahrens ist, dass bei jeder Neuberechnung die ursprünglichen Werte verloren gehen. Im Gegensatz zu den nachfolgenden Verfahren können deshalb die Auswirkungen verschiedener Wenn-Datensätze nicht nebeneinander beobachtet werden. Die einfache Neuberechnung ist zwar flexibel aber wenig benutzerfreundlich, weil sie unabhängige Variablen nur **sukzessiv** ändern kann.

Posten	*Saldo*	
Warenertrag	1000	*erster veränderlicher Wenn-Wert*
Warenaufwand	600	*zweiter veränderlicher Wenn-Wert*
Bruttogewinn	**400**	*Warenertrag-Warenaufwand (Was-Wert)*

Tabellenblatt 3.1: Neuberechnung einer einstufigen Planerfolgsrechnung

3.2.2 Mehrfachoperation

Der Benutzer kann wie bei der einfachen Neuberechnung Wenn-Werte ändern und die Auswirkungen auf Was-Werte beobachten. Im Gegensatz zum Tabellenblatt 3.1 kann er aber mehrere Wenn-Datensätze gleichzeitig untersuchen. Die schattierte Matrix von Tabellenblatt 3.2 enthält die Was-Werte unter neun (3 × 3) verschiedenen Wenn-Konstellationen. Der Bruttogewinn der ersten Zelle (400) entsteht zum Beispiel aus der Differenz zwischen dem Warenertrag und dem Warenaufwand (1000-600). Die Implementation ersehen Sie aus dem Tabellenblatt "Mehrfachoperation" der Arbeitsmappe Erfolgsrechnung.xls.

Eine Mehrfachoperation ist benutzerfreundlicher als die einfache Neuberechnung, weil sie Daten **simultan** statt sukzessiv variiert. Sie ist aber **spezieller**, weil sie entweder *höchstens zwei* Wenn-Variablen ändern kann oder nur den Einfluss *einer* unabhängigen Variablen auf höchstens zwei abhängige Variablen untersucht.

		Warenertrag		
		1000	*1200*	*1400*
Waren-aufwand	*600*	**400**	**600**	**800**
	800	**200**	**400**	**600**
	1000	**0**	**200**	**400**

Tabellenblatt 3.2: Mehrfachoperation auf einer einstufigen Erfolgsrechnung

3.2.3 Szenario

Ein Szenario beantwortet die Frage, was sich an einem Formelergebnis ändert, wenn ein neuer Wenn-Datensatz einen bestehenden Datensatz ersetzt. Eine Unternehmung kann zum Beispiel pessimistische und optimistische Varianten einer Planerfolgsrechnung untersuchen. Tabellenblatt 3.3a zeigt die Wirkung des im Menü 3.3b gewählten pessimistischen Szenarios. Der Benutzer kann im Szenarienmenü aber auch die optimistische Wenn-Konstellation wählen (den Datensatz [1200, 700]). Er hat ausserdem im Szenarienmenü 3.3b den Warenaufwand und den Bruttogewinn als veränderlich markiert ($B$3:$B$4). Dieses optimistische Szenario ergibt schliesslich einen veränderten Was-Wert (Bruttogewinn).

	A	B	
3	Warenertrag	1000	*konstanter WENN-Wert*
4	Warenaufwand	700	*veränderlicher WENN-Wert*
5	Bruttogewinn	300	*veränderlicher WAS-Wert*

Tabellenblatt 3.3a: Pessimistisches Szenario aus dem Formular 3.3b

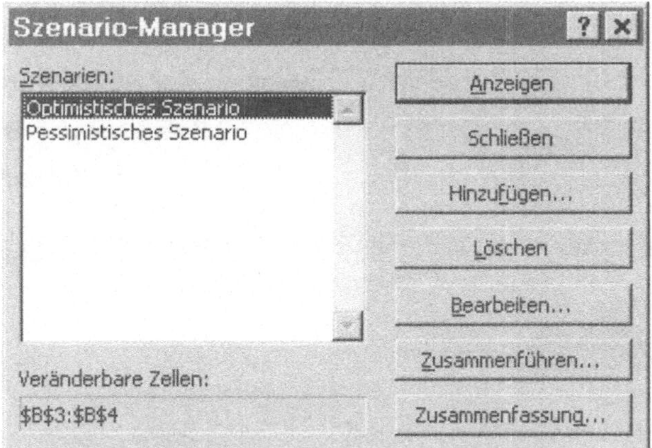

Formular 3.3b: Szenarienmenü zu Tabellenblatt 3.3a

Szenarien sind benutzerfreundlich und **allgemein**, weil sie beliebig viele statt nur zwei unabhängige Variablen ändern können. Im Gegensatz zur konventionellen Neuberechnung des Abschnitts 3.2.1 bleibt jede Datenkonstellation für den späteren Gebrauch gespeichert. Anders als bei der Mehrfachoperation ist es aber mit Szenarien *nicht* möglich, verschiedene Wenn-Datensätze und ihre Ergebnisse gleichzeitig auf dem Bildschirm zu betrachten.

3.2.4 Einfache Zielwertsuche

Die gemeinsame Fragestellung der einfachen Neuberechnung, der Mehrfachoperation und des Szenarios lautet: Was geschieht mit einer oder mehreren abhängigen Variablen (Was-Variablen), wenn sich unabhängige Variablen (Wenn-Variablen) ändern. Die Zielwertsuche kehrt die Problemstellung der What-if-Analyse um und fragt, was geschehen muss, damit eine abhängige Variable einen bestimmten **Zielwert** annimmt. Das Menü von Tabellenblatt 3.4a fragt zum Beispiel, *was* sich am Warenaufwand ändern muss, *damit* sich das Formelergebnis von 40% auf 50% ändert? (engl. how to achieve).

Die einfache Zielwertsuche variiert ein Formelergebnis automatisch so lange, bis ein benutzerdefinierter Zielwert erreicht wird. Sie heisst **einfach**, weil sie nur eine einzige *unabhängige* Variable ändern kann. Eine allgemeinere Art der Zielwertsuche lernen wir mit der linearen Optimierung des nächsten Abschnitts kennen. Sie berechnet zwar ebenfalls nur einen einzigen Zielwert, variiert aber automatisch *mehrere* unabhängige Variablen.

	A	B	
3	Warenertrag	1000	*konstanter WENN-Wert*
4	Warenaufwand	600	*veränderlicher WENN-Wert*
5	Bruttogewinn	400	*Zwischenergebnis*
7	**Handelsmarge**	**40%**	*Zielwert*

Tabellenblatt 3.4a: Ausgangswerte der einfachen Zielwertsuche von Abb. 3.3b

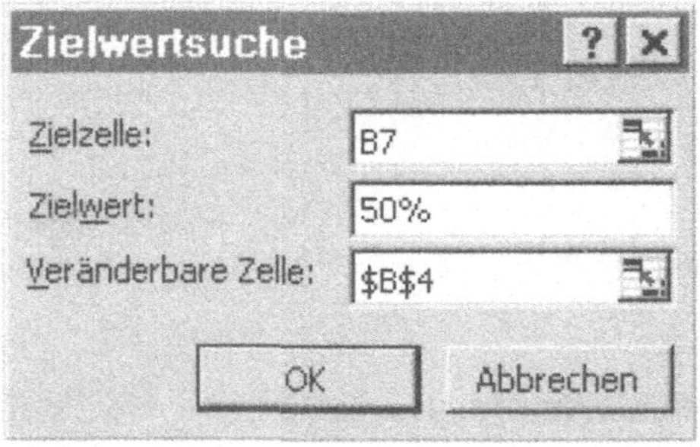

Zielwertsuche	
Zielzelle:	B7
Zielwert:	50%
Veränderbare Zelle:	$B$4
OK	Abbrechen

Formular 3.4b: Zielwertformular zu Tabellenblatt 3.4a

Aufgabe 3.1a (🖱 BILANZANALYSE mit MS Excel)

Der Inhaber einer Schreinerei bittet im September den Buchhalter, die Bilanzpositionen auf Ende Jahr hochzurechnen. Der Buchhalter prognostiziert eine Verschlechterung der Geschäftsposition. Zur Beurteilung von Massnahmen wird eine Was-Wenn-Analyse erstellt. Entscheidungsparameter sind Höhe und Zinssatz der kurzfristigen Bankkredite und des Hypothekarkredits, Abschreibungssatz, Verkaufserlös, sonstiger Erlös und die Bilanzposition Fahrzeuge.

Öffnen Sie 💻 Bilanzanalyse.xls. Sie erhalten auf drei Arten Hilfe:

- Wenn Sie den Cursor auf ein Toolbar-Symbol positionieren, erscheint eine Kurzbeschreibung des Symbols.

- Ausführliche Hilfe erhalten Sie, wenn Sie auf einem Menüpunkt *Shift/F1* drücken.
- Mit dem Cursor auf der orangen Zelle "Hilfe" können Sie eine Anleitung lesen. Für Details bewegen Sie den Cursor über Zellen mit ◥.

1. Einfache Neuberechnung

a) Auf dem Tabellenblatt *Bilanz-Erfolgsrechnung* finden Sie die Abschlussrechnungen. Aus Gründen der Einfachheit können Sie nur die Zahlen unter dem Titel *Eingabeparameter* ändern. Eingaben werden automatisch in die Bilanz übernommen.

Überlegen Sie, welche Eingabeparameter der Geschäftsführer selbst beeinflussen kann. Ändern Sie dann die Parameter so, dass die Schreinerei einen höheren Gewinn erzielt. Berücksichtigen Sie dabei die wirtschaftlichen Rahmenbedingungen. Wird beispielsweise die Höhe der Hypothek verringert, so muss eine alternative Finanzierungsquelle gefunden werden.

b) Drücken Sie den Schaltknopf *Werte zurücksetzen.*

Die Bank setzt den Zinssatz für Hypotheken auf 5.25% und jenen der kurzfristigen Bankkredite auf 3.25%. Der Geschäftsführer entwirft darauf die folgenden Massnahmenpakete:

- Die Hypothek wird auf Kosten eines um den gleichen Betrag erhöhten kurzfristigen Bankkredits um *15'322* gesenkt. Zugleich wird die Bilanzposition Fahrzeuge um *4'000* aufgewertet, weil eines der Fahrzeuge fälschlicherweise zu stark abgeschrieben wurde. Die Ankündigung einer Lohnerhöhung auf den 1. Januar dürfte den Verkaufserlös um 3'400 erhöhen.
- Der Besitzer verkauft die gesamte Maschinenanlage für 59'050 und kauft sich eine neue und billigere Anlage für 55'050. Aufgrund der tieferen Qualität der neuen Maschinen muss der Abschreibungssatz generell um 1% nach oben korrigiert werden.

Wie beurteilen Sie die Massnahmen? Für welches Paket würden Sie sich aus welchen Gründen entscheiden?

2. Mehrfachoperation

c) Drücken Sie erneut den Schaltknopf *Werte zurücksetzen.*

Die Bank fixiert den kurzfristigen Zins auf 3.5%. Vom Hypothekarzins können Sie hingegen nur vermuten, dass er zwischen 4.5%-7.5% liegen wird. Der Geschäftsführer möchte nun wissen, welchen Einfluss verschiedene Konstellationen von Abschreibungs- und Hypothekarzinssätzen auf den Gewinn haben können. Wechseln Sie zum Tabellenblatt Mehrfachoperationen und verwenden Sie die Mehrfachoperation von Excel:

- Schreiben Sie die angegebene Formel für den Gewinn in Abhängigkeit vom Abschreibungs- und Hypothekarzinssatz in die Zelle *B6.*
- Markieren Sie den Bereich *B6 bis F10* und wählen Sie im Menü *Daten/Tabelle.* Im eingeblendeten Fenster geben Sie unter Zeilen die Zeilenbezugszelle *G6* und unter Spalten die Spaltenbezugszelle *B11* an.

Zusatzaufgabe: Nehmen Sie an, die Mehrfachoperation stünde nicht bereit. Wie könnte dann die Formel für Zelle *C7* lauten?

3. Szenario

d) Setzten die Werte des Tabellenblatts *Bilanz-Erfolgsrechnung* zurück. Gehen Sie davon aus, dass der Geschäftsführer von der Bank überhaupt keine Angaben über die künftigen Zinssätze für Hypothekarkredite und kurzfristige Kredite erhält. Deshalb erstellt er die folgenden Szenarien:

Szenarienname	*Kreditzins*	*Hypothekarzins*	*Verkaufserlös*
Optimistisches Szenario	3%	5%	350'000
Pessimistisches Szenario	5%	7%	335'000
Planszenario	3.5%	5.5%	340'000

Beobachten Sie die Auswirkungen der Szenarien auf den Gewinn.

4. Zielwertsuche

e) Kehren Sie wieder zu den Ausgangswerten zurück und beantworten Sie die folgenden Fragen mit der Zielwertsuche von Excel:

- Wie hoch darf die Hypothek höchstens sein, damit ein Gewinn von 2'000 resultiert?
- Die Abschreibung sollte den Wert von 8'000 nicht übersteigen. Wie hoch darf der Abschreibungssatz deshalb höchsten sein? Wie gross ist der Gewinn?

5. Ergänzungsaufgabe

f) Der Geschäftsführer überlegt sich anhand des Zwischenergebnisses von September die Bandbreiten der zu erwartenden Bilanzpositionen.

Bilanzposition	*Minimum*	*Plan*	*Maximum*
Verkaufserlös	320'000	340'000	355'000
sonstiger Erlös	10'000	4'740	0
Maschinen Jahresbeginn	58'000	59'050	70'000
Fahrzeuge Jahresbeginn	40'000	46'960	55'000
Hypotheken	65'000	75'322	80'000
Bankkredite	40'000	45'200	60'000
kurzfristige Bankzinsen	2.50%	3.50%	5.00%
Hypothekarzins	4.00%	5.50%	8.00%
Abschreibungssatz	7.50%	10.00%	12.00%

Überlegen Sie sich für jede Position, ob sich das Maximum (Minimum) positiv oder negativ auf den Gewinn auswirkt und stellen Sie mit den getroffenen Erkenntnissen ein Worst Case-, ein Best Case- und ein Plan-Szenario auf.

g) Welches sind die für das Tabellenblatt erforderlichen Formeln?

Aufgabe 3.1b (☝ ROI-ANALYSE mit MS Excel)

Shareholder & Value AG hat soeben ihren Jahresabschluss erstellt und eine ‣Eigenkapitalrentabilität von 8% ermittelt. Damit bleibt die Firma weit hinter den Erwartungen der Aktionäre zurück, denn der Branchenkonkurrent (Pleite & Geier AG) hat mit 12% ein besseres Ergebnis erzielt.

Eine ‣Kennzahlenanalyse soll untersuchen, wie das gewünschte Ergebnis von mindestens 13% mit den nächsten Bilanzdaten erreicht werden kann. Verwenden Sie dazu die elementaren Verfahren der Was-Wenn-Analyse: Einfache Neuberechnung, Mehrfachoptionen, Szenarien und Zielwertsuche.

Öffnen Sie 💻 ROISkelett.xls. Sie erhalten auf drei Arten Hilfe:

- Wenn Sie den Cursor auf ein Toolbar-Symbol positionieren, erscheint eine Kurzbeschreibung des Symbols.
- Ausführliche Hilfe erhalten Sie, wenn Sie auf einem Menüpunkt *Shift/F1* drücken.
- Mit dem Cursor auf der orangen Zelle “Hilfe” können Sie eine Anleitung zum Problem ‣ROI lesen. Für Details bewegen Sie den Cursor über Zellen mit ◥.

1. Einfache Neuberechnung

a) Das Tabellenblatt “ROI-Schema” enthält das ROI-Kennzahlensystem von Shareholder & Value. Die roten Werte sind gegeben und die blauen berechnet. Die Berechnung erfolgt von rechts nach links mit den abgebildeten Operatoren. Verändern Sie die unabhängigen Werte und beobachten Sie die Auswirkungen (zum Beispiel auf die Eigenkapitalrentabilität).

b) Setzen Sie die unabhängigen Variablen mit der Schaltfläche "Initialisiere" auf die Ausgangswerte zurück. Ändern Sie beeinflussbare unabhängige Variablen so, dass eine Eigenkapitalrentabilität von 13% erzielt wird.

c) Der Leverage-Effekt besagt: Wenn die Gesamtkapitalrentabilität grösser als der Fremdkapitalzinssatz ist, dann steigt die Eigenkapitalrentabilität mit zunehmendem Verschuldungsgrad (positiver Leverage-Effekt) und umgekehrt.

   Veranschaulichen Sie den Leverage-Effekt auf dem Tabellenblatt "Leverage": Im ROI-Schema können Sie den Fremdkapitalzinssatz und den Verschuldungsgrad festlegen. Die vorgegebene Gesamtkapitalrentabilität ist 9.2%. Geben Sie diese 9.2% als Fremdkapitalzinssatz ein und variieren Sie schrittweise den Verschuldungsgrad. Welche Auswirkungen auf die Eigenkapitalrentabilität hat ein zunehmender Verschuldungsgrad? Wiederholen Sie diese Prozedur mit jeweils einem tieferen und einem höheren Fremdkapitalzinssatz.

2. Mehrfachoperation

Im Tabellenblatt "Mehrfachoperation" können Sie mehrere Was-Wenn-Konstellationen betrachten. Vergleichen Sie die Eigenkapitalrentabilität der sechzehn Paare (Fremdkapitalzins, Fremdkapitalquote), die Sie auf dem Tabellenblatt finden.

a) Notieren Sie die Formel der Eigenkapitalrentabilität in die Zelle C4.
b) Markieren Sie den Ergebnisbereich C3 bis G7 und wählen Sie den Menüpunkt *Daten/Mehrfachoperation* (bzw. *Daten/Tabelle*).

Alternative: Lösen Sie die Aufgabe ohne den Menüpunkt *Daten/Mehrfachoperation* (bzw. *Daten/Tabelle*).

3. Szenario

Die Fremdkapitalzinsen der Firma Shareholder & Value sind an die Zinssätze am Geld- und Kapitalmarkt gebunden. Die Experten sind sich nicht einig, ob die Zinsen steigen oder fallen. Erstellen Sie deshalb zwei Szenarien: Beim ersten fällt der Zinssatz auf 5%, beim anderen steigt er auf 15%. Welche Auswirkungen hat dies auf die Eigenkapitalrentabilität, wenn alle anderen Werte sonst gleich bleiben?

a) Markieren Sie auf dem Tabellenblatt den Fremdkapitalzinssatz und wählen Sie den Menüpunkt *Extras/Szenario-Manager*.
b) Definieren Sie ein Szenario mit dem Namen "Zinssenkung". Der Wert der veränderbaren Zelle sei 0.05 (5%).
c) Definieren Sie ein zweites Szenario mit dem Namen "Zinserhöhung" und dem Wert 0.15 (15%).
d) Wählen Sie im Szenario-Manager "Anzeigen" und beobachten Sie die Änderungen, insbesondere der Eigenkapitalrentabilität.

4. Zielwertsuche

Wie hoch darf das Anlagevermögen maximal sein, damit eine Eigenkapitalrentabilität von 13% bei sonst unveränderten Bedingungen (Ausgangslage) erzielt werden kann? (Verwenden Sie den Menüpunkt *Extras/Zielwertsuche*).

5. Ergänzungsaufgabe

Für das nächste Jahr kennen Sie die folgende Information über die unabhängigen Variablen:

	Minimum	*Plan*	*Maximum*
Ertrag	740	810	840
Aufwand	730	760	770
Anlagevermögen	260	290	320
Umlaufvermögen	170	190	220
Fremdkapitalzinssatz	7%	10%	12%
Fremdkapitalquote	58%	58%	64%

Erstellen Sie ein Worstcase-, ein Bestcase- und ein Planszenario. Überprüfen Sie die Wirkungsweisen der einzelnen Variablen mittels einfacher Neuberechnung im Tabellenblatt "ROI-Schema".

3.3 Lineare Optimierung

Die Unternehmungsforschung (engl. Operations Research) untersucht mathematische Methoden zur Unterstützung komplexer Entscheidungen. Ziel ist die computergestützte Anwendung dieser Methoden in der Betriebspraxis. Zu den verbreitetsten Verfahren gehören die Optimierung, die Simulation und Entscheidungsbäume. Entscheidungsbäume sind Gegenstand der Kapitel 4 und 7. Die Optimierung ist Schwerpunkt dieses Abschnitts. Sie verallgemeinert die einfache Zielwertsuche, indem sie analysiert, welche Werte mehrere unabhängige Variablen annehmen müssen, um einen Zielwert unter Nebenbedingungen zu minimieren oder zu maximieren. Optimierungsmethoden sind allgemeiner als die einfache Zielwertsuche von Abschnitt 3.2.4, weil sie beliebig viele unabhängige Variablen zulassen.

3.3.1 Fallbeispiel

Fallbeispiel 3.5 beschreibt die Planung einer Anzeigenkampagne, die wir zuerst symbolisch und dann tabellenkalkulatorisch darstellen. Aufgabe des Tabellenblatts ist es, eine betriebswirtschaftliche Fragestellung auf das folgende mathematische Modell abzubilden:

a) Die **unabhängigen Variablen** (Wenn-Werte) werden so lange verändert, bis die abhängige Variable (Zielwert, Was-Wert) eine gewünschte Grösse erreicht. Im Fallbeispiel sollen die Anzeigen pro Zeitung so lange angepasst werden, bis die Gesamtkosten unter Nebenbedingungen minimal werden.
b) Die **Zielfunktion** beschreibt eine lineare Beziehung zwischen dem Zielwert und den unabhängigen Variablen. Ziel ist die Minimierung des Kostentotals, das sich aus den Anzeigenkosten der verschiedenen Zeitungen zusammensetzt. Das Kostentotal ist abhängig von mehreren unabhängigen Variablen, von denen jede die Zahl der Anzeigen in einer bestimmten Zeitung nennt.
c) Die **Nebenbedingungen** (engl. constraints) legen fest, welchen Einschränkungen die Variablen unterliegen und sind ebenfalls linear. Die Nebenbedingungen des Fallbeispiels schränken die Wertebereiche der Kosten, der Anzeigenzahlen und der Leserzahlen ein. Sowohl die Zielfunktion als auch die Nebenbedingungen enthalten also abhängige *und* unabhängige Variablen.

Aus den Angaben des Fallbeispiels 3.5 lässt sich das folgende mathematische Modell erstellen:

a) Unabhängige Variablen

$x_1, \ldots, x_6$ (x_i = Zahl der Anzeigen in Zeitung i)

b) Zielfunktion

Kostentotal =

$$5'950\,x_1 + 5'200\,x_2 + 4'550\,x_3 + 3'800\,x_4 + 4'000\,x_5 + 2'640\,x_6 \rightarrow \text{Minimum!}$$

Eine Unternehmung plant eine Anzeigenkampagne in sechs Zeitungen der deutschsprachigen Schweiz. Der Finanzrahmen beträgt 500'000.-. In jedem Organ erscheinen mindestens 6 Anzeigen. Jede Zeitung berechnet unterschiedliche Preise pro Anzeige und erreicht eine unterschiedliche Zahl von Lesern (siehe tabellarische Hilfsdaten). Insgesamt sollen mindestens 4 Millionen Leser erreicht werden.

	Kosten pro Anzeige	Leser pro Anzeige
1. Zürcher Anzeiger	5'950	49'000
2. Basler Tagblatt	5'200	43'000
3. Berner Bote	4'550	36'500
4. Mittelland	3'800	30'500
5. Nordostschweiz	4'000	29'000
6. Winterthurer Blatt	2'640	20'000

Ausserdem sollen auf eine Zeitung nicht mehr als 40% der Ausgaben fallen, und die Kosten für den Zürcher Anzeiger und das Basler Tagblatt dürfen zusammen nicht grösser als 330'000.- sein.

Wieviele Anzeigen pro Zeitung müssen erscheinen, damit das Total der Anzeigenkosten möglichst tief ausfällt? Gehen Sie wie folgt vor:

1. Stellen Sie die Aufgabe *symbolisch* dar:
   a) Nennen Sie die *unabhängigen* Variablen, die solange geändert werden sollen, bis das Ziel erreicht wird.
   b) Formulieren Sie das *Ziel*, das optimiert werden soll (Optimieren heisst minimieren oder maximieren).
   c) Formulieren Sie die *Nebenbedingungen* (Beschränkungen), die bei der Zieloptimierung gelten sollen.
2. Stellen Sie die Aufgabe in einem *Tabellenblatt* dar:
   a) Unterscheiden Sie Zielwert, unabhängige Variablen, Nebenbedingungen, Hilfsdaten und allfällige Nebenergebnisse (Ein Nebenergebnis erleichtert der Benutzerin die Problemanalyse, ist aber nicht Teil der linearen Optimierung).
   b) Vergleichen Sie die symbolische mit der Tabellenblatt-Notation.

Fallbeispiel 3.5: ANZEIGENPLANUNG

c) Nebenbedingungen

(1) Minimale Anzeigenzahl pro Zeitung

$x_1, ..., x_6 \geq 6$

(2) Maximales Kostentotal

Kostentotal $\leq$ 500'000

(3) Maximales Budget des Zürcher Anzeigers und des Basler Tagblatts

$5'950\, x_1 + 5'200\, x_2 \leq 330'000$

(4) Maximaler Kostenanteil pro Zeitung

Für alle Anzeigen i gilt: $\text{Kosten}_i \cdot x_i \leq$
$0.4\,(5950\, x_1 + 5'200\, x_2 + 4'550\, x_3 + 3'800\, x_4 + 4'000\, x_5 + 2'640\, x_6)$

(5) Minimales Lesertotal

$49'000\, x_1 + 43'000\, x_2 + 36'500\, x_3 + 30'500\, x_4 + 29'000\, x_5 + 20'000\, x_6$
$\geq 4'000'000.$

Gesucht sind jene Werte der unabhängigen Variablen $x_1, ..., x_6$ (der Anzeigenzahlen), die allen Nebenbedingungen genügen und für welche die Zielfunktion (das Kostentotal) minimal wird. Das Tabellenblatt 3.6 spezifiziert dieses Modell in MS Excel (🖫 Anzeigenplanung.xls). Der zu minimierende *Zielwert*

	1 Kosten/ Anzeige	2 Anzeigen/ Zeitung	3 Kosten	4 Anteil	**5 Leser/ Anzeige**	6 Leser
ZH Anz.	**5'950**	6	35'700	22.8%	**49'000**	294'000
BS Tagb.	**5'200**	6	31'200	19.9%	**43'000**	258'000
BE Bote	**4'550**	6	27'300	17.4%	**36'500**	219'000
Mittelland	**3'800**	6	22'800	14.5%	**30'500**	183'000
Nordost.	**4'000**	6	24'000	15.3%	**29'000**	174'000
Winterth.	**2'640**	6	15'840	10.1%	**20'000**	120'000
	3a Kostentotal		156'840	*6 Lesertotal*		1'248'000
	3b Kosten ZH+BS		66'900			

Nebenbedingungen

2	Anzeigen/Zeitung	≥ 6 und ganzzahlig
3a	Kosten	≤ 500'000
3b	Kosten ZH+BS	≤ 330'000
4	Kostenanteil/Zeitung	≤ 40.0%
6	Lesertotal	≥ 4'000'000

Tabellenblatt 3.6: Lineares Optimierungsmodell des Fallbeispiels 3.5 in Excel

(ZH steht für Zürich, BS für Basel und BE für Bern)

“Kostentotal” ist umrandet. Die *unabhängigen* Variablen sind schattiert und alle auf den minimalen Ausgangswert 6 gesetzt. Die gegebenen Hilfsdaten erscheinen fett. Normal geschriebene Zahlen sind Ergebnisse von Tabellenformeln.

Der untere Teil des Tabellenblattes nennt die *Nebenbedingungen*. Ihre Nummerierung entspricht jener der Tabellenspalten. Von den Ungleichungen der Nebenbedingungen geht in das Optimierungsmodell jeweils nur der rechte Teil ein. Die vollständigen Nebenbedingungen spezifiziert die Benutzerin erst im Solvermodell von Formular 3.7.

Die Spalte 3 multipliziert die Kolonnen 1 und 2. Die Spalte 4 berechnet den Anteil der Kosten (3) am Kostentotal (3a). Die sechste Spalte multipliziert schliesslich die Zahl der Anzeigen pro Zeitung (2) mit der Zahl der Leser pro Anzeige (5). Diese *Nebenergebnisse* tragen zwar nichts zur Lösung des Optimierungsmodells bei, helfen aber dem Anwender bei der Interpretation des Optimierungsresultats.

Das Tabellenblatt 3.6 enthält die Daten und Hilfsergebnisse, die in das lineare Modell einfliessen. Der Kern des Modells wird erst im **Solver**-Dialog des Bildschirmformulars 3.7 spezifiziert. Im obersten Feld steht die Zielvariable “Kostentotal”, in der horizontalen Optionsgruppe die Minimierungsvorschrift und in der nächstunteren Zeile der Zellbereich “Anzeigen” der unabhängigen Variablen. Das grosse Listenfeld nimmt die Nebenbedingungen auf. Die Nebenbedingung **Ganzahlig** ist besonders wichtig, weil sie die Wahl des Optimierungsalgorithmus mitbestimmt.

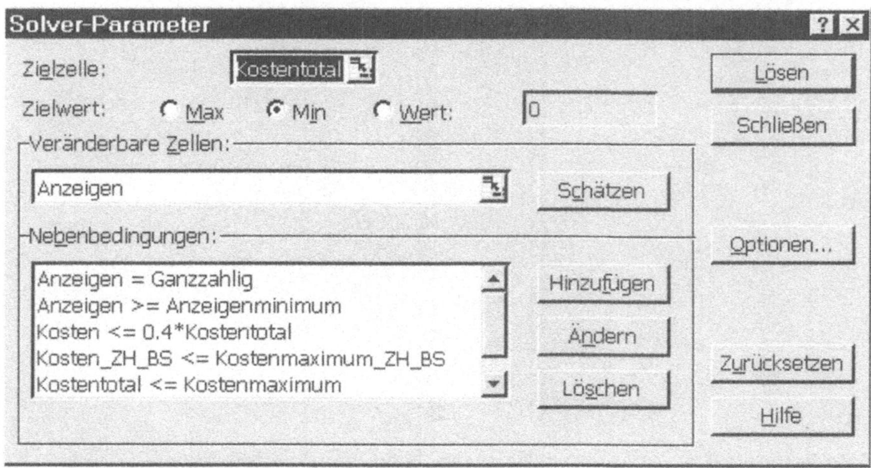

Formular 3.7: Solver-Modell der Anzeigenplanung

Das Tabellenblatt 3.8 zeigt die Ergebnisse der Anzeigenplanung. Unter Beachtung der Nebenbedingungen und der Optimierungsvorschrift ist der Zielwert "Kostentotal" 492'890.-.

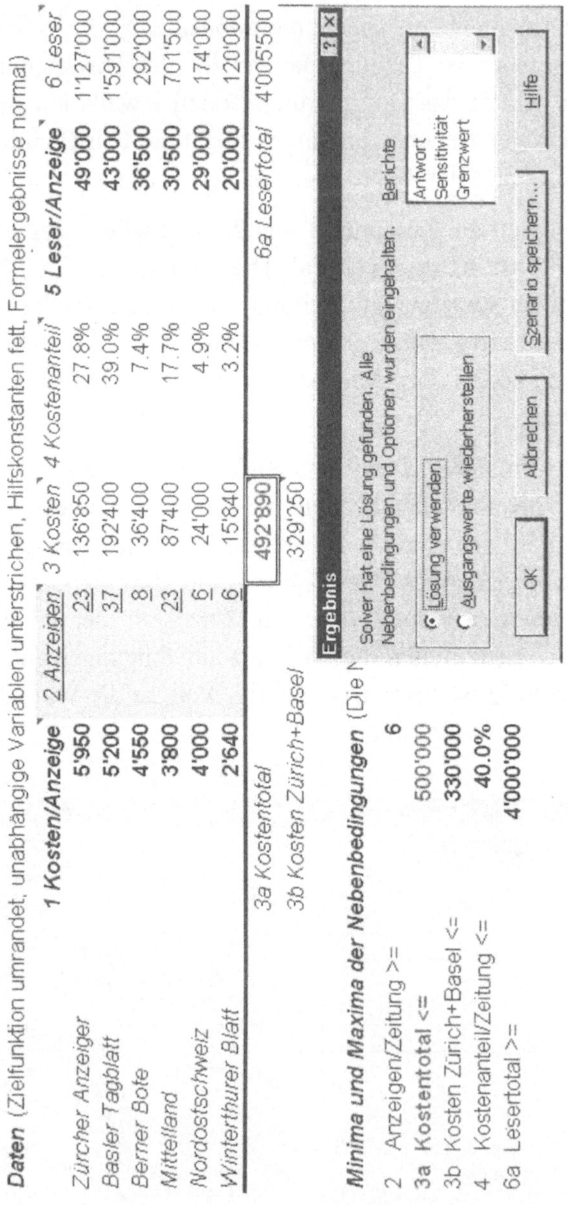

Daten (Zielfunktion umrandet, unabhängige Variablen unterstrichen, Hilfskonstanten fett, Formelergebnisse normal)

	1 Kosten/Anzeige	2 Anzeigen	3 Kosten	4 Kostenanteil	**5 Leser/Anzeige**	6 Leser
Zürcher Anzeiger	**5'950**	23	136'850	27.8%	**49'000**	1'127'000
Basler Tagblatt	**5'200**	37	192'400	39.0%	**43'000**	1'591'000
Berner Bote	**4'550**	8	36'400	7.4%	**36'500**	292'000
Mittelland	**3'800**	23	87'400	17.7%	**30'500**	701'500
Nordostschweiz	**4'000**	6	24'000	4.9%	**29'000**	174'000
Winterthurer Blatt	**2'640**	6	15'840	3.2%	**20'000**	120'000
	3a Kostentotal		492'890		*6a Lesertotal*	4'005'500
	3b Kosten Zürich+Basel		329'250			

Minima und Maxima der Nebenbedingungen (Die N

2	Anzeigen/Zeitung >=	6
3a	**Kostentotal <=**	500'000
3b	Kosten Zürich+Basel <=	**330'000**
4	Kostenanteil/Zeitung <=	**40.0%**
6a	Lesertotal >=	**4'000'000**

Ergebnis

Solver hat eine Lösung gefunden. Alle Nebenbedingungen und Optionen wurden eingehalten.

Berichte: Antwort, Sensitivität, Grenzwert

Lösung verwenden

Ausgangswerte wiederherstellen

OK | Abbrechen | Szenario speichern... | Hilfe

Tabellenblatt 3.8: Ergebnis der linearen Optimierung in MS Excel

Der Benutzer kann sich im Anschluss an die Ergebnispräsentation einen **Sensitivitätsbericht** anzeigen lassen. Dieser fasst zusammen, wie empfindlich das Ergebnis auf kleine Änderungen der Zielfunktion und der Nebenbedingungen reagiert. MS Excel beschränkt die automatische Sensitivitätsanalyse auf kontinuierliche Probleme. Für unseren ganzzahligen Fall können Sie leicht selbst überprüfen, wie empfindlich die Zahl der Anzeigen pro Zeitung auf geänderte Nebenbedingungen reagiert.

Tabelle 3.9 vergleicht die Spreadsheet-Notation von MS Excel mit der symbolischen Notation der Mathematik. Die Solver-Parameter von MS Excel verweisen auf eine Zelle, zum Beispiel eine Zelle mit dem Namen "Kostentotal", oder einen Zellbereich - zum Beispiel den Bereich der Anzeigenzahlen.

	MS Excel	*Mathematik*
Zielfunktion	Tabellenblatt-Formeln und Solver-Parameter	Optimierungs-vorschrift
Nebenbedingungen	Tabellenblatt-Formeln und Solver-Parameter	Ungleichungen

Vergleich 3.9: Tabellenblatt- und mathematische Notation

Die Übersicht 3.10 fasst die wichtigsten Schritte der linearen Optimierung mit einem Tabellenkalkulationspaket zusammen.

Aufgabe 3.2 (🖰 ANZEIGENPLANUNG mit *MS Excel)*

Zuerst werden Sie die Ihnen bereits bekannte Lösung der Anzeigenplanung *nachvollziehen*. Der zweite Teil gibt Ihnen Gelegenheit, den *Solver*-Dialog von MS Excel selbständig zu erkunden.

Lernziele

⇨ Erstellung eine linearen Optimierungsmodells nachvollziehen

⇨ Konfiguration des Solver-Modells nachvollziehen und erkunden

1. Solver geleitet kennen lernen

Laden Sie 💻 Anzeigenplanung.xls. Sie erhalten auf drei Arten Hilfe:

- Wenn Sie den Cursor auf ein Toolbar-Symbol positionieren, erscheint eine Kurzbeschreibung des Symbols.
- Ausführliche Hilfe erhalten Sie, wenn Sie auf einem Menüpunkt *Shift/F1* drücken.

1 Wie stelle ich die Daten auf einem Tabellenblatt dar?

✓ Tragen Sie die Ausgangsdaten, welche der Solver-Dialog benötigt, auf einem Tabellenblatt ein. Definieren Sie dabei ...
   a) die unabhängigen Variablen
   b) die Zielzelle als Funktion der unabhängigen Variablen
   c) die Nebenbedingungszellen
   d) allfällige Nebenergebnisse.

2 Wie konfiguriere ich das Modell im Solver-Dialog?

✓ Definieren Sie die Zielformel:
   a) Geben Sie die Adresse der Zielformel ein.
   b) Geben Sie die Optimierungsvorschrift ein (Minimum, Maximum oder einen festen Wert).

✓ Geben Sie die Adressen der unabhängigen Variablen ein (Veränderliche, die sich direkt oder indirekt auf die Zielformel beziehen).

✓ Nennen Sie für jede Nebenbedingung ...
   a) den linken Operanden (Zelladresse).
   b) den Bedingungsoperator (≤, =, ≥ oder "ganzzahlig").
   c) den rechten Operanden (Zelladresse, Formel oder Konstante).

3 Wie prüfe ich die Sensitivität der Lösung?

✓ Beobachten Sie die Wirkung geringfügiger Datenänderungen.

✓ Lassen Sie sich sich, wenn möglich, einen automatischen Sensitivitätsbericht ausgeben.

Übersicht 3.10: Lineare Optimierung mit einem Tabellenkalkulationspaket

- Mit dem Cursor auf der orangen Zelle "Hilfe" können Sie eine Anleitung zum Problem "Anzeigenplanung" lesen. Für Details bewegen Sie den Cursor über Zellen mit ◥.

a) Beschreiben Sie die Bedeutung aller Spalten, Zeilen, Zellen und Formeln, ohne gleich die Zellenkommentare (◥) zu lesen. Identifizieren Sie insbesondere den Zielwert, die unabhängigen Variablen, die Nebenbedingungen, die Hilfsdaten und die Nebenergebnisse.
b) Vergleichen Sie die symbolische Notation mit der Tabellenblatt-Notation.
c) Inspizieren Sie das Optimierungsmodell von MS Excel (Klicken Sie dazu auf den Zielwert und wählen Sie *Extras/Solver ...*).

2. Solver selbständig erkunden

d) Testen Sie das Optimierungsmodell durch experimentelles Ändern der Hilfsdaten.

e) Testen Sie das Optimierungsmodell durch experimentelles Ändern der Solver-Parameter, insbesondere der Nebenbedingungen.

3.3.2 Verallgemeinerung

Die letzten Abschnitte haben elementare Methoden der Was-Wenn-Analyse und die lineare Optimierung an Spreadsheets eingeführt. Tabellenkalkulationspakete wie MS Excel bieten die folgende Was-Wenn-Funktionalität:

Eingabe

✓ durch Endbenutzer/-innen

✓ durch Programmierer/-innen

✓ Datenimport aus den verschiedensten Applikationspaketen

Verarbeitung

✓ elementare Was-Wenn-Analysen (einfache Neuberechnung, Mehrfachoperation, Szenario, einfache Zielwertsuche)

✓ Optimierung mit dem eingebauten *Solver* oder zusätzlichen Add In's

Ausgabe

✓ textuell

✓ graphisch.

Der Rest dieses Abschnitts verallgemeinert das am Beispiel der Anzeigenplanung eingeführte lineare Optimierungsmodell. Zunächst stellen wir das verallgemeinerte Modell skalar dar. Dann wählen wir die kompaktere vektorielle Notation. Ziel ist wiederum die praktische Anwendung des Modells. Wir verzichten deshalb auf eine mathematische Begründung.

Skalares Modell

Das am Fallbeispiel eingeführte Modell lässt sich leicht verallgemeinern:

a) n unabhängige Variablen

$x_1, \ldots, x_n$

b) Lineare Zielfunktion

$\mathrm{c}_1 x_1 + \mathrm{c}_2 x_2 + \ldots + \mathrm{c}_n x_n \rightarrow$ Minimum!, wobei c_1 bis c_n gegebene Koeffizienten der Variablen 1 bis n

c) Lineare Nebenbedingungen

$a_{11} x_1 + a_{12} x_2 + ... + a_{1n} x_n \leq b_1$
$a_{21} x_1 + a_{22} x_2 + ... + a_{2n} x_n \leq b_2$
...
$a_{m1} x_1 + a_{m2} x_2 + ... + a_{mn} x_n \leq b_m$,

wobei a_{11} bis a_{mn} gegebene Koeffizienten der m Nebenbedingungen und n unabhängigen Variablen

Gesucht sind jene Werte der unabhängigen Variablen $x_1, ..., x_n$, die allen Nebenbedingungen 1 bis m genügen und für welche die Zielfunktion minimal wird.

Diese Modellformulierung gilt für eine Minimum-Zielfunktion und Nebenbedingungen mit dem Vergleichsoperator ≤. Wir benötigen deshalb Regeln, die eine Maximum-Zielfunktion und Nebenbedingungen mit ≥ oder = so anpassen, dass sie das obige Modell erfüllen:

- Eine *Maximum*-Zielfunktion lässt sich durch Multiplikation mit -1 in eine Minimum-Zielfunktion umformen (und umgekehrt).
- Eine Ungleichung mit dem *Vergleichsoperator* ≥ lässt sich durch Multiplikation mit -1 in eine Ungleichung mit ≤ umformen (und umgekehrt).
- Eine *Gleichung* lässt sich durch eine erste Ungleichung, die = durch ≥ ersetzt und eine zweite Ungleichung, die = durch ≤ ersetzt, darstellen.

Unser Optimierungsmodell enthält - ob ganzzahlig oder nicht - eine **lineare** Zielfunktion und lineare Nebenbedingungen. Eine lineare Gleichung oder Ungleichung darf nur Variablen erster Potenz enthalten, die nicht miteinander multipliziert sind. Sie darf also keine Terme wie x_1^2 oder x_1x_2 enthalten.

Wenn das Fallbeispiel ANZEIGENPLANUNG mit einem linearen Optimierungsmodell gelöst werden soll, dann müssen insbesondere alle Nebenbedingungen die oben beschriebene Form haben:

$a_{i1} x_1 + a_{i2} x_2 + ... + a_{in} x_n \leq b_i$.

Wir zeigen am Beispiel einer Nebenbedingung der Anzeigenplanung, wie sich die Modellvoraussetzung "Linearität" nachweisen lässt. Die Nebenbedingung (4) von Tabellenblatt 3.6 setzt fest, dass der Kostenanteil pro Zeitung nicht grösser als 40% des Kostentotals sein darf. Für den Zürcher Anzeiger heisst dies zum Beispiel:

$5950\,x_1 \leq 0.4 \cdot$ Kostentotal.

Weil das Kostentotal variabel ist, sorgen wir - in Übereinstimmung mit dem allgemeinen Modell- dafür, dass es wie x_1 auf der linken Seite der Ungleichung steht und sich die rechte Seite nur aus einer Konstante (b_i) zusammensetzt. Wir subtrahieren deshalb auf beiden Seiten das Produkt 0.4 · Kostentotal:

$5950\,x_1 - 0.4 \cdot$ Kostentotal ≤ 0.

Das Kostentotal setzt sich aus der Summe aller Einzelkosten zusammen. Die linke Seite wird deshalb zu:

$$5950\,x_1 - 0.4 \cdot (5950\,x_1 + 5200\,x_2 + 4550\,x_3 + 3800\,x_4 + 4000\,x_5 + 2640\,x_6).$$

Durch weitere Vereinfachung erhalten wir schliesslich eine lineare Nebenbedingung der oben verlangten Form:

$$.6 \cdot 5950x_1 + (-.4) \cdot 5200x_2 + (-.4) \cdot 4550x_3 + (-.4) \cdot 3800x_4 + (-.4 \cdot 4000x_5 + (-.4) \cdot 2640x_6 \leq 0.$$

Statt die Linearität formal nachzuweisen, können Sie Ihr Modell auch einfach mit der Solver-Option “Lineares Modell voraussetzen” lösen lassen. Falls Ihr Modell nicht linear ist, werden Sie von MS Excel in der Regel eine Fehlermeldung erhalten.

Vektorielles Modell

Das lineare Optimierungsmodell lässt sich einfacher in der Matrizenschreibweise notieren. Die unabhängigen Variablen bilden den Spaltenvektor **x**, die Koeffizienten der Zielfunktion den Zeilenvektor **c** und jene der Nebenbedingungen die Matrix **A**. Das Modell besteht dann nur aus der Zielfunktion **cx** → Minimum! und der Ungleichung $\boldsymbol{Ax} \leq \mathbf{b}$. Abschliessend lässt sich das Modell der linearen Optimierung vektoriell wie folgt darstellen:

a) Spaltenvektor ***x*** *der n unabhängigen Variablen*

$$\mathbf{x} = \begin{bmatrix} x_1 \\ x_2 \\ .. \\ x_n \end{bmatrix}$$

b) Lineare Zielfunktion ***cx***

$$[\, c_1 \ldots c_n \,] \begin{bmatrix} x_1 \\ \ldots \\ x_n \end{bmatrix} \rightarrow \text{Minimum!}$$

c Zeilenvektor der n gegebenen Koeffizienten der Zielfunktion (im Fallbeispiel die Anzeigenkosten)

x Spaltenvektor der n unabhängigen Variablen

cx skalares Multiplikationsergebnis, das minimiert werden soll

c) Lineare Nebenbedingungen $\boldsymbol{Ax} \leq \boldsymbol{b}$

$$\begin{bmatrix} a_{11} & a_{12} & .. & a_{1n} \\ a_{21} & a_{22} & .. & a_{2n} \\ .. & .. & .. & .. \\ a_{m1} & a_{m2} & .. & a_{mn} \end{bmatrix} \begin{bmatrix} x_1 \\ x_2 \\ \ldots \\ x_n \end{bmatrix} \leq \begin{bmatrix} b_1 \\ b_2 \\ \ldots \\ b_m \end{bmatrix}$$

n Zahl der unabhängigen Variablen
m Zahl der Nebenbedingungen (im Fallbeispiel 5)

A Matrix der gegebenen Koeffizienten der Nebenbedingungen (im Fallbeispiel unter anderem die Leser pro Zeitung)

b Spaltenvektor der gegebenen Koeffizienten der Nebenbedingungen (im Fallbeispiel u.a. das Lesertotal)

Falls Sie die Solver-Option “Lineares Modell voraussetzen” einstellen, verwendet MS Excel zur Lösung *linearer* Optimierungsprobleme die Simplexmethode. Der **Simplexalgorithmus** ist Kern der meisten linearen Optimierungsverfahren. Insbesondere ist er in MS Excel auch Grundlage der linearen *ganzzahligen* Optimierung. Das Simplexverfahren beginnt mit einer zulässigen, aber noch nicht optimalen Lösung. Nach endlich vielen Transformationsschritten erreicht er das Optimum. Für die *nichtlineare* Optimierung verwendet MS Excel ein Näherungsverfahren (die sogenannte Generalized Reduced Gradient-Methode). Die Optimalität der gefundenen Lösung lässt sich allerdings nicht allgemein nachweisen. Mehr finden Sie in der Literatur des Kapitels *Vertiefungshinweise*.

Aufgabe 3.3 (Zutatenplanung)

A Problem

Eine Bäckerei stellt aus den Zutaten Weissmehl, Milch und Hefe die Produkte Brot, Roggenbrot, Toastbrot, Semmeln und Croissants her. Die folgende Tabelle zeigt die Lagerbestände. Damit die Zutaten nicht verderben, setzt sie sich zum Ziel, Mindestmengen zu verbrauchen:

Zutaten	*Lagerbestand*	*Mindestverbrauch*
Weissmehl	160	20
Milch	210	30
Hefe	120	10

Die folgenden Rezepturen gelten jeweils für das Backen einer Einheit des jeweiligen Produktes:

Produkte	*Weissmehl*	*Milch*	*Hefe*
Brot	5	1	1
Roggenbrot	3	3	2
Toastbrot	4	2	1
Semmel	1	1	0
Croissant	2	1	1

Unter Berücksichtigung der Kosten der Zutaten, der Strom-, Wasser und Reinigungskosten der Küche kommt die Bäckerei zu den folgenden Herstellungskosten pro Einheit des jeweiligen Produktes:

Produkte	*Preis pro Einheit*
Brot	5.-
Roggenbrot	6.-
Toastbrot	4.-
Semmel	2.-
Croissant	3.-

B Aufgabe

1. Erstes Modell

Wie viele Einheiten jeder Backware muss die Bäckerei herstellen, damit die *Herstellungskosten* möglichst tief ausfallen?

a) Welches sind die unabhängigen Variablen?

b) Wie heisst die Zielfunktion?

c) Wie lauten die Nebenbedingungen?

2. Zweites Modell

Ein Vertrag mit einem Grossabnehmer garantiert die folgenden Preise:

Produkt	*Preis pro Einheit*
Brot	7.-
Roggenbrot	9.-
Toastbrot	5.-
Semmel	4.-
Croissant	4.-

Die Vereinbarung sieht ausserdem vor, dass die Bäckerei auf jeden Fall ein Roggenbrot und fünf Croissants liefert. Formulieren Sie ein Modell, das den *Gewinn* optimiert.

Aufgabe 3.4 (PRODUKTIONSPLANUNG mit *MS Excel)*

Öffnen Sie die Datei ProduktionsplanungSkelett.xls. Das Tabellenblatt enthält Lücken. Vervollständigen Sie es und erstellen Sie das Solver-Modell zum untenstehenden Problem.

Lernziele

- Ein lineares Optimierungsmodell erstellen
- Das entsprechende Solver-Modell konfigurieren
- Sensitivität prüfen

A Problem

Ein Betrieb kann aus 2 Materialien 3 Produkte erstellen. Von *Material* M sind maximal 50 Einheiten verfügbar, und es müssen mindestens 35 Einheiten davon verbraucht werden. Von Material N verfügt der Betrieb über maximal 70 Einheiten. Davon müssen mindestens 40 verbraucht werden.

Zur Herstellung einer Einheit des *Produkts* P benötigt man 2 Einheiten des Materials M und 1 des Materials N. Für 1 Einheit des Produkts Q werden 3 Einheiten des Materials M und 2 Einheiten des Materials N gebraucht. Für 1 Einheit des Produkts R benötigt der Betrieb 4 Einheiten des Materials M und 5 Einheiten des Materials N. Die Herstellungskosten je 1 Einheit der Produkte P, Q und R seien 30.-, 20.- und 10.-.

Ermitteln Sie den kostenminimalen Produktionsplan!

B Aufgabe

1. Optimierungsmodell erstellen

a) Legen Sie die unabhängigen Variablen fest.

b) Formulieren Sie die Zielfunktion.

c) Formulieren Sie die Nebenbedingungen.

2. Tabellenblatt implementieren

Sie erhalten in MS Excel auf drei Arten Hilfe:

- Wenn Sie den *Cursor* auf ein Toolbar-Symbol positionieren, erscheint eine Kurzbeschreibung.
- Ausführliche Hilfe erhalten Sie, wenn Sie auf einem Menüpunkt *Shift/F1* drücken.
- Wenn Sie den Cursor auf die orange Zelle *Hilfe* bewegen, erscheint eine Anleitung zum Problem Produktionsplanung. Für Details bewegen Sie den Cursor über Zellen mit ◥.

Stellen Sie das Optimierungsmodell auf dem Tabellenblatt dar:

d) Die Spalten beschreiben ...
   - Produkt P
   - Produkt Q
   - Produkt R.

e) Die Zeilen beschreiben ...
   - die Produktionsmengen
   - den Materialverbrauch pro Einheit und
   - die Herstellungskosten pro Einheit.

f) Die Tabelle berechnet in Abhängigkeit der Produktionsmengen ...
   - den Materialverbrauch
   - die Herstellungskosten pro Produkt und
   - das Kostentotal.

g) Erstellen Sie zusätzliche Felder mit den Konstanten für die Ressourcenbeschränkung und den Mindestverbrauch beider Rohmaterialien.

3. Solver konfigurieren

h) Wählen Sie die *Solver*-Parameter und -Optionen (*Extras/Solver*).

i) Lassen Sie die Lösung von *Solver* berechnen.

4. Lösung beurteilen (Sensitivitätsanalyse)

j) Beobachten Sie die Wirkung geringfügiger Datenänderungen.

k) Weshalb sind Sie als Unternehmer allenfalls mit dem Ergebnis unzufrieden? Was würden Sie ändern?

5. Modell ändern

l) Wie wirkt sich eine Erhöhung der Herstellungskosten für Produkt R von 10.- auf 20.- aus.

m) Sie möchten von jedem Produkt mindestens zwei Stück produzieren. Ändern Sie das Modell. Nehmen Sie dabei die folgenden Gewinne an:
- Produkt P: 15.- pro Einheit
- Produkt Q: 10.- pro Einheit
- Produkt R: 5.- pro Einheit.

Optimieren Sie den Gewinn!

3.3.3 Weitere Arten der Optimierung

Die lineare Optimierung ist die einfachste und verbreitetste Art der Optimierung. Übersicht 3.11 charakterisiert eine Auswahl weiterer Optimierungsverfahren. Die *ganzzahlige* und die *binäre* Optimierung vereinfachen die Voraussetzungen an die Messqualität, weil die Variablen statt beliebige nur noch ganzzahlige Werte oder sogar nur noch zwei Werte annehmen können. Die *parametrische* lineare Optimierung schwächt schliesslich die Anforderung genau spezifizierter Koeffizienten ab.

Ganzzahlige *lineare Optimierung*	Alle oder ausgewählte Variablen nehmen nur *ganzzahlige* Werte an.
Binäre *lineare Optimierung*	Alle oder ausgewählte Variablen nehmen nur *binäre* Werte an.
Parametrische *lineare Optimierung*	Alle oder ausgewählte Koeffizienten und Absolutglieder (b_i) schwanken in Abhängigkeit von *Parametern*.
Nichtlineare *Optimierung*	Die Zielfunktion und alle oder ausgewählte Nebenbedingungen sind *nichtlinear*.

Übersicht 3.11: Eine Auswahl weiterer Optimierungsverfahren

MS Excel kann mit einem Näherungsverfahren insbesondere auch **nichtlineare** Optimierungsprobleme der folgenden Art lösen:

Zielfunktion

$f(x_1, x_2, ..., x_n) \rightarrow$ Minimum!

Nebenbedingungen

$g_i(x_1, x_2, \ldots, x_n) \leq b_i$ für alle Nebenbedingungen i

Dieses Optimierungsmodell heisst nichtlinear, weil die Funktionen f oder g_i nichtlinear sein können.

3.4 Lineare Optimierung im Vergleich

Vergleich 3.12 beurteilt die eingeführten Methoden der Was-Wenn-Analyse an den drei bereits bekannten Kriterien:

- ✓ *Wie viele* Wenn-Variablen sind erlaubt?
- ✓ Wie viele Wenn-Konstellationen lassen sich *simultan* analysieren?
- ✓ Lassen sich Ausgangswerte *automatisch* in Richtung Zielwert ändern?

	Variablen	*Simultane Was-Wenn-Konstellationen*	*Zielwertsuche automatisch*
Neuberechnung	≥ 1	☐	☐
Mehrfachoperation	2	☑	☐
Szenarien	≥ 1	☑	☐
Einfache Zielwertsuche	1	–	☑
Optimierung	≥ 1	–	☑

Vergleich 3.12: Verfahren der Was-Wenn-Analyse

Tabelle 3.13 weitet den Vergleich aus und betrachtet die lineare Optimierung im Zusammenhang mit den entscheidungsunterstützenden Methoden der übrigen Kapitel. + bedeutet einen überdurchschnittlichen Wert auf dem Kriterium, ∅ einen durchschnittlichen und – einen unterdurchschnittlichen (Eine Definition der Bewertungskriterien finden Sie in Übersicht 2.14 auf Seite 44).

Im Vergleich zu den Methoden der übrigen Kapitel zeichnet sich die Optimierung durch die Genauigkeit der Ergebnisse und den hohen Automatisierungsgrad aus. Optimierungsverfahren eignen sich vor allem für quantifizierbare Probleme, deren Daten und Beziehungen bekannt sind. Die Modellspezifikation ist - im Gegensatz zum Lösungsverfahren selbst - gut verständlich. Im Vergleich zum analytischen Hierarchieprozess des zweiten Kapitels ist die lineare Optimierung aber weniger allgemein. Nur wenige Entscheidungssituationen lassen sich mit einer linearen Zielfunktion und linearen Nebenbedingungen beschreiben.

Kriterium	*AHP*	*Optimierung*	*OLAP*	*Regelbasierte Systeme*	*Induktion*	*Neuronale Netze*	*Regression*
Methode breit anwendbar	∅	–	+	∅	∅	∅	–
Automatisierungsgrad hoch	–	+	–	∅	+	+	+
Ergebnis genau	–	+	–	∅	+	+	+
Unabhäng. Variablen gewichtbar	–	–	–	–	∅	–	+
Lösungsweg begründbar	∅	–	∅	+	+	–	–
Methode plausibel	+	∅	+	+	∅	–	∅
Ergebnis einbettbar	–	+	∅	∅	+	∅	+
Entwicklungsaufwand gering	+	+	–	–	+	∅	∅
Rechnerbelastung gering	+	+	–	∅	∅	–	+

Vergleich 3.13: Die Was-Wenn-Analyse und andere EUS-Methoden

Zusammenfassung

- Die Hauptfragen der *Was-Wenn*-Analyse lauten “Was geschieht, wenn sich die Ausgangswerte ändern?” oder “Was muss geschehen, damit eine Zielvariable einen bestimmten Wert annimmt?”.
- Die *einfache Neuberechnung* ändert in einem Tabellenblatt ausgewählte unabhängige Variablen und beobachtet die Auswirkungen auf abhängige Variablen. Sie ist flexibel, aber benutzer*un*freundlich, weil sie unabhängige Variablen nur sukzessiv ändern kann.
- Die *Mehrfachoperation* ist benutzerfreundlich, weil sie Daten simultan statt sukzessiv variiert. Sie ist aber spezieller als die einfache Neuberechnung, weil sie entweder höchstens zwei Wenn-Variablen ändert oder nur den Einfluss einer unabhängigen Variablen auf höchstens zwei abhängige Variablen untersucht.
- Das *Szenario* untersucht, was sich an einem Formelergebnis ändert, wenn ein Datensatz einen anderen Datensatz ersetzt. Es ist benutzerfreundlich und allgemein, weil es beliebig viele unabhängige Variablen variiert.
- Die *einfache Zielwertsuche* variiert ein Formelergebnis automatisch so lange, bis ein benutzerdefinierter Zielwert erreicht wird. Sie ist speziell, weil sie nur eine einzige unabhängige Variable ändern kann.
- Die *lineare Optimierung* ist eine Verallgemeinerung der einfachen Zielwertsuche. Die Frage lautet: Was müssen unabhängige Variablen für Werte annehmen, um eine lineare Zielfunktion unter linearen Nebenbedingungen zu minimieren oder zu maximieren? Die Optimierung ist allgemeiner als die einfache Zielwertsuche, weil sie beliebig viele unabhängige Variablen unter Nebenbedingungen variiert.
- Die Daten eines linearen Optimierungsmodells lassen sich einfach auf einem Tabellenblatt darstellen. Die Zielfunktion und die Nebenbedingungen werden im *Solver*-Dialog spezifiziert. Die Software optimiert dann mit der Simplexmethode die Zielfunktion.
- Die lineare Optimierung ist nur eine von mehreren Optimierungsmethoden. *MS Excel* kann zusätzlich zu kontinuierlich linearen Problemen auch *ganzzahlig, binär und parametrisch* lineare Modelle sowie *nichtlineare* Modelle lösen.

Wiederholungsfragen

Die folgenden Mehrfachwahl- und Zuordnungsaufgaben ergänzen die Vertiefungsaufgaben des Kapitels. Wählen Sie bei den Mehrfachwahlaufgaben jeweils die beste Antwortalternative. Sie können die Aufgaben auch unter der Kontrolle des Testprogramms \Folien\WebQuiz\WebQuiz lösen. Es begründet falsche Antworten und verweist Sie auf die entsprechende Folie.

1. Welche Technik beantwortet "*How to achieve* ..." - Fragen?

a) Mehrfachoperation
b) Zielwertsuche
c) Neuberechnung
d) Szenarien

2. *Mehrfachoperationen* sind benutzerfreundlicher als Neuberechnungen, weil ...

a) Mehrfachoperationen komplexere Formeln erlauben.
b) Mehrfachoperationen Datenpaare statt Einzeldaten variieren.
c) sie Neuberechnungen automatisch durchführen.
d) sie Daten automatisch generieren.

3. Ein *Szenario* ...

a) ändert ein Formelergebnis, indem es mehrere Datensätze mit beliebig vielen unabhängigen Variablen variiert.
b) variiert einen Datensatz mit beliebig vielen unabhängigen Variablen, bis das Formelergebnis einen gewählten Wert erreicht.
c) untersucht ein Formelergebnis, indem es einen Datensatz mit beliebig vielen unabhängigen Variablen unter Nebenbedingungen variiert.
d) variiert einen Datensatz mit beliebig vielen unabhängigen Variablen unter Nebenbedingungen, bis das Formelergebnis einen gewählten Wert erreicht.

4. Ordnen Sie die Was-Wenn-Analysen A bis D den Eigenschaftspaaren 1 bis 4 zu.

A Mehrfachoperationen
B Optimierung
C Szenarien
D Einfache Zielwertsuche

1 mehrere Variablen | simultane Was-Wenn-Konstellationen
2 mehrere Variablen | automatische Zielwertsuche
3 eine Variable | automatische Zielwertsuche
4 zwei Variablen | simultane Was-Wenn-Konstellationen

5. Was ist Ziel der *linearen Optimierung*?

a) nach Nebenbedingungen suchen, die eine Zielfunktion optimieren
b) einen Zielwert unter Nebenbedingungen minimieren
c) eine geeignete Zielfunktion unter linearen Nebenbedingungen bestimmen
d) den optimalen Wert einer linearen Zielfunktion unter linearen Nebenbedingungen bestimmen

6. Weshalb heisst die lineare Optimierung *linear*?

a) Die Zielfunktion enthält nur eine Variable in erster Potenz.
b) Zielfunktion und Nebenbedingungen dürfen keine Variablen höherer Potenz enthalten.
c) Zielfunktion und Nebenbedingungen dürfen nur additiv verknüpft werden.
d) Keine Variable darf mit einer anderen Variable multipliziert werden und alle Variablen stehen in erster Potenz.

7. Welche der folgenden Nebenbedingungen lässt sich zu einer *linearen* Nebenbedingung umformen?

a) $10x\,(3y+2x) < 10y$
b) $3y\,(x^2+y) > 100$
c) $3xy+9x^2 < 5x$
d) $9x+3y < 10xy$

8. Orden Sie die Ziele A bis C den *Umformungen* 1 bis 3 zu:

A statt eine Minimum- eine Maximum-Zielfunktion darstellen
B eine Ungleichung mit <= durch eine Ungleichung mit >= darstellen
C Gleichungen durch Ungleichungen darstellen

1 Multiplikation der Ungleichung mit -1
2 Zwei Ungleichungen, die sich nur durch >= bzw. <= unterscheiden
3 Multiplikation der Zielfunktion mit -1

9. Wann ist ein Optimierungsmodell *ganzzahlig*?

a) Die Zielfunktion darf nur ganzzahlige Werte annehmen.
b) Die Nebenbedingungen dürfen nur ganzzahlige Koeffizienten haben.
c) Die unabhängigen Variablen dürfen nur ganzzahlig sein.
d) Die Optimierungschritte dürfen nur ganzzahlige Schritte durchlaufen.

10. Welche Optimierungsmethode wird durch *MS Excel nicht* unterstützt?

a) ganzzahlige Optimierung
b) nichtlineare Optimierung
c) dynamische Optimierung
d) näherungsweise Optimierung

11. Wann ist ein lineares Optimierungsmodell *binär*?

a) Der verwendete Algorithmus arbeitet mit der Binärsuche.
b) Alle oder ausgewählte Variablen nehmen nur binäre Werte an.
c) Die Koeffizienten der Variablen müssen binär sein.
d) Die Zielfunktion und alle Parameter nehmen nur binäre Werte an.

Vertiefungshinweise

Lehrbücher

Die folgenden Lehrbücher stellen die folgenden Themen der Unternehmungsforschung (engl. Management Science, Operations Research) mit MS Excel dar: Grundlagen der Modellierung, Optimierung, Netzplantechnik, Lagerhaltungsprobleme, Unsicherheit (insbesondere ▸Monte Carlo-Simulation), Warteschlangenprobleme und Vorhersagemodelle.

▷ Albright, S.C., Winston, W.L., *Practical Management Science: Spreadsheet Modeling and Applications*, 2nd ed., Brooks/Cole Publishing 2000, 900 S.

▷ Hesse, R., *Managerial Spreadsheet Modeling and Analysis*, Richard D. Irwin 1996

▷ Ragsdale, C.T., *Spreadsheet Modeling and Decision Analysis: A Practical Introduction to Management Science*, 2nd. ed., South-Western College Publishing 1997

▷ Rosenkranz, F., *Unternehmungsplanung*, Oldenbourg 1999, 331 S.

▷ Strayer, J.K., *Linear Programming and its Applications*, Springer 1989
Einführung in die lineare Optimierung für mathematisch Interessierte

Zur Begleitsoftware des folgenden Lehrbuchs erhalten Sie auf der Website http://www.analycorp.com/stan/ die Demonstrationsversion eines MS Excel Add In:

▷ Savage, S.L., *INSIGHT.xla. Business Analysis Software for Microsoft Excel*, Brooks/Cole 1998
Didaktisch geschickte elementare Einführung mit Tutorials und Software zu den folgenden Themen: ▸Monte Carlo-Simulation, Diskrete Ereignissimulation, Entscheidungsbäume, Markov-Ketten, ▸Zeitreihenanalyse und Optimierung.

Zeitschriften

▷ *Operations Research*, Institute for Operations Research and the Management Sciences, 940-A Elkridge Landing Road, Linthicum, MC 21090-2909 (http://or.pubs.informs.org/)

- ▷ *Computers and Operations Research*, Elsevier Science, Inc., Journal Information Center, 655 Avenue of the Americas, New York, NY 10010 (http://www.elsevier.nl/homepage/)
- ▷ *European Journal of Operations Research*, Elsevier Science, Inc., Journal Information Center, 655 Avenue of the Americas, New York, NY 10010 (http://www.elsevier.nl/homepage/)

Websites

- ▷ *Frontline Systems Inc.*
  http://www.frontsys.com
  Der Entwickler des Solvers von MS Excel und von Spreadsheet Add In's höherer Funktionalität bietet unter anderem ein Tutorial zum Solver und den verwendeten Algorithmen. Wertvoll sind auch die Ressourcen zum Thema Optimierung (vor allem Bücher, Websites und Seminare).
- ▷ *Power, D.J., DSS Research Resources*
  http://dssresources.com/
  Verweise auf den Einsatz von Tabellenkalkulations-Software für entscheidungsunterstützende Systeme

4 Regelbasierte Systeme

Neue Begriffe

Welche Aufgaben erfüllt ein wissensbasiertes System?
- Wissenserwerb
  - Domänenwissen (Fachwissen)
  - Fallwissen
- Wissensdarstellung
  - prozedurale -
  - deklarative -
- Wissensherleitung
- Herleitungserklärung
  - Wie-Erklärung
  - Warum-Erklärung
  - Warum nicht-Erklärung
  - Was-wenn-Erklärung

Wie stellen regelbasierte Systeme Wissen dar?
- Fakten
- Regeln
  - Aufbau einer Regel
    - Voraussetzung (WENN-Teil)
    - Folgerung (DANN-Teil)
  - Darstellung einer Regelbasis
    - textuell
    - Entscheidungsbaum
    - Einrückungsliste

Wie leiten regelbasierte Systeme neues Wissen her?
- Regelinterpreter
  - rückwärtsverkettende -
  - vorwärtsverkettende -

4.1 Unterrichtsmaterial

Gegenstand der Was-Wenn-Analyse des letzten Kapitels sind in erster Linie *numerische* Probleme. Die folgenden Abschnitte untersuchen hingegen vor allem Beziehungen zwischen Fakten und Regeln aus *symbolischen* ›Attributen. Sie lernen dabei *XpertRule KBS* von Attar Software kennen - ein Werkzeug, das die Entwicklung regelbasierter Systeme unterstützt. Aus dem Folienkapitel 🕮 Regelbasierte Systeme gelangen Sie zu ...

- einer Demonstrationsversion von *XpertRule KBS*
- zwei Anwendungsbeispielen unter *XpertRule KBS*
- einem Regelverketter in VBA unter *MS Excel*
- Anbieter- und Produktinformation zu *XpertRule* auf dem WWW.

4.2 Grundlagen

4.2.1 Wissensdarstellung

Je nach Applikation sind Endbenutzer versucht, Computer als idiotisch oder kongenial einzustufen. Wer Fehlermeldungen und Hilfesysteme analysiert oder selbst Software entwickelt, wird allerdings kaum die Ängste jener teilen, die im Computer den "Big Brother" von Orwells 1984 sehen. Trotzdem werden hohe Erwartungen an intelligente Anwendungen gestellt. Ein Beispiel ist die automatische Übersetzung umgangssprachlicher Texte. In eng begrenzten Bereichen ist es zwar möglich, einfache Texte wie Wettervorhersagen zu übersetzen. Ein Beispiel soll aber die grundsätzlichen Schwierigkeiten der automatischen Übersetzung komplexer Texte verdeutlichen.

Im Gegensatz zu formalsprachlichen Ausdrücken sind viele umgangssprachliche Sätze ›syntaktisch oder ›semantisch mehrdeutig. Ein anschauliches Beispiel ist das englische Sprichwort "Time flies like an arrow". Ein erfahrener Übersetzer findet schnell die deutschsprachige Entsprechung "Die Zeit vergeht im Nu". Eine automatische Übersetzung ist ungleich schwieriger, weil die Redewendung bereits *syntaktisch* mehrdeutig ist. Ohne Kenntnis über den Zusammenhang wird nämlich nicht klar, ob "time" und "flies" Substantive oder Verben sind und ob "like" Konjunktion oder Verb ist. Neben syntaktischen treten auch *semantische* Mehrdeutigkeiten auf. "like" kann - je nach syntaktischer Kategorie - "wie" oder "mögen" bedeuten.

Kapitel 1 (Entscheidungsunterstützende Systeme) hat bereits auf die Grenzen "Künstlicher Intelligenz" und "Wissensbasierter Systeme" hingewiesen. Unser Übersetzungsbeispiel und allgemeine Überlegungen zeigen, dass die Fähigkeiten wissensbasierter Anwendungen in der Tat schnell an ihre Grenzen stossen:

- Viele Bereiche entziehen sich einer überblickbaren algorithmischen Behandlung.
- Selbst dort, wo Wissen formallogisch darstellbar ist, scheitern Lösungen am Fehlen vollständiger logischer Schlussverfahren.
- Es ist unwahrscheinlich, dass Computer in naher Zukunft nur schon die *quantitative* Verarbeitungskapazität des menschlichen Gehirns erreichen.

Ein **wissensbasiertes System** besteht in der Regel aus einer änderbaren Wissenbasis und einer festen Herleitungskomponente. Die **Wissensbasis** stellt die Objekte und Beziehungen des Allgemein- und Fallwissens so dar, dass die **Herleitungskomponente** daraus Schlüsse ziehen und sie verständlich erklären kann. Der Vergleich 4.1 stellt typischen *konventionellen* Applikationen typische *wissensbasierte* gegenüber. Der Vergleich ist polar; die meisten praktischen Systeme liegen zwischen den Polen.

	Konventionelle Verarbeitung	*Wissens*verarbeitung
Gegenstand	einfache Massendaten	komplexes Wissen über einen engen Bereich
Verarbeitung	algorithmisch	auch heuristisch
Datentypen	meist numerisch	meist symbolisch
Entwicklung	planbar	explorativ
Erklärung	Bedienungsanleitung	Herleitungserklärung

Vergleich 4.1: Konventionelle und wissensbasierte Systeme

Die Tabelle widerspricht der verbreiteten Ansicht, ein Hauptunterschied zwischen herkömmlichen und wissensbasierten Systemen liege im Unterschied zwischen numerischer und nichtnumerischer Datenverarbeitung. Textverarbeitungssysteme und Datenbankprogramme manipulieren zum Beispiel auch symbolische (nichtnumerische) Daten. Anders als wissensbasierte Systeme ziehen sie aber aus diesen Daten keine Schlussfolgerungen.

Wissensbasierte Systeme enthalten Objekt- und Metawissen. **Objektwissen** ist Information über den eigentlichen Gegenstand der Wissensbasis - zum Beispiel über die Regeln, die ein Bankangestellter bei der Kreditvergabe anwendet. **Metawissen** besteht aus Information über die *Art* der Darstellung und der Herleitung des Objektwissens. Bei der Wissens*darstellung* interessiert zum Beispiel, welchen Integritätsbedingungen das Objektwissen genügen soll. Metawissen kann aber auch die Wissens*herleitung* steuern, zum Beispiel die Art der Regelverkettung in einem Expertensystem (Abschnitt 4.5).

Wissensbasierte Systeme verwenden unterschiedliche Methoden der Darstellung und Herleitung von Wissen. Wir unterscheiden im folgenden zwischen ›relations- und objektorientiertem Wissen, verdeutlichen an Beispielen die ›deklarative und ›prozedurale Wissensdarstellung und -herleitung und vertiefen den deklarativen Spezialfall regelbasierter Systeme.

Wissen **darstellen** heisst Objekte und Beziehungen identifizieren. Objekte können Personen, Sachen oder Begriffe sein. Die relationsbezogene Wissensdarstellung rückt *Beziehungen* in den Vordergrund, die objektbezogene komplexe *Objekte*. In der **relationsbezogenen** Notation der Programmiersprache Prolog wird die Wissensbasis zum Beispiel nach Relationsnamen gegliedert. Eine Relation enthält neben ihrem Namen, zum Beispiel ehepartner, die verknüpften Objekte, etwa Fritz und dessen Ehepartnerin Anna:

```
ehepartner('Fritz', 'Anna').
ehepartner('Hans', 'Dora').
...
alter('Fritz', 30).
alter('Anna', 20).
...
```

Während die relationsbezogene Notation die Objekte um Beziehungen wie Alter herum gruppiert, steht in der **objektbezogenen** Notation das Objekt im Mittelpunkt:

```
Objekt Fritz
    Ehepartner: 1482
    Alter: 30
    Augenfarbe: blau
    ...
```

Ein Objekt wie Anna kann als **Instanz** einer Objektklasse StudentIn geschaffen werden. Es übernimmt dann automatisch die voreingestellten Eigenschaften der **Klasse** StudentIn. Solche Voreinstellungen (engl. defaults) gelten für alle Instanzen der Klasse, solange eine Instanz nicht ausdrücklich einen anderen Wert an ihre Stelle setzt. Für die Klasse StudentIn sind Defaultwerte für die Eigenschaften Studienausweis, Altersklasse und Nationalität denkbar. Im folgenden Beispiel übernimmt die Instanz Anna alle Defaultwerte der Klasse StudentIn ausser Nationalität und nimmt die zusätzliche Eigenschaft Studienrichtung auf:

```
KLASSE StudentIn
    Studienausweis: Matura
    Altersklasse: 18-24
    Nationalität: CH
```

INSTANZ Anna
    Klasse: StudentIn
    Nationalität: *D*
    Studienrichtung: Allgemeine Linguistik

Wir konzentrieren uns der Einfachheit halber auf die *relations*orientierte Darstellung von Objekten und ihren Beziehungen.

Eine Wissensbasis lässt die folgenden Grundoperationen zu: Wissen kann erworben, fortgeschrieben, hergeleitet und ausgegeben werden. Die Wissens**erwerbs**komponente transformiert die Erfahrung menschlicher Experten in eine Form, welche die verwendete Software akzeptiert. Ein Datenbanksystem erlaubt zwar auch die Speicherung und den Abruf von Wissen, kann aber kein neues Wissen herleiten. Unter Wissens**herleitung** verstehen wir nämlich nicht nur den Abruf von Fakten, sondern auch die Herleitung neuen Wissens aus einer bestehenden Wissensbasis.

Konventionelle Computerprogramme werden prozedural geschrieben. Der Programmierer geht von der **deklarativen** Beschreibung, *was* das Programm ergeben soll, aus und erstellt eine **prozedurale** Beschreibung, *wie* das Programm zum spezifizierten Ergebnis kommt. Bei der Beschreibung des Wie berücksichtigt er die vorgegebenen Datenstrukturen und Aktionen der Programmiersprache. Die Programmiersprache passt sich ihrerseits an die gegebene Computerarchitektur an.

Prozedurales Programmieren ist wegen seiner Maschinennähe zwar effizient, entfernt sich aber oft von einer sachgerechten und benutzerfreundlichen Problemformulierung. Ein Buchhaltungsprogramm verknüpft Datenstrukturen und Algorithmen so eng, dass nur ein Programmierer, der den Code gut kennt, das Was oder Wie der Applikation ändern kann. Man hält deshalb in wissensbasierten Systemen die Wissensdarstellung möglichst deklarativ und trennt sie von der meist vorgegebenen prozeduralen Wissensherleitung.

4.2.2 Wissensherleitung

Den Unterschied zwischen deklarativer und prozeduraler Wissensdarstellung veranschaulichen wir an einem trivialen Beispiel, das wir deklarativ mit Fakten und Regeln sowie prozedural als Anweisungsfolge formulieren. Die beiden Programme sollen die Fragen "Welchen Studienausweis hat Anna?" und "Wer hat einen Studienausweis 'Matura'?" beantworten.

In der Programmiersprache *Prolog* lassen sich einfache deklarative Programme aus Fakten und Regeln schreiben. Eine **Regel** besteht aus einer Folgerung und einer Voraussetzung, getrennt durch das Herleitungssymbol $\Leftarrow$. Die erste

Regel von Code 4.2 bedeutet: “Eine Person hat den Studienausweis Matura (bzw. Abitur), falls sie StudentIn ist”. Die Wissensbasis enthält zwei Regeln und zwei Fakten, aus denen sich weiteres Wissen, zum Beispiel die Art des Studienausweises der Person ‘Anna’, ableiten lässt. Die Benutzerin stellt Fragen wie “Welchen Studienausweis hat Anna?” bzw. in der Syntax von Prolog ?- studienausweis(‘Anna’, X). Sie braucht sich dabei keine Gedanken zu machen, wie Prolog die richtige Antwort findet. Als Antwort erhält sie alle Werte von X, welche die Fakten und Regel der Wissensbasis befriedigen.

Regeln

```
studienausweis(Person, ‘Matura’) ⇐ studentIn(Person).
studienausweis(Person, ‘unbekannt’) ⇐ not studentIn(Person).
```

Fakten

```
studentIn(‘Anna’).
studentIn(‘Fritz’).
```

Fragen und Antworten

```
a) ?- studienausweis(‘Anna’, X).      % Welchen Studienausweis hat Anna?
   X=Matura
b) ?- studienausweis(X, ‘Matura’).    % Wer hat den Studienausweis ‘Matura’?
   X=Anna
   X=Fritz
```

Code 4.2: Ein deklaratives Programm in Prolog

In einem *deklarativen* Programm kann sich die Benutzerin darauf beschränken, konsistente Fakten und Regeln anzufügen. Sie kann sich auch nach diesen Änderungen darauf verlassen, dass die vorgegebene Herleitungskomponente die richtigen Antworten aus der Wissensbasis ableitet. In einem *prozeduralen* Programm sind hingegen Darstellung *und* Herleitung in benutzerdefinierten Prozeduren enthalten. In ›Pseudocode 4.3 ergibt der Aufruf der Prozedur studienausweis(‘Anna’) mit ‘Matura’ zwar die gleiche Antwort wie die erste Prolog-Abfrage. Ein zur Abfrage b) analoger Aufruf ist mit dieser Prozedur aber nicht möglich. Das prozedurale Programm ist also nicht nur weniger verständlich, sondern auch weniger allgemein.

Viele Wissensbestände lassen sich mit Fakten und Regeln beschreiben. Beispiele betriebswirtschaftlicher Fakten und Regeln sind:

Prozeduren

```
PROZEDUR studentIn(Person)
    FALLS Person = 'Anna' ODER Person = 'Fritz'
        RETURN WAHR
    SONST
        RETURN FALSCH

PROZEDUR studienausweis(Person)
    FALLS studentIn(Person) = WAHR
        RETURN 'Matura'
    SONST
        RETURN 'unbekannt'
```

Fragen und Antworten

a) Der Aufruf der Prozedur studienausweis('Anna') ergibt 'Matura'.
b) Eine zur Prolog-Frage b) analoge Frage ist nicht möglich.

Entwurfscode 4.3: Prozedurale Variante des deklarativen Programms 4.2

```
Der Lagerbestand der Vorperiode ist 100 Tonnen.                    % Fakt
...
FALLS der neue Lagerbestand um mehr als 10% grösser ist,
    prüfe, ob Überkapazität vorliegt.                              % Regel
...
```

Die regelbasierte Darstellung von Wissen hat die folgenden Vorteile:

- Regeln sind für Entwickler und Anwender gut verständlich.
- Jede Regel ist modular, weil sie auch für sich selbst verständlich ist.
- Regeln sind deklarativ, weil ihre Darstellung von der Wissensherleitung getrennt ist und sie sich beliebig anordnen lassen.

Die Wissensbasis 4.4 enthält sehr einfache Fakten und Regeln. Zum besseren Verständnis der Wissensherleitung verwendet sie einzelne Buchstaben statt konkreter Fakten- und Regelinhalte. Der Operator ⇐ bedeutet 'falls', und die Verknüpfung & heisst dasselbe wie 'und'. Die Regel a ⇐ b & c besteht zum Beispiel aus der Folgerung a und der Voraussetzung 'b und c'. Ein Element einer Voraussetzung, hier 'b' oder 'c', heisst Bedingung.

Die Trennung von deklarativer Darstellung und prozeduraler Herleitung verdeutlicht die Wissensbasis 4.4 besonders klar. Die Darstellung der Fakten und Regeln ist deklarativ. Den Regelinterpreter, der neues Wissen aus den Fakten und Regeln herleitet, beschreiben wir hingegen prozedural.

Fakten

b
c

Regeln

1) f ⇐ b & d & e
2) a ⇐ g & d
3) a ⇐ c & f
4) x ⇐ b
5) e ⇐ d
6) h ⇐ x & a
7) d ⇐ c
8) a ⇐ x & c
9) d ⇐ x & b

Beispielfrage

h?

Wissensbasis 4.4: Eine Wissensbasis aus einfachen Fakten und Regeln

Regelinterpreter durchlaufen die Fakten und Regeln rückwärts- oder vorwärtsverkettend. Ein **rückwärtsverkettender** Interpreter geht von der Benutzerfrage aus und sucht eine Regel, in der die Frage als Folgerung (Regelkopf) vorkommt. Wenn der Voraussetzungsteil der gefundenen Regel bestätigt werden kann, wird die Frage bejaht. Weil der rückwärtsverkettende Interpreter von der Frage ausgeht und zu den Fakten hinunter verkettet, nennt man ihn auch Top down-Interpreter. Ein **vorwärtsverkettender** Übersetzer geht hingegen bottom up von den Fakten aus und sucht Regeln, deren Voraussetzung von den Fakten erfüllt wird. Die Folgerungen dieser Regeln werden als abgeleitete Fakten zur Wissensbasis gefügt. Mit den ursprünglichen und abgeleiteten Fakten werden die Regeln so lange durchlaufen, bis die Eingangsfrage bejaht wird oder kein neuer Fakt mehr abgeleitet werden kann.

Wenn wir der Wissensbasis 4.4 die Frage h? stellen, geht ein rückwärtsverkettender Interpreter wie folgt vor: In einem ersten Durchlauf von oben nach unten findet der Interpreter Regel 6, weil deren Kopf mit der Frage übereinstimmt. Im zweiten Durchlauf sucht er nach einer Regel, die x als Kopf enthält. Weil die Bedingung b der gefundenen Regel 4 als Fakt vorliegt, ist der erste Teil der Voraussetzung der sechsten Regel erfüllt.

Der zweite Teil des Beweises von h verlangt die Bestätigung von a. Da die Wissensbasis drei Regeln mit der Folgerung a enthält, muss der Interpreter im schlechtesten Fall drei Regeln prüfen. In unserem Beispiel kann die zweite der drei Regeln bestätigt werden. Damit sind alle Bedingungen von Regel 6 erfüllt. Die Ausgangsfrage h? wird also bejaht.

Aufgabe 4.1 (Vorwärtsverkettung)

Beschreiben Sie die Funktionsweise eines vorwärtsverkettenden Regelinterpreters am Beispiel der folgenden Wissensbasis:

a ⇐ c & b
b
c ⇐ f
c ⇐ d & e
d
e

4.2.3 Expertensysteme

Die Hauptanwendung regelbasierter Systeme sind **Expertensysteme**. Ein Expertensystem setzt wissensbasierte Methoden ein, indem es ...

- Wissen auf einem eng begrenzten Gebiet problemangepasst, änderungsfreundlich und verarbeitungseffizient darstellt,
- algorithmisch oder heuristisch Schlüsse daraus zieht und
- die Schlüsse unter Bezug auf die Falldaten und im Dialog mit der Benutzerin erklärt.

Ein typisches Expertensystem folgt der Architektur 4.5. Sie enthält zwei Komponenten, die wir bereits kennen: die Wissensbasis und die Herleitungskomponente (Problemlösungskomponente). Das folgende Beispiel veranschaulicht das Zusammenspiel der Komponenten:

Stellen Sie sich eine Anwendung vor, die Studierende bei der Bewerbung um ein Stipendium berät. Ihre *Wissensbasis* besteht aus Regeln und Fakten zur Stipendienvergabe. Der Studienberater kann über die *Wissenserwerbs*komponente Änderungen des Stipendienreglements eingeben. Beispiel 4.6 enthält einen *Dialog* zwischen dem Studienberater und dem Expertensystem. Im ersten Teil des Dialogs sammelt die Wissenserwerbskomponente Falldaten, und die *Problemlösungskomponente* leitet eine Antwort auf die folgende Ausgangsfrage ab: “Hat Studentin Meier Anspruch auf finanzielle Unterstützung?”. Im

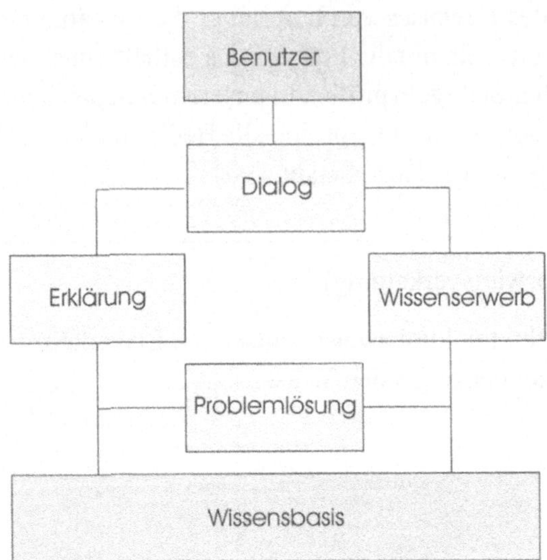

Architektur 4.5: Aufbau eines Expertensystems

Hat Meier Anspruch auf finanzielle Unterstützung?

Wie alt ist Meier? *23*
Hat Meier eine Niederlassungsbewilligung? *ja*
...
Wie gross sind die Ersparnisse von Meier? *2600*

⇒ **Meier hat keinen Anspruch auf Unterstützung.** *Weshalb?*

Die folgende Bestimmung ist nicht erfüllt:

"Ein Antragssteller hat Anspruch auf Hilfe, falls er ...
(1) volljährig ist
(2) niederlassungsberechtigt ist
...
(5) finanzielle Hilfe benötigt"

Beispiel 4.6: Erklärungsdialog eines regelbasierten Systems

zweiten Teil des Dialogs begründet die *Erklärungskomponente* die Herleitung der gegebenen Antwort. Die Erklärung besteht im wesentlichen aus einem benutzerfreundlichen Protokoll der Fakten und Regeln, welche die Problemlösungskomponente benutzt hat.

Der Vergleich 4.7 stellt fünf Klassen der Wissensdarstellung dar. Regelbasierte Expertensysteme stellen Wissen meist symbolisch, deduktiv, deklarativ und heuristisch dar. Symbolisches Wissen eignet sich gut für regelbasierte Systeme, weil - wie die Wissensbasis 4.4 zeigt - die Herleitung von Ergebnissen aus einer Reihe von Regeln und Fakten nicht rechnerisch, sondern durch Vergleich von Symbolen erfolgt. Heuristische Verfahren eignen sich gut für regelbasierte Systeme, weil sie sich meist als Folgen von Regeln und Fakten darstellen lassen.

Wissen	*Anwendung*	*Methodenbeispiele*
Symbolisches -	Nichtnumerisches Wissen darstellen und herleiten	regelbasierte Systeme
Numerisches -	Numerisches Wissen darstellen und herleiten	›neuronale Netze (Kapitel 9)
Deduktives -	Besonderes aus Allgemeinem ableiten	regelbasierte Systeme
Induktives -	Allgemeines aus Besonderem ableiten	›neuronale Netze, ›Inferenzstatistik
Deterministisches -	Sicheres Wissen darstellen und herleiten	lineare ›Optimierung (Kapitel 3)
Probabilistisches -	Unsicheres Wissen darstellen und herleiten	›Inferenzstatistik
Deklaratives -	"Was" spezifizieren	regelbasierte Systeme
Prozedurales -	"Wie" spezifizieren	Programm in ›VBA
Algorithmisches -	Die Wissensbasis führt zur besten Lösung	lineare ›Optimierung
Heuristisches -	Die Wissensbasis führt zu einer suboptimalen Lösung	regelbasierte Systeme, ›Monte Carlo-Simulation

Vergleich 4.7: Klassen der Wissensdarstellung

4.3 Regeln und Entscheidungsbäume

Die Wissensbasis 4.4 hat ihre Regeln in der folgenden Prolog-Syntax dargestellt: Folgerung ⇐ Voraussetzung. Dieser Abschnitt ersetzt das Verknüpfungszeichen ⇐ durch WENN ... DANN:

```
WENN der Hahn kräht auf dem Mist,                          % Voraussetzung
DANN ändert sich das Wetter ODER es bleibt wie es ist.     % Folgerung
```

Eine Regel besteht aus mehreren **Attribut-Wert-Paaren**, zum Beispiel (Hahn, kräht) oder (Wetter, ändert sich). Einzelne oder mit UND bzw. ODER verknüpfte Attribut-Wert-Paare einer *Voraussetzung* sind wahr oder falsch. Ein Attribut-Wert-Paar einer *Folgerung* muss nicht wahr oder falsch sein. Im Gegensatz zu einer Voraussetzung kann eine Folgerung auch aus einer oder mehreren Aktionen bestehen:

WENN die Sonne scheint,
DANN gehe ich skilaufen. % Aktion

In regelbasierten Systemen führen Aktionen einen oder mehrere Befehle (Unterprogramme) aus. Regeln lassen sich auch grafisch als Entscheidungsbäume darstellen. Bild 4.8 formuliert zum Beispiel die beiden folgenden Regeln als **Entscheidungsbaum**:

WENN der Hahn kräht, DANN ändert sich das Wetter.
WENN der Hahn schweigt, DANN bleibt das Wetter.

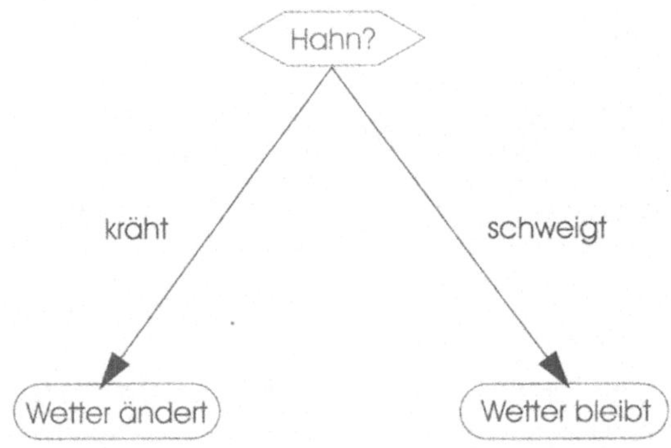

Bild 4.8: Ein einfacher Entscheidungsbaum

Das Beispiel zeigt, dass sich mehr als eine Regel in einem Baum darstellen lässt. An der Wurzel des Baumes steht das Ausgangsattribut (die Frage), das beiden Regeln gemeinsam ist. Fragen werden als Entscheidungssymbole (⬭) dargestellt. Die Kanten entsprechen den Werten des Attributs. Eine Folgerung besteht aus einem Attribut-Wert-Paar oder einer Aktion in einem Blattknoten (▢).

Bild 4.9 verallgemeinert den Beispielbaum zu einem allgemeinen **einstufigen** Entscheidungsbaum. Dem einstufigen Entscheidungsbaum 4.9 entsprechen die folgenden Regeln:

WENN Frage = Alternative_1 DANN Folgerung_1
...
WENN Frage = Alternative_n DANN Folgerung_n

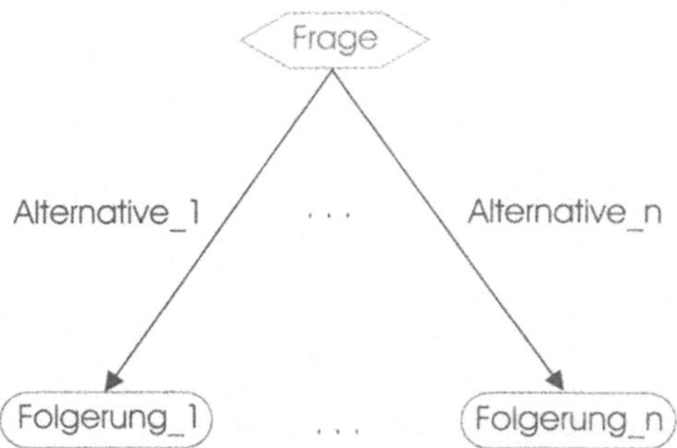

Bild 4.9: Ein allgemeiner einstufiger Entscheidungsbaum

"Was tut der Hahn?" ist zum Beispiel eine Frage. "Er kräht" bzw. "er schweigt" sind mögliche Alternativen. Eine Folgerung kann entweder ein Attribut-Wert-Paar, eine Aktion oder ein Teilbaum sein. Im letzten Fall entsteht ein **mehrstufiger** oder zusammengesetzter Entscheidungsbaum, der über mehrere Frageebenen zu einer Folgerung führt (Bild 4.10).

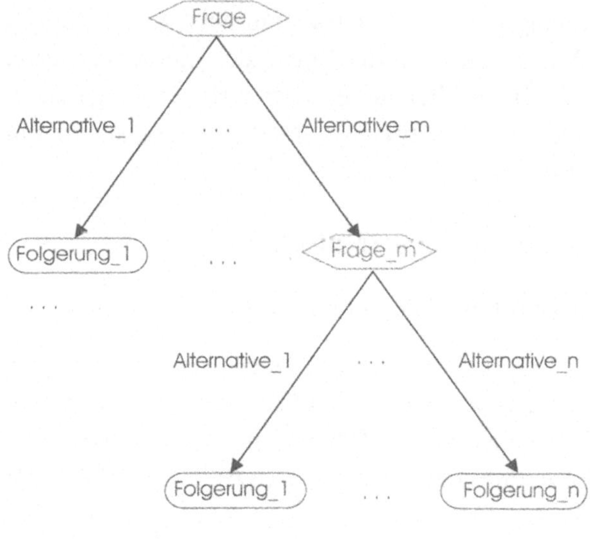

Bild 4.10: Mehrstufiger Entscheidungsbaum

Ein Entscheidungsbaum bildet eine Regelhierarchie ab. Am Ende der hierarchischen Beantwortung der Fragen steht genau eine Folgerung. Jeder Folgerung entspricht eine Entscheidungsklasse. Man nennt einen Entscheidungsbaum deshalb auch Klassifikationsbaum. Übersicht 4.11 fasst die Terminologie von Entscheidungsbäumen zusammen.

Regelterminologie	*Baumterminologie*	*Beispiel*
Regelmodul	Entscheidungsbaum	-
Regel	Ast	-
Bedingung (Attribut-Wert-Paar)	Knoten und Kante	*Hahn kräht*
Frage (Attribut)	Wurzel-/Zwischenknoten	*Hahn*
Alternative (Wert)	Kante	*kräht*
Folgerung (Attribut-Wert oder Aktion)	Blattknoten	*Wetter ändert*

Übersicht 4.11: Begriff des Entscheidungsbaums

Regeln lassen sich auf drei Arten darstellen: umgangssprachlich, als Einrückungsliste oder grafisch (als Entscheidungsbaum). Der Entscheidungsbaum 4.8 ist zum Beispiel äquivalent zur folgenden **Einrückungsliste**:

```
Hahn?
   kräht
      Wetter ändert
   schweigt
      Wetter bleibt
```

Jeder Entscheidungsbaum lässt sich als Einrückungsliste darstellen. Die Ausgangsfrage (Wurzel) steht an der Spitze der Einrückungsliste. Jede Einrückung entspricht einer Alternative, einer weiteren Frage (Zwischenknoten) oder einer Folgerung (Blattknoten). Eine Folgerung ist eine Einrückung, der keine weitere Einrückung folgt.

4.4 Anwendung mit XpertRule KBS

4.4.1 Wissenserwerb und Problemlösung

Fallbeispiel 4.12 (Spesenabrechnung) lässt sich als regelbasiertes System darstellen. Zuerst übersetzen wir den Aufgabentext in umgangssprachliche Regeln. Dann übersetzen wir die Regeln mit dem Expertensystem-Werkzeug *XpertRule KBS* in Entscheidungsbäume (KBS ist die Abkürzung für “Knowledge Based Systems”).

Aus dem vierten Kapitel der 🕮 Foliensammlung “Regelbasierte Systeme - 4.4” gelangen Sie zu 💻 Spesen.xra. Klicken Sie nach dem Start auf “Demo”. Sie können dann das Fallbeispiel in XpertRule KBS nachvollziehen.

Der Übersichtlichkeit halber stellen wir die Regelbasis in drei Modulen dar. Jedes **Regelmodul** (engl. task) enthält lokale Attribute und einen Entscheidungsbaum. Der Entscheidungsbaum kann direkt oder indirekt weitere Module aufrufen. Die folgende Einrückungsliste stellt die Aufrufhierarchie der Regelmodule des Problems SPESENABRECHNUNG dar:

Ein Expertensystem soll abklären, ob die Spesenabrechnung eines Mitarbeiters in Ordnung ist. Der Bescheid hängt von den folgenden Faktoren ab: Funktion des Antragstellers (Bsp. Direktor), Klasse des gebuchten Hotels (Bsp. Economy Class) und Abteilungszugehörigkeit des Antragstellers (Bsp. Rechnungswesen).

Direktoren erhalten die Spesen immer bezahlt. Der Spesenbescheid für einen Vizedirektor ist hingegen nur dann positiv, wenn die Hotelklasse "Standard" ist und der Vizedirektor der Abteilung "Rechnungswesen" angehört. Prokuristen erhalten die Spesen erstattet, falls sie ein "Economy"-Hotel gebucht haben.

Wenn die Hotelspesen nach Steuern kleiner als 50.- sind, dann gehört das Hotel zur Klasse "Economy". Zürcher Hotels mit Kosten zwischen 50.- und 100.- inklusive gehören zur Klasse "Standard". Hotels der gleichen Preisklasse, die ausserhalb von Zürich liegen, zählen wir aber zur Klasse "Komfort". Zu dieser Klasse gehören auch Hotels, die mehr als 100.- kosten.

Falls die Hotelleistungen mindestens die Ausgaben für "Zimmer" und "Mahlzeiten" umfassen, berechnen wir für Buchhaltungszwecke noch die Spesen vor Steuern und veranlassen dann die Auszahlung der Spesen mit Steuern. Ist die Spesenabrechnung unvollständig, veranlassen wir eine Rückfrage beim Antragsteller.

Stellen Sie die Problemstellung als Regeln der folgenden Form dar:

WENN *Attribut* <Vergleichsoperator> *Wert* UND (bzw. ODER) ...
DANN *Attribut* <Vergleichsoperator> *Wert* (bzw. *Aktion*).

Fallbeispiel 4.12: Problem SPESENABRECHNUNG

Modul Spesenbescheid(lokale Attribute, Entscheidungsbaum) ruft ...
  Modul Hotelklasse(lokale Attribute, Entscheidungsbaum) ruft ...
    Modul SpesenantragVollständig?(lokale Attribute, Entscheidungsbaum).

Ein Regelmodul lässt sich umgangssprachlich, als Regeltext oder als Entscheidungsbaum darstellen. Die Abbildungen 4.13 bis 4.15 übersetzen die umgangssprachliche Beschreibung des Fallbeispiels 4.12 in Regeltexte.

Die meisten Regeln beziehen sich auf Falldaten. Wenn ein Sachbearbeiter den Spesenantrag eines Mitarbeiters beurteilen möchte, so verlangt das Expertensystem Daten zu dessen Funktion und Abteilungszugehörigkeit sowie über die

WENN Funktion = "Direktor"
DANN *SpesenantragVollständig?* % Dieses Modul ausführen

WENN
Funktion = "Vizedirektor" UND
Hotelklasse = "Komfort" % Ergebnis von Modul Hotelklasse
DANN Spesenantrag ablehnen

WENN
Funktion = "Vizedirektor" und
Hotelklasse = "Standard" UND % Ergebnis von Modul Hotelklasse
Abteilung = "Rechnungswesen"
DANN *SpesenantragVollständig?* % Dieses Modul ausführen

WENN
Funktion = "Vizedirektor" UND
Hotelklasse = "Standard" UND
Abteilung = "Verkauf"
DANN Spesenantrag ablehnen

WENN
Funktion = "Prokurist" UND
Hotelklasse = "Komfort" ODER % Ergebnis von Modul Hotelklasse
Hotelklasse = "Standard"
DANN Spesenantrag ablehnen

WENN
Funktion = "Prokurist" UND
Hotelklasse = "Economy" % Ergebnis von Modul Hotelklasse
DANN *SpesenantragVollständig?*

Regelmodul 4.13: Wie lautet der *Spesenentscheid*? (Modulaufrufe kursiv)

beanspruchten Hotelleistungen. In Bildschirmformular 4.16 hat der Benutzer zum Beispiel die Leistungen Zimmer und Mahlzeiten ausgewählt. Wenn ein Expertensystem neben vorgegebenen Fakten der Wissensbasis auch den Benutzer als Wissensquelle einbezieht, so spricht man von **Query the User**.

XpertRule KBS stellt die Beziehungen zwischen den Regelmodulen in einer **Modulhierarchie** dar (Bild 4.17). Das Symbol ◁ bedeutet, dass das Regelmodul *Hotelklasse* Ergebniswerte (engl. return values) an das Modul *Spesenbescheid* zurückgibt. ▷ bedeutet hingegen, dass *Spesenbescheid* das Regelmodul *SpesenantragVollstaendig* aufruft, ohne einen Ergebniswert zu erwarten. Die Beziehung zwischen den Modulen Hotelklasse und Spesenentscheid heisst in XpertRule **Rückwärtsverarbeitung**, jene zwischen Spesenbescheid und SpesenantragVollständig **Vorwärtsverarbeitung**. Die Begriffe Rückwärts- und Vorwärtsverarbeitung beschreiben die Kommunikation zwischen

WENN
    SpesenMitSteuern < 50
DANN Hotelklasse = "Economy"

WENN
    SpesenMitSteuern >= 50 UND
    SpesenMitSteuern < 100 UND
    Hotel in Zürich
DANN Hotelklasse = "Standard"

WENN
    SpesenMitSteuern >= 50 UND
    Hotel nicht in Zürich
DANN Hotelklasse = "Komfort"

Regelmodul 4.14: Wie heisst die *Hotelklasse*?

WENN
    Hotelleistungen = Obermenge von "Zimmer" und "Mahlzeiten"
DANN
    BerechneSpesenVorSteuern   % Diese Prozedur ausführen
    Spesenantrag auszahlen
SONST Beim Antragsteller nachfragen

Regelmodul 4.15: Ist der *SpesenantragVollständig*?

Formular 4.16: Query the User des Moduls *SpesenantragVollständig?*

Modulhierarchie 4.17: Kommunikation zwischen Modulen

Regelmodulen. Sie sagen nichts über die Art der Regelverkettung aus (zur Rückwärts- und Vorwärtsverkettung siehe Abschnitt 4.2.2).

Die Bildschirmausschnitte 4.18 und 4.19 stellen die textuellen Regelmodule 4.13 und 4.15 grafisch dar. Mehrere Regeln werden zu einem einzigen *Entscheidungsbaum* vereinigt. Fragen entsprechen Entscheidungssymbolen (⬭). Die Wurzel von Baum 4.18 stellt zum Beispiel die Frage nach der Funktion des Antragstellers. Kanten entsprechen den Alternativen, das heisst den möglichen Antworten auf die Frage. Erlaubte Werte sind Direktor, Vizedirektor und Prokurist. Ein Blatt des Entscheidungsbaums, das heisst eine Folgerung, besteht aus einem Attribut-Wert-Paar oder einer Aktion (▢). Ist der Antragsteller zum Beispiel ein Prokurist und hat er die Hotelklasse Economy gewählt, dann heisst die Aktion Spesenantrag_akzeptieren.

Der Baum 4.19 unterscheidet sich in drei Punkten vom Baum 4.18. Er verwendet eine Prozedur (P), den Begriff der Obermenge (engl. superset) und die Otherwise-Syntax. Die Aktion Bezahlen setzt den Betrag der Spesen *vor* Steuern voraus. Im mit P markierten Knoten hat der Entwickler deshalb ein einfaches Programm codiert, das aus den Spesen mit Steuern und dem Steuersatz die Spesen vor Steuern berechnet. Der Befehl in der (‣VBScript-kompatiblen) Skriptsprache von XpertRule heisst: SpesenOhneSteuern = SpesenMitSteuern / 1.12. Weil Programme - im Gegensatz zu Entscheidungsbäumen - prozedural programmiert werden, heissen sie **prozedurale Anhängsel**. Das Schlüsselwort **Otherwise** leitet eine Defaultaktion ein, die alles abfängt, was die vorangehende WENN-Bedingung nicht behandelt hat. Die Funktion **Obermenge von** verlangt schliesslich, dass die eingegebenen Hotelleistungen mindestens "Zimmer" und "Mahlzeiten" enthalten.

Die Aktion Bezahlen geht von der berechneten Variable SpesenOhneSteuern aus und instanziert den folgenden Ersetzungstext (engl. template): "Der Spesenantrag wird bezahlt für die folgenden Leistungen: <Hotelleistungen>. Der Betrag ist <SpesenMitSteuern> nach Steuern und <SpesenOhneSteuern> vor Steuern". Die Werte der Variablen in Winkelklammern stammen aus dem Query the User-Dialog und dem prozeduralen Anhängsel "BerechneSpesenOhneSteuern". XpertRule ersetzt alle Platzhalter (<...>) durch Werte, die zur Laufzeit erfragt, abgeleitet oder berechnet wurden. Das instanzierte Template wird schliesslich am Bildschirm angezeigt.

XpertRule KBS bietet zusammenfassend die folgende Funktionalität:

Eingabe

XpertRule erwirbt Wissen explizit oder implizit. Im ersten Fall gibt die Benutzerin Regeln textuell oder als Entscheidungsbäume ein. Bei der impliziten Eingabe lernt XRule die Regeln automatisch aus einer Stichprobe geeigneter

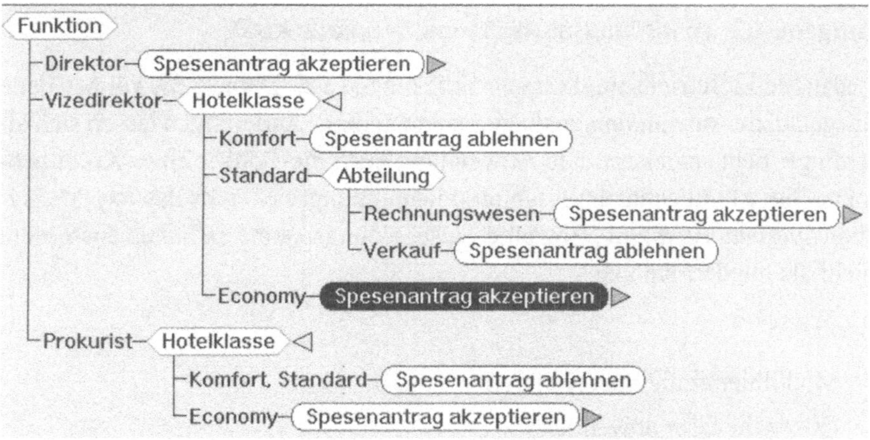

Funktion
Direktor – Spesenantrag akzeptieren
Vizedirektor – Hotelklasse
Komfort – Spesenantrag ablehnen
Standard – Abteilung
Rechnungswesen – Spesenantrag akzeptieren
Verkauf – Spesenantrag ablehnen
Economy – Spesenantrag akzeptieren
Prokurist – Hotelklasse
Komfort, Standard – Spesenantrag ablehnen
Economy – Spesenantrag akzeptieren

Entscheidungsbaum 4.18: Grafische Darstellung von Modul *Spesenbescheid*

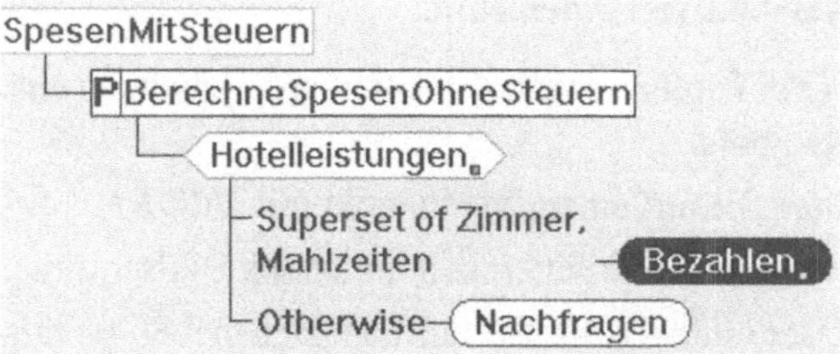

SpesenMitSteuern
P BerechneSpesenOhneSteuern
Hotelleistungen
Superset of Zimmer, Mahlzeiten – Bezahlen
Otherwise – Nachfragen

Entscheidungsbaum 4.19: Grafische Darstellung von *SpesenantragVollständig*

Beispiele. Das siebte Kapitel (Regelinduktion) wird den automatischen Wissenserwerb einführen.

Verarbeitung

XpertRule leitet aus den erworbenen Regeln und Query the User neues Wissen her. Es durchläuft dabei die Regelmodule vorwärts oder rückwärts und verarbeitet die prozeduralen Programme, welche die Benutzerin in einer ›Skriptsprache als Aktionen codiert hat.

Ausgabe

Ausgabeintensiv sind vor allem der Wissenserwerb (Query the User) und die Erklärung des Schlussergebnisses.

Aufgabe 4.2 (🖱 BETRIEBSKREDIT mit *XpertRule KBS*)

Laden Sie 🖫 Betriebskredit.xra und klicken Sie auf "Demo". Sie können dann die geladene Anwendung analysieren und ändern. Änderungen lassen sich allerdings nicht speichern. Die Anwendung prüft die Bonität eines Kreditnehmers. Sie ist mit achtzehn Regelmodulen umfangreicher als das Expertensystem *Spesenabrechnung*. Einzelne Entscheidungsbäume enthalten ausserdem mehr als hundert Knoten.

Lernziele

⇨ Modulhierarchie interpretieren

⇨ Query the User anwenden

⇨ Dictionary verwenden

⇨ Entscheidungsbäume interpretieren

Sie erhalten in XpertRule KBS auf vier Arten Hilfe:

- Wenn Sie den *Cursor* auf ein Toolbar-Symbol positionieren, erscheint eine Kurzbeschreibung des Symbols.
- Ausführliche Hilfe erhalten Sie auf einem Menüpunkt mit *Shift/F1*.
- Ein Klick auf das Toolbar-Icon "?" erläutert den laufenden Bildschirm.
- Der Menüpunkt "Help/User Guide/Tutorial" führt am Beispiel *Spesenabrechnung* in die Benutzung von XpertRule KBS ein.

Query the User

a) Nach dem Laden von Betriebskredit.xra erscheint die Modulhierarchie 4.20. Testen Sie die Anwendung, indem Sie auf den Menüpunkt "Run" klicken und dann "from start task" wählen. Verwenden Sie während des Dialogs die Schaltflächen "Back" und "Again", sobald Sie einen Schritt zurück oder wieder an die Wurzel des Entscheidungsbaums gelangen möchten.

Regelmodule

b) Beschreiben Sie an der Abbildung 4.20 den Aufbau des Expertensystems.

Dictionary

c) Klicken Sie auf das Buchsymbol ("Dictionary") und gewinnen Sie einen groben Überblick über die Objekttypen der Anwendung:

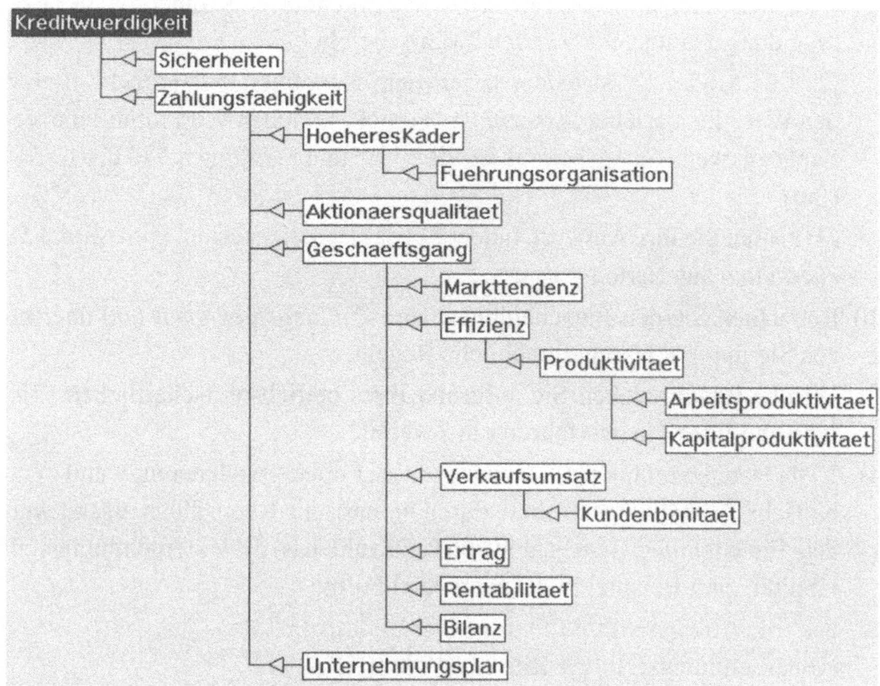

Modulhierarchie 4.20: Bonitätsbeurteilung für einen Betriebskredit

Dictionary
- Attribute
  - Aufzählungsattribute (Zeichenketten, **L**ist)
  - Zahlen (**N**umeric)
- Aktionen
  - Dialog (**GU**I)
  - Bericht (**R**eport)
  - Prozedur (**P**rocedure)

In welchem Regelteil können Attribute bzw. Aktionen auftreten?

d) Betrachten Sie ausgewählte Objekte, indem Sie zweimal darauf klicken. Schauen Sie sich zum Beispiel die Werte und den Dialog zum Attribut *Bankbeziehung* an.

e) Eruieren Sie, welche Berichtsobjekte (R) zu welchen Attributen gehören.

Entscheidungsbäume

f) Öffnen Sie die Modulhierarchie, indem Sie auf das Kettensymbol ("Chaining Map") klicken. Markieren Sie das Modul *Sicherheiten* und klicken Sie auf das Symbol "Decision Tree". Übersetzen Sie den gezeigten Entscheidungsbaum in umgangssprachliche WENN ... DANN-Regeln.

g) (1) Unter welcher Voraussetzung ist das Ergebnis (engl. outcome) des Entscheidungsbaums *Sicherheiten* "wahrscheinlich"?

(2) Das Modul *Sicherheiten* liefert dem Hauptmodul *Kreditwuerdigkeit* den Wert der Variable *Sicherheiten* zurück. Welchen Wert nimmt die Variable an, wenn *SicherheitenLiquide* = "ja" und *Deckung* = "70 bis 100%" sind?

(3) Prüfen Sie Ihre Antwort, indem Sie das Expertensystem vom Modul *Sicherheiten* aus starten ("Run").

h) Betrachten Sie den Entscheidungsbaum *Zahlungsfaehigkeit* und übersetzen Sie ihn in umgangssprachliche Regeln.

i) Welche Regeln ziehen Sie aufgrund Ihres betriebswirtschaftlichen Wissens und Ihrer Praxiserfahrung in Zweifel?

j) Viele Benutzereingaben lassen sich besser operationalisieren, wenn symbolische Aufzählungsattribute durch numerische Kennzahlen ersetzt werden. Ein wichtiger Gegenstand von Kennzahlen ist die Unternehmungsrentabilität, zum Beispiel in der folgenden Form:

Unternehmungsrentabilität des Eigenkapitals (EK) =
(Unternehmungserfolg + Zinsen auf dem EK) /
((EK der Eröffnungsbilanz + EK der Schlussbilanz) / 2).

Untersuchen Sie, in welchem Modul und wie Sie diese Kennzahl verwenden können.

k) Das Expertensystem *Betriebskredit* bietet weitere Operationalisierungsgelegenheiten. Suchen Sie nach Attributen, die sich durch Kennzahlen der folgenden Liste ersetzen oder ergänzen lassen:

Innere Investitionsdeckung = Cash Flow / Neuinvestition

Debitorenumschlag = Warenertrag /
((Debitoren Eröffnungsbilanz + Debitoren Schlussbilanz) / 2)

Durchschnittliche Debitorenfrist = 360 / Debitorenumschlag

Fremdfinanzierungsgrad = Fremdkapital / Gesamtkapital

Barliquidität = flüssige Mittel / kurzfristiges Fremdkapital

Einzugsliquidität = (flüssige Mittel + kurzfristige Forderungen) /
kurzfristiges Fremdkapital.

l) Diskutieren Sie die Praxisrelevanz des Expertensystem-Ansatzes. Schauen Sie sich dazu zum Beispiel die Fallbeispiele auf der Website von XpertRule an (http://www.attar.com/pages/cases.htm).

4.4.2 Erklärungen

Die Einführung in Expertensysteme hat am Beispiel 4.6 der Stipendienberatung einen einfachen Erklärungsdialog vorgestellt. Im ersten Teil des Dialogs leitet die *Problemlösungskomponente* anhand der Falldaten eine Antwort auf die Ausgangsfrage ab. Im zweiten Teil stellt die Benutzerin die Frage, wie das Ergebnis zustande gekommen ist. Die *Erklärungskomponente* begründet die Herleitung der Antwort, indem sie der Benutzerin eine benutzerfreundliche Navigation des Protokolls der verwendeten Fakten und Regeln ermöglicht.

Bildschirm 4.21 zeigt im oberen Fenster eine Antwort der Problemlösungskomponente. Das untere Fenster gibt die Erklärung auf eine Wie-Frage der Benutzerin aus. XpertRule existiert nur in einer englischsprachigen Version. Die Erklärung mischt deshalb die englischsprachigen Konstanten des Ersetzungstextes der Wie-Erklärung mit den deutschsprachigen Regeln der Regelbasis und den Ergebnissen des Query the User-Dialogs. Die folgenden Module und Regeln gehen in das Erklärungsprotokoll ein:

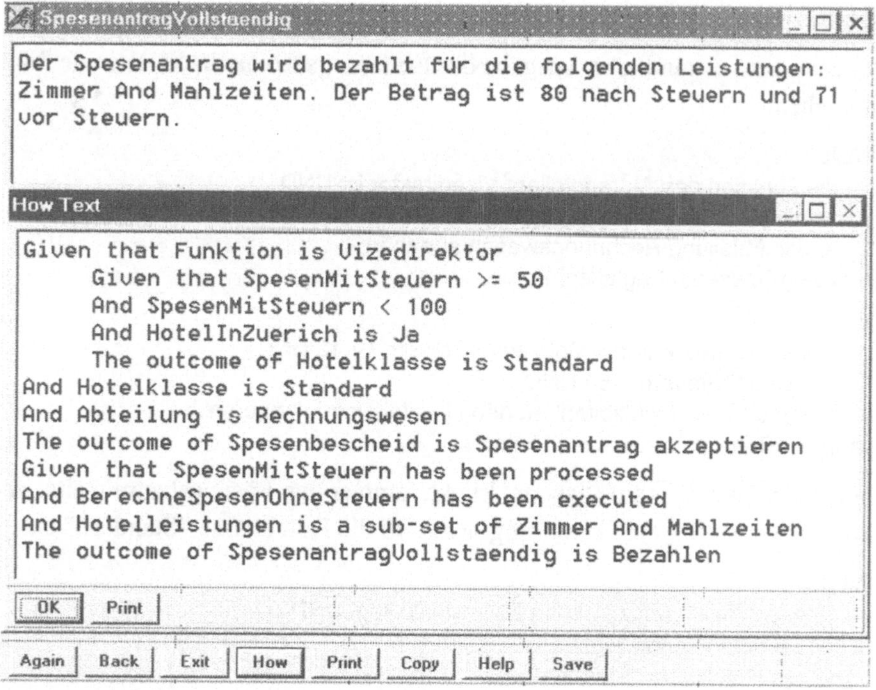

Bild 4.21: Wie-Erklärung nach einer Konsultation des Expertensystems *Spesen*

Regelmodul *Spesenbescheid*

```
WENN
    Funktion = Vizedirektor UND
    Hotelklasse = Standard UND
    Abteilung = Rechnungswesen
DANN Spesenantrag = akzeptieren
```

Regelmodul *SpesenantragVollständig?*

```
WENN
    Hotelleistungen = Obermenge von "Zimmer" und "Mahlzeiten"
DANN
    BerechneSpesenVorSteuern          % Diese Prozedur ausführen
    Spesenantrag bezahlen
SONST Beim Antragsteller nachfragen
```

Regelmodul *Hotelklasse*

```
WENN
    SpesenMitSteuern >= 50 UND SpesenMitSteuern < 100 UND
    Hotel in Zürich
DANN Hotelklasse = "Standard"
```

Eine besser verständliche Ausgabe des Erklärungsprotokolls könnte wie folgt aussehen:

```
WEIL
    die Funktion des Antragstellers Vizedirektor ist UND
    sein Hotel zur Klasse Standard gehört UND
    er der Abteilung Rechnungswesen angehört
wird sein Spesenantrag akzeptiert
WEIL
    SpesenOhneSteuern = SpesenMitSteuern / 1.12 UND
    SpesenMitSteuern = 56 UND
    "Zimmer" und "Mahlzeiten" zu den Hotelleisungen gehören
kann der Betrag 50 ausbezahlt werden
```

Wenn der Benutzer auf Standard klickt, kann er den Lösungsbaum weiter erkunden und erhält eine Erklärung, *weshalb* die Hotelklasse "Standard" ist:

```
WEIL
    SpesenMitSteuern zwischen 50 und 100 liegt UND
    das Hotel in Zürich liegt
heisst die Hotelklasse Standard.
```

Vergleich 4.22a veranschaulicht an der Wissensbasis 4.22b die vier **Erklärungsarten** Wie-, Warum-, Warum nicht- und Was-wenn-Erklärungen. Der Verständlichkeit halber gehen wir von der einfachen Wissensbasis 4.22b mit einem Fakt und vier Regeln aus. Die Abbildung 4.22a übersetzt nicht etwa diese Wissensbasis in Entscheidungsbäume, sondern stellt die Lösungswege (Beweisbäume) verschiedener Fragen an die Regeln und den Fakt der Wissensbasis 4.22b dar.

Eine **Wie**-Erklärung begründet, *wie* die Lösung zustande gekommen ist. Sie präsentiert meist den Baum zwischen Frage und Antwort, zeigt also *top down* jene Regeln und Fakten, die bis zur Lösung geführt haben. In Vergleich 4.22a führt zum Beispiel die Frage a1? zum dick angezeigten Lösungsprotokoll. Der Beweisbaum für a1 lässt sich wie folgt verbal beschreiben:

a1 gilt, weil a2 und a3 gelten
a2 gilt, weil es ein Fakt ist
a3 gilt, weil a4 gilt
a4 gilt, weil der Benutzer im Query the User a4 bejaht hat.

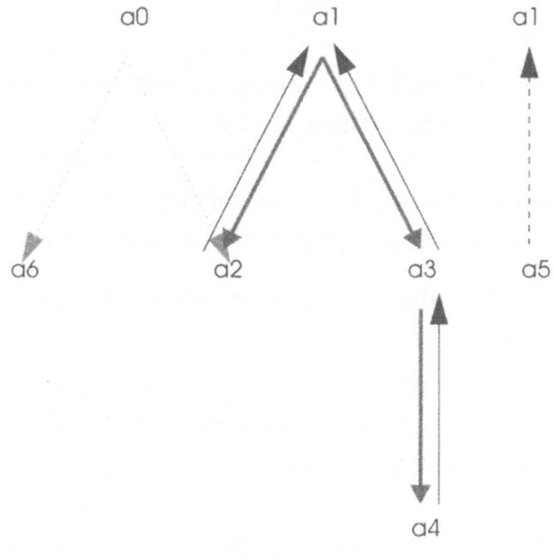

Vergleich 4.22a: Erklärungsarten

a1 ⇐ a2 & a3	
a1 ⇐ a5	% Die 2. Regel ist anwendbar, falls die 1. Regel scheitert
a2	% Fakt
a3 ⇐ a4	% Annahme: a4 wird durch Query the User befragt
a0 ⇐ a2 & a6	% Annahme: a6 bewahrheitet sich nicht

Wissensbasis 4.22b: Eine einfache Wissensbasis für Erklärungen

Eine **Warum**-Erklärung begründet, weshalb eine bestimmte Frage an den Benutzer gestellt wird. Sie gibt oft einen Teil des Baums zwischen der Frage an den Benutzer und dem Ziel der Konsultation aus. Die Erklärung präsentiert also *bottom up* - nämlich von der Frage bis zum Ausgangsziel zurück - Regeln und Fakten, die zur Frage geführt haben. Wenn der Benutzer zum Beispiel fragt, warum sich das Expertensystem nach a4 erkundigt, dann erhält er die folgende Antwort:

Die Frage nach a4 ist erforderlich, weil a4 Voraussetzung von a3 ist.
a3 ist zusammen mit a2 Voraussetzung von a1.

Warum nicht-Erklärungen begründen, weshalb eine bestimmte Regelbedingung nicht zutrifft oder eine Frage abschlägig beantwortet wurde. Das Expertensystem gibt zum Beispiel falsifizierte Regeln aus. Ist das Ziel zum Beispiel a0?, dann scheitert sein Beweis, weil die Bedingung a2 zwar zutrifft, aber der Nachweis von a6 nicht gelingt.

Eine **Was-wenn**-Erklärung nennt hypothetisch Lösungen unter veränderten Bedingungskonstellationen. Die Wissensbasis 4.22a enthält zwei Regeln mit der Folgerung a1. Wenn die Benutzerin zum Beispiel fragt, was geschähe, wenn a2 nicht zutrifft, dann verweist die Erklärungskomponente auf die zweite Regel a1 $\Leftarrow$ a5 und würde die Benutzerin nach dem Vorliegen von a5 fragen.

Der Funktionsumfang einer **Erklärungskomponente** hängt unter anderem von den folgenden Faktoren ab:

- *Ausführlichkeit* der Begründung: Die Erklärungskomponente kann zum Beispiel (1) alle Regeln und die Werte der instanzierten Variablen, (2) nur die Regeln oder (3) nur ausgewählte Regeln des Lösungsprotokolls ausgeben.
- *Tiefe* der Begründung: Ein Protokoll der Problemlösung begründet nur die explizit formulierten Regeln. Vorentscheidungen der Problemlösungskomponente (zum Beispiel die Art der Regelverkettung) werden nicht begründet. Eine Erklärung ist tiefer, wenn sie solche Lösungsstrategien oder anderes implizit vorausgesetztes Wissen mit einbezieht.
- Ausmass der *Benutzerkontrolle*: Die Informationsfülle eines umfangreichen Lösungsprotokolls überfordert den Benutzer. Mächtige Traversierungsfunktionen und eine benutzerfreundliche Schnittstelle - zum Beispiel Menüs, Fenster und graphische Darstellungen - strukturieren das Protokoll.
- Sprachliche *Form* der Begründung: Algorithmen oder Ersetzungstexte übersetzen die interne Darstellung der Regeln in eine externe benutzerfreundlichere Darstellung.

4.5 Ein Blick in die Blackbox

Abschnitt 4.2 hat die Grundlagen regelbasierter Systeme an Beispielen eingeführt. Abschnitt 4.3 hat die textuelle Darstellung von Regeln durch die Entscheidungsbaum-Notation ergänzt. Ausgehend vom Begriff des Entscheidungsbaums haben wir schliesslich an einem Werkzeug die Entwicklung regelbasierter Systeme veranschaulicht. Alle drei Abschnitte gehen insofern naiv vor, als sie den Mechanismus der Wissensherleitung verborgen lassen. Dieser Abschnitt definiert eine Sprache zur Beschreibung einfachster Fakten und Regeln. Dann entwickeln wir ein prozedurales Programm, das solche Regeln und Fakten so verknüpft, dass es Fragen beantworten kann.

4.5.1 Entwurf eines einfachen Regelinterpreters

Die Syntax von Regeln und Fakten lässt sich auf verschiedene Arten definieren. Übersicht 4.23 teilt Regelbeispiele nach den folgenden Kriterien ein:

✓ Wie setzt sich eine Regel zusammen (Beispiele 1 und 2)?

✓ Darf ein *Teil* einer Regel seinerseits zusammengesetzt sein ((3) und (4))?

✓ Darf eine Regel geschachtelt sein (letztes Beispiel)?

Damit unser Programm zur Verkettung von Regeln und Fakten kurz wird, wählen wir eine einfache Wissensdarstellung: Ein Fakt ist eine wahre Aussage aus einem einzigen Buchstaben, zum Beispiel b. Eine Regel folgt der einfachen Syntax Folgerung ⇐ Voraussetzung. Die Folgerung und jede Bedingung der Voraussetzung bestehen ebenfalls aus je einem Buchstaben. Die Voraussetzung ist einfach - zum Beispiel b - oder zusammengesetzt - zum Beispiel b & c - und verknüpft die Folgerung mit Fakten oder Regeln der Wissensbasis:

```
f FALLS b UND c                  % (1) Folgerungsteil zuerst
WENN b UND c DANN f              % (2) Voraussetzungsteil zuerst
WENN b DANN f UND g              % (3) Regelteil zusammengesetzt
WENN b und c DANN f SONST g      % (4) Folgerung mit Alternative
WENN b DANN                      % (5) Regel geschachtelt
   WENN c
   DANN f
SONST g
```

Übersicht 4.23: Regelsyntax

```
a ⇐ b          % Verknüpfung mit dem Fakt b
c ⇐ a          % Verknüpfung mit der nachfolgenden Regel
a ⇐ b & c      % a gilt, falls der Fakt b und die Regel c gelten
```

Eine ODER-Verknüpfung wird implizit durch Regeln der gleichen Folgerung ausgedrückt. Die folgenden Regeln enthalten die gleiche Folgerung a und sind deshalb äquivalent zu a FALLS (g UND d) ODER (c UND f):

```
a ⇐ g & d
a ⇐ c & f.
```

Abschnitt 4.2.2 hat an Regeln und Fakten der gleichen einfachen Syntax die **rückwärtsverkettende** Wissensherleitung eingeführt. Abbildung 4.24 greift deshalb auf die Wissensbasis 4.4 zurück: Der erste Teil der Wissenbasis behauptet, dass b und c wahr sind. Der zweite Teil formuliert die Bedingungen unter denen die Aussagen f, a, x, e, h und d gelten. Der dritte Teil nennt schliesslich mit h? die Frage, die bewiesen werden soll.

h beweisen wir wie folgt: Der Verkettungsalgorithmus 4.25 durchläuft die Fakten und Regeln wiederholt **von oben nach unten**. Sie können die rückwärtsverkettende Wissensherleitung am besten so strukturieren, dass Sie die bewiesenen Folgerungen auf dem Stapel der Abbildung 4.24 ablegen. Zu Beginn enthält der Stapel die Fakten b und c der Wissensbasis. Durchlaufen Sie dann die Wissensbasis solange, bis Sie die Folgerung h auf dem Stapel ablegen können.

Im ersten Durchlauf sucht der Verkettungsalgorithmus einen Fakt oder einen Regelkopf, der mit der Frage übereinstimmt. Im Beispiel 4.24 passt der Kopf der Regel 6 auf die Frage h. Im nächsten Schritt versucht der Regelverketter wieder von oben nach unten die Voraussetzung x & a der sechsten Regel zu beweisen. x & a durchläuft er **von links nach rechts**. Rekursiv sucht er deshalb zuerst nach einer Regel, die x als Folgerung enthält und findet die vierte Regel. Weil diese aber nur gilt, falls sich auch ihre Voraussetzung beweisen lässt, sucht er nach b. Weil sich b bereits im Stapel der bewiesenen Aussagen befindet, ist die Voraussetzung der vierten Regel erfüllt und x bewiesen.

Der zweite Teil des Beweises von h verlangt noch die Bestätigung von a. Die Regel 2 enthält als erste Regel den Kopf a. Sie kann aber nicht bewiesen werden, weil die Bedingung g weder unter den Fakten noch unter den Regelköpfen vorkommt. Der Versuch, eine zweite Regel mit dem gleichen Regelkopf a zu beweisen, heisst **Backtracking**. Backtracking führt in Beispiel 4.24 zur dritten Regel. Der Beweis der Bedingung c ist trivial, weil sie als Fakt in der Wissensbasis vorkommt. Der Beweis von f ist zwar aufwendiger. Es lässt sich aber leicht nachweisen, dass f aus den Fakten und den Regeln 7 und 5 folgt. Beide

Fakten

b

c

Regeln

```
1) f ⇐ b & d & e
2) a ⇐ g & d
3) a ⇐ c & f                       % zweites Vorkommen von Folgerung a
4) x ⇐ b
5) e ⇐ d
6) h ⇐ x & a
7) d ⇐ c
8) a ⇐ x & c                       % drittes Vorkommen von Folgerung a
9) d ⇐ x & b                       % zweites Vorkommen von Folgerung d
```

Beispielfrage

h?

Stapel der der ursprünglichen und abgeleiteten (+) Attribute

```
+h
+a
+f
+e
+d
+x
c
b
```

Wissensbasis 4.24: Illustration der Rückwärtsverkettung

```
ableitbar (Fragen)                                                        1
    FALLS leer (Fragen)                                                   2
        ableitbar:= wahr  EXIT        % EXIT verlässt die Funktion ableitbar 3
    FÜR JEDE Regel                                                        4
        FALLS Kopf (Fragen) = Kopf(Regel)                                 5
            Restfragen := ohneKopf (Fragen)                               6
            Restfragen := ohneKopf(Regel) + Restfragen                    7
            FALLS ableitbar(Restfragen)                                   8
                ableitbar := wahr EXIT
    ableitbar = falsch                                                    9
```

Entwurfscode 4.25: Rückwärtsverkettung

Bedingungen der sechsten Regel sind damit bewiesen. Die Ausgangshypothese h? ist also wahr.

Weil nach jedem Durchlauf der Wissensbasis Zwischenergebnisse erhalten bleiben sollen, lässt sich der Verkettungsalgorithmus leicht als rekursive Funktion abbilden. Der Code 4.25 ist eine entwurfssprachliche Variante der gleichnamigen rekursiven Hauptfunktion des Visual Basic-Programms Regelverkettung.xls von Abbildung 4.27.

Nach dem grundsätzlichen Ablauf des Verkettungsalgorithmus erklären wir die Funktion ableitbar(Fragen) des Pseudocode 4.25 an den Fakten und Regeln von Abbildung 4.24: Eine Regel setzt sich aus einer Folgerung und mindestens einer Bedingung zusammen. Sie lässt sich deshalb als Liste darstellen. Die Regel h ⇐ x & a entspricht zum Beispiel der Liste [h, x, a]. h ist die Folgerung und [x, a] die Voraussetzung. Auf die Folgerung greifen wir mit der Funktion Kopf(Regel) und auf eine Voraussetzung mit ohneKopf(Regel) zu. Für die Regel h ⇐ x & a gilt zum Beispiel Kopf([h, x, a]) = h und ohneKopf([h, x, a]) = [x, a]. Die Funktion Kopf ergibt also immer eine Einzelaussage, ohneKopf immer eine Liste von Aussagen. Die Ergebnisliste kann auch leer sein oder aus einem einzigen Element bestehen.

Das Argument von ableitbar, Fragen, ist eine Liste, die zuerst aus der Ausgangsfrage besteht und sich später aus den Bedingungen zusammensetzt, die noch bewiesen werden müssen. [h] führt in unserem Beispiel zuerst zur Regel h ⇐ x & a. Weil im nächsten Schritt x und a bewiesen werden müssen, wird die Ausgangsliste [h] durch die neue Fragenliste [x, a] ersetzt. Während des Verkettungsprozesses ändert sich die Zusammensetzung der Liste laufend.

Die Funktion leer(Fragen) wird wahr, sobald die Fragenliste leer ist, also die Ausgangsfrage und alle ihre Bedingungen bewiesen worden sind. Kopf(Fragen) ergibt analog zu Kopf(Regel) das erste Element der laufenden Fragenliste und ohneKopf(Fragen) ergibt den Rest der Fragenliste.

Wir testen der Einfachheit halber die Funktion ableitbar(Fragen) mit der Frage a? und einer einfachen Wissensbasis:

```
a ⇐ b & c
b
c.
```

- Der erste Aufruf, ableitbar(a), trifft auf die Regel a ⇐ b & c. Weil die Bedingung der Zeile 5 von Entwurfscode 4.25 zutrifft, werden die Anweisungen 6 bis 8 ausgeführt. Die Variable Restfragen wird in der Zeile 6 mit [] initialisiert, weil ohneKopf([a]) die leere Liste ergibt. Das Ergebnis der Zeile 7 ist ohneKopf([a, b, c]) + [] = [b, c].

- Der zweite Aufruf wird deshalb ableitbar([b, c]). Er nimmt den gleichen Weg wie bereits der erste Aufruf. Das Resultat der siebten Zeile ist diesmal ohneKopf([b, c]) + [] = [c].
- Der dritte Aufruf, ableitbar([c]), ergibt eine leere Restfragen-Liste.
- Der vierte Aufruf, ableitbar([]) verlässt schliesslich die Funktion in der zweiten Zeile mit dem Wert wahr. Der erste Aufruf ableitbar(a) hat also zu drei weiteren rekursiven Aufrufen geführt und die Frage a? bewiesen.

Aufgabe 4.3 (REGELVERKETTUNG mit VBA)

Regelverkettung.xls implementiert den Entwurfscode 4.25. Im ersten Teil interpretieren Sie eine mögliche Benutzeroberfläche, im zweiten Teil den Programmcode von Visual Basic.

Lernziele

⇨ Benutzeroberfläche eines einfachen Regelinterpreters benutzen

⇨ Aufbau und Code der Benutzeroberfläche verstehen

⇨ Aufbau und Code des Regelinterpreters verstehen

Start

Aus dem Folienkapitel Regelbasierte Systeme gelangen Sie zu Regelverkettung.xls. Alt/F11 wechselt zwischen der Benutzeroberfläche und dem VBA-Code. Beantworten Sie die folgenden Fragen zur Benutzer- und zur Entwicklersicht:

Benutzersicht

a) Versuchen Sie die Aufgaben der Benutzeroberfläche zu erraten, ohne gleich auf die Schaltflächen zu klicken (Wenn nötig, bewegen Sie den Cursor auf die Zelle "Hilfe" oder einen anderen Zellenkommentar). Was steht in der grünen, der blauen und der weissen Spalte? Was bezwecken die Schaltflächen "Beispiel", "Starten" und "Löschen"?
b) Analysieren Sie die Wissensbasis und beantworten Sie die Frage h?, ohne das Programm bereits zu starten.
c) Klicken Sie auf "Beispiel" und starten Sie mit der Frage "h".
d) Wie kommen die Ausgaben der Spalte "Bewiesen" zustande?

Entwicklersicht

e) Welche Aufgaben erfüllen die drei ‣Ereignisprozeduren, die der Code enthält? Beantworten Sie die Frage, ohne im Programm nachzuschlagen.

f) Starten Sie den Programmeditor (Alt/F11) und suchen Sie die Ereignisprozeduren. Weshalb hat der Entwickler alle Prozedurnamen mit `_nachKlick` beendet?

g) Welche Aufgabe erfüllt `Starten_nachKlick()`?

h) Verfolgen Sie den Programmablauf von `Starten_nachKlick()` Ordnen Sie dabei Tabellenblatt und Editor so an, dass Sie die Programmausgabe und den Code miteinander verfolgen können:
   - Setzen Sie den Cursor auf `Starten_nachKlick()`.
   - Starten Sie den Einzelschrittmodus (F8).
   - Gehen Sie schrittweise durch die Prozedur, ohne die aufgerufenen Unterprogramme zu betreten (Umschalt/F8).

i) Untersuchen Sie die Funktion `ableitbar(Frage)`.
   - Testen Sie den Entwurfscode 4.25 an der Wissensbasis 4.24.
   - Vergleichen Sie die VBA-Funktion `ableitbar(Frage)` mit der entwurfssprachlichen Variante. Achten Sie besonders auf die Implementation der Fragen- und Regellisten.

j) Verfolgen Sie den Programmablauf von `ableitbar`:
   - Setzen Sie einen Haltepunkt auf `ableitbar` (Taste F9).
   - Gehen Sie zurück zur Benutzeroberfläche (Alt/F11) und klicken Sie auf "Starten". Sie können nun schrittweise durch `ableitbar` gehen (Umschalt/F8). Wenn Sie den Cursor auf einer Variable ruhen lassen, erhalten Sie den Inhalt angezeigt.

4.5.2 Implementation eines einfachen Regelinterpreters

🖳 Regelverkettung.xls implementiert `ableitbar` so, dass der Benutzer nach der Wahl einer gegebenen oder selbstdefinierten Wissensbasis erfährt, ob eine Frage aus den gewählten Fakten und Regeln folgt. Bildschirm 4.26 zeigt die Benutzeroberfläche. Der Anwender gibt entweder in den ersten beiden Spalten Regeln und Fakten ein oder wählt mit einem Klick auf "Beispiel" die vordefinierte Wissensbasis. Die Schaltfläche "Starten" liest eine Frage. In der letzten Spalte notiert das Programm alle bewiesenen Attribute.

Das Programm liest zuerst die Wissensbasis des Tabellenblatts und reagiert dann auf die Aktionen des Benutzers. Jeder Klick auf eine Schaltfläche ruft eine Ereignisprozedur. Eine **Ereignisprozedur** ist ein Unterprogramm, das durch ein Ereignis (engl. event), hier einen Klick auf eine Schaltfläche, aufgerufen wird. Die Schaltfläche "Beispiel" aktiviert die voreingestellte Wissens-

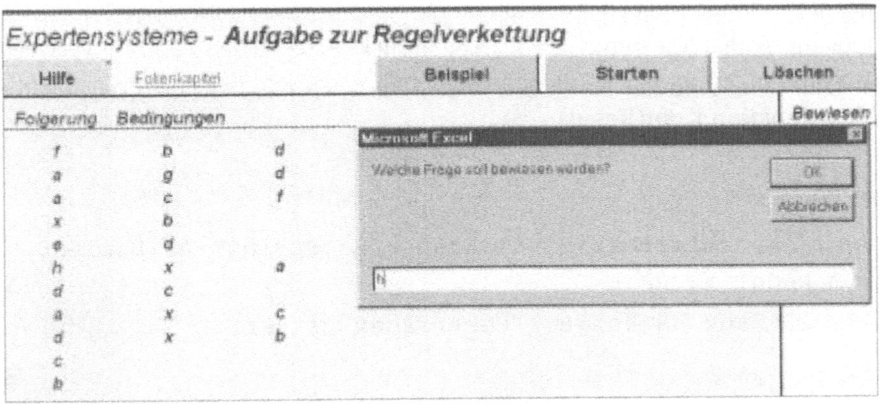

Bildschirm 4.26: Benutzeroberfläche der Arbeitsmappe Regelverkettung.xls

basis. “Starten” zeigt ein Eingabefeld, liest eine Frage und ruft die Verkettungsfunktion ableitbar(Frage) auf. “Löschen” entfernt die Wissensbasis und das Protokoll der bewiesenen Aussagen. Sie finden die Prozeduren in Regelverkettung.xls. Der VBA-Code 4.27 zeigt lediglich die Funktion ableitbar.

Ein Programm kann Entwurfscode nicht 1:1 abbilden. Dieser fasst nämlich der Leserlichkeit halber Programmzeilen zusammen - und selbst dort, wo er ähnlich detailliert ist, sind die programmiersprachlichen Datenstrukturen und Aktionen oft komplexer als der besser verständliche Entwurf. Wir veranschaulichen wichtige Algorithmen der Kapitel “Regelbasierte Systeme” und “Neuronale” Netze mit Programmen in Visual Basic für Applikationen. VBA ist nicht nur weit verbreitet, sondern lässt sich unter der Entwicklungsumgebung von MS Excel auch einfach in eine Benutzeroberfläche einbetten. Es bietet die grundlegenden programmiersprachlichen Konzepte in einer gut verständlichen Form an. Allerdings verzichtet es in der verwendeten Version auf einige Merkmale selbständiger Programmiersprachen und -umgebungen. Zum Beispiel akzeptiert Version 5.0 keine Arrays als Funktionsargumente. Die Funktion `ableitbar` der Abbildung 4.27 a) unterscheidet sich deshalb vom Entwurfscode 4.27 b).

Da VBA keinen ▸Datentyp Liste kennt, definieren wir Fragen als Zeichenketten (engl. strings). `Fragen`, `Restfragen` und `lfFrage` sind Stringvariablen, welche den entwurfssprachlichen Buchstabenlisten entsprechen. VBA für Excel unterstützt ausserdem die Datenstrukturen und Operationen eines Tabellenkalkulationsblattes. Es liegt deshalb nahe, eine Regel in einem Tabellenbereich (engl. range) zu speichern. `Regel` ist eine Variable des Datentyps Range (dt. Tabellenbereich) und nimmt in der For Each-Schleife hintereinander die laufende Regel des benannten Bereichs `Regeln` auf. `Regeln.Rows` gibt alle Zeilen des Bereichs `Regeln` zurück. `Regel.Cells(1)` verweist auf die Folgerung der laufenden Regel und entspricht der entwurfssprachlichen Funktion Kopf(Regel).

a) VBA-Code

```
Function ableitbar(ByVal Fragen As String) As Boolean
Dim Regel As Range                                        1
Dim lfFrage As String, Restfragen As String               2

If Fragen = "" Then                                       3
   ableitbar = TRUE                                       4
   Exit Function                                          5
End If                                                    6

For Each Regel In Regeln.Rows                             7
   lfFrage = Left(Fragen, 1)                              8
   If lfFrage = Regel.Cells(1) Then                       9
      Restfragen = Right(Fragen, Len(Fragen) - 1)        10
      Restfragen = Bedingungen(Regel) & Restfragen       11
      If ableitbar(Restfragen) Then                      12
         ableitbar = TRUE                                13
         Exit Function                                   14
      End If                                             15
   End If                                                16
Next                                                     17
ableitbar = FALSE                                        18
End Function                                             19
```

b) Entwurfscode

```
ableitbar (Fragen)                                        1
   FALLS leer (Fragen)                                    2
      ableitbar := wahr EXIT                              3
   FÜR JEDE Regel                                         4
      FALLS Kopf (Fragen) = Kopf(Regel)                   5
         Restfragen := ohneKopf (Fragen)                  6
         Restfragen := ohneKopf(Regel) + Restfragen       7
         FALLS ableitbar(Restfragen)                      8
            ableitbar := wahr EXIT
   ableitbar = falsch                                     9
```

Code 4.27: VBA- und Entwurfscode der Funktion ableitbar

Da wir eine Fragenliste als Zeichenkette darstellen, bilden wir die entwurfssprachlichen Funktionen Kopf(Fragen) und ohneKopf(Fragen) auf die in VBA eingebauten Stringfunktionen Left und Right ab. `Left(Fragen, 1)` ergibt die erste Frage und `Right(Fragen, Len(Fragen) - 1)` den Rest. ohneKopf(Regel) bilden wir durch die benutzerdefinierte Funktion `Bedingungen` ab. Die Definition von `Function Bedingungen(Regel As Range) As String` finden Sie in der Arbeitsmappe Regelverkettung.xls.

Aufgabe 4.4 (Zirkelschluss in REGELVERKETTUNG)

a) Schlagen Sie eine fehlerhafte Wissensbasis vor, die in Code 4.27 zu einer unendlichen Rekursion führt.

b) Verwenden Sie eine globale Variable `maxRekursionen`, welche die Zahl der Rekursionen beschränkt und bei einem Zirkelschluss zu einem vorzeitigen Abbruch der Funktion `ableitbar` führt. Setzen Sie dazu `maxRekursionen` vor dem ersten Aufruf von `ableitbar` auf einen geeigneten Wert. Fügen Sie den entsprechenden Code in das Programm 4.27.

c) Welche Probleme birgt dieses Vorgehen?

4.6 Expertensysteme in der Praxis

Abschnitt 4.5 hat eine einfache Art der Regelverkettung in der konventionellen Programmiersprache VBA implementiert. Der Schluss wäre allerdings voreilig, dass sich praxisfähige regelbasierte Systeme ohne weiteres in prozeduralen Sprachen, zum Beispiel Visual Basic oder C++, entwickeln lassen. Werkzeuge wie XpertRule oder Programmiersprachen wie Prolog bieten wesentlich mehr Komfort bei der Darstellung, dem Erwerb, der Herleitung und der Erklärung regelbasierten Wissens.

Dedizierte Expertensystem-Werkzeuge trennen konsequent zwischen Wissensdarstellung und -herleitung. Sie unterstützen deshalb die Wartung sich ständig ändernder Wissensbasen besser. Die Aussage eines Versicherungsmanagers im Praxisbericht 4.28 unterstreicht die Notwendigkeit einer Trennung zwischen statischer Herleitungskomponente und dynamischer Wissensbasis. Tabelle 4.29 nennt weitere Beispiele von XpertRule-Anwendungen, die ihren Weg in die Praxis gefunden haben (vgl. http://www.attar.com).

Stellvertretend beschreiben wir die im Praxisbericht 4.28 angesprochene Applikation der irischen Versicherungsgesellschaft *Norwich Union Life & Pensions*. Am Anfang der Entwicklung stand ein ›Business Process Engineering-Projekt zur Verbesserung der Kosten, der Geschwindigkeit und der Kundenfreundlichkeit beim Abschluss von Lebensversicherungsverträgen. Das Automatisierungsziel erstreckte sich auf jährlich Zehntausende von Vertragsabschlüssen. Beabsichtigt war ursprünglich eine ›Mainframe-Lösung. Die bessere Entwicklungsumgebung und höhere Performance führten aber schliesslich zur Entwicklung auf und für PC's.

Die ursprüngliche Applikation hatte sich gut bewährt, musste aber bald der sich ändernden Geschäftspraxis angepasst werden. Oft waren aber Experten nicht in der Lage, ihr Wissen in Regeln zu fassen. Man versuchte daher, Verträge mit der ›Data Mining-Software *XpertRule Profiler*[1] zu analysieren. Profiler induziert aus einer Menge von Attributwerten neue Regeln (Kapitel 7). Im Bereich der Lebensversicherung sind dies Regeln der folgenden Art:

```
FALLS Alter > 30 UND Gewicht_und_Grösse = normal UND ...
DANN Wahrscheinlichkeit eines höheren Risikos = 0.02
```

> *"We used Attar software [XpertRule] to help develop real BPR [Business Process Reengineering] solutions in our new business processing area. What began as a modest conceptual exercise has led us to develop new ways of processing life proposals and these methods now underpin a cost effective and service sensitive new business process. However, all of our systems and particularly service sensitive systems such as New Business Processing must be dynamic. We review and evaluate the experience from our Expert System Processing at least once a year. We do this to identify further niches to make the system more cost effective whilst maintaining or improving service and underwriting quality. Put simply, without Expert System Processing we could not provide the quality service needed to survive in today's market whilst keeping the operation cost effective."*
>
> (Eoin Byrne, Operations Manager, Norwich Union Life in Ireland)

Praxisbericht 4.28: Dynamik von Expertensystem-Anwendungen

1 Eine neuere Version ist unter dem Namen *XpertRule Miner* als zeitlich beschränkte Evaluationskopie verfügbar.(http://www.attar.com).

Entwickler und Jahr	*Zweck*
Department of Primary Industry and Fisheries of Tasmania 1998	Anbau von Apfelbäumen
M+W (britische Ladenkette) 1997	Entdeckung von Ladendiebstahl
Dialog (schwedische ›IT-Beratung) 1995	Steuerberatung (Anwendung der Mehrwertsteuer)
Norwich Union Life & Pensions (irische Versicherung) 1992-95	Unterzeichnung von Lebensversicherungsverträgen
Traversum AB (schwedischer Börsenhändler) 1987	Wertschriftenhandel

Beispiele 4.29: Betriebliche Anwendungen von *XpertRule*

Nach den neuen Regeln können 80% - statt wie bisher 50% - aller Vertragsabschlüsse automatisch, das heisst ohne Zutun der Hauptabteilung, abgewickelt werden.

4.7 Regelbasierte Systeme im Vergleich

Der Methodenvergleich 4.30 betrachtet regelbasierte Systeme im Zusammenhang mit den entscheidungsunterstützenden Verfahren der übrigen Kapitel. + bedeutet einen überdurchschnittlichen Wert auf dem Kriterium, Ø einen durchschnittlichen und – einen unterdurchschnittlichen (Eine Definition der Bewertungskriterien finden Sie in Übersicht 2.15).

Im Vergleich zu den übrigen Methoden zeichnen sich regelbasierte Systeme durch die Begründbarkeit der Ergebnisse und die Plausibilität der Methode aus. Regelbasierte Systeme eignen sich vor allem für qualitative Probleme. Im Vergleich zu anderen Verfahren sind aber ihre Entwicklung und Validierung aufwendig. Zum einen ist es oft schwierig, wenn nicht unmöglich, einen Gegenstandsbereich in konsistente und verständliche Regeln zu fassen. Zum anderen fällt es Experten oft schwer, ihr Erfahrungswissen zu artikulieren. Die Anwendung regelbasierter Systeme erfordert ausserdem eine Vielzahl von Benutzerinterventionen. Die aufwendige Entwicklung, Validierung und Anwendung sind der Hauptgrund, weshalb die Expertensystem-Technologie ihre Versprechungen nur teilweise halten konnte.

Kriterium	*AHP*	*Optimierung*	*OLAP*	*Regelsysteme*	*Induktion*	*Neuronale Netze*	*Regression*
Methode breit anwendbar	∅	–	+	∅	∅	∅	–
Automatisierungsgrad hoch	–	+	–	∅	+	+	+
Ergebnis genau	–	+	–	∅	+	+	+
Unabhäng. Variablen gewichtbar	–	–	–	–	∅	–	+
Lösungsweg begründbar	∅	–	∅	+	+	–	–
Methode plausibel	+	∅	+	+	∅	–	∅
Ergebnis einbettbar	–	+	∅	∅	+	∅	+
Entwicklungsaufwand gering	+	+	–	–	+	∅	∅
Rechnerbelastung gering	+	+	–	∅	∅	–	+

Vergleich 4.30: Expertensysteme und andere EUS-Methoden

Zusammenfassung

- *Relations*bezogene Darstellungsmethoden rücken Beziehungen, *objekt*bezogene Methoden komplexe Objekte in den Mittelpunkt. Wissensbasierte Systeme stellen Wissen objekt- oder/und relationsorientiert dar.
- Wissen *herleiten* heisst nicht nur Fakten abrufen, sondern vor allem aus einer gegebenen Wissensbasis Schlüsse ziehen.
- *Prozedurales* Wissen verknüpft die Spezifikation eines Problems und dessen Lösung eng miteinander. *Deklaratives* Wissen versucht hingegen das 'Was' und das 'Wie' eines Problems - mit andern Worten Darstellung und Herleitung - zu trennen.
- *Wissensbasierte Systeme* enthalten eine Wissenserwerbs-, Wissensdarstellungs- und eine Wissensherleitungskomponente. Regelbasierte Systeme sind ein deklarativer Spezialfall wissensbasierter Systeme.
- Ein *Expertensystem* stellt Wissen auf einem engen Gebiet problemangepasst, änderungsfreundlich und verarbeitungseffizient dar. Daraus zieht es algorithmisch oder heuristisch Schlüsse und erklärt diese unter Bezug auf die Falldaten und im Dialog mit der Benutzerin. Die verbreitetsten Expertensysteme stellen ihr Wissen als Fakten und Regeln dar.
- Eine Regelhierarchie lässt sich als *Entscheidungsbaum* darstellen. Am Ende der Fragenbeantwortung steht genau eine Folgerung. *XpertRule KBS* ist ein Expertensystem-Werkzeug, das Regeln in modularen Entscheidungsbäumen darstellt und Query the User sowie Wie-Erklärungen unterstützt. Komfortablere *Erklärungs*komponenten bieten zusätzlich Warum-, Warum nicht- und Was-wenn-Erklärungen an.
- Die Darstellung von Wissen als *Regeln und Fakten* ist deklarativ. Die Herleitung von Wissen durch Regelinterpreter haben wir hingegen prozedural beschrieben. Neben der Regelverkettung existieren weitere, meist speziellere Arten der Wissensherleitung, zum Beispiel neuronale Netze.
- Ein *rückwärtsverkettender* Interpreter geht von einer Frage aus und sucht eine Regel, in der die Frage als Folgerung (Regelkopf) vorkommt. Wenn der Voraussetzungsteil dieser Folgerung bestätigt werden kann, wird die Frage bejaht. Ein Regelinterpreter lässt sich gut als rekursive Funktion *implementieren*. Ein *vorwärtsverkettender* Übersetzer geht von den Fakten aus und sucht Regeln, deren Voraussetzung von den Fakten erfüllt wird. Mit den ursprünglichen und abgeleiteten Fakten werden die Regeln so lange durchlaufen, bis die Eingangsfrage bejaht wird oder kein neuer Fakt mehr abgeleitet werden kann.

Wiederholungsfragen

Die folgenden Mehrfachwahl- und Zuordnungsaufgaben ergänzen die Vertiefungsaufgaben des Kapitels. Wählen Sie bei den Mehrfachwahlaufgaben jeweils die beste Antwortalternative. Sie können die Aufgaben auch unter der Kontrolle des Testprogramms \Folien\WebQuiz\WebQuiz lösen. Es begründet falsche Antworten und verweist Sie auf die entsprechende Folie.

1. Computer eignen sich gut für *Aufgaben* wie ...

a) Bild- und Spracherkennung.
b) Spiele und Entscheidungsunterstützung.
c) Handschriftenerkennung.
d) a *und* b.

2. Ordnen Sie die Beispiele A bis G den *Wissensklassen* 1 bis 8 zu (Je nach Begründung sind mehrere Antworten richtig):

A eine betriebliche Kennzahl berechnen
B eine SQL-Abfrage formulieren
C aus einer Stichprobe das Wählerverhalten vorhersagen
D aus einem mikrooekonomischen Modell Prognosen erstellen
E die beste Düngerkombination bestimmen
F ein geeignetes antibiotisches Medikament vorschlagen
G die Bonität eines Kreditnehmers beurteilen

1 symbolisch
2 numerisch
3 deduktiv
4 induktiv
5 deterministisch
6 probabilistisch
7 deklarativ
8 prozedural

3. Ordnen Sie die Eigenschaften A bis D den Verarbeitungsarten 1 und 2 zu:

A Anteil heuristischer Methoden grösser
B Entwicklung phasenorientiert und gut planbar
C Massendaten
D Herleitungserklärungen

1 Datenverarbeitung
2 Wissensverarbeitung

4. Was ist falsch? *Expertensysteme ...*

a) beschränken sich auf enge Domänen.
b) stellen nur algorithmisches Wissen dar.
c) stellen erklärbares Wissen dar.
d) enthalten eine Wissenserwerbskomponente.

5. Die *Entscheidungsbäume* dieses Kapitels ...

a) können zusammengesetzte Bedingungen nicht darstellen.
b) können keine geschachtelten Regeln enthalten.
c) sind äquivalent zu Einrückungslisten.
d) können zusammengesetzte Folgerungen nicht darstellen.

6. Betrachten Sie den folgenden Entscheidungsbaum. Welche der folgenden Regeln ist nicht im Baum enthalten?

a) WENN a=1 und b=1 DANN d
b) WENN ((a=1 und b=1) oder (a=2 und c=1)) DANN d
c) WENN a=1 und b=2 DANN e
d) WENN a=1 oder b=1 und a=2 und c=1 DANN d

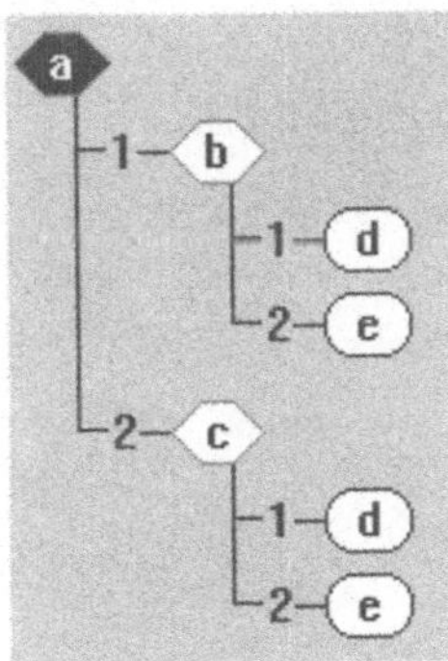

7. Was ist ein *Regelmodul*?

a) ein möglichst unabhängiger Expertensystem-Baustein
b) ein umgangssprachlicher Regeltext
c) ein grafischer Entscheidungsbaum
d) eine Regel mit modularen Eigenschaften

8. Weshalb kann im Algorithmus *ableitbar* das Argument Fragen (im Gegensatz zum Argument *Regeln*) nicht global sein?

a) *Fragen* wird in *ableitbar* geändert.
b) *ableitbar* muss bei jeder Rekursion *Fragen* ändern können, ohne frühere *Fragen*-Argumente zu modifizieren.
c) *Fragen* ist eine Zeichenfolge, während *Regeln* ein Bereich ist.
d) *Kopf* und *ohneKopf* verändern das Argument *Fragen*.

9. Falls der *Verketter* mehrere Regeln findet, deren Folgerung auf eine Frage passen, so ...

a) wählt er zufällig eine der Regeln.
b) wählt er die wichtigste Regel.
c) testet er die erste Regel, dann die zweite, etc., bis er keine passenden Bedingungen mehr findet.
d) testet er die oberste Regel, dann die zweitoberste, etc., bis er eine zutreffende Regel findet oder keine passende Folgerung mehr findet.

10. Was sind *Ereignisprozeduren*?

a) Funktionen, die VBA nach einem Mausklick aufruft
b) Sub-Prozeduren, die VBA zur Laufzeit definiert
c) Aktionen, die unter bestimmten Ereignisbedingungen feuern
d) Unterprogramme, die durch ein Ereignis ausgelöst werden

11. Eine *WIE-Erklärung* ...

a) protokolliert den Lösungspfad.
b) erklärt hypothetische Fragen.
c) begründet, weshalb eine Lösung nicht gilt.
d) erklärt, weshalb die Benutzerin befragt wird.

Vertiefungshinweise

Lehrbücher

▷ Cawsey, A., *The Essence of Artificial Intelligence*, Essence of Computing Series, Prentice-Hall 1998, 240 S.

Kurze Einführung und Glossar zu den Bereichen Wissensdarstellung und -herleitung, Expertensysteme, Suche, Sprachverarbeitung, Bildverarbeitung, Maschinelles Lernen und Neuronale Netze, Agenten und Roboter

▷ Giarratano, G.C., Riley G.D., *Expert Systems: Principles and Programming*, 2nd ed., The PWS Publishing Company 1994, 644 S.

Einführung in die Entwicklung von Expertensystemen, insbesondere mit der beiliegenden Version von CLIPS

▷ Lusti, M., *Wissensbasierte Systeme. Algorithmen, Datenstrukturen und Werkzeuge*. Bibliographisches Institut/Wissenschaftsverlag 1990 (heute Spectrum-Verlag), 429 S.

Einführung in Algorithmen und Datenstrukturen wissensbasierter Systeme mit Programmbeispielen in Prolog und Modula-2. Implementationshinweise zu den in diesem Kapitel behandelten Methoden der Wissensdarstellung und -herleitung.

Zeitschriften

▷ *AI Magazine*, American Association for Artificial Intelligence, 445 Burgess Drive, Menlo Park, CA 94025-3496 (http://www.aaai.org/Magazine/magazine.html)

▷ *Artificial Intelligence, Expert Systems and Knowledge Based Systems*, Elsevier Science, Inc., Journal Information Center, 655 Avenue of the Americas, New York, NY 10010 (http://www.elsevier.nl/inca/)

▷ *IEEE Intelligent Systems & their applications* (früher IEEE Expert),The Institute of Electrical and Electronics Engineers, 345 East 47th St., New York, NY 10017-2394 (http://www.computer.org/intelligent/)

Websites

▷ *Attar Software*
http://www.attar.com/

Produkt- und Anbieterinformation zu *XpertRule KBS.* Das gleiche Softwarehaus bietet auch das Induktionswerkzeug *XpertRule Miner* (früher XpertRule Profiler) von Kapitel 7 an.

▷ *The Haley Enterprise, Inc.*
http://www.haley.com

Agent OCX ist eine ‣ActiveX-Komponente, die OLE-Automatisierung, Visual Basic und andere Werkzeuge um einen Regelinterpreter erweitert.

▷ *Artificial Intelligence Resources*
http://ai.iit.nrc.ca/ai_point.html

Das kanadische Institute of Information Technology gibt umfangreiche Verweise auf Themen, Forscher und Unternehmungen im Bereich der Künstlichen Intelligenz.

5 Data Warehousing

5.1 Grundlagen

Neue Begriffe

Welche Methoden verwenden entscheidungsunterstützende Systeme?
- datengetriebene -
- modellgetriebene -

Welche Arten von Datenbanken lassen sich unterscheiden?
- operative - (Produktionsdatenbanken)
- analytische - (Data Warehouses)
  - Enterprise Data Warehouse
  - Data Marts

Wie werden analytische Datenbanken entwickelt?
- top down (vom Enterprise Data Warehouse zum Data Mart)
- bottom up (vom Data Mart zum Enterprise Data Warehouse)
- parallel (auf dem Enterprise Data Warehouse *und* Data Marts)

Wie lassen sich Enterprise Data Warehouse und Data Marts aufbauen?
- zentralisiert
- hierarchisch
- koordiniert

Wie präsentieren sich Data Mart-Daten aus der Sicht des Endbenutzers?
- als Indikatoren
- als Dimensionen

Wie lassen sich mehrdimensionale Daten speichern?
- standardisiert relational
- proprietär mehrdimensional

Entscheidungen unterstützen heisst Daten sammeln, aufbereiten, abfragen, auswerten und präsentieren. Während bisher der Schwerpunkt auf der Auswertung von Daten lag, untersucht dieses Kapitel vor allem das Sammeln, Aufbereiten und Abfragen. Die beschriebenen Daten und Operationen sind Grundlage der ›Data Mining-Verfahren der Kapitel 6 bis 8. Die Ansätze der Kapitel 2 bis 4 (AHP, Was-Wenn-Analyse und regelbasierte Systeme) analysieren kleinere Datenmengen, welche die Voraussetzungen eng spezifizierter Modelle befriedigen. Im Gegensatz zu diesen **modell**getriebenen Ansätzen erkunden die **daten**getriebenen Abfrage- und Analyseverfahren des Data Warehousing und Data Mining grosse Datenmengen ›explorativ.

5.1.1 Operative und analytische Datenbanken

Ein amerikanischer Manager charakterisierte an einer Aktionärsversammlung den Weg zu analytischen Datenbanken: *"Ten Years ago I could have told you how Doritos were selling west of the Mississipi. Today, not only can I tell you how Doritos sell west of the Mississipi, I can tell you how well they are selling in California, in Orange County, in the town of Irvine, in the local Von's supermarket, in the special promotion, at the end of aisle four, on Thursdays."*[1]

Während Produktionsdatenbanken vor allem das laufende Geschäft unterstützen, bereiten analytische Datenbanken taktische und strategische Entscheidungen vor. Eine **Produktionsdatenbank** zeichnet operative Geschäftsvorgänge auf, indem sie detaillierte ›Transaktionen - zum Beispiel Buchungsvorgänge an einem Bankschalter - laufend, vollständig und redundanzarm fortschreibt. Transaktionsintensiv ist vor allem die Bankbranche. Aber auch die Datenbanksysteme von Handels-, Telekommunikations- und Transportunternehmungen können Zehntausende von Transaktionen pro Minute verarbeiten.

Operative Datenbanksysteme verarbeiten zwar den laufenden Geschäftsverkehr effizient. Ihre Daten eignen sich aber aus den folgenden Gründen schlecht zur Entscheidungsunterstützung:

- Operative Daten (engl. operational data) sind *unübersichtlich*, weil sie eine Vielfalt von Details unterschiedlichster Anwendungen enthalten. Ausserdem werden sie laufend überschrieben. Viele Auswertungen, vor allem Trendanalysen, erfordern aber historische Daten statt *Momentaufnahmen* von Transaktionsdetails.

---

1 D.W. Calloway, CEO von Pepsico, zitiert in *Building a Decision Support Architecture for Data Warehousing*, ATG's Data Warehousing Technology Guide Series, The Applied Technologies Group 1998 (www.techguide.com), S.1

- Produktionsdatenbanken sind *wenig benutzerfreundlich*, weil ihre Datenstrukturen und Abfragewerkzeuge in erster Linie die dispositive Routineverarbeitung unterstützen. ‣Abfragesprachen wie ‣SQL überfordern das Wissen und die Erfahrung der meisten betrieblichen Entscheidungsträger. Vom Experten vorbereitete Berichte (engl. reports) sind zwar auf die Benutzer zugeschnitten, verunmöglichen aber flexible ‣Ad hoc-Abfragen.

Diese Mängel operativer Datenbanken und die Fortschritte der Datenbanktechnologie haben anfangs der 90er-Jahre zum Konzept der **analytischen** Datenbanken (engl. data warehouses) geführt. **Data Warehouses** unterstützen strategische und taktische Entscheidungen, indem sie umfangreiche Auszüge operativer Daten periodenweise und zusammengefasst oder detailliert zur flexiblen Analyse bereitstellen. Ziel von Produktionsdatenbanken ist es hingegen, Transaktionsdetails vollständig und redundanzarm zu speichern. Viele Unternehmungen haben in der Vergangenheit operative Daten aus verschiedenen Quellen zur Entscheidungsvorbereitung *ad hoc* zusammengefasst und aufbereitet. Erst die Einrichtung von Data Warehouses hat aber zu einer ständigen Aufgabenteilung zwischen operativen und analytischen Datenbanken geführt. Tabelle 5.1 vergleicht die operativen Daten von Produktionsdatenbanken mit den analytischen Daten von Data Warehouses. Die Unterscheidung ist polar. Viele praktische Datenbanken bewegen sich *zwischen* rein operativen und rein analytischen Datenbanken.

Eigenschaften	*Produktionsdatenbank*	*Data Warehouse*
Daten *operativ*	☑	☐
Daten *vollständig*	☑	☐
Daten *detailliert*	☑	☐
Daten *redundanzarm* (fortschreibungsfreundlich)	☑	☐
Daten *änderungsintensiv*	☑	☐
Datenmodell komplex	☑	☐
Daten *strategisch*	☐	☑
Daten *periodenbezogen* (historisch)	☐	☑
Daten oft *abgeleitet* (v.a. zusammenfassend)	☐	☑
Verarbeitung *abfrageintensiv*	☐	☑
Abfragen oft *ad hoc*	☐	☑
Schnittstellen vor allem *endbenutzerorientiert*	☐	☑

Vergleich 5.1: Operative und analytische Datenbanken

Data Warehousing ist zum strategischen Ziel vieler Unternehmungen geworden. 1998 sollen 90% der zweitausend weltweit grössten Unternehmungen Data Warehouses entwickelt haben. Adressaten sind in erster Linie Entscheidungsträger und Data Mining-Spezialisten. Wichtigstes Anliegen ist die Lenkung der Informationsflut. Der Weg führt allerdings nicht über eine Verringerung des Datenvolumens, sondern über eine Umstrukturierung und ›Verdichtung der operativen Daten sowie den Einsatz von Abfrage- und Analysewerkzeugen, welche die Komplexität dieser Daten reduzieren. Analytische Datenbanken führen oft sogar zu einer Vervielfachung des Datenbestandes. Das folgende Beispiel zeigt, dass gerade die für Data Warehouses typische Zeitdimension das Datenvolumen stark aufbläht und benutzerfreundliche komplexitätsreduzierende Speicher-, Abfrage- und Analysetechnologien die Mengenausweitung kompensieren müssen.

Eine Bank kopiert Kundendaten aus den verschiedensten Quellen in ein Data Warehouse. Die Integration historischer Daten der letzten fünf Jahre, etwa von Kreditkartenbezügen oder anderen Konten- und Depotbewegungen, soll die Analyse der Kundengewohnheiten erleichtern. Wenn die Unternehmung eine Million Kunden bedient und tausend Informationseinheiten pro Kunde und Monat speichert, dann explodiert die Gesamtzahl der Informationseinheiten auf 60 Milliarden ($10^6 \cdot 1000 \cdot 5 \cdot 12$).

Hauptgründe für die wachsende Verbreitung von Data Warehouse- und Data ›Mining-Verfahren sind nicht nur die wachsende Nachfrage nach entscheidungsunterstützenden Daten und Methoden, sondern auch das ständig wachsende Angebot an ›CPU-, Speicher- und Netzkapazität. Fallbeispiel 5.2 veranschaulicht einige Motive zur Einrichtung analytischer Datenbanken am Beispiel einer Handelsunternehmung.

Die Komplementarität operativer und analytischer Datenbanken veranschaulicht Bild 5.3. Data Warehousing beginnt mit einer Auswahl geeigneter Attribute aus Produktionsdatenbanken, zum Beispiel aus Bestellungs-, Rechnungs- oder Produktdatenbanken. Die ausgewählten Daten werden oft durch Information aus unternehmungsexternen Quellen, zum Beispiel Anbietern von Marktforschungsergebnissen, ergänzt. Weil analytische Datenbanken eher strategische als operative Entscheidungen unterstützen, ist es notwendig, dass geeignete **Ladeprozesse** die operativen Quelldaten vor ihrer Integration in ein Data Warehouse transformieren. Irrelevantes wird weggelassen, Neues eingefügt und Bestehendes umgeordnet oder verdichtet. Zum Beispiel wird das Attribut "Rechnungsstatus" einer Debitorentabelle weggelassen und eine Zeitdimension für die historische Analyse von Verkaufsdaten eingefügt. Transformationen, die Aufnahme historischer und externer Daten sowie die gleichzeitige

Eine Einzelhandelskette besteht aus Dutzenden von Filialen, die alle Tausende von Produkten führen. Die meisten Produkte werden mit Bar Codes erfasst, die von ‣POS-Systemen gelesen werden. Mehrere operative Systeme verwalten neben den Produktdaten Verkaufs-, Liefer-, Lager- und Marktforschungsinformation.

Motive für die Einrichtung eines Data Warehouse sind die Integration verschiedenster Datenquellen in einer analytischen Datenbank und bessere Grundlagen für die bereits eingesetzten Data Mining-Werkzeuge in der Marktforschung. Die Unternehmungsleitung verspricht sich insbesondere fundierte Antworten auf Fragen wie "Welche Werbeaktion hat sich prozentual am stärksten auf den Umsatz ausgewirkt?" oder "Wo wird eine bestimmte Produktekategorie am besten angeboten?"

Fallbeispiel 5.2: EINZELHANDEL - Beispiel eines Data Warehouse

Haltung von Detaildaten und Aggregaten führen dazu, dass analytische Datenbanken in der Regel grösser werden als ihre operativen Quellen. Ein Data Warehouses kann so gross werden, dass es nicht mehr möglich ist, die Datenbank nachts vollständig zu sichern. Man nennt solche Datenbanken **Very Large Data Bases** (VLDB).

Die geladenen Daten werden nach Dimensionen, zum Beispiel Zeitperiode und Absatzgebiet, gespeichert. Ihre Verwaltung erfordert ähnliche Operationen wie jene *operativer* Datenbanken: Speicheraufwand und Laufzeit werden optimiert, und Daten müssen gesichert und archiviert werden. Andere Operationen kommen hingegen in *analytische* Datenbanken häufiger vor. Dazu gehört vor allem die Vorberechnung, insbesondere die ‣Aggregation von Daten.

Damit Detaildaten, Zusammenfassungen und ‣Metadaten überblickbar bleiben, stellen analytische Datenbanken ‣Berichtsgeneratoren sowie Abfrage- und Analysewerkzeuge bereit. Nehmen wir an, eine Endbenutzerin stelle die Frage "Wie wirksam waren unsere ‣Direct Mailing-Kampagnen der letzten drei Jahre". Konventionelle Werkzeuge wie die befehlsorientierte Oberfläche von ‣SQL beantworten solche Fragen nicht benutzerfreundlich genug. Die folgenden Abschnitte führen deshalb an ‣OLAP (Online Analytical Processing) und ausgewählten ‣Data Mining-Werkzeugen Verfahren ein, die für analytische Datenbanken entwickelt wurden.

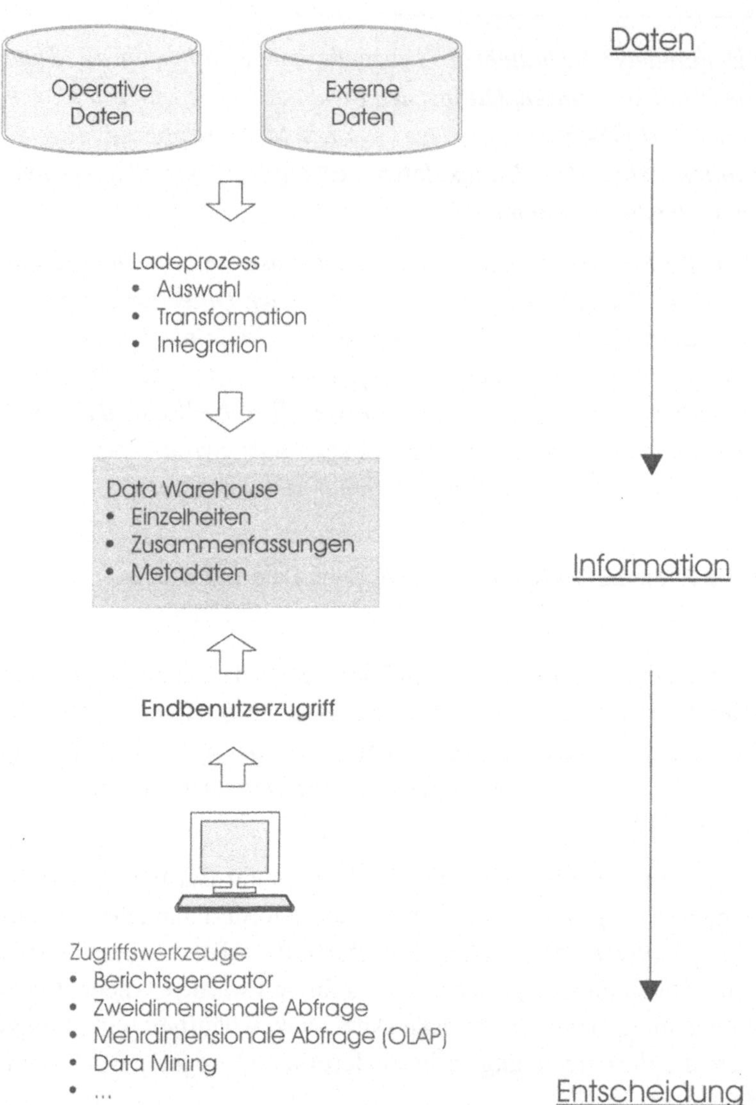

Bild 5.3: Eine einfache Data Warehouse-Architektur

Data Warehouses werfen betriebswirtschaftliche *und* informationstechnische Probleme auf. Den Betriebswirt interessieren vor allem die Auswahl, Modellierung und Präsentation der Daten. Von informationstechnischer Bedeutung sind etwa die unterschiedlichen Konventionen bei der Speicherung operativer und analytischer Daten (zum Beispiel die Bedeutung unterschiedlicher Datumsformate) oder die Verbindung von Transaktionsdatenbanken auf Grossrechnern mit den Data Warehouses auf ›Client/Server-Systemen.

Nachdem die Leitung der Einzelhandelskette den Grundsatz einer analytischen Datenbank verabschiedet hat, entschliesst sie sich, ein unternehmungsweites Data Warehouse (Enterprise Data Warehouse) als ‣Client/Server-System mit Schnittstellen zu internen und externen Netzen zu implementieren.

Die Daten werden von einem unternehmungsweiten ‣Enterprise Data Warehouse auf sogenannte ‣Data Marts verteilt. Jeder Data Mart erfasst die analytischen Daten einer Filiale als ‣relationale Datenbank und ist mit den anderen Data Marts und dem Enterprise Data Warehouse, das umfangreiche historische Detaildaten enthält, verbunden. Für jeden Data Mart wird nach einer Befragung der Benutzer ein logisches Datenmodell, ein sogenanntes ‣Sternschema, entworfen.

Gleichzeitig entscheidet man sich aufgrund der Empfehlungen eines Unternehmungsberaters für die folgenden Analysewerkzeuge: Ein relationales ‣OLAP-‣Frontend soll dem Endbenutzer einen leichten Zugriff auf die analytischen Daten ermöglichen. Ausserdem wird ein Softwarepaket zum ‣Data Mining konventionelle statistische Methoden, ‣neuronale Algorithmen und ‣Visualisierungsverfahren bereit stellen.

Weil die Unternehmung auf keine Erfahrungen mit Data Warehouse-Projekten zurückgreifen kann, besucht das Entwicklerteam einen externen Workshop. Ausserdem soll ein Unternehmungsberater darauf achten, dass ein regelmässiger Kontakt zwischen dem Entwicklungsteam und den Endbenutzern gepflegt wird.

Fallbeispiel 5.4: Entwicklung des Data Warehouse EINZELHANDEL
(Fortsetzung von Fallbeispiel 5.2)

Die nächsten Abschnitte betrachten die Entwicklung analytischer Datenbanken aus der Sicht des Endbenutzers. Fallbeispiel 5.4 führt deshalb die Spezifikation 5.2 des Data Warehouse EINZELHANDEL fort und veranschaulicht einige Aspekte der Entwicklung analytischer Datenbanken. Die Fallbeschreibung enthält viele neue Begriffe, die in den nächsten Abschnitten definiert werden.

5.1.2 Data Mart und Enterprise Data Warehouse

Die Verwaltung analytischer Daten wird vom Speichervolumen beeinflusst. Für die Verwaltung kleiner Datenmengen bis zu einem ‣Gigabyte eignen sich noch die Tabellenblätter eines Tabellenkalkulationspakets. Datenvolumen von mehreren Gigabyte werden hingegen in lokalen Datenbanken, sogenannten *Data Marts*, gespeichert. Ein unternehmungsweites *Enterprise Data Warehouse* kann schliesslich mehrere ‣Terabyte verwalten.

Ein **Data Mart** ist eine spezialisierte analytische Datenbank für eine Abteilung, eine Arbeitsgruppe, eine Einzelperson oder für die Daten einer umfangreichen Applikation. Während die Entwicklung und Wartung des globalen Enterprise Data Warehouse zur Verantwortung der ‣IT-Zentrale gehört, werden Data Marts oft von Fachabteilungen betreut.

Um einen Data Mart nicht zu isolieren, wird er mit den übrigen analytischen Datenbanken koordiniert. Aus der Verknüpfung mehrerer Data Marts kann **bottom up** ein zentrales Data Warehouse entstehen, das die untergeordneten Data Marts mit koordinierten Daten beliefert. Wahrscheinlicher ist hingegen die koordinierte **parallele** Entwicklung von Data Marts und Enterprise Data Warehouse oder die **Top Down**-Ableitung von Data Marts aus einem bereits bestehenden zentralen Data Warehouse (Schema 5.5).

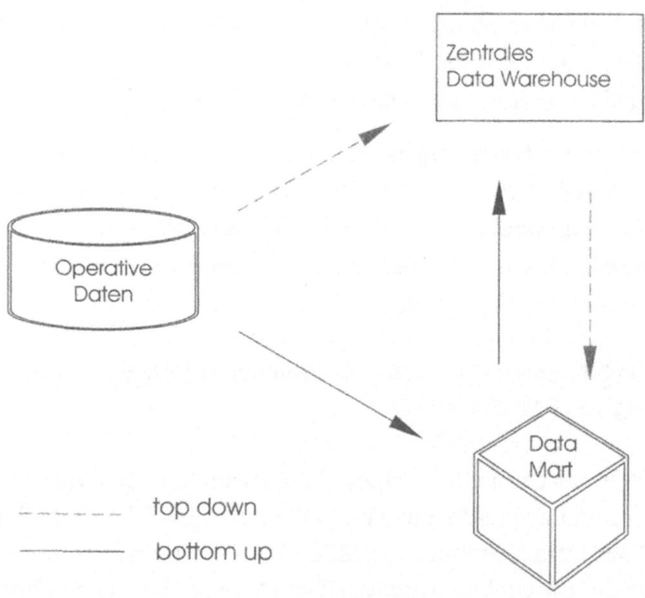

Schema 5.5: Verknüpfung von lokalen und globalen Data Warehouses

Die Entwicklung von Data Marts ist weniger komplex als jene zentraler Data Warehouses. Ihr spezialisiertes Datenmodell ist verständlicher und zugriffseffizienter. Ausserdem ist es leichter, Endbenutzer an der Entwicklung von Data Marts zu beteiligen. Ein Bottom Up-Vorgehen, das zuerst Data Marts einrichtet und erst später ein Enterprise Data Warehouse ableitet, muss allerdings die folgenden Fragen beantworten:

- Wie lassen sich Redundanz und Inkonsistenz, die durch den Betrieb verschiedener Data Warehouses entstehen, minimieren (Koordination)?
- Wie vertragen sich die lokal entstehenden Datenmodelle mit einem später entstehenden globalen Datenmodell (Unternehmungsmodell)?
- Wie leicht lassen sich Data Marts und ihre Werkzeuge an wachsende Datenbestände anpassen (Skalierbarkeit)?

Den antinomischen Zielen der Data Mart-Modularisierung und eines globalen Data Warehouse-Modells wird wohl die Parallelentwicklung am besten gerecht.

Die *Verteilung* analytischer Daten auf mehrere Data Marts ist eine schwierige Modularisierungsaufgabe. Grösse, Inhalt und Architektur der Data Marts müssen so bestimmt werden, dass die intramodulare Bindung innerhalb eines Data Mart möglichst gross und die intermodulare Koppelung zwischen den Data Marts möglichst klein werden. Die *intramodulare Bindung maximieren* heisst die Benutzer eines Data Mart so homogen wählen, dass die ‣Antwortzeit und die Abfragefreundlichkeit optimiert werden können. Die Antwortzeit wird minimal, wenn sich die analytischen Daten so ‣partitionieren lassen, dass der Zugriff auf den eigenen Data Mart schneller ist als der Zugriff auf die übrigen Warehouse-Daten. Ein Data Mart ist dann abfragefreundlich, wenn sich das Datenmodell nach den Bedürfnissen eines Funktionsbereichs, einer Abteilung oder einer Arbeitsgruppe richtet. Auch die Abfrage- und Analysewerkzeuge stellen Anforderungen an das Datenmodell und die Grösse eines Data Mart. Abschnitt 5.2 wird unter den Stichworten ‣MOLAP, ‣ROLAP und ‣DOLAP darauf eingehen.

Die *intermodulare Koppelung minimieren* heisst die Schnittstellen zwischen den Data Marts eines Betriebs so definieren, dass Data Mart-übergreifende Abfragen selten bleiben. Data Mart-übergreifende Abfragen sind ressourcenintensiv, weil sie sich in der Regel über mehrere Hardware- und Softwareplattformen erstrecken, und benutzerunfreundlich, weil sie meist die Kenntnis mehrerer Datenmodelle voraussetzen.

Ein **zentrales** Data Warehouse ist eine analytische Datenbank, die ihre Daten transformiert und koordiniert lokalen Data Marts zu Verfügung stellt. Ein zentrales Data Warehouse muss sich nicht unbedingt auf die ganze Unternehmung erstrecken, es kann auch nur die Data Marts einer Niederlassung oder eines Funktionsbereichs bedienen. Ein **Enterprise** Data Warehouse (EDW) ist hingegen ein zentrales Data Warehouse, das unternehmungsweit Information verteilt. Ein EDW muss sich nicht auf eine einzige Plattform beschränken, sondern kann auch als ›verteilte Datenbank organisiert sein. Einzelne Autoren setzen den Ausdruck "Enterprise Data Warehouse" mit "Data Warehouse" gleich. Wir verwenden "Data Warehouse" als Überbegriff, der sowohl eine zentrales Data Warehouse als auch einen lokalen Data Mart abdeckt.

Analytische Daten können in einer zentralisierten, einer hierarchischen und einer koordinierten Architektur organisiert sein. Die **zentralisierte** Architektur vereinigt alle analytischen Daten auf einer einzigen Plattform (Schema 5.6). Vorteile sind die geringe Redundanz und die Hardwareersparnis. Wegen der mangelnden Modularisierungsmöglichkeiten eignet sich die zentrale Architektur aber nur für kleine Unternehmungen. Für einen grösseren und heterogenen Benutzerkreis ist sie benutzerunfreundlich und abfrageineffizient.

Verbreiteter ist die **hierarchische** Architektur (Schema 5.7). Sie koordiniert lokale Data Marts (DM) durch ein Enterprise Data Warehouse (EDW). Die beiden Arten analytischer Datenbanken erfüllen unterschiedliche Aufgaben (Vergleich 5.8). Ziel des EDW ist die Extraktion, Integration und Verteilung der Daten, Ziel eines Data Mart die Abfrage und Analyse eines Teils dieser Daten. Während das EDW die Data Marts über ein redundanzarmes ›relationales Datenmodell versorgt, modularisiert ein Data Mart die Bedürfnisse einer einzelnen Unternehmungseinheit. Im allgemeinen sind EDW und Data Marts auf verschiedene Rechner verteilt. Sie koexistieren nur selten auf einer einzigen Hardware- und Software-Plattform.

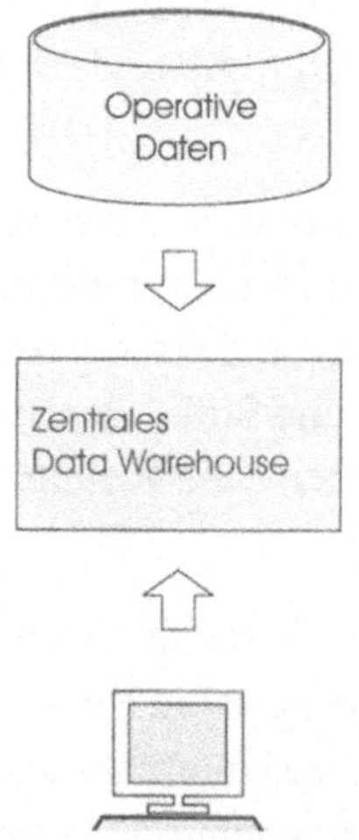

Schema 5.6: Zentralisierte Architektur eines Enterprise Data Warehouse

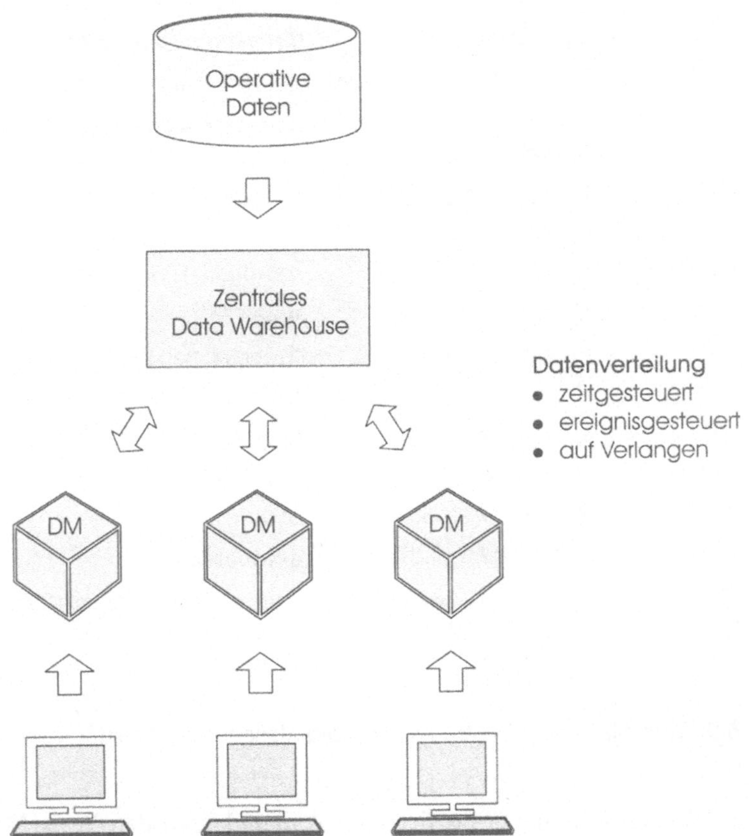

Schema 5.7: Hierarchische Architektur eines Enterprise Data Warehouse

Die Attribute (Tabellenspalten) analytischer Datenbanken können sich überlappen. In einer Bank können Kontendaten zum Beispiel in mehreren Data Marts vorkommen. Ein Teil der Benutzer setzt sie für Marketing-Zwecke, andere zur Entdeckung von Kreditkarten-Betrug und wieder andere zur Beurteilung der Kreditwürdigkeit ein. Attribute mit gleicher Bedeutung sollten zur Vermeidung von *Synonymen* gleich heissen, und Attribute mit unterschiedlicher Bedeutung wird der Datenbankadministrator zur Vermeidung von *Homonymen* unterschiedlich benennen. Homonyme und Synonyme führen zu unkontrollierter Redundanz, Inkonsistenz, hohem Entwicklungsaufwand und ungenügender ‣Skalierbarkeit.

Das folgende Beispiel illustriert den Begriff koordinierter Attribute: "Produkt" sei ein koordiniertes Attribut der drei Data Marts PRODUKTION, LAGERHALTUNG und VERKAUF. Eine übergreifende Abfrage an diese drei Data

	Data Mart (DM)	*Enterprise Data Warehouse*
Synonyme	lokales Data Warehouse	globales Data Warehouse
Hauptziel	Datenanalyse (anwendungs*spezifisch*)	Datenkonsolidierung (anwendungs*erzeugend*)
Benutzerkreis	Abteilung, Arbeitsgruppe oder Anwendung	Unternehmung
Entwicklung/Betrieb	v.a. durch Abteilung	v.a. durch ‣IT-Zentrale
Datenvolumen	klein	gross
Datenquelle	Enterprise Data Warehouse	Produktionsdatenbanken und externe Daten
‣*Granularität*	gross (‣Aggregate)	klein (Transaktionsdetails)
Normalisierung	wenig ausgeprägt	ausgeprägt
Hauptzugriffsart	‣OLAP (v.a. ad hoc)	‣SQL (v.a. vordefiniert)
Entwicklung	gut überblickbar	aufwendig
Typische Plattform	mehrdimensionaler oder ‣relationaler Abteilungs-Server	relationales DBMS auf Unternehmungs-Servern oder Grossrechnern

Vergleich 5.8: Data Marts und EDW in einer hierarchischen Architektur

Marts laute: “Wie viele Einheiten der Produkte A, B und C wurden diesen Monat produziert, gelagert und verkauft?”. Eine sortierende Abfrage nach Produkten ergibt für jeden der drei Data Marts eine Zwischentabelle. Werden die drei Tabellen gemischt, so entsteht die Ergebnistabelle 5.9.

	① *PRODUKTION*	② *LAGER*	③ *VERKAUF*
Produkt A	2000	200	1800
Produkt B	4000	1000	3000
Produkt C	3000	400	3600

Tabelle 5.9: Ergebnis einer koordinierten Abfrage über den Data Marts ①, ②, ③

Nicht nur eine hierarchische Architektur erfordert Koordination. Schema 5.10 veranschaulicht eine Architektur, die auf ein zentrales Data Warehouse verzichtet. Das “Enterprise Data Warehouse” ist hier nichts anderes als die Vereinigung aller koordinierten Data Marts. Die Architektur heisst deshalb auch **Enterprise Data Mart**. Zur Koordination wird meist ein ‣verteiltes Datenbanksystem eingesetzt. Es setzt wie die hierarchische Architektur voraus, dass Attribute mit der gleichen Bedeutung in allen Data Marts die gleichen Bezeichner, Datentypen, Schlüssel und Datenquellen verwenden.

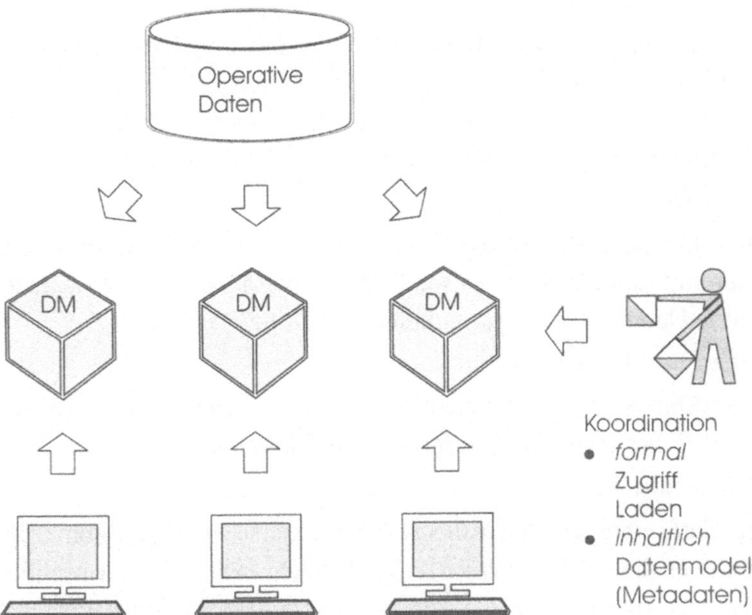

Schema 5.10: Enterprise Data Mart-Architektur

Tabelle 5.11 nimmt auch Produktionsdatenbanken in den Vergleich auf. Produktionsdatenbanken, EDW und Data Marts unterscheiden sich vor allem im Anteil redundanter Daten bzw. im ›Normalisierungsgrad. Je grösser der Normalisierungsgrad, desto grösser ist auch die Speichereffizienz. Data Marts verzichten meist auf eine Normalisierung, kontrollieren aber die Nachteile redundanter Daten, indem sie die Updates auf die kontinuierlichen, aber vergleichsweise seltenen Ladeprozesse beschränken.

	Produktions-datenbank	*Enterprise Data Warehouse*	*Data Mart*
Redundanz	minimal	gering	kontrolliert
Normalisierung	vollständig	teilweise	kaum
Granularität	laufendes Detail	historisches Detail	v.a. Aggregate
Optimierung	Speicher Zugriff Integrität	Speicher Integrität	Zugriff

Vergleich 5.11: Von der Produktionsdatenbank zum Data Mart

Verschiedene Formen von Datenbanken können alle am gleichen Abfrage- und Analyseprozess beteiligt sein:

- *Persönlicher Data Mart*

  Ein Benutzer analysiert zum Beispiel Kundendaten nach der Dimension "Herkunft" und den hierarchischen Kategorien "Land"/ "Region"/ "Ort" und identifiziert dann alle *Regionen* mit unterdurchschnittlichem Umsatz. Diese Daten findet er alle auf seinem persönlichen Data Mart.
- *Abteilungs-Data Mart*

  Unter Umständen analysiert der gleiche Benutzer die gefundenen Regionen näher und sammelt zum Beispiel Daten über die umsatzschwächsten *Orte*. Diese Daten findet er nur auf dem Abteilungs-Data Mart.
- *Enterprise Data Warehouse*

  Für ausgewählte Kunden untersucht er sogar die letzten *fünf Jahre*. Historische Daten findet er nur im Enterprise Data Warehouse.
- *Produktionsdatenbank*

  Falls die Käufe eines Kunden in dieser Periode konsistent abgenommen haben, sendet er die laufende *Adresse* des Kunden einem ‣Direct Mailing-Mitarbeiter. Dazu benötigt er die Adresstabelle der Produktionsdatenbank.

Die Einrichtung und Verwaltung lokaler Data Marts ist einfacher als jene globaler Data Warehouses. Zum Beispiel fällt es leichter, die Endbenutzer an der Entwicklung zu beteiligen. Ausserdem ist es möglich, die Abfrageeffizienz durch ‣Partionierung der Daten auf verschiedene Data Marts zu maximieren. Das einfachere Datenmodell und die grössere Endbenutzernähe machen lokale Data Marts schliesslich auch flexibler als zentrale Lösungen. Andererseits ist es nicht einfach, ‣skalierbare Data Mart-Lösungen zu implementieren. Ein Software- oder Hardwaresystem ist **skalierbar**, wenn seine Kapazität inkrementell und ohne überdurchschnittlichen Aufwand vergrössert werden kann. Schwierig ist auch die effiziente Kontrolle redundanter und inkonsistenter Daten über viele Data Marts hinweg.

5.1.3 Mehrdimensionale Daten

Analytische und operative Daten werden unterschiedlich modelliert. Im Gegensatz zu einem analytischen Schema muss das Datenmodell einer Produktionsdatenbank fortschreibungsfreundlich sein. Fortschreibungsfreundliche sind vor allem Datenmodelle, welche die Redundanz minimieren. Operative Datenbanken ‣normalisieren deshalb ihr Daten stärker als Data Warehouses. Ziel analytischer Datenbanken ist hingegen ein betriebsnahes und abfragefreundliches Datenmodell. Im Mittelpunkt des populärsten analytischen Datenmodells, des ‣Sternschemas, steht deshalb die Frage nach *Indikatoren* (engl. measures) betrieblicher Leistung und deren *Dimensionen*.

Eine typische Frage an ein Sternschema lautet: "Wie gross ist der Monatsumsatz des Produkts A in Region B?". Allgemeiner steht die Analyse des Umsatzes nach Kriterien wie Periode, Produkt und Region im Mittelpunkt. Der Würfel 5.12 veranschaulicht den Umsatz als Indikator der betrieblichen Leistung, die sich nach den Dimensionen Periode, Produkt und Region messen lässt. Wir werden den Ausdruck "Würfel" künftig auch für beliebige n-dimensonale Datenstrukturen (Hyperwürfel oder englisch hypercubes) verwenden.

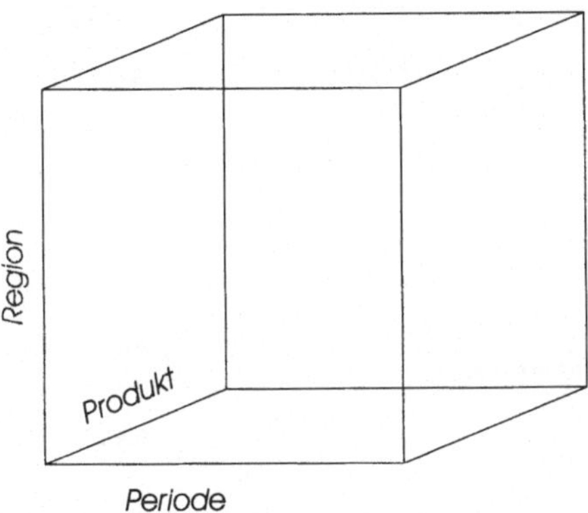

Beispiel 5.12: Dreidimensionale Abfragen auf einem Würfel

Die Dimension "Produkt" lässt sich auf einem *einzigen* Wertebereich, nämlich einer diskreten Kategorie von Produktnamen, messen. Für andere Dimensionen bieten sich *mehrere* Wertebereiche (sogenannte **Kategorien**) an. Die Dimension "Periode" lässt sich zum Beispiel nach den sechs hierarchischen Kategorien Jahr, Quartal, Monat, Woche oder Tag betrachten.

Die Tabelle 5.13 veranschaulicht die Begriffe Indikator, Dimension und Abfrage am Fallbeispiel EINZELHANDEL (Beispiele 5.2 und 5.4).

Beispielindikator	*Beispieldimension*	*Beispielabfrage*
Mengenumsatz	Produkt	Verkäufe nach Produkt?
Geldumsatz	Periode	Umsatz nach Produkt und Monat?
Umsatzzunahme	Werbeaktion	Umsatzzunahme nach Werbeaktion?
Kundenzahl	Filiale	Kundenzahl nach Filiale?

Beispiel 5.13: Indikatoren, Dimensionen und Anfragen am Fall EINZELHANDEL

Zusammenfassend lässt sich ein mehrdimensionales Datenmodell mit den folgenden Begriffen beschreiben. Die Datenstruktur **Würfel** erlaubt die Analyse eines Indikators nach mehreren Dimensionen. **Indikatoren** oder Fakten sind aggregierbare, meist numerische und ›kontinuierliche Attribute, die ein betrieblichen Erfolgskriterium mehrdimensional messen. Eine **Dimension** ist schliesslich ein meist symbolisches und diskretes Kriterium, das die Auswahl, Zusammenfassung und Navigation eines Indikators ermöglicht. Abbildung 5.14 fasst die Unterschiede zwischen Indikator und Dimension zusammen.

	Indikator (Fakt)	*Dimension*
Zweck	Analyse des Erfolgs nach drei oder mehr Dimensionen	Auswahl, Zusammenfassung und Navigation von Fakten
Beispiele	Geld- oder Mengenumsatz	Produkt, Region
Synonyme	Fakt (engl. performance measure, key business measure)	Einschränkung (engl. constraint)
Datentyp	numerisch und kontinuierlich (aggregierbar)	symbolisch und diskret
Datenvolumen	gross	klein

Übersicht 5.14: Indikator versus Dimensionen

Aufgabe 5.1 (Indikatoren vs. Dimensionen)

Unterscheiden Sie Indikator und Dimension, und begründen Sie Ihre Antwort.

a) ›POS-Transaktion
b) Region
c) Zeit
d) Produkt
e) Kontenbewegung
f) Gewinn
g) Niederlassung
h) Lieferant
i) ›Funktionsbereich
j) Börsenwert
k) Kundengruppe
l) ›Eigenkapitalrentabilität

Mehrdimensionale Daten lassen sich physisch relational oder mehrdimensional speichern. **Relationale** Datenbanksysteme (›RDBMS) legen mehrdimensionale Daten in mehreren (zweidimensionalen) Tabellen ab. Mehrdimensionale Abfragen - zum Beispiel "Wie gross ist der Umsatz des Produkts A nach Regionen im April?" - werden durch ›Metadaten auf Tabellen und Operationen, insbesondere Tabellenverknüpfungen, abgebildet. **Mehrdimensionale** Datenbanksysteme (MDBMS) speichern hingegen logisch mehrdimensionale Datenstrukturen (Würfel) auch als mehrdimensionale *physische* Speicherstrukturen. Ihre ›proprietären ›physischen Datenmodelle versuchen, die *mehrdimensionale* Darstellung und Abfrage möglichst gut zu optimieren. Verbreitete Produkte sind Express Server von Oracle und Essbase von Hyperion.

Zu den Vorteilen relationaler Systeme gehören ein einfaches logisches Datenmodell, eine standardisierte Datenbanksprache (›SQL) und die Vielfalt der angebotenen Werkzeuge. Ausserdem sind sie skalierbarer und kompatibler als MDBMS. Mehrdimensionale Datenbanksysteme können hingegen für mehrdimensionale Abfragen benutzerfreundlicher und laufzeiteffizienter sein.

Beiden Systemen ist gemeinsam, dass sie Data Warehouse-Daten meist aggregiert und oft auch komprimiert aufbewahren. In der Regel werden *Enterprise* Data Warehouses durch angepasste ›RDBMS, sogenannte **multirelationale** Datenbanksysteme, und Data Marts durch relationale oder mehrdimensionale DBMS verwaltet.

Zusammenfassung von Abschnitt 5.1

- Eine *Produktionsdatenbank* zeichnet operative Geschäftsvorgänge auf, indem sie detaillierte Transaktionen laufend, vollständig und redundanzarm fortschreibt.
- Ein *Data Warehouse* (eine analytische Datenbank) unterstützt strategische und taktische Entscheidungen, indem sie umfangreiche Auszüge aus operativen Daten periodenweise und oft zusammengefasst zur flexiblen Analyse bereitstellt.
- *Ladeprozesse* extrahieren und transformieren die operativen Quelldaten vor ihrer Integration in ein Data Warehouse.
- Ein *Data Mart* ist eine spezialisierte analytische Datenbank für eine Abteilung, eine Arbeitsgruppe, eine Einzelperson oder die Daten einer umfangreichen Applikation. Data Marts lassen sich top down, parallel oder bottom up entwickeln.
- Ein *zentrales* Data Warehouse ist eine analytische Datenbank, die ihre Daten koordiniert lokalen Data Marts zu Verfügung stellt. Ein zentrales Data Warehouse, das sich über die ganze Unternehmung erstreckt, heisst *Enterprise Data Warehouse.* Die analytischen Datenbanken einer Unternehmung können zentralisiert, hierarchisch oder als Enterprise Data Mart organisiert sein.
- Data Warehouses werden anders als Produktionsdatenbanken modelliert. Die wichtigsten Eigenschaften ihrer *Datenmodelle* sind Benutzerfreundlichkeit und Abfrageeffizienz. Im Mittelpunkt steht meist die Frage nach den *Indikatoren* betrieblicher Leistung und ihrer *Dimensionen.*
- Ein *Würfel* ist eine Datenstruktur, welche die Analyse eines Indikators nach mehreren Dimensionen ermöglicht. Ein *Indikator* ist ein aggregierbares, meist numerisches und kontinuierliches Attribut, das ein betriebliches Erfolgskriterium mehrdimensional misst. Unter einer *Dimension* verstehen wir ein meist symbolisches und diskretes Attribut, mit dem man einen Indikator auswählen, zusammenfassen oder durchlaufen kann.
- Relationale *Datenbanken* bilden die Mehrdimensionalität über Metadaten auf zweidimensionale Tabellendaten ab. Mehrdimensionale Datenbanken speichern mehrdimensionale Daten in angepassten proprietären Datenstrukturen.

5.2 Endbenutzerzugriff

Neue Begriffe

Was kennzeichnet konventionelle Datenbankabfragen?
- Funktionalität
  - Auswahlabfragen
  - Aktionsabfragen
- Komplexität
  - prozedurale Abfragen
  - deklarative Abfragen
    - Abfragesprache SQL
    - Abfragesprache Query by Example

Wie unterscheiden sich operative und analytische Datenbankverwaltung?
- OLTP (Online *Transaction* Processing)
- OLAP (Online *Analytical* Processing)
  - Daten
    - Indikatoren
    - Dimensionen
    - Kategorien
  - Operationen
    - Präsentation
    - Aggregation
    - Vergleich
    - Filtern
    - Slicing and Dicing
    - Drilling Up and Down
    - Drilling Across
    - Pivoting

Welche OLAP-Arten lassen sich unterscheiden?
- ROLAP (Relational OLAP)
- MOLAP (Multidimensional OLAP)
- DOLAP (Desktop OLAP)

5.2.1 Unterrichtsmaterial

Abschnitt 5.1 hat Data Warehouses und Data Marts eingeführt. Der nächste Abschnitt untersucht einen wichtigen Aspekt der Benutzerschnittstelle analytischer Datenbanken: Abfragen und Analysen mit sogenannten OLAP-Werkzeugen. Sie lernen dabei *Cognos PowerPlay* kennen - ein Softwarepaket, das Endbenutzern den einfachen Zugriff auf mehrdimensionale oder relationale Data Marts erlaubt. Zu einer *Demonstrationsversion* gelangen Sie aus dem Folienkapitel 🕮 Data Warehouses - 5.2.

5.2.2 Konventionelle Datenbankabfragen

Der ideale Datenbankzugriff für Entscheidungsträger ist benutzerfreundlich und flexibel. Benutzerfreundlich ist er vor allem, solange der Aufwand zur Formulierung von Abfragen und Analysen gering ist. Bild 5.15 unterscheidet drei Zugriffsklassen: **Programmierte ›Berichte** sind beliebig anpassbar, erfordern aber für Änderungen einen Programmierer. **Abfrage- und Berichtssprachen** wie SQL und ›QBE sind standardisiert und mächtig. Für gelegentli-

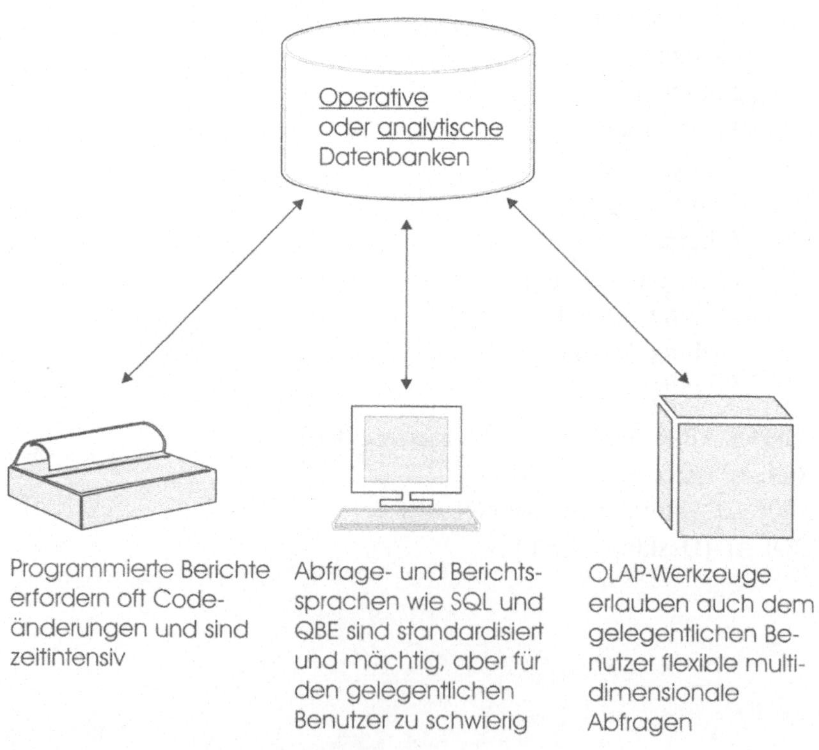

Bild 5.15: Arten des Datenbankzugriffs

che Benutzer und analytische Auswertungen ist der Lernaufwand aber zu gross. Analytische Datenbanken erfordern deshalb Werkzeuge, die auch dem ungeübten Benutzer flexible und mehrdimensionale Ad hoc-Abfragen ermöglichen. Man fasst solche Abfragen unter dem Begriff **On Line Analytical Processing** (OLAP) zusammen.

Abfragen an eine Datenbank lassen sich in einer prozeduralen oder deklarativen Sprache formulieren (vgl. Abschnitt 4.2.2). Der Benutzer einer **prozeduralen** Sprache muss nicht nur die umgangssprachliche Ausgangsfrage in ein formalsprachliches Äquivalent übersetzen, sondern auch die programmiersprachlichen Anweisungen richtig ordnen. Beispiele prozeduraler Abfragen sind die eben erwähnten programmierten Berichte.

In einer **deklarativen** Sprache wie SQL (engl. Structured Query Language) kann der Benutzer hingegen eine Frage meist in einer einzigen Anweisung formulieren. Trotzdem muss er immer noch deren Syntax beherrschen. Beispiel 5.16 formuliert eine einfache Abfrage auf einer Tabelle PRODUKTE in einer prozeduralen und in einer deklarativen Sprache. Wir verzichten auf eine Erklärung der einzelnen Befehle. Wichtig ist nur der grundsätzliche Unterschied zwischen dem prozeduralen und dem nichtprozeduralen Vorgehen.

a) *Umgangssprachliche* Formulierung

Welche Eigenschaften haben die Produkte der Abteilung "Farben"?

b) *Prozedurale* Formulierung in der Befehlssprache von ›dBASE

```
use PRODUKTE
% -- Produktetabelle temporär zwischenspeichern
copy to TMP
use TMP
delete for Produktart <> 'Farben'
% -- Duplikate eliminieren
total on PRODUKTE to ERGEBNIS
display all
```

c) *Deklarative* Formulierung in SQL

```
select *
from PRODUKTE
where Produktart = "Farben"
```

Beispiel 5.16: Umgangssprachliche, prozedurale und deklarative Abfragen

Prozedurale Abfragesprachen sind im Vergleich mit deklarativen flexibler. Die Navigation erfolgt meist ‣satzweise, und das Ergebnis hängt von der Anweisungsreihenfolge ab. Beispiele sind neben der Datenbanksprache von ‣dBASE die allgemeinen Programmiersprachen Visual Basic und Cobol.

Nichtprozedurale (*deklarative*) Abfragesprachen sind benutzerfreundlicher und mächtiger. Ihre Operationen arbeiten nicht mit einzelnen Sätzen, sondern auf ganzen Tabellen. Oft genügt eine einzige verbale oder grafische Anweisung, um eine ganze Kette ‣satzweiser Operationen auszulösen. Beispiele deklarativer Abfragesprachen sind QBE und SQL.

Queries by Example (QBE) erfordern keine bestimmte Befehlssequenz wie dBASE im Beispiel 5.16 und benutzen eine intuitivere Syntax als SQL. Die meisten Datenbanksysteme enthalten das QBE-Konzept in einer mehr oder weniger mächtigen Variante. Im Gegensatz zu einer rein textuellen Abfragesprache wie SQL wählt der Benutzer im ersten Schritt die Namen der erforderlichen Tabellengerüste aus einem Menü. Dann präsentiert das System die Attribute als Teil der gewählten Tabellengerüste. Die menügesteuerte Auswahl der Tabellenskelette kleiner Datenbanken ist einfach. In grösseren Datenbanken erleichtern ‣Views und ‣Data Dictionaries die Übersicht. Views beschränken die Sicht des Benutzers auf den relevanten Ausschnitt der Datenbank, und ein Data Dictionary ermöglicht die Tabellensuche durch Synonyme der Tabellen- und Attributnamen.

Das Ergebnis einer QBE-Abfrage ist selbst wieder eine Tabelle, die sich mit den gewohnten relationalen Operationen weiterbearbeiten lässt. Dazu gehört vor allem das Verknüpfen mit weiteren Tabellen. Viele Abfragen lassen sich nämlich nur nach einer sukzessiven Verknüpfung *mehrerer* Tabellen beantworten. Die Tabellen 5.17 formulieren zum Beispiel die einfache Abfrage "Wie viele Stunden unterrichtet Dozent Meier im Sommersemester 1993" anhand der zwei Tabellengerüste ORGANISATION und VERANSTALTUNG. Die beiden Gerüste enthalten die folgenden Einträge:

- ✓ markiert das Attribut *Stunden*, das in der Antworttabelle erscheinen soll.
- SS93 und Meier bestimmen jene *Zeilen* von ORGANISATION, die mit der Tabelle VERANSTALTUNG ‣verbunden werden sollen.
- x bezeichnet das Verbundattribut, das die beiden Tabellen verknüpft.

Statt x könnte auch eine andere Zeichenkette stehen. Wichtig ist nur, dass die beiden Einträge in VERANSTALTUNG und ORGANISATION übereinstimmen. Statt x setzt man oft einen Beispielwert (engl. example element), hier zum Beispiel Recht - deshalb der Name "Query by Example".

ORGANISATION

Name	*Semester*	*Dozent*	*Raumnummer*
x	SS93	Meier	

VERANSTALTUNG

Name	*Stunden*
x	✓

ANTWORT

Stunden
2

Beispiel 5.17: QBE-Abfrage auf zwei Tabellen

SQL (engl. Structured Query Language) ist die einzige standardisierte Datenbanksprache. Sie ist ...

- ✓ *portabel*, weil sich die meisten Produkte bemühen, nicht allzu sehr vom ‣ANSI/‣ISO Standard abzuweichen.
- ✓ *einbettbar*, weil sie sich aus prozeduralen Sprachen wie C oder ‣VBA aufrufen lässt.
- ✓ ‣*terminalunabhängig*, weil sie sich - anders als QBE - unabhängig von einem bestimmten ‣GUI bedienen lässt.
- ✓ *deklarativ*, weil der Benutzer eine Abfrage nicht als geordnete Folge von Operationen darstellen muss. Eine umgangssprachliche Abfrage lässt sich oft in einem einzigen SQL-Ausdruck darstellen.

Der am häufigsten gebrauchte SQL-Befehl ist `select`. Er wählt im einfachsten Fall eine Tabelle und bildet aus jenen Attributwerten, die eine bestimmte Selektionsbedingung erfüllen, eine sortierte Ergebnistabelle. Vereinfacht lautet sein Format:

```
select     [distinct] <Attribut1>, ..., <AttributN>
from       <Tabelle>
where      <Selektionsbedingung>
order by   <Sortierkriterium>
```

Das Schlüsselwort `distinct` stellt sicher, dass das Ergebnis einer SQL-Abfrage wieder eine Relation ist, also insbesondere keine Duplikate enthält. Wenn etwa gefragt wird, ob eine Studentin Prüfungen nach dem 30. März 1996 bestanden hat, so erwähnt die Ergebnistabelle den Namen der Studentin nur einmal, auch wenn sie mehrere Prüfungen bestanden hat. `order by` sortiert die Ergebnistabelle (voreingestellt ist eine aufsteigende Reihenfolge).

Wir haben den deklarativen Aspekt von SQL an ›**Auswahl**abfragen kennen gelernt. Der Benutzer programmiert eine SQL-Abfrage nicht als Sequenz von Einzeloperationen. Er muss auch nicht wissen, ob und welche Felder *indiziert* sind. Und solange die Attributnamen eindeutig sind, braucht er auch nicht anzugeben, in *welchen* Tabellen die Attribute vorkommen. Weil Data Warehouses ihre Analysedaten meist nur read only bereitstellen, sind ›**Aktions**abfragen für den Endbenutzer unbedeutend. Übersicht 5.18 enthält auch auf die wichtigsten Aktionsabfragen von SQL.

SQL-Anweisungen	*Zweck*	*Anweisungen*
Data *Definition* Language (DDL)	Definition von Datenbankobjekten	`create, alter, drop` `table, view, index`
Data *Manipulation* Language (DML)	Abfrage: Änderung:	`select` `insert,delete,update`
Data *Control* Language (DCL)	Transaktionssteuerung: Schutz und Sicherheit:	`lock,commit,rollback` `grant,revoke`

Übersicht 5.18: Klassen von SQL-Anweisungen

SQL ist portabel, leicht einbettbar und eignet sich gut für ›verteilte Datenbanken. Auf der anderen Seite ist eine komplexe, zum Beispiel eine mehrdimensionale, SQL-Abfrage aufwendig und kann mehrere Anweisungen erfordern. Ausserdem sind ›Zeitreihenanalysen mit SQL kompliziert und die Rechenfunktionen genügen den Anforderungen analytischer Abfragen nicht.

Vergleich 5.19 stellt verschiedene Datenbankabfragen gegenüber. Die dritte Spalte unterscheidet sie nach ihrer Flexibilität: Dedizierte Abfragemenüs und vordefinierte Berichte (engl. reports) schränken die Freiheit des Benutzers stark ein. Die dritte und vierte Spalte beurteilt die Benutzerfreundlichkeit aus der Sicht des Anwenders.

Abfrage	*Flexibilität*	*Komfort*	*Interaktivität*
SQL	+	–	∅
Bericht	–	+	–
Menü	–	+	+
QBE	∅	∅	+
OLAP	∅	+	+

Vergleich 5.19: Arten von Datenbankabfragen

Die Erstellung vordefinierter *Berichte* ist mit Berichtsgeneratoren einfach - vor allem in interaktiven "Desktop Report Writers". In Einzelfällen werden allerdings Kenntnisse von ‣4GL- oder ‣3GL-Sprachen vorausgesetzt. *QBE* ist zwar flexibel und benutzerfreundlicher als SQL, erreicht aber nicht den Abfragekomfort von OLAP-Werkzeugen. Obwohl es syntaktisch einfach ist, erfordert es Kenntnisse des logischen Datenmodells. Trotzdem ist QBE benutzerfreundlicher als SQL. Viele Datenbankentwickler benutzen deshalb QBE und lassen Abfragen bei Bedarf automatisch in SQL-Anweisungen übersetzen.

Die Tendenz geht dahin, Berichtsgeneratoren, OLAP-Werkzeuge und Data Mining Tools zu integrieren. Beispiele sind die Berichts-, Menü- und OLAP-Komponenten von *Business Objects* und die Werkzeug-Suite von *Cognos*.

5.2.3 On Line Analytical Processing (OLAP)

Viele Werkzeuge für Produktionsdatenbanken lassen sich auf die Verwaltung und Abfrage zentraler Data Warehouses übertragen. Für den Endbenutzerzugriff auf Data Marts eignet sich hingegen spezialisierte Software besser. Der Begründer der Theorie relationaler Datenbanken, E.F. Codd, führte 1993 das Konzept von OLAP ein. **On Line Analytical Processing** (OLAP) ist eine Abfragemethode, die Endbenutzern einen mehrdimensionalen schnellen Zugriff und eine benutzerfreundliche interaktive Analyse von Data Marts ermöglicht. Es ist ...

- ✓ *benutzerfreundlich*, weil es den Anwender Objekte direkt manipulieren lässt und Ergebnisse übersichtlich zusammenfasst und visualisiert.
- ✓ *mehrdimensional*, weil es Indikatoren nach ihren Dimensionen analysiert.
- ✓ *detaillierend und zusammenfassend*, weil sich der Benutzer leicht entlang einer hierarchischen Dimension bewegen kann (Drilling Down and Up).
- ✓ *analysierend und synthetisierend*, weil der Benutzer Dimensionen hinzufügen oder weglassen kann, ohne dass er vorher ein komplexes Datenmodell durchsuchen muss.
- ✓ *vorberechnend*, weil es aufwendige Ad hoc-Berechnungen durch Vordefinition, insbesondere Voraggregation, vermeidet.
- ✓ *schnell*, weil es die meisten Abfragen in Sekundenschnelle beantwortet.
- ✓ *Data Mart-orientiert*, weil es weniger Details als das zentrale ‣EDW unterstützt und in der Regel nicht *direkt* auf Produktionsdaten zugreift.

OLAP-Werkzeuge verbinden Abfrage und Analyse und eignen sich deshalb für eine Vielzahl von Anwendungen. Die folgende Liste nennt einige betriebliche Anwendungen, die den Retrieval von Data Mart-Daten mit rechnerischen und grafischen Analysen verknüpfen:

Finanz- und Rechnungswesen

- Kurzfristige ›Erfolgsrechnung
- ›Jahresabschlussanalyse
- ›Cash Flow-Analyse
- ›Kennziffernanalyse (insbesondere ›ROI-Analyse)

Absatz

- Soll-/Ist-Vergleiche
- Produkt- und Kundenvergleiche
- Qualität des Kundendienstes

Beschaffung

- Bestandsanalysen
- Lieferfristenüberwachung

Produktion

- Kapazitätsanalysen
- Qualitätskontrolle

Personalwesen

- Personalverwaltung
- Mitarbeiterqualifikationen

Im Gegensatz zu OLAP greift die herkömmliche ›Transaktionsverarbeitung (**On Line Transaction Processing**, abgekürzt OLTP) auf mikroskopische Transaktionen zu, zum Beispiel auf einzelne Bestellungen oder Buchungen. Transaktionsdatenbanken unterstützen deshalb strategische Entscheidungen schlecht. OLAP ergänzt OLTP und greift auf die makroskopischen Daten analytischer Datenbanken zu. Vergleich 5.20 nennt weitere Unterschiede zwischen OLTP und OLAP.

Wir haben den Begriff des Online Analytical Processing definiert und ihn von der Transaktionsverarbeitung abgegrenzt. Der nächste Abschnitt führt am Beispiel von *Cognos PowerPlay* in den Funktionsumfang eines typischen OLAP-Werkzeugs ein.

	OLTP	*OLAP*
Abfragedaten	operative Transaktionsdaten	managementkritische Analysedaten
Abfragefreundlichkeit	gering	gross
Granularität	mikroskopisch (originäre Detaildaten)	makroskopisch (oft abgeleitete Daten)
Aktualität	vollständiger Istzustand	historische Snapshots
Hauptoperationen	fortschreiben (read/write)	abfragen und berechnen (read only)
Speichereffizienz	gross	kleiner
Werkzeuge	›3GL, ›4GL (v.a.SQL)	›proprietär

Vergleich 5.20: OLTP und OLAP

5.2.4 OLAP mit Cognos PowerPlay

Cognos PowerPlay ist ein OLAP-Frontend, das den Endbenutzer Abfragen ...

- ad hoc statt geplant
- direkt manipulierend statt befehlsgebunden
- ›explorativ statt off line formulieren lässt.

Es setzt voraus, dass ein Administrator eine Teilmenge des Data Warehouse in einer proprietären mehrdimensionalen Datenstruktur, einem Würfel, anbietet. Dieser Abschnitt veranschaulicht wichtige OLAP-Konzepte am Beispiel von PowerPlay. Wir benutzen dazu den Würfel NASDAQ.MDC, den Sie in Aufgabe 5.2 mit PowerPlay analysieren können[1].

Der Würfel enthält mehrdimensionale Beispieldaten zur Anlageberatung. **NASDAC** (National Association of Security Dealers Automated Quotation System) ist ein Bildschirmkommunikationssystem für den Handel mit ausserbörslich kotierten Technologiewerten. Das Datenmodell des NASDAQ-Würfels erlaubt die Analyse von 25 Indikatoren auf 15 Dimensionen. Zu den Indikatoren gehören etwa der jährliche Umsatz oder der Nettoerfolg einer kotierten Unternehmung in Dollars. Dimensionen sind zum Beispiel Branche, Fiskaljahr, Börsenwert oder ›Eigenkapitalrendite.

Die Beispiele dieses Abschnitts illustrieren die folgenden Prinzipien von OLAP:

1 Die CD ROM enthält zwei Demonstrationsversionen. Die neuere enthält eine leicht modifizierte Benutzeroberfläche. Die nachfolgenden Bildschirmausschnitte und die Aufgabe 5.2 beziehen sich auf die ältere Version.

✓ absolute und relative Darstellung
✓ importierte und abgeleitete Daten
✓ Drilling Down and Up
✓ Filtern
✓ Slicing and Dicing
✓ ‣Pivoting
✓ Ebenen
✓ Visualisierung.

Ein Data Warehouse besteht aus importierten und abgeleiteten Daten. Der Ladeprozess importiert nämlich die Tabellen einer Produktionsdatenbank nicht unverändert in das Data Warehouse. Die meisten Daten werden transformiert und erst dann abgespeichert. Ein Teil der Daten *entsteht* sogar erst durch Berechnung. Je grösser der Anteil dieser **abgeleiteten** Daten, desto grösser die Ladezeit und der Speicherbedarf. Vorberechnungen reduzieren auf der anderen Seite die ‣Antwortzeiten, weil die Ergebnisse nicht mehr zur Abfragezeit berechnet werden müssen.

Eine wichtige Klasse abgeleiteter Daten sind **Zusammenfassungen**, auch Aggregate oder Konsolidierungen genannt. Während SQL-Anweisungen oft nach Details suchen, fassen OLAP-Abfragen meist Indikatoren nach den ‣Kategorien (Wertebereichen) einer oder mehrerer Dimensionen zusammen. Ein wichtiges Beispiel ist die Aggregation nach hierarchisch geordneten Kategorien wie Woche, Monat, Quartal, Saison und Jahr. Oft kommen solche Zusammenfassung in **Vergleichen** vor. Beispiele sind ...

- Vergleiche der absoluten und relativen Ergebnisse der letzten Jahre (Indikatorwerte lassen sich absolut oder relativ darstellen. PowerPlay erlaubt zum Beispiel den einfachen Wechsel zwischen absoluten und relativen Werten der Bezugsgrössen Zeilentotal, Spaltentotal und Gesamttotal)
- Vergleiche der relativen Beiträge aller Produkte am Gesamtumsatz
- Vergleiche der Abschlüsse der besten Vertreter einer Region.

Die Aggregation von Einzel- zu Gesamtdaten führt oft zu **Informationsverlusten**. Nehmen wir an, eine Analyse aggregierter Warehouse-Daten soll Gründe für die tieferen Umsätze des letzten Geschäftsjahres aufdecken. Wenn der Ladeprozess alle Tagesumsätze zu Wochenumsätzen konsolidiert hat und das OLAP-Werkzeug keinen Zugriff von den Aggregaten des Data Warehouse zu den Tagesdetails der Produktionsdatenbank unterstützt, dann lässt sich die Frage nicht zuverlässig beantworten. Die Konsolidierung verdeckt nämlich den Einfluss der Tagesumsätze auf die Gesamtumsätze.

OLAP-Tools zeichnen sich vor allem durch ihre Browsing-Fähigkeiten aus. Unter **Browsing** fasst man die folgenden Abfrageklassen zusammen:

- ✓ Filtern (Datenauswahl aufgrund von Kriterien)
- ✓ Drilling Down and Up (Detaillierung und Zusammenfassung entlang einer beliebigen Dimension)
- ✓ Drilling Through (Detailzugriff auf Produktionsdaten)
- ✓ Drilling Across (Zugriff auf mehrere Data Marts)
- ✓ Slicing and Dicing (Wahl und Abwahl beliebiger Dimensionen).

Der Bildschirmausschnitt 5.21 veranschaulicht Filter- und Drilling-Operationen. Wenn der Benutzer den Cursor über einen Dimensionsreiter (engl. tab) setzt, dann erscheint in einem Pop Up-Menü die oberste Ebene der Kategorienhierarchie der Dimension. Befindet sich der Cursor zum Beispiel über dem Tab "Country of HQ" (Headquarter), so erscheinen die Kategorien North America, Europe, Asia Pacific, Other und Not Assigned. Klickt der Benutzer auf eine dieser Kategorien, so zeigt PowerPlay statt der Gesamtumsätze nur die Umsätze der gewählten Kategorie. Man nennt dies eine **Filter**operation.

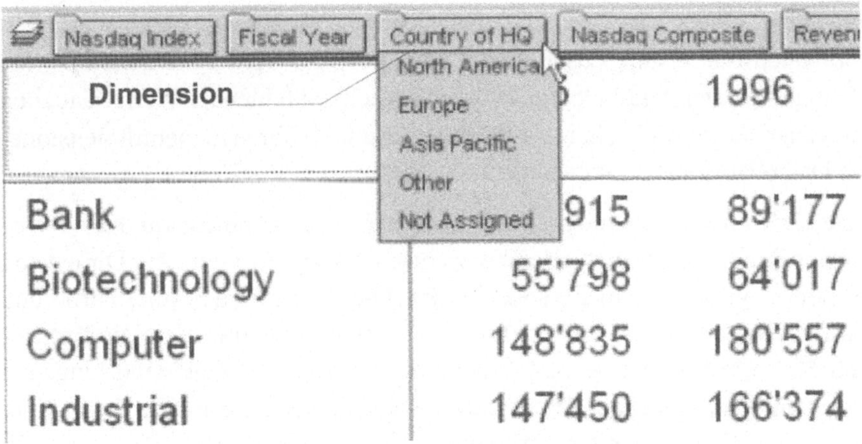

Nasdaq Index | Fiscal Year | Country of HQ | Nasdaq Composite | Reven

North America
Europe
Asia Pacific
Other
Not Assigned

Dimension	5	1996
Bank	915	89'177
Biotechnology	55'798	64'017
Computer	148'835	180'557
Industrial	147'450	166'374

Bildschirmausschnitt 5.21: Dimensions- und Filterwahl

Drilling Down detailliert zuvor aggregierte Dimensionswerte. Wenn der Benutzer im Bildschirmausschnitt 5.22 doppelt auf einen Wert der Branche Bank, zum Beispiel ACE CASH EXPRESS INC. klickt, dann werden die Erträge dieser Bank angezeigt. Drilling **Up** ist die Umkehroperation von Drilling Down und führt von Bildschirm 5.22 zu Bildschirm 5.21 zurück.

Bank	1995	1996
ACE CASH EXPRESS INC	47'790	68'959
AMERICAN PACIFIC BANK	4'255	na
ATLANTIC BANK & TRUST CO	16'676	22'700
BANK OF COMMERCE	26'968	34'153
BANK OF GALICIA & BUENOS AIRES *'	na	na
BHI CORP	18'783	21'330
CALIFORNIA FEDERAL BANK FSB	na	1'883'116
CALIFORNIA STATE BANK	43'323	59'359

Bank | Fiscal Year | Country of HQ | Nasdaq Composite | Revenue (Net Sales) | Year-To-Year Revenue

Bildschirmausschnitt 5.22: Ergebnis von Drilling Down in Bild 5.21

Im Bildschirmausschnitt 5.22 enthalten vier Tabellenzellen statt eines numerischen Werts den Eintrag na. na heisst "not available" und bezeichnet einen Wert, der aus irgend einem Grund fehlt. Ein **Nullwert** entsteht, wenn eine Drilling Down-Operation eine Datenzelle wieder sichtbar macht, deren Wert nicht vorhanden war, als die Zusammenfassung gebildet wurde. Mit zunehmender Granularität steigt deshalb die Wahrscheinlichkeit fehlender Werte. Tabellen mit vielen na-Einträgen heissen **dünn besetzt** und führen in mehrdimensionalen Datenbanken zu Speicheroptimierungen.

Eine **Kategorie** ist ein möglicher Wertebereich einer Dimension. Kategorien können flach (ungeordnet) oder hierarchisch (baumartig) sein. Zur Dimension "Produkt" gehören zum Beispiel die **flachen** Kategorien Name, Farbe und Grösse. Sie stehen in keinem definierten Verhältnis zueinander. Die Kategorien Jahr, Quartal, Monat und Woche der Dimension "Zeit" sind hingegen **hierarchisch** angeordnet. Hierarchische Kategorien eignen sich für Drilling Down- und Drilling Up-Operationen.

Hierarchische Kategorien lassen sich in einer Einrückungsliste darstellen. Die Kategorienhierarchie der Dimension Firmensitz ("Country of HQ") lautet zum Beispiel:

Dimension Firmensitz
- Kategorie *Ländergruppe* (Vaterknoten)
  - Unterkategorie *Land* (Kindknoten von Ländergruppe)
    - Unterkategorie *Unternehmungsgruppe* (alphabetisch)
      - Unterkategorie *Einzelunternehmung*.

Kleine Fallzahlen können in Drilling Down-Operationen zu Informationsverlusten führen. Die Frage "Welches sind Gründe für tiefe Umsätze?" lässt sich zum Beispiel dann nicht vollständig beantworten, wenn die zur Problemlösung notwendige Abfrage "Welches sind die Umsätze nach Produkt, Filiale und Abteilung" die Fallzahlen so stark einschränkt, dass die stark abnehmenden Zellenbesetzungen und die fehlenden Werte eine Analyse erschweren.

Slicing and Dicing ändert die betrachteten Dimensionen eines Würfels. Der Pfeil zwischen den beiden Bildschirmausschnitten 5.23 zeigt, wie die bisherige Dimension *Fiskaljahr* (1995, 1996, ...) durch Drag and Drop der neuen Dimension *Firmensitz* (North America, ...) in die horizontale Titelleiste des Anzeigebereichs ersetzt wird.

Tabellarische Darstellungen sind *zwei*dimensional. Der untere Bildschirm von Abb. 5.23 erlaubt zum Beispiel nur die gleichzeitige Betrachtung des Indikators Ertrag auf den beiden Dimensionen Branche und Firmensitz. **Ebenen** (engl. layers) ermöglichen eine *drei*dimensionale Analyse. PowerPlay fügt für jeden Wert einer dritten Dimension eine zusätzliche Ebene ein. Wenn der Benutzer zum Beispiel zusätzlich zur Branche und zum Fiskaljahr als dritte Dimension den Firmensitz mit der Kategorie Ländergruppe wählt, dann fügt PowerPlay die Ebenen North America, Europe, Asia Pacific, Other und Not Assigned ein. Jede Ebene entspricht einer neuen Tabelle. In den Bildschirmaus-

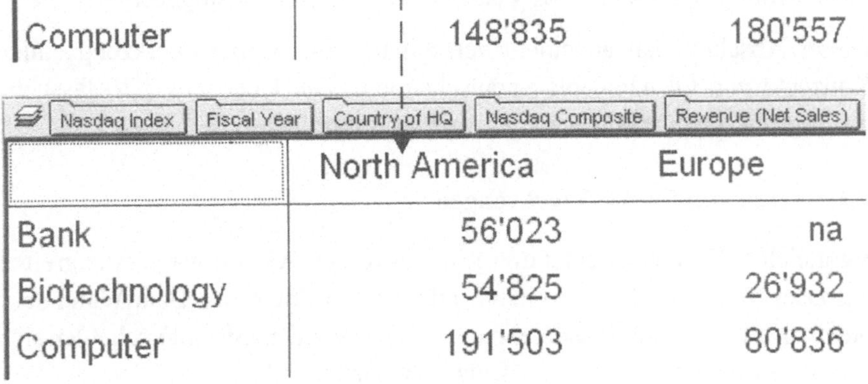

Nasdaq Index | Fiscal Year | Country of HQ | Nasdaq Composite | Revenue (Net Sales)

	1995	1996
Bank	22'915	89'177
Biotechnology	55'798	64'017
Computer	148'835	180'557

Nasdaq Index | Fiscal Year | Country of HQ | Nasdaq Composite | Revenue (Net Sales)

	North America	Europe
Bank	56'023	na
Biotechnology	54'825	26'932
Computer	191'503	80'836

Bildschirmausschnitte 5.23: Slicing and Dicing

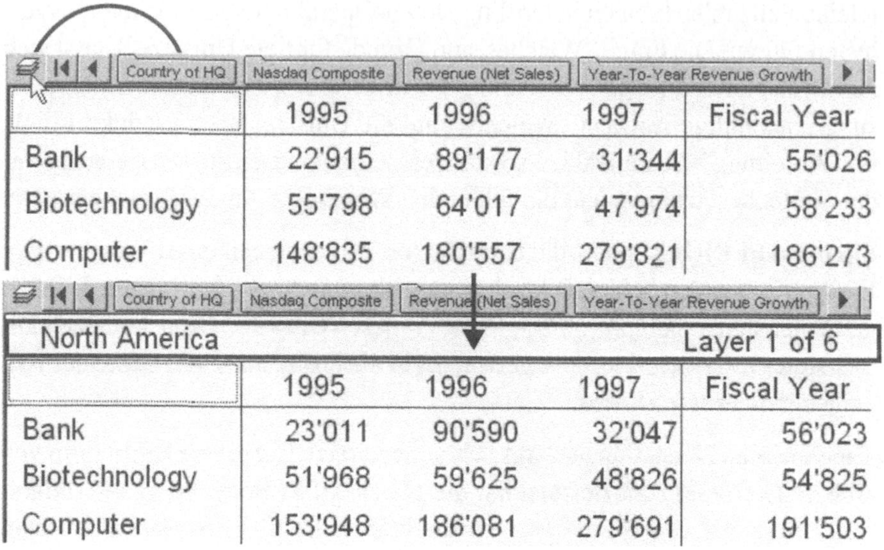

Country of HQ | Nasdaq Composite | Revenue (Net Sales) | Year-To-Year Revenue Growth

	1995	1996	1997	Fiscal Year
Bank	22'915	89'177	31'344	55'026
Biotechnology	55'798	64'017	47'974	58'233
Computer	148'835	180'557	279'821	186'273

Country of HQ | Nasdaq Composite | Revenue (Net Sales) | Year-To-Year Revenue Growth

North America Layer 1 of 6

	1995	1996	1997	Fiscal Year
Bank	23'011	90'590	32'047	56'023
Biotechnology	51'968	59'625	48'826	54'825
Computer	153'948	186'081	279'691	191'503

Bildschirmausschnitte 5.24: Drag and Drop einer zusätzlichen Ebene

schnitten 5.24 zieht der Benutzer die Dimension "Country of HQ" zur linken oberen Fensterecke (engl. drag and drop). Daraufhin erscheint der Titel "North America Layer 1 of 6". Der Benutzer kann dann leicht zwischen den sechs Ebenen der Dimension "Country of HQ" wechseln.

Eine weitere Fähigkeit von OLAP-Werkzeugen ist die **Visualisierung** zwei- oder dreidimensionaler Zusammenhänge. Bild 5.25 zeigt eine dreidimensionale Visualisierung des Indikators Jahresertrag auf den Dimensionen Branche und Firmensitz. Neben dreidimensionalen Balkendiagrammen bietet PowerPlay zum Beispiel auch Kuchen- und Liniendiagramme. Das sechste Kapitel (Data Mining) wird näher auf Visualisierungstechniken eingehen.

Dieser Abschnitt hat an einem verbreiteten ‣Endbenutzerwerkzeug einige Konzepte von OLAP-Tools veranschaulicht. Die Übersicht 5.26 fasst die wichtigsten Eigenschaften von PowerPlay zusammen.

5.2.5 Arten von OLAP-Werkzeugen

Vergleich 5.27 unterscheidet drei Klassen von OLAP-Software. Alle greifen auf Data Marts zu, die von einem ‣relationalen Enterprise Data Warehouse oder von einer Produktionsdatenbank gespeist werden. Sie unterscheiden sich aber im Aufbau und im Ort der Data Mart-Daten.

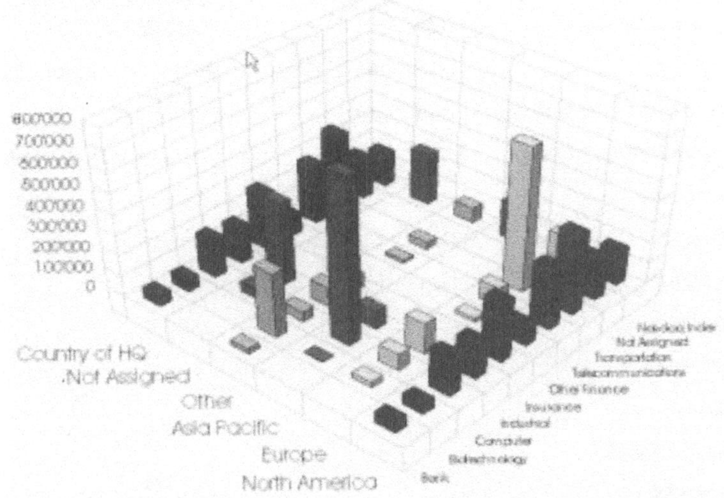

Bild 5.25: Visualisierung des Indikators Ertrag auf zwei Dimensionen

Eingabe

- ✓ Würfeldaten mehrdimensional oder als Teil eines RDBMS speichern
- ✓ Würfel auf einem Client oder Server speichern
- ✓ Benutzerfreundliche ›DOLAP-Abfragen definieren
- ✓ Würfel automatisch generieren

Verarbeitung

- ✓ Slicing and Dicing
- ✓ Drilling Down and Up
- ✓ Drilling Through zusammen mit Cognos *Impromptu*
- ✓ ›API für *Visual Basic*, *MS Excel* und andere Software

Ausgabe

- ✓ zweidimensionale Tabellen
- ✓ dritte Dimension durch Ebenen
- ✓ Point and Click-Grafik

Übersicht 5.26: OLAP-Funktionalität am Beispiel von *Cognos PowerPlay*

- **ROLAP** (engl. Relational OLAP) zeigt eine Teilmenge der ›Objektdaten eines *relationalen* Datenbanksystems. ›Metadaten bilden die tabellarischen Objektdaten auf Indikatoren und ihre Dimensionen ab. ROLAP-Tools profitieren von der Kompatibilität und Flexibilität relationaler Da-

Vergleichskriterium	***ROLAP***	***MOLAP***
OLAP-Klasse	Relational OLAP	Multidimensional OLAP
Enterprise Data Warehouse	relational	relational
Mehrdimensionalität über ...	Metadaten	Struktur der Objektdaten
Datenumfang	gross	mittel
Datenmodell	standardisiert	proprietär
Vorberechnungsgrad	klein	gross
Abfrageeffizienz	–	+
Ladeeffizienz	+	–
Flexibilität	+	–
Wartungsaufwand	–	+
Skalierbarkeit	+	∅
Integrierbarkeit	+	–
Anbieterbeispiele	Oracle	Arbor, Oracle

Vergleich 5.27: ROLAP und MOLAP

tenbanksysteme. Abschnitt 5.3.5 wird am Beispiel von if..Synchrony näher auf ein einfaches ROLAP-Werkzeug eingehen.

- Die Objektdaten von **MOLAP** (engl. Multidimensional OLAP) sind mehrdimensional und werden von einem proprietären *mehrdimensionalen* Datenbanksystem verwaltet, das die meisten Abfragen vorberechnet. MOLAP-Abfragen sind deshalb oft abfrageeffizienter. Nachteilig wirken sich allerdings die langen Ladezeiten aus.
- **DOLAP** (engl. Desktop OLAP) kann auf ein mehrdimensionales oder relationales Datenbanksystem zugreifen. Im Gegensatz zu ROLAP und MOLAP im engeren Sinn liegt der aktuelle Datenbestand auf einem Client, in der Regel auf einem Personalcomputer. Das Datenmodell des Würfels ist meist ›proprietär.

Bild 5.28 vergleicht die drei OLAP-Architekturen grafisch. ROLAP greift direkt auf Data Mart- oder Enterprise Data Warehouse-Daten zu. Die Abfragen des Endbenutzers werden dabei in SQL-Anweisungen an ein relationales Datenbanksystem übersetzt. Im Gegensatz dazu laden MOLAP und die meisten DOLAP Tools einen Teil der relationalen Data Warehouse-Daten in eine proprietäre Datenstruktur auf einem Server (MOLAP) oder einen Client (DOLAP). Ausserdem ist die Berechnungsfunktionalität ihrer Analysesprachen

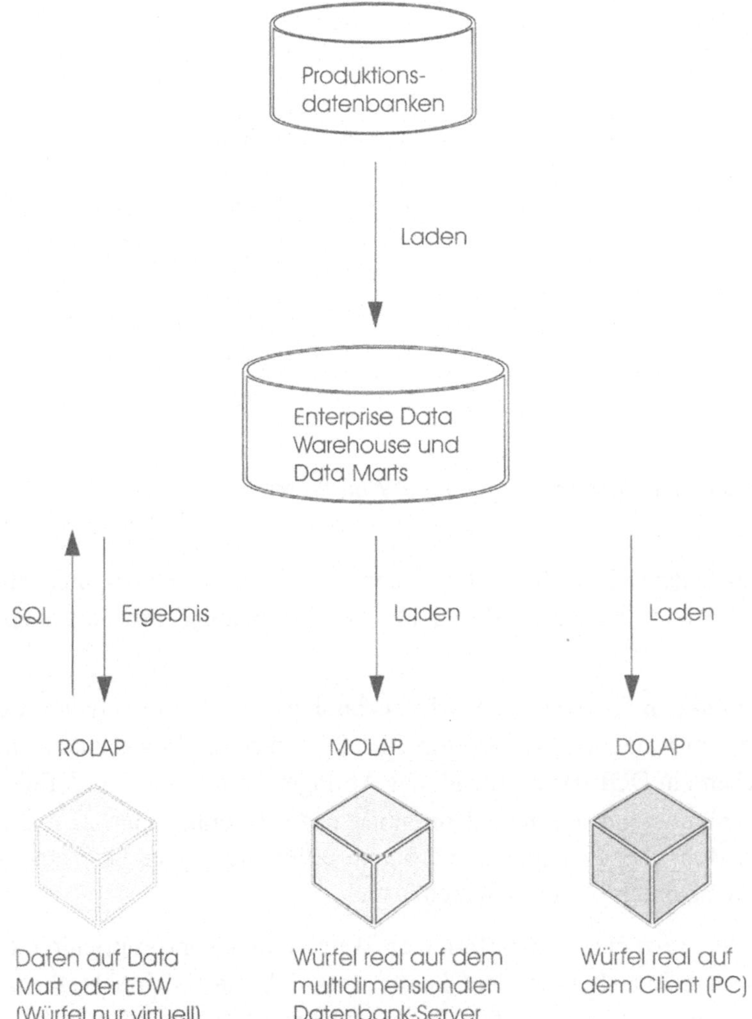

Vergleich 5.28: Architekturen von OLAP-Werkzeugen

grösser als jene von SQL. Die Grenzen zwischen den drei Werkklassen sind nicht immer scharf. Das MOLAP-Werkzeug Oracle Express integriert zum Beispiel auch ROLAP-Funktionen.

Vergleich 5.29 ordnet ausgewählte Produkte den drei OLAP-Klassen zu. Die Zeilen- und Spaltenüberschriften beantworten die Frage, ob das Produkt die Daten auf einem relationalen oder mehrdimensionalen Datenbank-Server oder Client speichert bzw. verarbeitet. Die dritte Dimension unterscheidet zwei Ar-

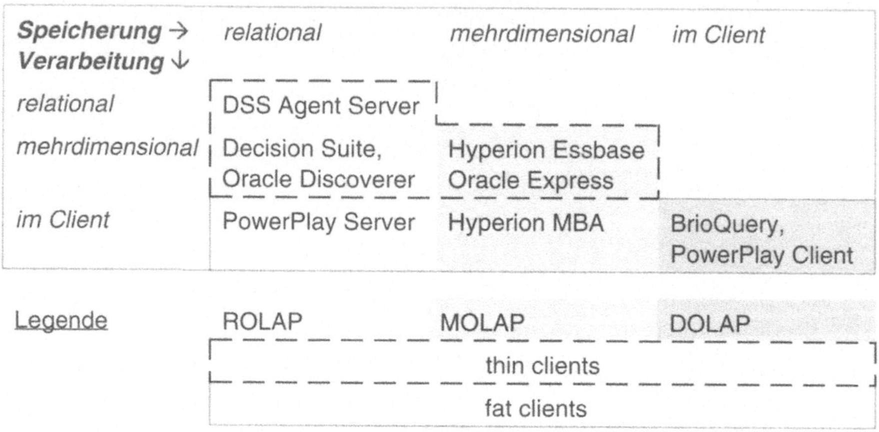

Speicherung → *Verarbeitung ↓*	*relational*	*mehrdimensional*	*im Client*
relational	DSS Agent Server		
mehrdimensional	Decision Suite, Oracle Discoverer	Hyperion Essbase Oracle Express	
im Client	PowerPlay Server	Hyperion MBA	BrioQuery, PowerPlay Client

Legende	ROLAP	MOLAP	DOLAP
	thin clients		
	fat clients		

Vergleich 5.29: Zuordnung von OLAP-Werkzeugen

ten von Clients: **Fat** clients legen den Verarbeitungsschwerpunkt auf den Client-Rechner, während **thin** clients die Verarbeitung dem Server überlassen.

Die Produkte *Brio Query* von Brio Technology und *PowerPlay* von Cognos gehören zur Kategorie der Desktop OLAP-Werkzeuge. PowerPlay ist im wesentlichen ein DOLAP-Frontend, das Abfragen ad hoc statt vordefiniert, direkt manipulierend statt befehlsorientiert und ›explorativ statt off line beantwortet. Mehr über die genannten Produkte erfahren Sie über die Webverweise des Folienkapitels 🕮 Data Warehouses.

PowerPlay setzt einen **vordefinierten Würfel** mit einer ›proprietären Datenstruktur auf einem Server oder Client voraus. Schema 5.30 beschreibt die Entstehung eines DOLAP-Würfels. Die Metadatenverwalter des Data Warehouse und des DOLAP-Werkzeugs (zum Beispiel der *PowerPlay Administrator* von Cognos) erstellen einen multidimensionalen Würfel, den der Endbenutzer mit einem DOLAP-Viewer wie Cognos *PowerPlay* analysieren kann. Ein PowerPlay-Würfel entsteht wie folgt:

1. Der Benutzer wählt die *Datenquelle* (in der Regel eine ›flache Datei).
2. Der Benutzer bestimmt die gewünschten *Dimensionen und Indikatoren.*
3. Das Werkzeug *generiert den Würfel.* Je nach Würfelgrösse dauert die Generierung Minuten bis Stunden.

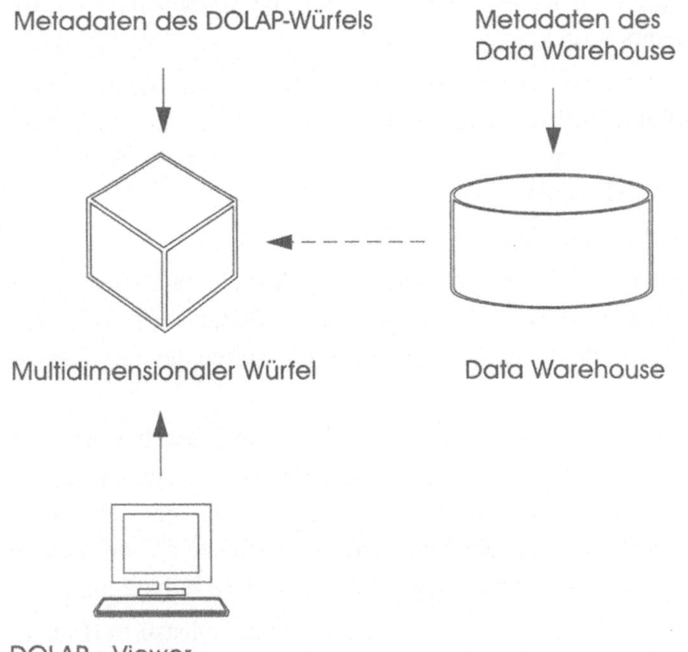

Schema 5.30: Entwicklung eines DOLAP-Würfels

Aufgabe 5.2 (🖱 ANLAGEBERATUNG mit *Cognos PowerPlay*)

Cognos PowerPlay und ein Würfel aus NASDAQ-Daten sollen einen Anlageberater bei ›Portfolioentscheidungen unterstützen. Im ersten Teil der folgenden Aufgabe lernen Sie PowerPlay geleitet kennen. Im zweiten Teil können Sie das Werkzeug an einem Anlageberatungsbeispiel selbständig erkunden.

Lernziele

⇨ Das Grundmodell der mehrdimensionale Analyse erkennen

⇨ OLAP-Abfragekonzepte anwenden

1. PowerPlay kennen lernen

Laden Sie den Würfel 💻 NASDAQ.mdc:

- Mit den Menüpunkten *View* und *File/Preferences* konfigurieren Sie die Benutzeroberfläche.
- Wenn Sie den Cursor auf ein Icon der Symbolleiste positionieren, erhalten Sie eine Kurzbeschreibung. Ausführliche Hilfe zur Symbol- und Menülei-

ste finden Sie unter *Help/Inhalt/Reference Information/Shortcuts*. Ctrl-Z macht eine Operation rückgängig (und Ctrl-Y macht Ctrl-Z rückgängig).

- Informationen zum Inhalt des NASDAQ-Würfels erhalten Sie mit einem Rechtsklick auf eine Zelle oder auf ein Register (engl. tab) der Dimensionenleiste. Der Kontextmenüpunkt "Explain" erklärt dann die Bedeutung des Indikators, der Dimension oder des Wertes.

a) Dimensionen und Indikatoren

- Nach dem Start erscheint die voreingestellte Ansicht "3-D-Bar" (Falls dies nicht zutrifft, klicken Sie auf das Icon "3-D-Bar"). Identifizieren Sie den Indikator, die Dimensionen und deren Wertebereiche (Kategorien).
- Ein Klick auf das Icon "Crosstab" wechselt zur tabellarischen Ansicht. Unter der Symbolleiste finden Sie mehrere Register zu den Dimensionen und Indikatoren des Würfels. Den Indikator "Revenue" (Ertrag in 1000$) finden Sie am rechten Ende der Registerleiste. Wenn Sie den Mauszeiger darauf positionieren, erscheinen weitere Indikatoren.
- Ein Klick auf ein Register zeigt die Kategorien bzw. Measures (Indikatoren) in einem Pop Up-Fenster. Schauen Sie sich die Kategorienhierarchien der Dimensionen *Country of HQ* und *Net Income* an.

b) Filter

Die Ausgangstabelle enthält den Indikator "Durchschnittlicher Unternehmungsertrag" nach den Dimensionen Branche ("Nasdaq Index") und Steuerjahr ("Fiscal Year"). Verwenden Sie einen Filter, der nur Unternehmen mit einer ›Eigenkapitalrentabilität von mehr als 20% zeigt. Gehen Sie dazu mit dem Mauszeiger zur Dimension "Return on Equity". Sobald Sie die Maus nicht mehr bewegen, erscheint ein Menü mit den Filterkriterien. Wählen Sie ">=20% ROE" (engl. Return On Equity). Experimentieren Sie mit den anderen Kriterien.

c) ›Pivoting

Wechseln Sie die Spalten und Zeilen mit *Explore/Swap/Rows and Columns*.

d) Drilling Down and Up

Ein Doppelklick auf eine Tabellenzelle führt eine Kategorie tiefer (Drilling Down). Eine Kategorie höher kommen Sie mit einem Rechtsklick auf eine Zelle (Drilling Up).

e) Nullwerte

"na" (not available) bezeichnet Zellen ohne Wert. *Explore/Suppress Zeros/Rows and Columns* zeigt Zeilen oder Spalten, die nur aus Nullwerten bestehen, nicht an.

f) Ansichten (engl. views)

View/Show Values As zeigt Ergebnisse prozentual statt absolut an, und *Explore/Hide Selected Categories* blendet markierte Zeilen und Spalten aus.

g) Sortierung (engl. rank)

Sortieren Sie markierte Spalten oder Zeilen mit dem Menüpunkt *Explore/Rank.*

h) Ebenen (engl. layers)

Tabellen können nur zwei Dimensionen gleichzeitig darstellen. Um eine dritte Dimension zu zeigen, können Sie jeden ihrer Werte als zusätzliche Tabelle (Ebene) anzeigen lassen. Ziehen Sie dazu die gewünschte dritte Dimension mit der Maus auf das Stapelsymbol am linken Ende der Dimensionsleiste.

i) Visualisierung

Wechseln Sie mit *View/Change Display* von der Tabellenansicht (crosstab) zur Würfelsicht (3D-Bar). Wenden Sie Filter, Slice and Dice, Drill Down and Up und Sortierung auch auf diese Sicht an.

2. PowerPlay selbständig anwenden

a) Zeigen Sie die TopTen der Banken mit den höchsten Eigenkapitalrenditen (engl. ›ROE) des Jahres 1997 an.

b) Welchen Marktwert hatte Microsoft 1997?

c) Veranschaulichen Sie die Risiko-Ertragslage in einem "Multiline-Diagramm", das die Eigenkapitalrendite (ROE) und den ›Beta-Koeffizient branchenweise darstellt. Welche Branche weist das ungünstigste Verhältnis aus? Welche das beste? Diskutieren Sie zunächst, welche Beta-Werte günstig oder ungünstig sind. Nehmen Sie zur Lösung der Aufgabe an, dass ein möglichst kleiner (positiver) Beta-Wert ideal sei. Warum kommen Sie unter Umständen zur falschen Lösung, wenn Sie den ROE durch Beta dividieren und das höchste Resultat als das beste und das tiefste als das schlechteste Verhältnis ansehen?

d) Reporter

Sie möchten ein Aktienportefeuille nach verschiedenen Kriterien erstellen. Da Sie aber nicht alles auf eine Karte setzen wollen, verteilen Sie ihr Geld nach den folgenden Kriterien auf fünf Aktienpakete:

- Es kommen nur Unternehmen in Frage, die 1997 einen Nettogewinn ("net income") von mindestens 250 Mio $ erzielt haben.
- Wählen Sie die Firmen mit dem höchsten ROE/Beta-Verhältnis.
- Beteiligen Sie sich proportional zur Mitarbeiterzahl.

3. Möglichkeiten und Grenzen erkennen

a) Kritisieren Sie die Portfoliostrategie des Anlageberaters.

b) Stellen Sie sich eigene Aufgaben. Suchen Sie dabei nach neuen Funktionen und Grenzen von *PowerPlay.*

c) Welche Vor- und Nachteile hat ein OLAP-Tool wie *PowerPlay* im Vergleich zu QBE, SQL oder Tabellenkalkulationsprogrammen?

d) Implementieren Sie die Aufgabe 2d in QBE und SQL.

5.2.6 Auswahl von OLAP-Werkzeugen

OLAP-Werkzeuge können auf Server- oder Client-Plattformen installiert werden. Die folgenden Abschnitte a) und b) stellen Kriterien zur Auswahl von Client- bzw. Server-Software vor. Die Listen sind nicht erschöpfend. Allgemeine Kriterien wie Qualität des Anbieters, Schulungsaufwand und Support sind zum Beispiel nicht enthalten. Selbst wenn die Auswahl vollständig wäre, ist die Qualität eines *OLAP*-Werkzeuges nur eines von vielen Kriterien zur Beurteilung einer Data Warehouse-Lösung. Entscheidend sind für den Endbenutzer Gesamtkriterien wie Umfang, Qualität und Aktualität der Daten, Verfügbarkeit des Systems und Antwortzeiten.

a) Client-Software

Funktionalität

✓ Drill Down, Drill Up, Drill Through und Drill Across

✓ Slice and Dice

✓ ‣Pivoting

✓ Point and Click-Graphik (zwei- und dreidimensional)

✓ Filter

✓ Sortierung

✓ Ebenen (dreidimensionale Anzeige)

✓ ‣Views

✓ gleichzeitige Verwaltung mehrerer Würfel bzw. ‣Sternschemata

- ✓ Ad hoc-Berechnung temporärer Dimensionen
- ✓ mathematische und statistische Analysemöglichkeiten
- ✓ automatische Unterdrückung von Nullwerten
- ✓ dynamische Berichte (automatisierte Berichterstattung)
- ✓ ▸Agenten (zum Beispiel zur Anzeige von ▸Ausreissern bei Aggregationen)
- ✓ Erweiterbarkeit (zum Beispiel um ▸MIS-Funktionen)

Benutzerfreundlichkeit

- ✓ Wahl von Indikatoren, Dimensionen und Kategorien durch direkte Manipulation, Auswahl oder Namensnennung
- ✓ einfache Navigation in Kategorienhierarchien
- ✓ Transparenz (Implementationsdetails für Benutzer nicht erkennbar)
- ✓ erweiterbare Hilfe- und Tutorialfunktionen

Integration

- ✓ Schnittstellen zu ▸ODBC, ▸OLE, Bürosoftware wie Textverarbeitung und Tabellenkalkulation, GIS (Geographical Information Systems), usw.
- ✓ Integration von Technologien wie ▸COM und WWW
- ✓ Umfang und Komfort der Metadaten-Verwaltung (zum Beispiel zentralisierte Verwaltung)
- ✓ Erweiterbarkeit (zum Beispiel über Visual Basic oder C)

b) Server-Software

Architektur

- ✓ ein-, zwei- oder mehrstufig
- ✓ relationale oder mehrdimensionale Datenbank
- ✓ isolierte Würfel oder mehrere kombinierbare Würfel

Funktionalität

- ✓ Zahl und Art der ▸RDBMS-Quellen
- ✓ Zahl und Art der übrigen Datenquellen
- ✓ Zahl und Art der unterstützten Frontends
- ✓ verteilte Datenhaltung
- ✓ Definition von Attributen zur Beschreibung von Indikatoren, Dimensionen, Kategorien und Werten (Metadatenverwaltung)

- ✓ Vielfalt der ›Datentypen (numerische und nichtnumerische, einfache und zusammengesetzte)
- ✓ Strukturen und Operationen auf der Zeitdimension
- ✓ vorberechnete und Ad hoc-Zusammenfassungen
- ✓ mögliche Aggregationen (insbesondere arithmetische Operationen)
- ✓ mögliche Verknüpfungen von Würfeln oder Sternschemata
- ✓ Drill Through (Zugriff auf die originären Daten operativer Datenbanken, meist über vordefinierte SQL-Anweisungen)
- ✓ Drill Across (Zugriff über mehrere Data Marts hinweg)
- ✓ Sicherheitskomfort (vor allem Zugriffsberechtigungen)
- ✓ Kompatibilität zu den Empfehlungen des OLAP Council

Wartbarkeit

- ✓ Ladeaufwand
- ✓ inkrementelles Laden
- ✓ Modellierungsaufwand (zum Beispiel durch Werkzeuge für den grafischen Datenbankentwurf)
- ✓ Optimierungsaufwand
- ✓ Skalierbarkeit

Effizienz

- ✓ Ladezeit (zur Initialisierung und periodischen Nachführung)
- ✓ ›Antwortzeit
- ✓ Speicheraufwand (Höchstzahl von Zellen, Vorberechnungsgrad, Verwaltung ›dünn besetzter Matrizen)

Preis

- ✓ Software
- ✓ Schulung
- ✓ Beratung
- ✓ Wartung

5.2.7 OLAP im Vergleich

Der Vergleich 5.31 betrachtet OLAP zusammen mit den entscheidungsunterstützenden Methoden der übrigen Kapitel. + bedeutet einen überdurchschnitt-

Kriterium	*AHP*	*Optimierung*	*OLAP*	*Regelbasierte Systeme*	*Induktion*	*Neuronale Netze*	*Regression*
Methode breit anwendbar	+	–	+	∅	∅	∅	–
Automatisierungsgrad	–	+	–	∅	+	+	+
Ergebnis genau	–	+	+	∅	+	+	+
Unabhäng. Variablen gewichtbar	–	–	–	–	∅	–	+
Lösungsweg begründbar	∅	–	∅	+	+	–	–
Methode plausibel	+	∅	+	+	∅	–	∅
Ergebnis einbettbar	∅	+	∅	∅	+	∅	+
Entwicklungsaufwand	+	+	–	–	+	∅	∅
Rechnerbelastung	+	+	–	∅	∅	–	+

Vergleich 5.31: OLAP und andere EUS-Methoden

lichen Wert, ∅ einen durchschnittlichen und – einen unterdurchschnittlichen. Die Übersicht 2.14 definiert die Kriterien.

Im Vergleich zu den anderen Methoden zeichnet sich OLAP durch die breite Anwendbarkeit, die Plausibilität der Methode und die Genauigkeit der Ergebnisse aus. Die Ergebnisse von OLAP sind aber oft punktuell. Zusammenfassende Verallgemeinerungen und Schlüsse auf eine Grundgesamtheit sind schwierig. Ausserdem lassen sich - anders als zum Beispiel mit Entscheidungsbäumen oder neuronalen Netzen - kaum Data Mining-Routinen automatisieren. OLAP ohne ständige Interaktion mit dem Benutzer ist undenkbar.

Zusammenfassung von Abschnitt 5.2

- Datenbanken lassen sich mit programmierten Berichten, konventionellen Abfrage- und Berichtssprachen sowie OLAP-Werkzeugen *abfragen*.
- Für die Formulierung von Abfragen eignen sich prozedurale oder deklarative Sprachen. *Deklarative* Abfragen sind benutzerfreundlicher, weil sie nicht das "Wie" der Abfrage programmieren, sondern lediglich das "Was" in einer einzigen Anweisung spezifizieren.
- Die Anweisungen deklarativer Abfragesprachen wie QBE und SQL werden vom System in Folgen relationaler *Grundoperationen* übersetzt. Der Anwender deklarativer Abfragesprachen braucht sich über die Auflösung in Grundoperationen, insbesondere ihre Reihenfolge, keine Gedanken zu machen. *SQL* ist zwar weniger intuitiv als QBE, ist aber wegen seiner Standardisierung portabler. Ausserdem lässt es sich gut aus prozeduralen Sprachen aufrufen.
- *OLAP* (On Line Analytical Processing) ermöglicht auch dem ungeübten Benutzer flexible mehrdimensionale Ad hoc-Abfragen.
- *Cognos PowerPlay* ist ein OLAP-Frontend, das den Endbenutzer Abfragen ad hoc statt geplant, direkt manipulierend statt befehlsgebunden und explorativ statt off line formulieren lässt
- *Vorberechnete* Abfragen reduzieren die Antwortzeit, erhöhen aber die Ladezeit und den Speicherbedarf. Eine wichtige Klasse abgeleiteter Daten sind Zusammenfassungen.
- Unter *Browsing* fasst man die folgenden Abfrageklassen zusammen:Filtern, Drilling Down and Up, Drilling Through, Drilling Across und Slicing and Dicing.
- Eine *Kategorie* ist einer mehrerer Wertebereiche der gleichen Dimension. Kategorien können sich flach oder hierarchisch zueinander verhalten. Hierarchische Kategorien sind eine Voraussetzung von Drilling-Operationen.
- *ROLAP* ist OLAP auf relationalen Data Marts, und *MOLAP* ist OLAP auf mehrdimensionalen Data Marts. *DOLAP* (Desktop OLAP) greift auf den mehrdimensionalen Datenbestand eines lokalen Rechners (engl. desktop) zu.

5.3 Modellierung

Neue Begriffe

Welche Objektklassen werden in Informationssystemen modelliert?
- Daten
- Prozesse

Wie lassen sich Datenbanken modellieren?
- logisch mit ...
  - operativen Datenmodellen
  - analytischen Datenmodellen, insbesondere mit ...
    - denormalisierten Sternschemata
    - normalisierten Schemata
- physisch

Woraus bestehen Sternschemata?
- aus Faktentabellen
- aus Dimensionstabellen
- aus 1:n-Beziehungen zwischen Dimensions- und Faktentabellen

Welche Rolle spielen Metadaten bei der Data Warehouse-Modellierung?
- Data Dictionary
- Data Dictionary-System

5.3.1 Modellierung von Informationssystemen

Im Mittelpunkt der Entwicklung von Informationssystemen steht die Daten- und Prozessmodellierung. Die **Daten**modellierung entwirft ›Entitäten mit ihren Attributen, Schlüsseln und ›Beziehungen so, dass sich Prozesse möglichst leicht aufsetzen lassen. Aufgabe der **Prozess**modellierung ist der Entwurf von Aktivitäten, insbesondere die Spezifikation von Programmodulen, die sich entwurfssprachlich (etwa als Pseudocode oder grafisch) verfeinern lassen.

Ausgangspunkt der Modellierung von Data Warehouses kann ein operatives ›**Unternehmungsdatenmodell** aus mehreren Bereichsmodellen sein. Ein **Bereichsmodell** beschreibt die Daten und Prozesse einer Abteilung oder eines ›Funktionsbereichs. Beispiel 5.32 zeigt ein grobes *operatives* Unternehmungsdatenmodell. Die fett markierten Entitäten dieses grobkörnigen Modells verfeinern wir später in einem Entity-Relationship-Diagramm. Operative Bereichsmodelle gehen ihrerseits in lokale oder globale Modelle *analytischer* Datenbanken ein.

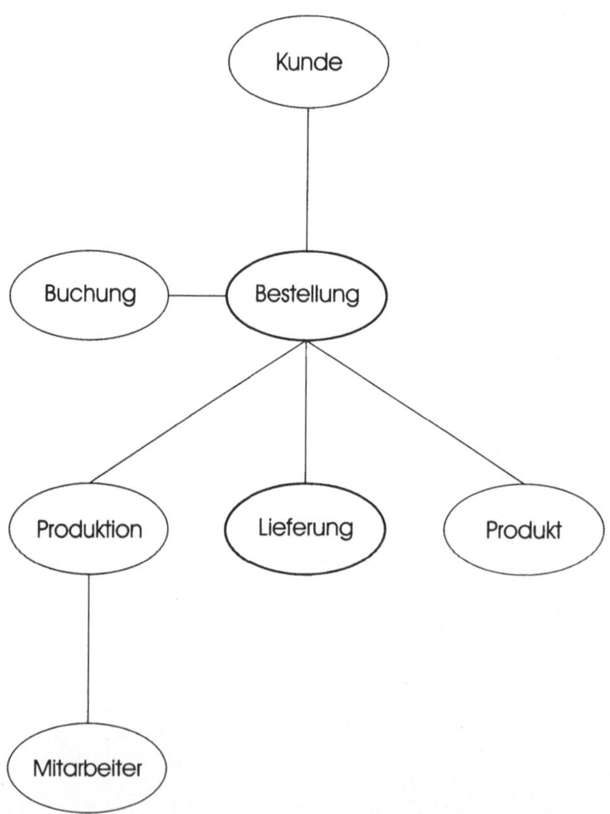

Beispiel 5.32: PRODUKTION - Ein grobes operatives Unternehmungsdatenmodell

5.3.2 Datenmodellierung

Ein wichtiges Ziel der Datenmodellierung ist die **Datenintegrität**, das heisst die Korrektheit, Konsistenz und Vollständigkeit der Daten. Die Integrität wird zum Beispiel gefährdet durch Daten, die ausserhalb des ›Wertebereichs eines Attributs liegen (etwa nach der Eingabe eines achten Wochentags). Bestimmte Integritätsverletzungen werden durch einen unsorgfältigen Datenentwurf begünstigt. ›**Entwurfsanomalien** treten dann auf, wenn ein Tabellenentwurf Redundanz enthält, die das Einfügen, Löschen oder Fortschreiben neuer Daten erschwert. Wenn sich zum Beispiel ein Attributwert, etwa der Nachname einer Mitarbeiterin, ändert, so müssen bei Redundanz *mehrere* Sätze fortgeschrieben werden. Achtet der Datenverwalter nicht darauf, dass *alle* Sätze geändert werden, so entstehen Inkonsistenzen. Die ›**Normalisierung** versucht, Anomalien zu vermeiden, indem sie Attribute nach bestimmten Regeln den richtigen Tabellen zuordnet.

Die Erstellung von Data Warehouses kann aus verschiedenen Gründen zu Redundanz führen. Tabelle 5.33 nennt Entwicklungsphasen analytischer Datenbanken, in denen redundante Daten entstehen. Produktionsdatenbanken enthalten dynamische und feinkörnige Daten, die fortschreibungsfreundlich modelliert werden müssen. Die Daten von Data Warehouses sind hingegen zwischen den Ladeprozessen statisch. Laufende Fortschreibungen wären kontraproduktiv, weil der Datenanalytiker zu verschiedenen Abfragezeiten von verschiedenen Grundgesamtheiten ausgehen müsste. Die Redundanzminimierung ist deshalb nebensächlich. Wichtig ist hingegen, dass der Entwurf analytische, benutzerfreundliche und zugriffseffiziente Abfragen unterstützt.

Redundanzquellen	*Gründe für Redundanz*
Redundante analytische Daten entstehen durch Kopieren *operativer* Daten.	analytische Datenmodellierung (insb. Denormalisierung), Abfrageeffizienz
Redundante lokale Daten entstehen durch Kopieren *zentraler* Daten.	Koordination von Data Marts, benutzernahe Datenmodellierung, Abfrageeffizienz
Redundante *abgeleitete* Daten entstehen durch Transformation von Rohdaten.	Abfrageeffizienz (Bsp. ›Aggregate), benutzernahe Datenmodellierung (Bsp. Zeitreihen)

Tabelle 5.33: Data Warehousing führt zu Redundanz

Ausgangspunkt der Data Warehouse-Modellierung sind nicht in erster Linie Unternehmungsdatenmodelle, sondern feinkörnige operative Bereichsdatenmodelle. Massgebend für die Data Warehouse-Modelle 5.35 und 5.36 ist zum Beispiel das Bereichsdatenmodell FAKTURIERUNG von Bild 5.34, das seinerseits von einer Teilmenge des globalen Unternehmungsmodells 5.32 ausgeht.

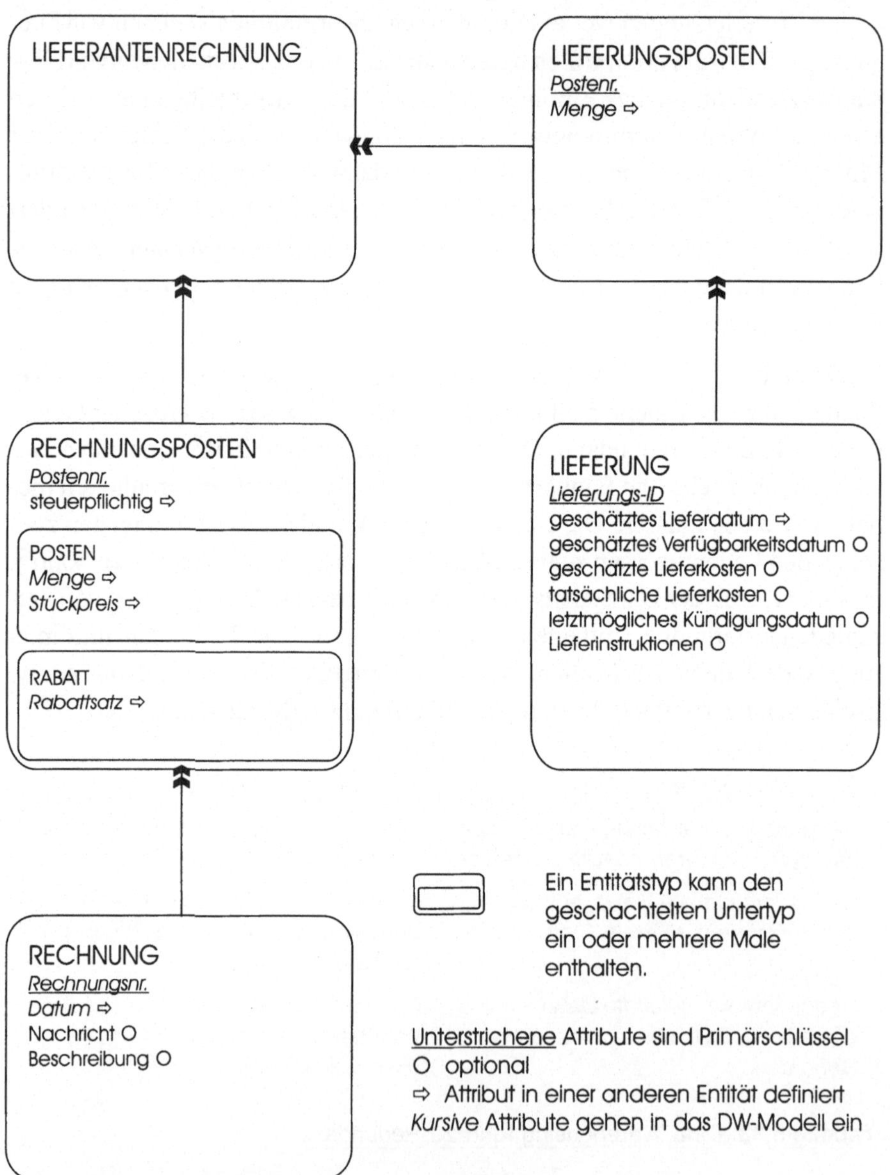

Beispiel 5.34: FAKTURIERUNG - ein operatives Bereichsmodell

Damit ein operatives Modell den Anforderungen eines Data Warehouse genügt, muss es transformiert werden. Die Transformation operativer Datenmodelle (zum Beispiel des Entity-Relationship-Diagramms 5.34) in analytische Datenmodelle (zum Beispiel in das Diagramm 5.35) bedeutet:

- *Überflüssige operative Daten weglassen*

  Der Rechnungsstatus ("offen", "bezahlt", "Zahl der Mahnungen") ist für ein Data Warehouse nicht von Belang.

- *Die Zeitdimension integrieren*

  Zusätzlich zum Rechnungsdatum wird das Ladedatum in die Entität KUNDENRECHNUNG aufgenommen. Von grösserer Bedeutung ist die Aufnahme hierarchischer Zeitkategorien, zum Beispiel der Kategorien Jahr, Quartal, Monat und Woche.

- *Ableitungen definieren*

  Eine Ableitung ist eine einfache Vorberechnung wie "Betrag = Menge × Stückpreis", eine Verdichtungen - zum Beispiel eine zeitliche oder geographische Aggregation - oder eine Umgruppierung.

- *Verbundoperationen einsparen*

  Zum Beispiel erfordert im Datenmodell 5.34 die 1:n-Verbindung zwischen LIEFERUNG und LIEFERUNGSPOSTEN jedesmal eine Verbundoperation. Solche Operationen sind aufwendig. Data Warehouse-Modelle machen

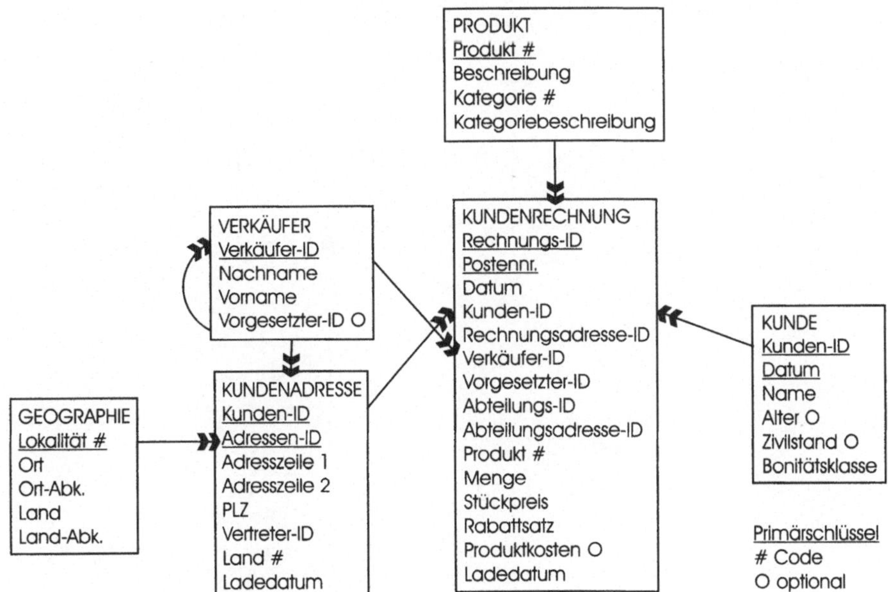

Beispiel 5.35: Ein partielles Data Warehouse-Modell

deshalb oft eine redundanzbedingte Normalisierung rückgängig (**Denormalisierung**).

Die Datenmodelle 5.32, 5.34., 5.35 und 5.36 veranschaulichen die folgenden Schritte: Das *globale* Datenmodell gibt einen Überblick über alle operativen Datenmodelle der Unternehmung (5.32). Ein Bereichsdatenmodell verfeinert oder erweitert einen Teil des Unternehmungsdatenmodells (5.34). Die dabei

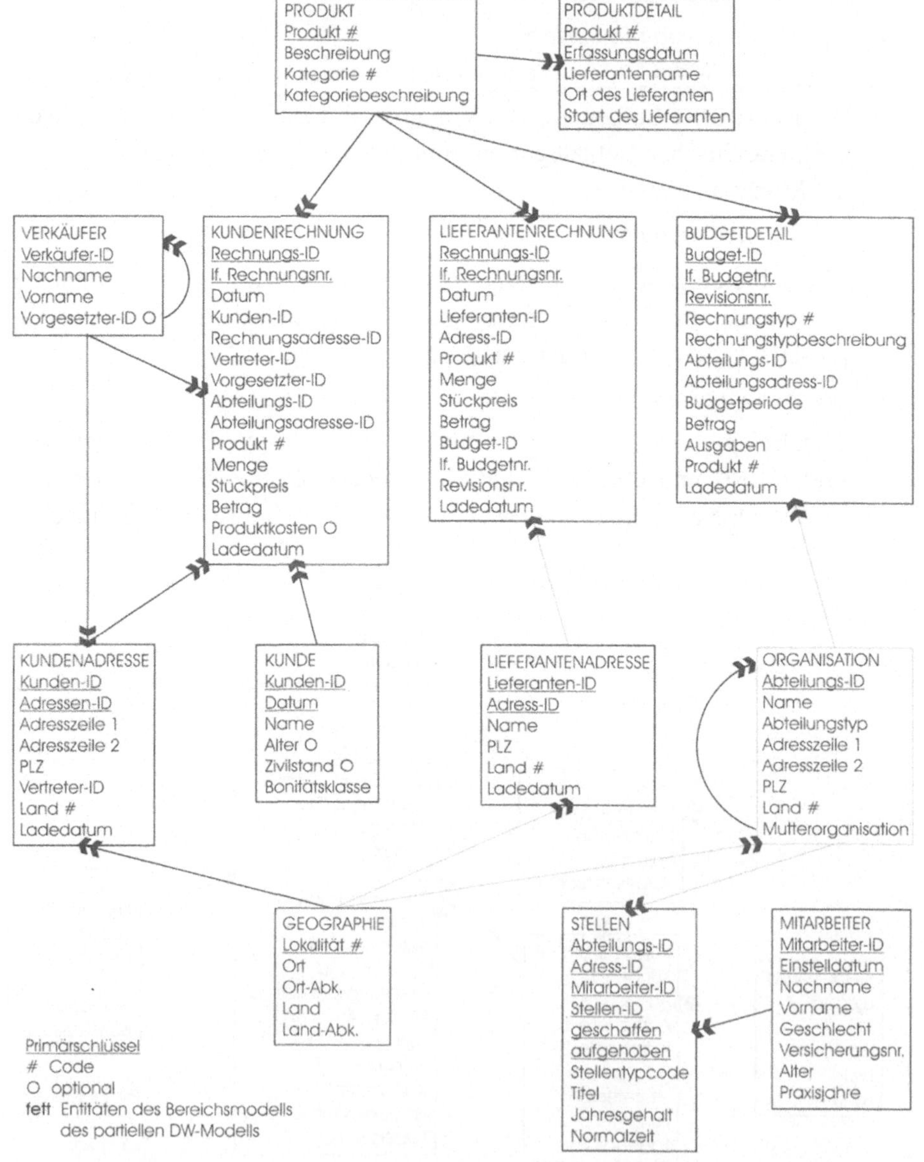

Beispiel 5.36: Integration partieller Data Warehouse-Modelle in ein EDW-Modell

entstehenden Entity-Relationship-Diagramme beschreiben Produktionsdaten. Ihre Entitäten und Beziehungen müssen deshalb durch die Entitäten und Beziehungen eines Data Warehouse-Modells ersetzt und ergänzt werden. Je nach Stand der Data Warehouse-Entwicklung gehen die transformierten Datenmodelle in ein partielles Data Warehouse (5.35) oder in ein Enterprise Data Warehouse ein (5.36).

Vergleich 5.37 fasst die Unterschiede zwischen der operativen Modellierung und der Modellierung von Data Warehouses zusammen. Der Vergleich ist polar. Reale operative und analytische Datenbanken bewegen sich meist zwischen den beiden Extremen. Enterprise Data Warehouses werden in der Regel anders modelliert als Data Marts. Während Data Marts meist einem mehrdimensionalen Schema folgen (zum Beispiel einem Würfel- oder ›Sternschema), sind Enterprise Data Warehouses meist mehr oder weniger normalisiert.

	Operative Daten	*Analytische Data Mart-Daten*
Ziel	Redundanz minimieren	Abfrage- und Analysekomfort maximieren
Logisches Datenmodell	›normalisiert und zweidimensional	›denormalisiert und mehrdimensional
Ergebnis	viele änderungsfreundliche Tabellen mit je wenigen Attributen	sehr grosse *Fakten*tabellen aus meist stetigen numerischen Attributen und kleine *Dimensions*tabellen aus meist symbolischen Attributen

Vergleich 5.37: Modellierung operativer und analytischer Daten

Wie operative Datenbanken bestehen auch Data Warehouses aus einem logischen und einem ›physischen Teilmodell. Das *logische* Schema modelliert betriebliche Entitäten und Beziehungen und trägt dabei den Anforderungen der Abbildungstreue und Benutzerfreundlichkeit Rechnung. Hauptziel der *physischen* Modellierung ist hingegen ein speicher- und laufzeiteffizientes Schema, das die Funktionalität des verwendeten Datenbanksystems möglichst gut nutzt.

Data Marts modellieren Daten abfragefreundlich und betriebsnah. Im Mittelpunkt steht deshalb die Modellierung von *Indikatoren* betrieblicher Leistung und ihrer *Dimensionen* (Abschnitt 5.1.3). Die physische Abbildung von Attributen auf Indikatoren und Dimensionen lässt sich auf zwei Arten verwirklichen: *Mehrdimensionale* Datenbanksysteme betonen die Effizienz auf Kosten der Kompatibilität mit operativen Systemen (Abschnitt 5.1.3). *Multirelationale* Datenbanksysteme gehen hingegen von verbreiteten relationalen Systemen aus. Sie erfordern ein logisches Datenmodell, dessen Metadaten zwischen dem physischen Modell eines relationalen Datenbanksystems und dem logischen Schema des Data Warehouse vermitteln. Der nächste Abschnitt führt in das Sternschema ein, das verbreitetste logische Modell analytischer Datenbanken auf relationalen Systemen.

5.3.3 Sternschemata

Ein **Sternschema** bildet die Bedürfnisse einer bestimmten Benutzergruppe auf das Datenmodell eines Enterprise Data Warehouse ab. Als ‣logisches Datenbankschema ordnet es die Dimensionstabellen eines *relationalen* Data Mart abfragefreundlich und betriebsnah um eine Faktentabelle (Schema 5.38).

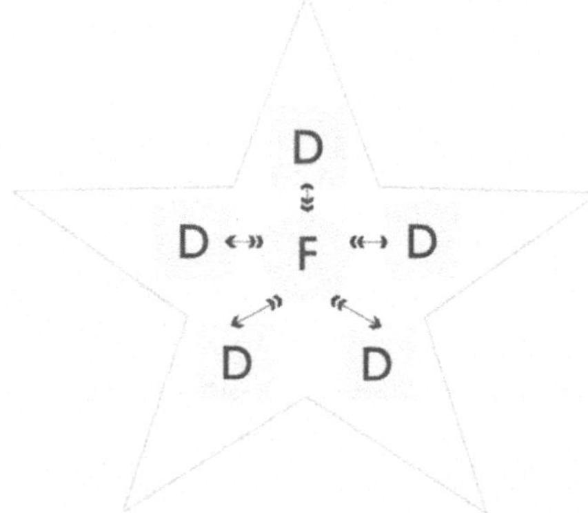

Schema 5.38: Ein einzelnes Sternschema für einen relationalen Data Mart
(D steht für Dimensionstabelle, F für Faktentabelle)

Zur Illustration nehmen wir das Fallbeispiel EINZELHANDEL wieder auf (Abbildungen 5.2, 5.4 und 5.13). Ausgangspunkt der Datenmodellierung sind einerseits die verfügbaren Daten und andererseits die wünschbaren Abfragen und Analysen. Operative Datenmodelle und Interviews mit Datenbankadministratoren ergeben die *verfügbaren* Daten "POS-Tagesabschluss" und "Kundenzahl pro Tag". Die Point of Sale-Daten bestehen aus den täglichen Mengen- und Geld-Umsatzzahlen. Die künftigen Endbenutzer wünschen sich eine Vielzahl von Auswertungen. Beispiel 5.39 enthält in der ersten Spalte Beispiele *gewünschter* Auswertungen und in der zweiten Spalte die Fakten und Dimensionen, welche diese Auswertungen ermöglichen.

Beispiele	*Fakt pro Dimension*
Zeitvergleich	VERKÄUFE pro PERIODE
Produktvergleich	VERKÄUFE pro PRODUKT
Lieferantenvergleich	VERKÄUFE pro LIEFERANT
›Marktkorbanalyse	VERKÄUFE pro KUNDE

Beispiel 5.39: Erwünschte Auswertungen des Data Warehouse EINZELHANDEL

Die Spezifikation eines Sternschemas lässt sich in einem **Anforderungsdiagramm** zusammenfassen. Es enthält zum einen die erforderlichen Indikatoren (das heisst die Attribute der Faktentabelle), zum anderen die gewünschten Dimensionen und ihre Kategorien. Beispiel 5.40 deutet ein Anforderungsdiagramm für das Data Warehouse EINZELHANDEL an, und Schema 5.41 beschreibt Anforderungsdiagramme allgemein.

Mengenumsatz, ...			
Produkt	***Periode***	***Ort***	. . .
Produktklasse	Jahr	Land	
Produktgruppe	Quartal	Region	
Einzelprodukt	Monat	Filiale	
. . .	. . .	. . .	

Beispiel 5.40: Beispiel eines Anforderungsdiagramms

Komponente	*Definition*	*Typische Interviewfragen*
Indikatoren	Attribute, die das Ergebnis einer Unternehmungseinheit bewerten	Wie würden Sie die Leistung Ihrer Unternehmungseinheit bewerten?
Dimensionen	Attribute, entlang welchen Indikatoren gemessen werden	Was, wann und wo wird mit den Indikatoren erfasst?
Kategorien	Wertebereiche einer Dimension	Wie genau (mit welcher Granularität) werden Attribute gemessen?

Schema 5.41: Komponenten eines Anforderungsdiagramms

Die **Granularität** der Faktentabelle beeinflusst die Flexibilität des Sternschemas. Werden zum Beispiel die Einzeltransaktionen eines Geldautomaten erfasst, so wird die mögliche Zahl der Analysen grösser, als wenn nur der aggregierte Tagesumsatz in das Data Warehouse eingeht. Welche Granularität auch gewählt wird, die Faktentabelle muss aus Zeilen und Attributen *gleicher* Granularität bestehen.

Abbildung 5.42 zeigt das Sternschema eines Data Marts für das Fallbeispiel EINZELHANDEL. Es kann zum Beispiel Fragen der folgenden Art beantworten: "Welche Werbeaktion hat sich prozentual am stärksten auf den Umsatz ausgewirkt?" oder "Wo werden Reinigungsmittel am besten aufgestellt?". Eine ausführliche Beschreibung des Data Mart EINZELHANDEL finden Sie in der ›MS Access-Datenbank Grocery.mdb (vgl. Abschnitt 5.3.5).

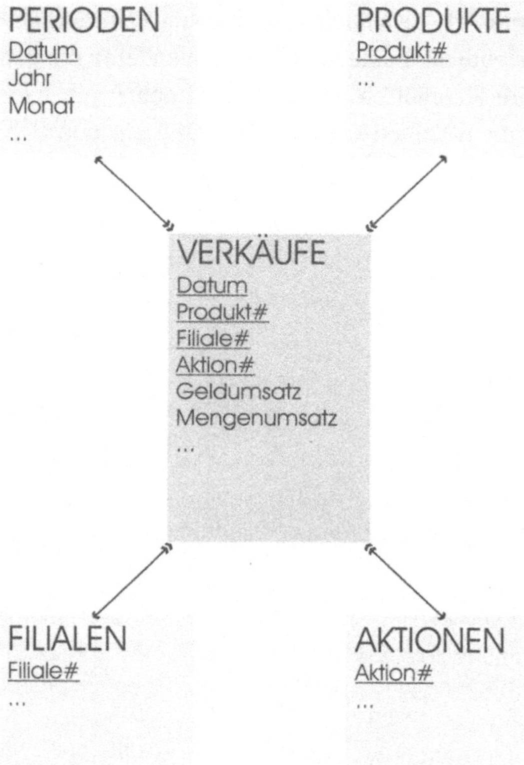

Beispiel 5.42: Ein Sternschema für den Data Mart EINZELHANDEL

Die Indikatortabelle und die Dimensionstabellen sind durch 1:n-›Beziehungen verbunden. Jeder Zeile der Dimensionstabelle PRODUKTE sind zum Beispiel mehrere Zeilen der Indikatortabelle VERKÄUFE zugeordnet. Der Schlüssel der Indikatortabelle besteht deshalb aus vier ›Fremdschlüsseln, welche die 1:n-Beziehungen zu den vier Dimensionstabellen vermitteln (Bild 5.43). Die Produktkategorie mit der Nummer #231 kommt zum Beispiel in mehreren VERKÄUFEzeilen vor.

Mehrere VERKÄUFEzeilen

Datum	Produkt#	Filiale#	Aktion#	Mengenumsatz/Tag	...
2.3.98	231	14	3	1'863	...
3.3.98	231	14	4	533	...
...	...	...	...	...	...

Eine PRODUKTEzeile

Produkt#	Produktkategorie	Produktname	Farbe	...
231	Mountain Bike	"Colorado"	Farbe grün	...
...	...	...	...	...

Bild 5.43: 1:n-Beziehung zwischen Dimension und Indikator in EINZELHANDEL

Die Dimensionstabelle PERIODEN von Sternschema 5.42 kann *berechenbare* und nicht berechenbare Attribute enthalten. Berechenbar (ableitbar) sind zum Beispiel Werktag und Sonntag, *nicht ableitbar* ist Feiertag. Die Zeitdimension enthält ausserdem oft hierarchische Kategorien wie Jahr, Quartal, Monat, Woche und Tag.

Schema 5.44 hebt die folgenden *Eigenschaften* des allgemeinen Sternschemas hervor:

- Mehrere Dimensionstabellen beziehen sich auf genau eine Faktentabelle.
- Die Faktentabelle enthält die Attribute, die betriebliche Erfolgskriterien messen.
- Die Faktentabelle integriert m:n-Beziehungen implizit in einer einzigen Tabelle und enthält deswegen viel Redundanz.
- Dimensionstabellen enthalten meist symbolische und diskrete Attribute und erlauben die Auswahl, Zusammenfassung und Navigation der Fakten.
- Jede Dimensionstabelle steht in einer 1:n-Beziehung zur Faktentabelle.
- Die 1:n-Beziehung wird über einen Schlüssel der Dimensionstabelle und einen Fremdschlüssel der Faktentabelle vermittelt.

Diese Bedingungen erweisen sich manchmal als zu streng. Wir werden deshalb am Ende dieses Abschnitts einige Erweiterungen des Sternschemas von Bild 5.44 kennen lernen.

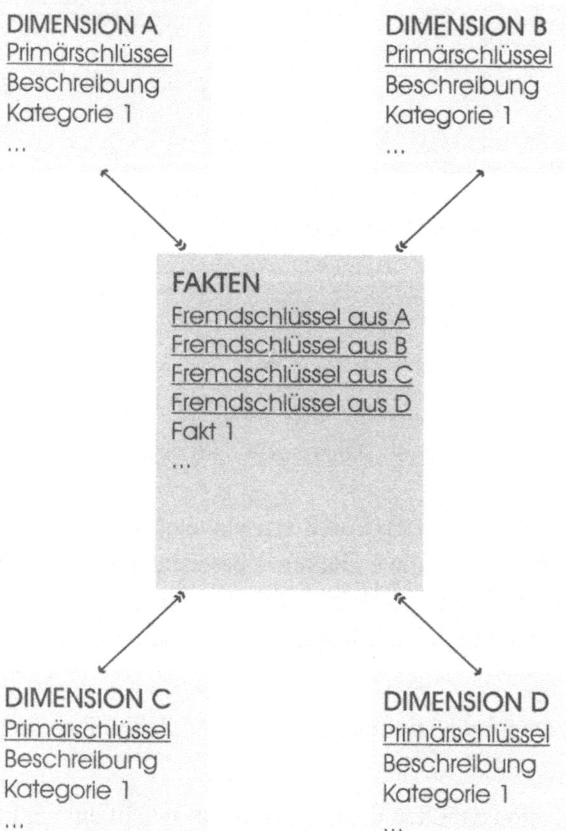

Schema 5.44: Allgemeine Darstellung eines Sternschemas

Sternschemata sind abfrageeffizient, weil sie Abfragen auf sehr grossen Faktentabellen durch vorherige Abfragen auf kleinen Dimensionstabellen filtern. Beispiel 5.45 zeigt eine Filteroperation. Die Dimensionstabelle PRODUKTE ist klein. Die Selektion mit der Einschränkung "Produkt = 2 oder 3 und Gewicht = 4"ist deshalb effizient. Damit ist auch der Verbund der eingeschränkten Dimensionstabelle mit der Indikatortabelle effizient.

Die physische Modellierung eines Sternschemas ist einfach. Nach der Definition der ›Primärschlüssel und der übrigen Dimensionsattribute erfolgt die De-

1. Dimensionstabelle PRODUKTE

Produkt#	*Name*	*Gewicht*	...
1	A	5	...
2	B	4	...
3	C	7	...
...	...	...	...

2. Einschränkung durch Selektion (Filterung)

(Produkt = 2 oder 3) und (Gewicht = 4)

3. Eingeschränkte Dimensionstabelle PRODUKTE

Produkt#	*Name*	*Gewicht*	...
2	B	4	...

↓

4. Abfrage auf einer Faktentabelle

Beispiel 5.45: Sternschemata filtern Abfragen effizient

finition der Faktentabelle. Die Primärschlüssel der Dimensionstabellen werden zu den ›Fremdschlüsseln der Faktentabelle. Sie stellen die 1:n-Verbindungen zu den Dimensionstabellen her. Die Definition der Schlüsselattribute erleichtert wichtige Integritätsprüfungen des relationalen Modells: Die Primärschlüssel erlauben dem Datenbanksystem die automatische Prüfung der ›Entitätsintegrität. Zusammen mit den Fremdschlüsseln ermöglichen sie ausserdem die automatische Prüfung der ›Beziehungsintegrität.

Die Form des Sternschemas kann sich auf der Benutzeroberfläche eines ROLAP-Werkzeugs spiegeln. Bildschirm 5.46 zeigt die Benutzeroberfläche von *StarTracker,* einem einfachen ROLAP-Frontend für relationale Datenbanksysteme (Die CD ROM enthält eine Demonstrationsversion von *if..Sychrony*, dem Nachfolger von StartTracker). Nachdem der Benutzer ein Sternschema gewählt hat, zieht er die ihn interessierenden Tabellenattribute nach unten in den Report-Teil. Dort kann er die Abfrage in den Spaltenköpfen des Spreadsheet verfeinern - zum Beispiel Berechnungen definieren - und das Abfrageer-

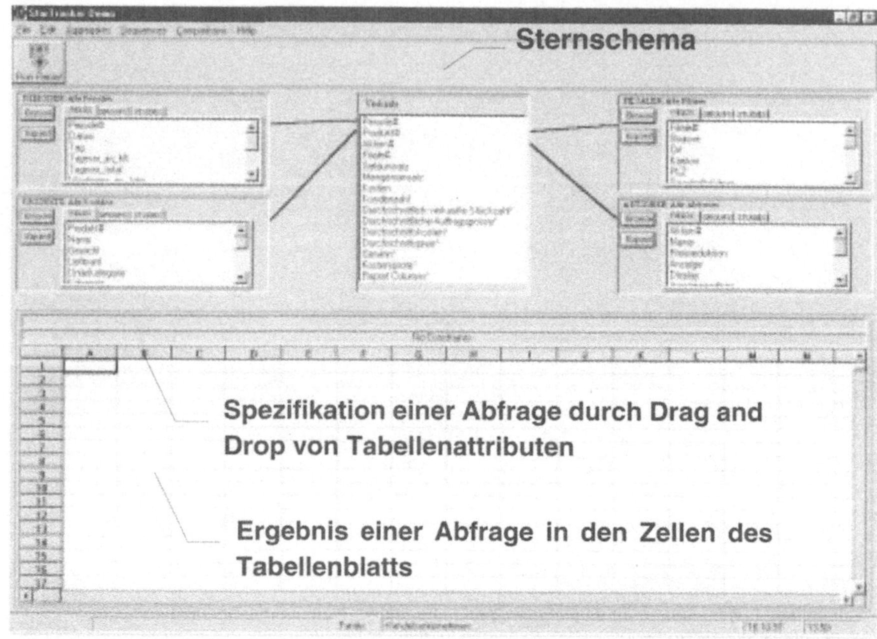

Bildschirm 5.46: Family- und Report-Panel in *StarTracker (if..Synchrony)*

gebnis anzeigen lassen. Ein Mausklick ruft MS Excel mit der Ergebnistabelle auf. Der Benutzer kann so das Ergebnis mit den gewohnten Tabellenkalkulationsoperationen analysieren.

ROLAP-Werkzeuge transformieren Endbenutzerabfragen meist in Folgen von SQL-Anweisungen. if..Synchrony ist zum Beispiel ein ROLAP-Frontend, das die einfache Inspektion der generierten SQL-Anweisungen erlaubt. Die folgende SQL-Anweisung richtet sich an ein Sternschema des Data Mart EINZELHANDEL (Bild 5.42) und summiert für jedes Produkt den monatlichen Geldumsatz. Die Anweisung enthält die Faktentabelle VERKÄUFE sowie die Dimensionstabellen PRODUKTE und PERIODEN.

```
SELECT    PRODUKT.Name,
          SUM(VERKÄUFE.Geldumsatz)
FROM      VERKÄUFE, PRODUKTE, PERIODEN
WHERE     PERIODEN.Monat = VERKÄUFE.Monat
GROUP BY  PRODUKT.Name
ORDER BY  PRODUKT.Name
```

Die Abfrage lässt sich wie folgt verallgemeinern:

```
SELECT     Fakt- oder Dimensionsattribut
FROM       Fakt- oder Dimensionstabellen
WHERE      Bedingung
GROUP BY   Fakt- oder Dimensionsattribut
ORDER BY   Fakt- oder Dimensionsattribut
```

Das Beispiel zeigt, dass SQL selbst für einfache Abfragen auf einem einfachen Sternschema wenig benutzerfreundlich ist. Dies gilt sowohl für die Formulierung als auch für das Ergebnisformat. Zum Beispiel ist aus der Ausgabe die Gruppenbildung nicht ersichtlich. OLAP-Werkzeuge wie PowerPlay bieten deshalb **Multidimensional Query Languages** (MDQL) mit intuitiveren Abfrageoberflächen an.

Aufgabe 5.3 (LIEFERFRIST - Vom Endbenutzer zum Sternschema)

Die Kundenzufriedenheit hängt von der Einhaltung der *Lieferfristen* ab. Die Gründe für die Lieferverzögerungen sollen in einem Data Warehouse analysiert werden. Die Analyse könnte zum Beispiel zu den folgenden Massnahmen führen:

- Erhöhung der Lagerbestände
- Änderung der Transportmittel und -wege
- zuverlässigere Berechnung der Lieferfristen.

Eine Unternehmung mit mehreren Produktionsstandorten möchte die Diagnose von Lieferverzögerungen in ihr Data Warehouse integrieren.

a) Erstellen Sie ein *Anforderungsdiagramm* mit mindestens fünf Dimensionen und mehreren importierten und abgeleiteten Faktattributen (Am besten versetzen Sie sich in die Lage der Unternehmungsleitung und fragen nach Gründen von Lieferverzögerungen).
b) Zeichnen Sie ein *Sternschema.*

Aufgabe 5.4 (VERKAUF - Vom EDW-Modell zum Sternschema)

Betrachten Sie das Entity-Relationship-Diagramm 5.47. Es enthält einen Ausschnitt aus dem Datenmodell eines Enterprise Data Warehouse.

1. Datenmodell des Enterprise Data Warehouse

a) Woran erkennen Sie, dass der EDW-Ausschnitt von Bild 5.47 nicht aus dem Datenmodell einer Produktionsdatenbank stammt?
b) Welche Schritte durchläuft die Transformation eines operativen Datenmodells in ein EDW-Datenmodell?

c) Definieren Sie anhand des EDW-Datenmodells eine SQL-Abfrage, welche die Produkte und die jeweiligen Mengen auflistet, die Personen mit einem Wohnsitz in der Schweiz im Jahre 1998 gekauft haben.

2. Sternschema des Funktionsbereichs VERKAUF

d) Erstellen Sie aus dem Datenmodell 5.47 ein Sternschema. Der Verkaufsleiter will Zeit-, Produkt-, Kunden-, Verkäufer- und Regionalvergleiche erstellen. Ausserdem möchte er wissen, ob das Kreditlimit, das Alter des Kunden oder der Zivilstand den Absatz beeinflussen.

- Tragen Sie die Fakten, Dimensionen und Kategorien in ein Anforderungsdiagramm ein.
- Ordnen Sie die Dimensionstabellen um die Faktentabelle an und definieren Sie deren Beziehungen.

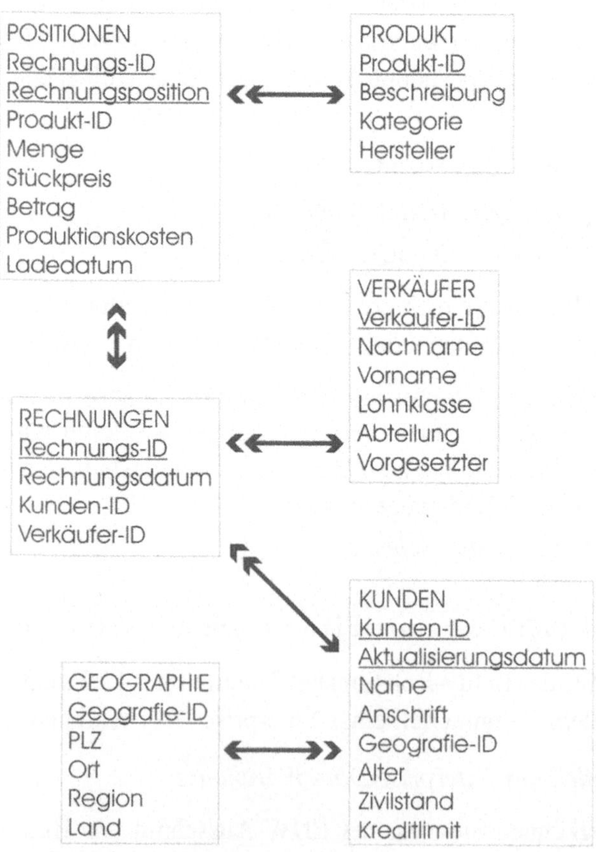

Bild 5.47: Ein Ausschnitt aus dem EDW-Modell

e) Formulieren Sie die SQL-Abfrage der Aufgabe 1 c) auch auf dem Sternschema. Beschreiben Sie die Unterschiede zwischen den beiden Abfragen. Weshalb wäre die gleiche Abfrage mit einem OLAP-Werkzeug wie PowerPlay benutzerfreundlicher?

3. Anwendungsbereich "Strategische Planung"

Eine Analyse der Absatzmengen eines Produkts nach der Dimension Zeit stellt Daten zur Lückenplanung (engl. ‣gap analysis) bereit.

f) Genügen die in unserem Sternschema vorhandenen Daten auch für weitere strategische Planungsinstrumente? Wenn nicht, welche Daten fehlen?

g) Beschreiben Sie die Dimensionen und Fakten zur Erstellung eines ‣Boston Consulting Group-Portfolio.

Die **Normalisierung** einer Datenbank maximiert die Fortschreibungsfreundlichkeit und Speichereffizienz auf Kosten der Benutzerfreundlichkeit und Abfrageeffizienz. Der Anteil normalisierter Daten nimmt deshalb von der Produktionsdatenbank über das Enterprise Data Warehouse bis hin zum Data Mart ab. Beispiel 5.48 veranschaulicht an der Dimensionstabelle FILIALE, weshalb Sternschemata zwar mit mehr Redundanz, aber schnelleren und besser verständlichen Abfragen einher gehen.

Redundanzminimierung durch Normalisierung führt oft zu komplexen und globalen Datenmodellen. Ein Unternehmungsmodell für eine grössere Unternehmung kann Hunderte von Entitäten und Beziehungen enthalten. Sternschemata sind hingegen einfach und lokal. Eine grössere Unternehmung wird deshalb durch Dutzende von Sternschemata beschrieben. Jedes dieser Sternschemata besteht aus einer Faktentabelle und typischerweise aus sechs bis zwölf Dimensionstabellen.

Wenn alle Entwickler von den gleichen ‣funktionalen Abhängigkeiten ausgehen, erhalten sie im wesentlichen dasselbe normalisierte Datenmodell. Dieses Modell ist Ausgangspunkt für ein operatives physisches Datenmodell. Die Denormalisierung führt hingegen weg von einem **kanonischen Datenmodell**. Wer aus Gründen der Performance oder Benutzerfreundlichkeit denormalisiert, wird je nach den Anforderungen der Benutzer (je nach den zu optimierenden Abfragetypen) zu verschiedenen Datenmodellen kommen.

Sternschemata sind abfrageeffizienter und benutzerfreundlicher als die normalisierten Modelle operativer Datenbanken. Die wenigen Tabellen und ihre einfachen Beziehungen verringern die Zahl der notwendigen Verbundopera-

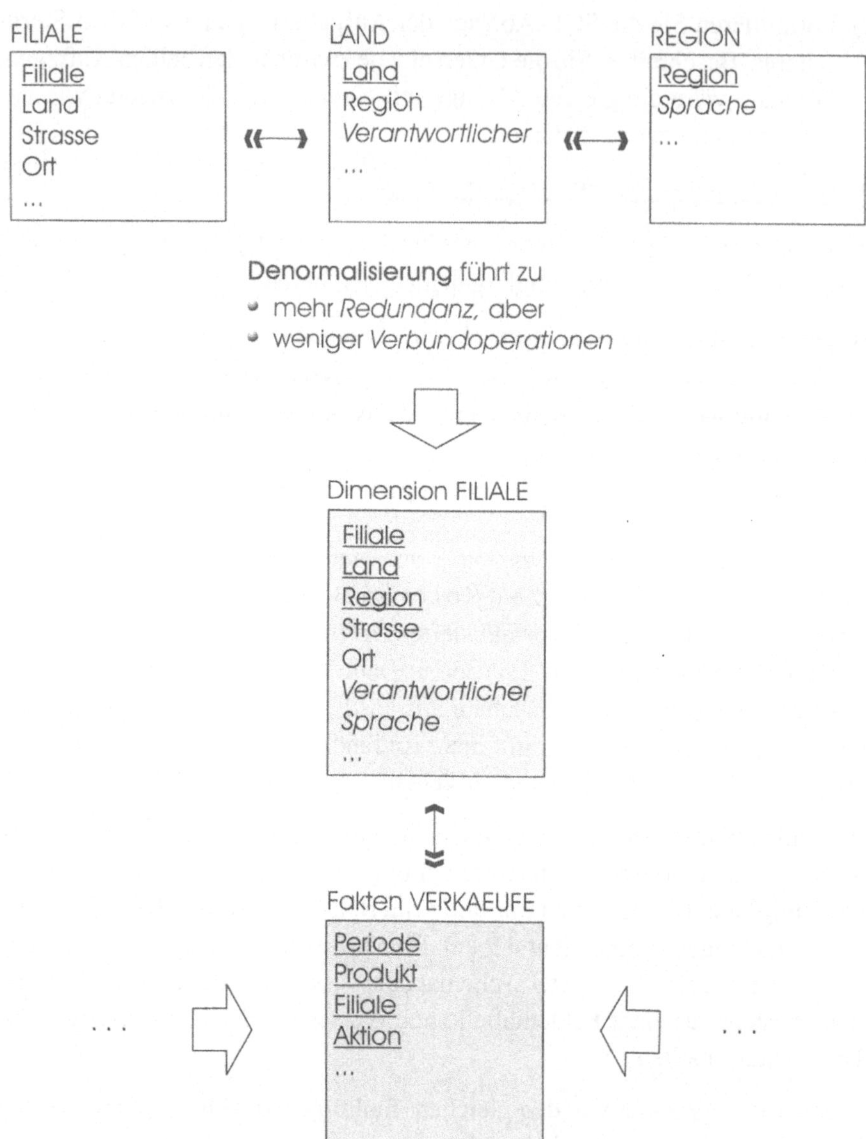

Beispiel 5.48: Sternschemata entstehen durch Denormalisierung

tionen. Die Unterscheidung in Fakten und Dimensionen erleichtert ausserdem eine betriebsnahe Datenmodellierung. Sternschemata sind allerdings meist unvollständig und wartungsaufwendig, weil sie sich auf eine kleine Auswahl von Entitäten und Beziehungen beschränken und der Ladefreundlichkeit wenig Beachtung schenken.

Erweiterte Sternschemata, auch **Schneeflockenschemata** genannt, modifizieren das ursprüngliche Sternschema aus verschiedenen Gründen:

1. *Sie normalisieren m:n-Beziehungen durch explizite Verbindungstabellen*

   Normalerweise stellt ein Sternschema m:n-Beziehungen nicht explizit durch Verbindungstabellen dar. Die Faktentabelle enthält deshalb viel Redundanz.

2. *Sie trennen Unterdimensionen ab*

   Ähnlich wie die Normalisierung einer m:n-Beziehung kann die Aufteilung einer Dimensionstabelle in eine Dimension und Unterdimensionen die Redundanz reduzieren und die Fortschreibungsfreundlichkeit und Speichereffizienz verbessern.

3. *Sie unterscheiden Fakten unterschiedlicher Granularität*

   Unterschiedlich granulare Fakten (Zeilen) lassen sich nicht in einer einzigen Tabelle unterbringen. Nach der Dimension "Produkt" lassen sich zum Beispiel nur die Einzelkosten, nicht aber die Gesamtkosten (Einzelkosten + Gemeinkosten) analysieren. Die Analyse nach Einzelkosten erfordert zwei unterschiedlich granulare Faktentabellen: Die eine Faktentabelle enthält die Gesamtkosten, die andere die Einzelkosten.

Beispiel 5.49 veranschaulicht den zweiten Grund für erweiterte Sternschemata (Unterdimensionen) an einem einfachen Modell aus vier Tabellen. Das ursprüngliche Sternschema besteht aus der Faktentabelle VERKAUFSTRANSAKTIONEN und den Dimensionstabellen PRODUKT, VERKAUFSGEBIET und ZEIT. Die Dimensionstabelle ZEIT enthält die Attribute Jahreszahl, Monatszahl, Monatsname, Tageszahl, Tagesname und das boolsche Merkmal Werktag. Wir zeigen am Schlüssel und an funktionalen ‣Abhängigkeiten, dass ZEIT nicht normalisiert ist, also unnötige Redundanz enthält:

ZEIT(Jahreszahl, Monatszahl, Tageszahl, Monatsname, Tagesname, Werktag?).

Das Nichtschlüsselattribut Monatsname bzw. Tagesname ist funktional ‣abhängig vom Teilschlüsselattribut Monatszahl bzw. Tageszahl. Diese Verstösse gegen die zweite Normalisierungsregel korrigieren wir, indem wir aus der Tabelle ZEIT die zwei Unterdimensionen MONAT und TAG trennen:

ZEIT (Jahreszahl, Monatszahl, Tageszahl, Werktag?)
MONAT (Monatszahl, Monatsname)
TAG (Tageszahl, Tagesname).

Die durch Normalisierung entstandenen Tabellen ZEIT, MONAT und TAG enthalten zwar weniger Redundanz und sind ladefreundlicher, das entstandene Datenmodell weicht aber vom einfachen Sternschema ab. Es illustriert damit

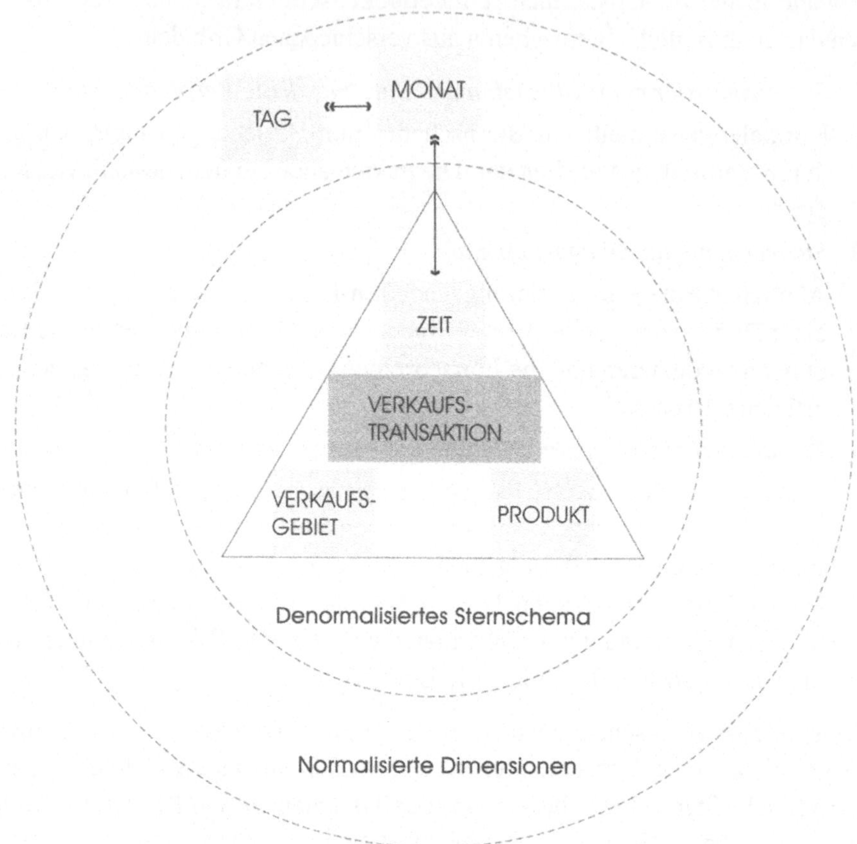

Beispiel 5.49: Ein erweitertes Sternschema

den Zielkonflikt zwischen der Redundanzverringerung des erweiterten Sternschemas und der Benutzerfreundlichkeit und Abfrageeffizienz des ursprünglichen Schemas.

Aufgabe 5.5 (Ein einfaches Sternschema)

Bild 5.50 zeigt ein einfaches Sternschema:

a) Welches sind Fakten-, welches Dimensionstabellen?
b) Welches sind Faktattribute?
c) Welche Attribute sind berechnet?
d) Wo entsteht Redundanz?

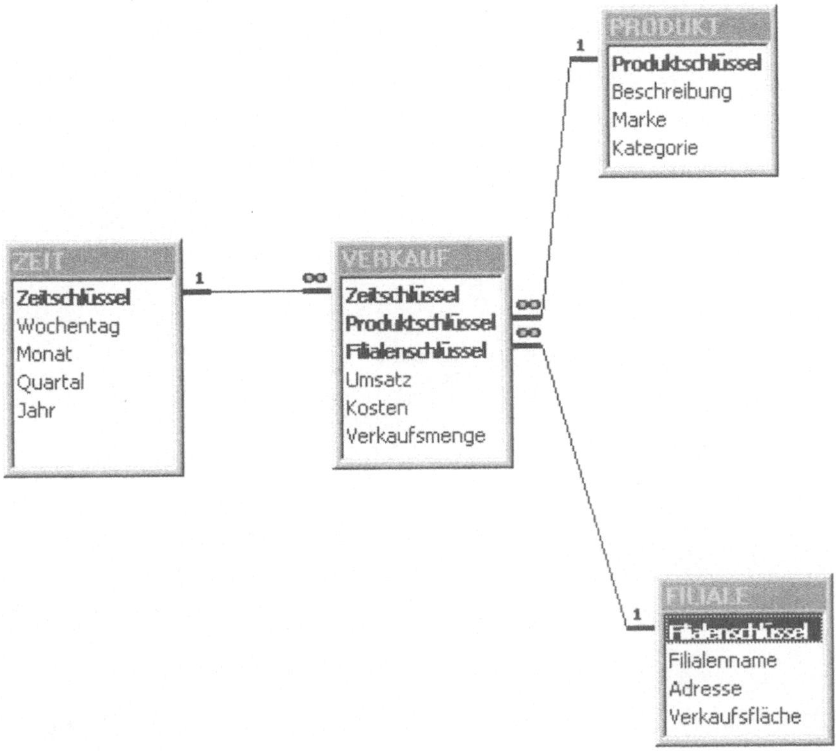

Bild 5.50: Ein einfaches Sternschema

Aufgabe 5.6 (FAKTURIERUNG - ein erweitertes Sternschema)

Bild 5.51 bildet die Fakturierung (Rechnungsstellung) eines Spitals auf ein Sternschema ab. Es sieht pro Patient nur eine einzige Diagnose vor, weil der zusammengesetzte Schlüssel von RECHNUNG nur den Fremdschlüssel #Diagnose enthält. Schlagen Sie ein Schema vor, dass mehrere Diagnosen (sogenannte Diagnosegruppen) erlaubt.

Aufgabe 5.7 (KONTO - Auflösung einer m:n-Beziehung)

Gegeben seien eine Faktentabelle KONTENSTAND und eine Dimensionstabelle KUNDE. Der Kontenstand wird monatlich erfasst.

a) Begründen Sie, weshalb zwischen den beiden Tabellen in der Regel eine m:n-Beziehung besteht.
b) Zeichnen Sie den Ausschnitt des Sternschemas, der die beiden Tabellen und ihre Beziehung abbildet.

Bild 5.51: Sternschema der Fakturierung in einem Spital

5.3.4 Metadaten

Metadaten sagen etwas *über* die "eigentlichen" Daten und Prozesse von Informationssystemen aus. Die eigentlichen Inhalte sind Objekte der Metadaten, sie heissen deshalb **Objektdaten**. Wir haben den Begriff der Metadaten in zwei Zusammenhängen verwendet: Relationale Datenbanken benötigen Metadaten, um mehrdimensionale Daten auf zweidimensionale Relationen (Tabellen) abzubilden, und koordinierte Enterprise Data Warehouses verwenden Metadaten, um die Attribute verschiedener Data Marts zu koordinieren. Tabelle 5.52 nennt weitere Metadaten, die während der Entwicklung und des Betriebs von Data Warehouses anfallen.

Beispielklassen	*Beispielinstanzen*	*Anwendungsbeispiele*
Bezeichner	Tabellen- und Attributbezeichner	›logische Datenmodellierung
Datentypen	›ASCII / ›EBCDIC	Ladeprozesse
Beziehungen	1:1, 1:n, m:n	›logische Datenmodellierung
Volumenangaben	Datenmenge, Fortschreibungshäufigkeit	›physische Datenmodellierung
Transformationen	Aggregationsregeln	Ladeprozesse
Quelle und Ziel	Quellen operativer Daten	Ladeprozesse
Verantwortliche	Datenbankadministrator eines Data Mart	Entwicklung und Betrieb
Zugriffsberechtigungen	Zugriff auf die Personaldaten	Administration

Tabelle 5.52: Beispiele von Metadaten zur Data Warehouse-Entwicklung

Metadaten beschreiben eine Vielfalt von Objektdaten in lokalen und globalen Informationssystemen auf Einzelrechnern und Client/Server-Systemen. Die Gefahr unkoordinierter Metadaten ist deshalb gross. Eine Zentralisierung der Metadaten in einem einzigen Data Dictionary oder zumindest die Koordination einer möglichst geringen Zahl von Metadatenbanken drängt sich auf. Ein **Data Dictionary** (abgekürzt DD) ist eine Datenbank, die Metadaten zu Form und Inhalt eines oder mehrerer Anwendungssysteme enthält. Einen Data Dictionary nennt man auch Datenkatalog, Datenlexikon oder Repository.

Ein **Data Dictionary-*System*** ist ein Informationssystem, das einen oder mehrere Data Dictionaries verwaltet, um die Entwicklung und Wartung von Applikationen möglichst gut zu koordinieren. Es erlaubt insbesondere die Kontrolle der Ladeprozesse zwischen operativen und analytischen Datenbanken bzw. die Ladeprozesse zwischen einem Enterprise Data Warehouse und den Data Marts (Schema 5.53).

Das ideale Data Dictionary-System ist *allgemein* und verwaltet die Metadaten mehrerer Werkzeuge und Hersteller. Die Praxis wird indessen dominiert von *dedizierten* Systemen, welche die Metadaten eines einzelnen Werkzeugs oder im besten Fall einer Werkzeug-Suite des gleichen Herstellers verwalten. Oft wird man deshalb lokale Data Dictionaries über standardisierte **Gateways** verbinden. Ein gutes DD-System fördert ausserdem die kontrollierte Arbeit mit mehreren Versionen (engl. versioning) und ermöglicht programmierte und ad

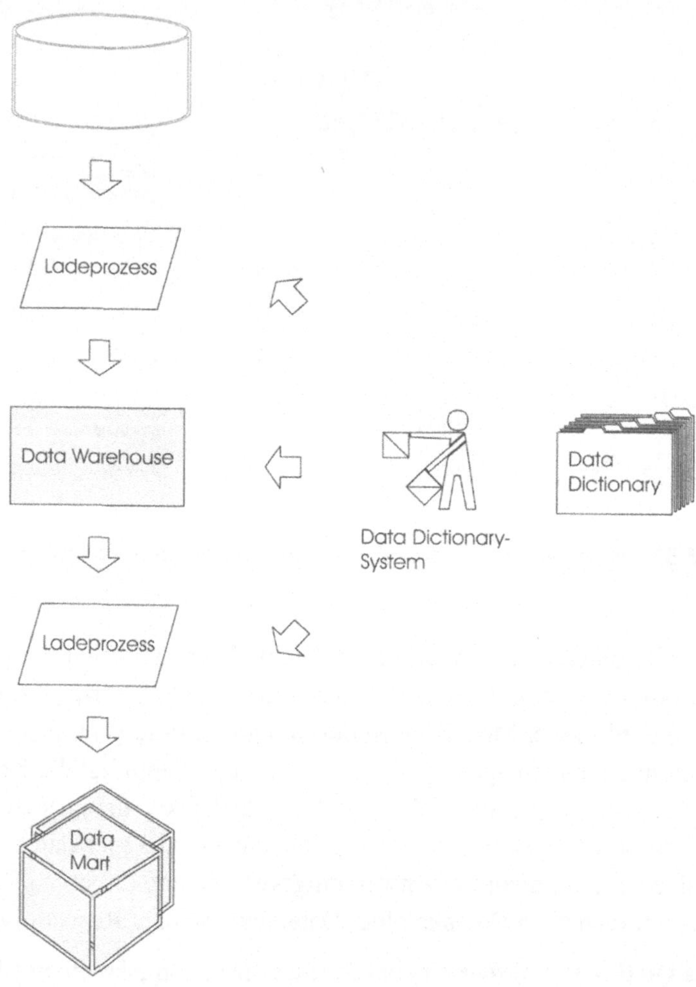

Schema 5.53: Koordination durch ein Data Dictionary

hoc-Abfragen auf mehreren Plattformen. Plattformunabhängigkeit lässt sich zum Beispiel leicht mit einem Webbrowser-Konzept erreichen (Abschnitt 5.5).

5.3.5 ROLAP mit *if..Synchrony*

Ein Sternschema bildet mehrdimensionale Daten auf zweidimensionale Tabellen relationaler Datenbanksysteme ab. Dieser Abschnitt führt in ein einfaches Werkzeug zur Abfrage von Sternschemata ein. *if..Synchrony* ist ein RO-

LAP-Frontend für kleine ODBC-fähige Datenbanken[1]. Es setzt nach dem Sternschema organisierte relationale Data Marts voraus. Im Gegensatz zu Berichten und den meisten SQL-Abfragen sind ROLAP-Abfragen ad hoc, direkt manipulierend und explorativ.

Synchrony ist kein ROLAP-Werkzeug, das sich für grosse und vernetzte Datenbestände eignet. Seine transparente Architektur veranschaulicht aber wichtige ROLAP-Grundsätze. Es besteht aus einer Metadaten- und einer Objektdaten-Komponente:

✓ Im CD ROM-Verzeichnis ...\BeispieleAufgaben finden Sie die Access-Datenbank Sample_Meta.mdb. Sie enthält neben den Beschreibungen weiterer Data Marts die *Metadaten* des Sternschemas EINZELHANDEL. Diese Sternschemata wurden mit einer Softwarekomponente erstellt, die Sie nicht auf der CD ROM finden.

✓ Eine weitere relationale Datenbank enthält die *Objektdaten* jedes durch die Metadatenbank definierten Sternschemas. In Grocery.mdb finden Sie die Faktentabelle VERKÄUFE und die Dimensionstabellen PRODUKTE, PERIODEN, FILIALEN und AKTIONEN des Fallbeispiels EINZELHANDEL. Die Aufgabe 5.8 führt in die Verwaltung des Data Marts Grocery.mdb mit Sychrony ein.

Zur Metadatenbank Sample_Meta.mdb gehören unter anderem die folgenden Tabellen:

- IFFAMILY nennt die Namen und Versionen der definierten Data Mart-Sternschemata.
- IFMEASURE und IFDIMENSION beschreiben die Attribute der Fakten- und Dimensionstabellen.
- Die Metatabelle IFATTRIBUTE definiert unter anderem die Formeln der berechneten Attribute.
- IFREPORT und IFAGGREGATE beschreiben die Abfragen und Aggregate des Data Marts Grocery.mdb.

Aufgabe 5.8 (EINZELHANDEL mit *if..Synchrony*)

Eine Einzelhandelskette besteht aus Hunderten von Filialen und verkauft Tausende von Produkten. Die relationale Datenbank Grocery.mdb stellt einen *Ausschnitt* der Verkaufsdaten ausgewählter Filialen und Produkte für zwei

1 if..Synchrony hat kaum mehr praktische Bedeutung. Das Produkt wurde aufgekauft und seither nicht mehr vertrieben.

Jahre in MS Access dar. Die folgenden Dimensionen strukturieren die Verkaufsdaten:

- Perioden (Tabelle TIME)
- Produkte (Tabelle PRODUCT)
- Filialen (Tabelle STORE)
- Aktionen (Tabelle PROMOTION).

Das Sternschema ist definiert in Sample_Meta.mdb. Die Sicherheitsdefinitionen befinden sich in ...\Synchrony\ifstar.mdw.

Lernziele

⇨ Sternschema eines ROLAP-Werkzeugs analysieren

⇨ Einfache ROLAP-Abfragefunktionen anwenden

1 Synchrony kennen lernen

Benutzeroberfläche

a) Starten Sie Synchrony vom Desktop oder aus dem Explorer.
   Bedienungshinweise erhalten Sie unter den Menüpunkten *Help/Books Online* und *Help/Synchrony Help*.
b) Wählen Sie den Menüpunkt *File/New* und klicken Sie doppelt auf das Sternschema "Grocery". Achten Sie darauf, dass die Sternschema-Sicht eingeschaltet ist (*View/Star*).

Sternschema

c) Wozu dienen die obere und untere Hälfte des Bildschirms? Welchen Synonymen des Buchtexts entsprechen die Synchrony-Termini "Family", "Report", "Measures" und "Fields"?
d) Machen Sie sich mit dem Sternschema "Grocery" vertraut: Wo sind die Fakten und Dimensionen? Welches sind Schlüsselattribute? Erklären Sie die Bedeutung des Symbols, das Synchrony vor ein Faktattribut stellt.

Einfache Abfragen

e) Formulieren Sie die Abfrage "Welchen Geldumsatz erzielt jedes Produkt?" und beschreiben Sie das Ergebnis. (Ziehen Sie die Fields "Full Description" der Dimensionstabelle PRODUCT und "Sum of Dollar Sales" der Faktentabelle SALES in das Report-Fenster. Klicken Sie dann auf (Run Report))

Filter

Hinweis: Sie löschen eine Ergebnisspalte, indem Sie sie markieren und die Taste Del drücken.

f) Die Groups- und Studies-Tabs der Dimensionstabellen enthalten Filter. Beantworten Sie die Filterabfrage "Welchen Geldumsatz erzielten die Produkte der Marke Squeezable Inc.?", indem Sie den PRODUCT-Filter "Brand = Squeezable Inc." in das Report-Fenster ziehen und auf ▶ klicken.
g) Wie hoch war der Geldumsatz der Marke "Squeezable Inc." 1995?
h) Wechseln Sie mit einem Rechtsklick in der Dimensionstabelle PRODUCT in die Browse-Ansicht und inspizieren Sie die Werte einzelner Attribute (Doppelklick auf ein Attribut).

   Lassen Sie sich die ganze Tabelle PRODUCT anzeigen (*View/Table*) und finden Sie heraus, wie sich Filter definieren lassen.
i) Erklären Sie den SQL-Code, der für die Abfrage "Wie gross ist der Gesamtumsatz?" generiert wird (*View/SQL*).
j) Interpretieren Sie den SQL-Code einer komplexeren Abfrage.

Aggregate

k) Aggregatfunktionen fassen alle Werte eines bestimmten Fakts, zum Beispiel von "Dollar Sales", zusammen. Finden Sie die Aggregatfunktionen von Synchrony heraus. Weshalb werden gerade *diese* Aggregatfunktionen angeboten?
l) Führen Sie die folgende Abfrage aus: "Wie viele Einheiten der Marke "American Corn" wurden nach der Werbeaktion *POS Grabbers Paper* im Vergleich zur Aktion *Shelf Talkers* durchschnittlich verkauft?". Gehen Sie wie folgt vor:
   - Erstellen Sie eine erste Abfrage, indem Sie das Field "Description" aus PRODUCT in das Report-Fenster ziehen. Machen Sie dasselbe mit dem Faktattribut "Unit Sales". Schränken Sie dann "Unit Sales" durch den PRODUCT-Filter "Brand = American Corn" ein. Bevor Sie die Abfrage weiter verfeinern, klicken Sie auf ▶.
   - Nach einem Rechtsklick auf die Faktspalte wählen Sie *Properties/Aggregate* und dann die Aggregatfunktion *Average*.
   - Erstellen Sie eine zweite, identische Faktspalte.
   - Wählen Sie den Filter *Promotion Name = POS Grabbers* für die erste Faktspalte und *Promotion Name = Shelf Talkers* für die zweite Faktspalte. Beide Filter finden Sie unter dem Groups-Tab der Dimensionstabelle PROMOTION.

- Führen Sie die Abfrage aus.

2. Synchrony selbständig erkunden

m) Vergleichen Sie die Geldumsätze der Filialen (STORES) und ihre prozentualen Änderungen von 1994 bis 1995. Umsatzrückgänge sollen rot gekennzeichnet werden.

n) 1994 wurde in allen Filialen eine Diät-Produktreihe eingeführt. Untersuchen Sie die Umsatzentwicklung von 1994 und 1995 und empfehlen Sie, in welchen Filialen die Diätprodukte wieder aus dem Sortiment genommen werden sollen.

o) Welche Produkt-Untergruppe verkauft sich besonders gut. Wie hoch ist die Gewinnspanne bei den einzelnen Untergruppen?

p) Vergleichen Sie die Zahlen für die Mittwochskunden mit jenen der Samstagskunden. Welche Produkte werden vor allem an Samstagen nachgefragt?

q) Erstellen Sie eine der erstellten Abfragen mit QBE. Öffnen Sie dazu die Datenbank Grocery.mdb.

3. Möglichkeiten und Grenzen von Synchrony erkennen

r) Worin liegen die Vor- und Nachteile eines ROLAP-Werkzeugs wie Synchrony?

s) Vergleichen Sie *if..Synchrony* mit *MS Access, MS Excel* und *Cognos PowerPlay.*

Zusammenfassung von Abschnitt 5.3

- Die *Datenmodellierung* entwirft Entitäten mit ihren Attributen, Schlüsseln und Beziehungen so, dass sich Prozesse möglichst leicht aufsetzen lassen.
- Hauptziel der Modellierung *operativer* Daten ist ihre Integrität. Dazu trägt insbesondere das Teilziel der Redundanzminimierung bei. Die Normalisierung verringert das Risiko redundanter Daten und hilft Einfüge-, Lösch- und Änderungsanomalien vermeiden.
- Der Weg zum *logischen Data Mart-Modell* verläuft oft über ein grobes operatives Unternehmungsdatenmodell, detaillierte Bereichsdatenmodelle und ein Enterprise Data Warehouse-Modell. Ziel der Data Mart-Modellierung ist nicht die Minimierung der Redundanz, sondern die Maximierung der Abfragefreundlichkeit.
- *Sternschemata* ordnen kleine Dimensionstabellen um grosse Faktentabellen und verbinden sie durch 1:n-Beziehungen. Die Faktentabelle integriert m:n-Beziehungen in einer einzigen Tabelle und enthält deswegen viel Redundanz. Die Dimensionstabellen erlauben die Auswahl, Zusammenfassung und Navigation der Fakten.
- *Mehrdimensionale* Datenbanksysteme betonen die Speicher- und Laufzeiteffizienz auf Kosten der Kompatibilität mit operativen Systemen. *Multirelationale* Datenbanksysteme nutzen die Technologie relationaler Datenbanksysteme und sind deshalb leichter skalierbar und portabel.
- Der Anteil *normalisierter* Daten nimmt von der Produktionsdatenbank über das Enterprise Data Warehouse bis hin zum Data Mart ab. Schneeflockenschemata behalten aus Gründen der Speichereffizienz und Fortschreibungsfreundlichkeit einen grösseren Teil der Normalisierung bei.
- Ein *Data Dictionary* ist eine Datenbank, die Metadaten zur Form und zum Inhalt von Datenbanken und deren Anwendungen enthält. Er erleichtert insbesondere die Koordination verschiedener Data Marts.

5.4 Entwicklung und Betrieb

Neue Begriffe

Welche Tätigkeiten umfasst die *Entwicklung* eines Data Warehouse?
- Phasenabhängige Tätigkeiten
  - Spezifikation
    - Endbenutzerbefragung
  - Realisierung
    - Entwurf
    - Implementation und Test
    - Installation
- Phasenunabhängige Tätigkeiten
  - Planung
  - Kontrolle

Welche Tätigkeiten umfasst der *Betrieb* eines Data Warehouse?
- Laden operativer Daten
  - Extraktion
  - Transformation
  - Integration
- Verwaltung analytischer Daten
- Zugriff auf das Data Warehouse

Wie lassen sich Speicher- und Laufzeitaufwand optimieren?
- Speicheroptimierung
  - Normalisierung
  - Komprimierung
- Laufzeitoptimierung
  - Parallelverarbeitung
    - Symmetrische Mehrprozessorsysteme
    - Massiv parallele Mehrprozessorsysteme
  - Optimierung relationaler Data Warehouses
    - Sternschemata
    - Aggregation und Vorberechnung
    - Partitionierung
    - Bitmusterindizes

Der Weg von der operativen zur analytischen Datenbank verläuft meist schrittweise. In einem ersten Schritt werden ›Drittgenerationssprachen durch ›4GL-Sprachen ergänzt: SQL, QBE und Berichtsgeneratoren sowie die Definition von Benutzersichten (engl. views) ermöglichen eine benutzerfreundlichere Analyse von Produktionsdaten als programmierte Berichte. Bis zur Einrichtung eines Enterprise Data Warehouse und von Data Marts mit OLAP-Zugriff ist allerdings noch ein weiter Weg. Der nächste Abschnitt beschreibt einige Phasen der Entwicklung analytischer Datenbanken und illustriert sie an einem Fallbeispiel zum Data Warehousing und Data Mining. Die Abschnitte 5.4.2 und 5.4.3 vertiefen zwei besonders wichtige Schritte, das Laden operativer Daten und die Optimierung des Speicher- und Laufzeitverhaltens von Data Warehouses.

5.4.1 Entwicklungsphasen

Die Entwicklung eines Data Warehouse unterscheidet sich nicht grundsätzlich von jener eines anderen Datenverwaltungssystems. Die **Spezifikationsphase** (Anforderungsdefinition) beantwortet die Frage nach dem *Ziel* eines Data Warehouse-Projekts. Sie besteht aus einer Ist/Soll-Analyse, welche das Management und die Benutzer einbezieht. Eine Anforderungsdefinition formuliert das Projektziel, definiert die betriebswirtschaftlichen und informationstechnologischen Anforderungen und nennt die internen und externen Datenquellen.

Die Tabelle 5.54 definiert *allgemeine* Anforderungen an Data Warehouses. *Betriebsspezifische* Anforderungen ergeben sich zum einen aus den verfügbaren internen und externen Datenquellen, zum anderen aus den Informationsbedürfnissen der Benutzer. In der Regel wird ein Team die Bedürfnisse von Linien- und Stabsangehörigen erfragen. Die Ergebnisse dieser Benutzerinterviews beeinflussen den Erfolg eines Data Warehouse-Projekts massgeblich. Die Wahl der Interviewpartner, die organisatorische Vorbereitung, die Rollenverteilung im Befragungsteam (Interviewer, Beobachter, Protokollführer) und die Wahl eines gemeinsamen Vokabulars sind deshalb wichtig.

Ein gut vorbereitetes Interviewteam wird vor allem die folgenden Inhalte ansprechen:

Einführung

Die Einführung bereitet die Interviewpartner auf den Kontext und die Ziele der Befragung vor.

- ✓ Welche Ziele verfolgt das Projekt?
- ✓ Welche Ziele verfolgt das Interview?

Kriterium	*Beispiele*
Abbildungstreue	verständliche und betriebsgerechte Abbildung von Fakten und Dimensionen
Benutzerfreundlichkeit	Mehrdimensionalität (Würfel oder Sternschema), Drilling, Slicing and Dicing, Pivoting, Visualisierung, Views
Flexibilität	vordefinierte *und* Ad hoc-Abfragen
Skalierbarkeit	Ausbaubarkeit von Clients, Servern und Netz
Performance	›Durchsatz, Laufzeiteffizienz, Speichereffizienz
Verfügbarkeit	Mehrprozessorsystem, ›RAID, ›Plattenspiegelung, Stand by-Server, On line-Verwaltung ohne Shut Down von Systemkomponenten
Wartbarkeit	Synchronisation mit ›OLTP, Metadatenverwaltung
Kompatibilität	›Data Mining Tools, Produktionsdatenbanken, Anwendungssoftware

Tabelle 5.54: Allgemeine Anforderungen an Data Warehouses

✓ Wie setzt sich das Befragungsteam zusammen?
✓ Welche Schritte folgen nach der Befragung?

Geschäftsziele

Die Beantwortung der folgenden Fragen ist wichtig für die Identifikation der benötigten Daten und Analysemethoden:

✓ Welche Geschäftsziele verfolgt die befragte Einheit?
✓ Welche Indikatoren messen den Erfolg der Einheit?
✓ Welche Risiken sind mit der Geschäftstätigkeit verbunden?
✓ Welche Merkmale eignen sich zur Früherkennung von Risiken?
✓ Wie dynamisch ist das Umfeld der Geschäftseinheit?
✓ Wie innovativ ist die Geschäftstätigkeit?

Analysebedürfnisse

Diese Befragungsphase soll abklären, welche Daten und Analysen zu den bisherigen und künftigen Bedürfnissen der befragten Geschäftseinheit gehören. Die vorher erfragten Geschäftsziele sollen zur Formulierung des Soll-Zustandes beitragen.

✓ Wie gross ist der Anteil der Routine- bzw. Ad hoc-Analysen?
✓ Wie gross ist der Anteil der historischen Auswertungen?

✓ Über welche Datenquellen verfügt die Geschäftseinheit?

Schluss

✓ Verfügen die Befragten über Zusatzmaterial zu den gestellten Fragen?

Feedback

✓ Die Befragten erhalten eine schriftliche Auswertung des Interviews.

Nach der Spezifikation folgt die **Realisierungsphase**. Sie fragt sich, *wie* das Ziel erreicht werden soll und beachtet im wesentlichen die Anforderungen des folgenden traditionellen Entwicklungszyklus:

1. Entwurf

✓ Logische Datenmodellierung
✓ Physische Datenmodellierung
✓ Dialogentwurf
✓ Modularisierung

2. Implementation

✓ ›Deklarative Implementation (Daten, Abfragen)
✓ ›Prozedurale Implementation (Prozeduren)
✓ Modul- und Systemtest

3. Betrieb

✓ Installation
✓ Wartung

Neben diesen phasenabhängigen Tätigkeiten fallen Aktivitäten an, welche den gesamten Entwicklungsprozess begleiten. Dazu gehören die Planung und Kontrolle von Zwischen- und Endprodukten, von zeitabhängigen Aktivitäten und von Ressourcen wie Geld, Personal sowie Hard- und Software.

Die Entwicklung analytischer Datenbanken ist langwierig und komplex. Viele Probleme lassen sich unter dem folgenden Motto zusammenfassen: “You can’t eat an elephant in one byte!”. Die Schwierigkeiten beginnen bereits bei der *Anforderungsdefinition*. Selbst wenn die Fachabteilungen motiviert an den Spezifikationsinterviews teilnehmen, ist die Koordination der Wünsche nicht ohne Intervention des Management und nicht immer sachlich begründet möglich. Während der *Realisierungsphase* sind vor allem die Speicher- und Zugriffsoptimierung sowie die Datenverantwortung und -sicherheit kontrovers. Je mehr Faktentabellen erweiterte Sternschemata umfassen und je umfangreicher die Dimensionstabellen und vordefinierten Vorberechnungen ausfallen, desto grösser werden die Effizienzanforderungen. Die Datenverantwortung wird vor allem dort zum Problem, wo Fachabteilungen nicht von ihrer Datenhoheit lassen wollen. In den abschliessenden *Installations- und Betriebs*phasen stellen oft die Evaluation geeigneter Zugriffssoftware und die Schulung der Endbenutzer Herausforderungen. All diese Probleme und die mangelnde Erfahrung mit Data Warehouses führen dazu, dass viele Projekte statt weniger Monate ein bis zwei Jahre benötigen.

Eine wertvolle Hilfe bei der Entwicklung und beim Betrieb von Data Warehouses ist geeignete Software. Nach einer sorgfältigen Evaluation und Koordination kann Sie viele Routinetätigkeiten des Betriebs und der Entwicklung erleichtern. Bild 5.55 nennt wichtige Kategorien von Software, welche das Laden, die Verwaltung und den Zugriff automatisieren.

Aufgabe 5.9 (Rollen der Data Warehouse-Entwicklung)

Während der Entwicklung eines Data Warehouse üben Mitarbeiter die unterschiedlichsten Rollen aus. Ordnen Sie den folgenden Rollen passende Tätigkeiten und Kompetenzen zu.

a) Projektdirektor
b) Projektmanager
c) Analytiker
d) Data Warehouse-Architekt
e) Datenbankadministrator
f) Systemadministrator
g) Migrationsspezialist
h) Data Mart-Entwickler
i) Qualitätskontrolleur
j) Legacy-System-Spezialist
k) Ausbildner
l) Handbuch-Autor
m) Kommunikationsspezialist
n) Sponsor
o) Help Desk-Verantwortlicher
p) Werkzeugspezialist
q) Web Master
r) externer Berater

Produktionsdaten

- Relationale DBMS
  (z.B. von *Oracle*)
- Nichtrelationale DBMS
- Einzeldateien

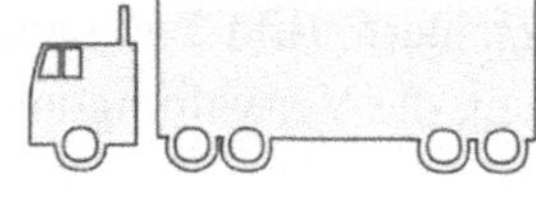

Laden

- DBMS-Funktionen wie Replikation und Snapshot
- Dedizierte Standardsoftware
  (z.B. *ETI-EXTRACT* Suite von Evolutionary Technologies, *Prism Warehouse Manager* von Prism Solutions)
- Selbst erstellte Software
  (z.B. gespeicherte Prozeduren, SQL, 3GL)

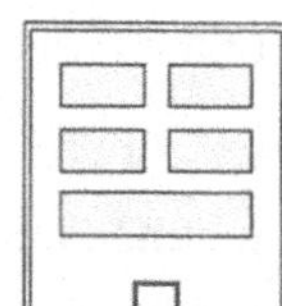

Data Warehouse - Verwaltung

- Spezialisierte relationale DBMS
  (z.B. *Sybase IQ, Red Brick Data Warehouse*)
- Multidimensionale Datenbanksysteme
  (z.B. *Arbor Essbase*)
- Werkzeuge zur Metadatenverwaltung
  (z.B. *Sybase PowerDesigner WarehouseArchitect*)
- Werkzeuge zur Performanceoptimierung
  (z.B. Analyse der Abfrageprofile durch ein OLAP-Werkzeug)
- Datensicherung und -archivierung
  (z.B. Systemsoftware)

...

Data Warehouse - Zugriff

- Abfragewerkzeuge und Berichtsgeneratoren
  (z.B. OLAP-Werkzeuge wie *Cognos Powerplay*)
- Internetwerkzeuge
  (z.B. *Sybase PowerDynamo* oder *MS InterDev*)
- Data Mining-Werkzeuge
  (z.B. *Cognos Impromptu*)
- Allgemeine 4GL-Enwicklungsumgebungen
  (z.B. *MS Visual Basic oder PowerBuilder*)

...

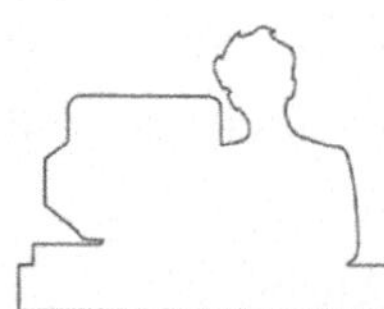

Bild 5.55: Software für den Betrieb und die Entwicklung von Data Warehouses

5.4.2 Laden operativer Daten

Operative Daten **laden** heisst Produktionsdaten extrahieren, transformieren und in ein Data Warehouse integrieren[1]. Produktionsdaten können aus ›Legacy-Systemen oder aus lokalen und unternehmungsweiten Client/Server-Datenbanken stammen (Bild 5.56).

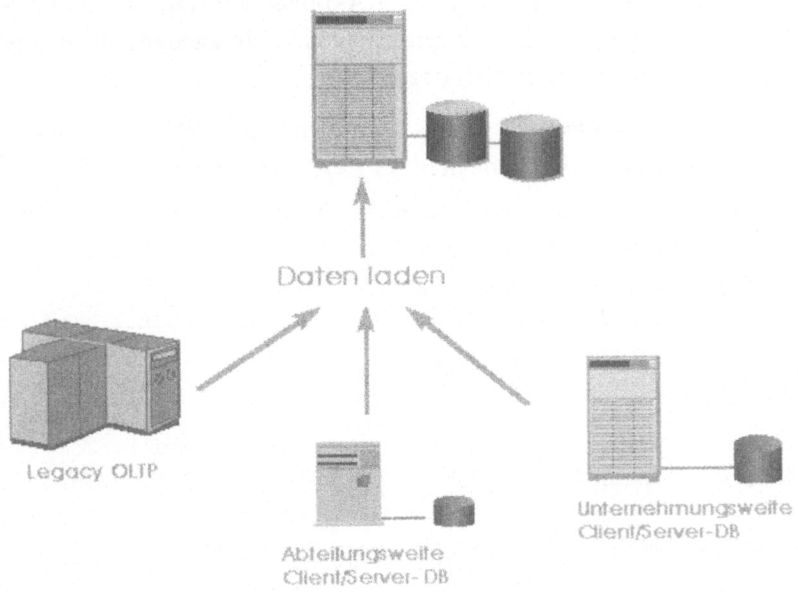

Bild 5.56: Operative Daten in ein Data Warehouse laden

Wir veranschaulichen den Ladeprozess am Fallbeispiel ZEITSCHRIFTEN (Bild 5.57). Es wird uns auch im nächsten Kapitel bei der Veranschaulichung von Data Mining-Fragestellungen begleiten. Das Entwicklungsteam kopiert in einer ersten Phase ausgewählte Attribute der Produktionsdaten in eine Tabelle SUBSKRIPTIONEN (Tabelle 5.58). Diese Daten werden ergänzt durch gekaufte Marktforschungsergebnisse. Dazu gehören inbesondere die Attribute steuerbares Einkommen, Privatkreditvolumen und Autoeigentum. Weitere Daten, etwa zum Wohneigentum, werden in Telefoninterviews erhoben.

Die gesammelten Rohdaten werden mit SQL so transformiert, dass sie sich besser für entscheidungsunterstützende Abfragen und Analysen eignen. Zu

1 Wir verwenden hier den Begriff des Ladens im weiteren Sinn. Er umfasst die Schritte Extraktion, Transformation und Integration (abgekürzt ETI). Oft versteht man unter Laden auch nur den dritten Schritt der Integration.

Ein Verlag publiziert die Zeitschriften *Auto, Wohnen, Sport, Musik* und *Comics*. Die Marketing-Abteilung möchte mit einem Data Warehouse Fragen beantworten wie "Welches Profil zeigen die Leser der Zeitschrift *Wohnen*?" oder "Welche Zusammenhänge bestehen zwischen Lesern der Zeitschriften *Sport* und *Auto*?". Data Mining Tools sollen auf dem Data Warehouse aufsetzen und Marketing-Aktionen wie ›Direct Mailing oder Anzeigenkampagnen unterstützen. Die neuen Werkzeuge sollten Aussagen der folgenden Art ermöglichen:

- "Hypothekarverschuldete Leser sind mit einer Wahrscheinlichkeit von 70% auch Abonnementen der Zeitschrift Wohnen."
- "Ein Abonnent der Zeitschrift Sport mit einem Alter zwischen 20 und 30 subskribiert mit einer Wahrscheinlichkeit von 40% zwischen 30 und 40 auch die Zeitschrift *Auto*.

Fallbeispiel 5.57: ZEITSCHRIFTEN

Kundennr.	*Name*	*Adresse*	*Subskription*	*Zeitschrift*
14005	Müller Dani	Hofstrasse 1	20.3.1996	"Auto"
18004	Meier Fritz	Stadtstrasse 5	28.2.1901	"Wohnen"
18004	Meier Fritz	Stadtstrasse 5	28.2.1901	"Musik"
...	...	...	...	...
14005	Miller Dani	Hofstrasse 1	20.3.1996	"Auto"
14006	Schenk Beat	Domstrasse 2	31.3.2005	"Sport"

Tabelle 5.58: Data Warehouse-Tabelle SUBSKRIPTIONEN

den Transformationen gehört vor allem die Entfernung von Duplikaten und irrelevanten Attributen. Zum Beispiel werden Sätze gelöscht, die wegen offensichtlicher Übertragungsfehler doppelt vorkommen - etwa die beiden Sätze von Tabelle 5.58, die sich nur durch die Namen "Müller Dani" und "Miller Dani" unterscheiden. Für die beabsichtigten Auswertungen ist ausserdem das Attribut Name bedeutungslos; es wird deshalb weggelassen. Plausibilitätskontrollen wie die Prüfung von Wertebereichen identifizieren weitere Löschkandidaten. Zum Beispiel enthält die letzte Zeile von Tabelle 5.58 ein ungültiges Subskriptionsdatum.

Eine Entscheidung, die sich nicht automatisieren lässt, ist die Redefinition und Zusammenfassung detaillierter Merkmale in Attribute geringerer Granularität. Gründe für die Redefinition sind meist die bessere Interpretierbarkeit und

Zuverlässigkeit der neu definierten Attribute. Die nächste Tabelle nennt einige Beispiele:

Detailliertes Attribut	*Redefiniertes Attribut*
Geburtsdatum	Altersklasse
Adresse	Wohnregion
Subskriptionsdatum	fortlaufende Monatszahl seit 1990
Einkommen	Einkommensklasse

Ähnliche Gründe führen zur Aggregation zusammengehörender Zeilen, etwa aller Zeilen mit der gleichen Kundennummer. Dabei kann sich die Satzstruktur ändern. Die folgende Tabelle stellt alle Sätze mit einer bestimmten Kontennummer weniger redundant dar. Alle binären Attribute, zum Beispiel "abonniert/nicht abonniert", sind einheitlich mit 1/0 codiert.

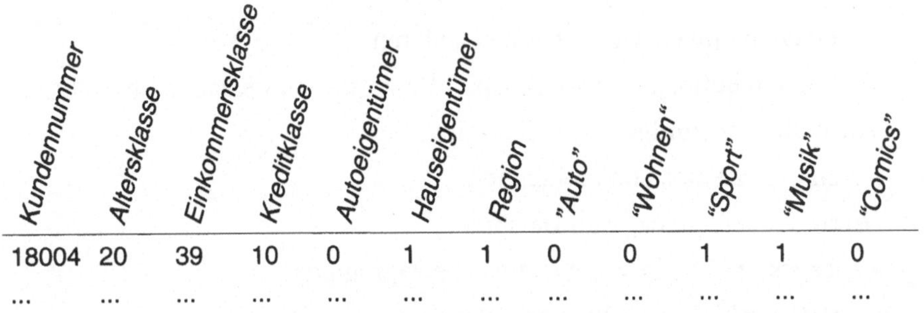

Kundennummer	*Altersklasse*	*Einkommensklasse*	*Kreditklasse*	*Autoeigentümer*	*Hauseigentümer*	*Region*	*"Auto"*	*"Wohnen"*	*"Sport"*	*"Musik"*	*"Comics"*
18004	20	39	10	0	1	1	0	0	1	1	0
...	...	...	...	...	...	...	...	...	...	...	...

Nach der Extraktion und Transformation werden die Daten in das Data Warehouse integriert und gehen später in OLAP-Abfragen und Data Mining-Verfahren (Kapitel 6 ff.) ein.

Das einführende Fallbeispiel ZEITSCHRIFTEN spricht nur einen Teil des Ladeprozesses an. Die folgende Liste fasst deshalb weitere **Anforderungen an Ladesoftware** zusammen:

Allgemeine Anforderungen

- ✓ Auf ein zentrales ‣Data Dictionary zugreifen
- ✓ Stapelweise und inkrementell laden
- ✓ Auf Verlangen und automatisch laden

Extraktion

- ✓ Aus verschiedenen Quellen laden, vor allem aus ...
    - ‣flachen Dateien
    - indizierten Dateien (vor allem auch ‣VSAM)

- hierarchischen Datenbanken (vor allem auch ‣IMS)
- ‣Netzwerk-Datenbanken
- relationalen Datenbanken

✓ Bedingt lesen (einen Quellsatz nur dann lesen, wenn er bestimmten Bedingungen gehorcht)

Transformation

✓ ‣Validität prüfen
- Syntaktische Fehler erkennen
- Semantische Fehler erkennen

✓ Datentypen konvertieren, zum Beispiel ...
- ‣EBCDIC- in ‣ASCII-Code
- julianisches in gregorianisches Datum
- einen ‣Nullwert-Code in einen anderen

✓ Attribute redefinieren, zum Beispiel Einzelwerte in Klassen überführen

✓ Attribute neu einfügen, zum Beispiel ...
- eine Zeitdimension aufnehmen

✓ Werte vorberechnen, zum Beispiel ...
- Tagesumsätze in Wochenumsätze aggregieren
- statistische Kennzahlen berechnen

✓ Verbundoperationen auf Tabellen verschiedener Quellen ausführen

✓ Metadaten erkennen und transformieren (‣Reverse Engineering)

Integration

✓ Geladene Daten ...
- direkt in Warehouse-Tabellen einfügen
- zuerst in einer sogenannten Staging Area zwischenspeichern, um sie (transformiert) erster später zu integrieren

✓ Datenmodell vorbereiten
- mehrdimensionale Würfel
- relationale Sternschemata
- normalisierte Schemata

✓ Geprüfte und transformatierte Daten integrieren

✓ Surrogatschlüssel erzeugen und verwalten (Ein Surrogatschlüssel ist ein künstlicher Schlüssel ohne inhaltliche Bedeutung, der nur dazu dient, Zeilen eindeutig zu identifizieren)

✓ Indizes neu aufbauen oder fortschreiben

Fehlerhafte Data Warehouse-Daten können verschiedene Ursachen haben: Oft sind bereits die operativen Daten ungültig. Ein zweiter Grund ist einer fehlerhafte Ladeprozess. Zum Beispiel decken die Transformationsregeln nur einen Teil der zu importierenden Daten ab. Schliesslich können auch ändernde Benutzeranforderungen, zum Beispiel an die Aktualisierungshäufigkeit, zu Fehlern führen. Validitätskontrollen kommt deshalb eine grosse Bedeutung zu. *Syntaktische* Kontrollen prüfen die Form der Daten - zum Beispiel die Einhaltung von Namenskonventionen - etwa, ob ein Punkt nach einer Abkürzung steht. *Semantische* Validitätskontrollen prüfen hingegen, ob der Inhalt regelkonform ist. Die folgenden Fragen lassen sich durch semantische Validitätsprüfungen beantworten:

- *Wertebereichskontrolle*: Fällt ein Wert in einen vorgeschriebenen Bereich? (Liegt zum Beispiel eine Monatszahl zwischen 1 und 12?)
- *Homonymerkennung*: Sollen formal identische Wörter der gleichen semantischen Kategorie zugeordnet werden? Das Homonym St. kommt zum Beispiel in der folgenden Adresse in mehreren Bedeutungen vor:

  L.R. Brown
St. Peter's Church
1st St.
- *Synonymerkennung*: Sollen zum Beispiel "PC", "Personalcomputer" und "Microcomputer" der gleichen Kategorie zugeordnet werden?
- *Inkonsistenzprüfung*: Darf zum Beispiel eine 1997er-Transaktion mit einem erst 1998 eingeführten Produkt durchgeführt werden?

Ladeprozesse müssen die Eigenheiten unterschiedlichster *Datenquellen* berücksichtigen:

- Datensätze können fest oder variabel lang sein.
- Sätze können aus Datenbanksystemen oder Einzeldateien stammen.
- Die Architektur des Datenbanksystems kann hierarchisch, netzwerkartig oder relational sein.
- Einzeldateien können sequentiell, relativ oder indiziert organisiert sein.
- Datenverwaltungssoftware kann von verschiedenen Herstellern stammen.
- Die Definition der Tabellen, Sätze und Attribute kann unterschiedlichen Konventionen folgen.

Es ist deshalb kaum möglich, die ideale Ladesoftware zu finden. Eigene Ladeprogramme werden oft mit SQL, ›gespeicherten Prozeduren oder Skriptsprachen (vor allem ›MVS ›JCL und Unix ›Scripts) entwickelt. Neben der eingebauten Funktionalität von Datenbanksystemen - insbesondere von ›Replikation und ›ODBC - werden auch dedizierte Ladewerkzeuge genutzt. Zu den Anbietern gehören etwa *Prism*, *Informatica* und *Evolutionary Technologies*. Beschreibungen von Anbietern und Webverweise finden Sie im Folienkapitel 🕮 Data Warehouses.

Aufgabe 5.10 (LADEN)

Nach der Definition eines analytischen Datenmodells (zum Beispiel eines Sternschemas) müssen die Daten aus den operativen Quellsystemen extrahiert, transformiert und in das Zielsystem übertragen werden. Die Praxis verwendet dazu oft dedizierte Werkzeuge. Die folgende Aufgabe geht der Einfachheit halber von einfachen MS Access-Datenbanken aus und verwendet die eingebaute Extraktions- und Transformationsfunktionen von MS Access.

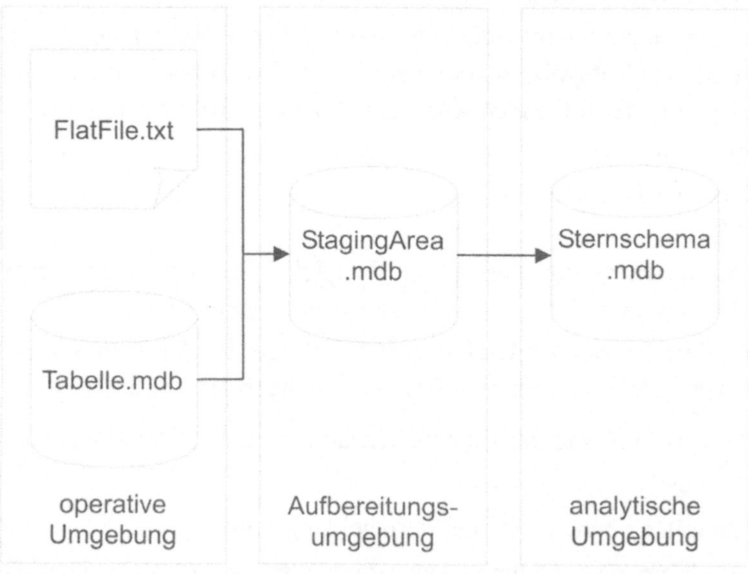

Die operativen Daten finden Sie in FlatFile.txt und der MS Access-Datei Tabelle.mdb. Aus diesen Quellen werden die benötigten Daten extrahiert und in einer (temporären) Datenbank StagingAreaSkelett.mdb so transformiert, dass sie in das Zielsystem SternschemaSkelett.mdb geladen werden können:

A Operative Umgebung

Die operative Umgebung besteht aus Tabelle.mdb mit den Attributen Telefonnummer, Name, Ort und Kanton sowie FlatFile.txt mit der folgenden Datenstruktur:

Anrufer	*Angerufener*	*Beginn*	*Ende*	*Datum*	*Gebühr*	*Tarif*	*Zone*
061/ 5698457	061/ 8946532	14:01:12	15:15:46	01.03.01	4.79	1	1
031/ 6598453	051/ 6565445	16:48:03	16:59:59	01.03.01	2.38	1	3
...	...	...	...	...	...	...	...

B Aufbereitungsumgebung

Die operativen Daten müssen in eine Staging Area geladen werden, damit sie vor dem Transfer in die Zieldatenbank noch aufbereitet werden können.

C Analytische Umgebung

Die analytische Datenbank soll die Analyse der Anrufzahl, der Gesprächsdauer und der Kosten nach den Dimensionen PERIODE, KUNDEN, VERBINDUNG und TARIF erlauben (siehe Sternschema der nächsten Seite). VERBINDUNG unterscheidet zwischen Lokal-, Regional- und Fernverbindung. TARIF bestimmt die Gebührenkategorie (Tages-, Abend- oder Nachttarif).

Lernziele

- ⇨ Ladeprozess eines einfachen Sternschemas implementieren
- ⇨ Notwendigkeit von Transformationen begründen

Aufgaben

a) Kopieren Sie Tabelle.mdb, FlatFile.txt, StagingAreaSkelett.mdb und SternschemaSkelett.mdb auf Ihre Festplatte und entfernen Sie den Schreibschutz der letzten beiden Dateien.

b) Bestimmen Sie die Attribute, die aus der operativen Umgebung extrahiert werden müssen. Sind alle Attribute des Sternschemas in der operativen Datenbasis vorhanden?

c) Öffnen Sie StagingArea.mdb. Verknüpfen Sie dann die operativen Daten mit der Staging Area (*Datei/externe Daten/Tabellen verknüpfen*) und folgen Sie den Anweisungen des Importassistenten von MS Access.

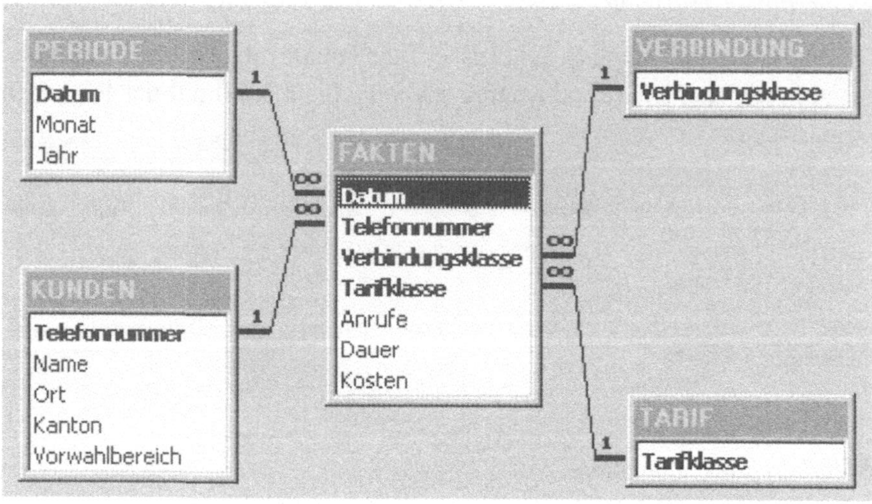

Sternschema der analytischen Umgebung

Warum ist es besser, die benötigten Daten zuerst vollständig in die Aufbereitungsumgebung zu laden und erst dann zu transformieren?

d) Kopieren Sie mit einer Tabellenerstellungsabfrage die benötigten Daten der verknüpften Tabellen in die Aufbereitungsumgebung. Gehen Sie davon aus, dass alle Fakten und die Dimensionen PERIODE und KUNDEN ab dem 1.3.2001 in das Zielschema geladen werden müssen.

   Welcher Unterschied besteht zwischen der direkten Importfunktion von MS Access und dem indirekten Vorgehen der Fragen c) und d)?

e) Definieren Sie die Tabellenerstellungsabfragen für die Zieltabellen FAKTEN, KUNDEN und PERIODE. Welche Transformationen müssen Sie vornehmen, damit die Struktur und das Format der Daten in den Ergebnistabellen mit jenen der Zieldaten übereinstimmt?

f) Laden Sie die neuen Daten mit Anfügeabfragen in das Sternschema. Welche Reihenfolge müssen Sie beim Laden beachten und warum?

g) Die Aktualisierung analytischer Datenbanken erfolgt meist periodisch. Wie müssten die zuvor definierten Abfragen geändert werden, damit sie zu einem späteren Zeitpunkt wiederverwendet werden können?

h) In der operativen Datei Tabelle.mdb steht der Kantonsname sowohl ausgeschrieben (z.B. Baselland) als auch abgekürzt (z.B. BL). Wie können Synonyme in diesem Beispiel vereinheitlicht werden?

5.4.3 Speicher- und Laufzeitoptimierungen

Anliegen der **logischen** Modellierung ist ein abbildungstreues und benutzerfreundliches Datenmodell. Ziel der **physischen** Modellierung ist hingegen eine effiziente Implementation. Die Antwortzeit analytischer Datenbanken hat nicht die gleiche Bedeutung wie jene von Transaktionsdatenbanken. Sie kann - vor allem in einer explorativen Umgebung - auch Minuten und Stunden betragen. Der Benutzerakzeptanz förderlich ist aber auch eine gute Data Warehouse-Performance. Der Weg zum Ziel ist allerdings schwierig, weil viele analytische Datenbanken wesentlich umfangreicher sind als ihre operativen Quellen:

- Im Gegensatz zu Produktionsdatenbanken enthalten sie nicht nur laufende, sondern auch historische Daten.
- Zusätzlich zu den importierten Daten speichern sie auch deren Ableitungen, insbesondere Zusammenfassungen.
- Sie stellen nicht nur Daten für bekannte Anwendungen bereit, sondern auch Information zur Lösung unbekannter Probleme. Dies gilt vor allem für Data Marts, die Reservoir für explorative Daten von Data Mining-Verfahren sind.
- Neben den internen Daten enthalten Data Warehouses auch Information aus externen Quellen, zum Beispiel demographische Befunde für Markforschungszwecke.

Lade-, Abfrage-, Sicherungs- und Recoveryprozesse benötigen Zeit, und Shutdowns (zum Beispiel für Lade- und Backup-Prozesse) verringern die Verfügbarkeit der Daten.

Wir illustrieren am Beispiel von Drilling-Operationen den Laufzeit- und Speicheraufwand von Abfrageprozessen. Die Tabellen 5.59 zeigen, wie Faktzeilen in Abhängigkeit von der Kardinalität der Dimensionen explodieren. Die letzte Zeile der Tabelle 5.59b berechnet für eine dreidimensionale Detailabfrage nach Tag, Filiale und Produkt eine maximale Tabellengrösse von 3.6 Millionen Faktzeilen. Der Umfang der Faktentabelle steigt mit der Zahl der Dimensionen und ihrer Kardinalitäten. Er kann so gross werden, dass nur eine *Kombination* von **Optimierungsmassnahmen** zu akzeptablen Antwortzeiten führt:

a) Logisches Datenmodell optimieren

- ✓ Datenvolumen durch Reduktion der Objekte und Beziehungen verringern
- ✓ Homogene Abfragen in lokalen Data Marts zusammenfassen (Data Marts modularisieren)

Dimensionen	*Kategorien*	*Kardinalität*
Filialen	Zahl	20
Produkte	Zahl	50
Periode	Jahr / Monat / Tag	10 / 12 / 30

Tabelle 5.59a: Kardinalitäten der Dimensionen

Berechnung	*Zeilenzahl der Faktentabelle*
10 Jahre	**10**
10 Jahre, 20 Filialen	10 • 20 = **200**
10 Jahre, 20 Filialen, 50 Produkte	200 • 50 = **10'000**
120 Monate, 20 Filialen, 50 Produkte	10'000 • 12 = **120'000**
3'600 Tage, 20 Filialen, 50 Produkte	120'000 • 30 = **3'600'000**

Tabelle 5.59b: Zeilen von Jahresumsatz in Abhängigkeit von den Dimensionen

✓ Verbundoperationen durch Denormalisierung verringern

✓ Abfrageeffiziente Datenmodelle, insbesondere Sternschemata, verwenden

b) Physisches Datenmodell optimieren

✓ Ladezeit verringern
- Extraktion der operativen Daten optimieren (Quellsysteme optimieren)
- Transformation und Integration der extrahierten Daten optimieren (Zielsysteme optimieren)
- Zu inaktiven Zeiten laden

✓ Antwortzeit verringern
- Mehrdimensionale Datenbanksysteme einsetzen
- Berechenbare Attribute vordefinieren
- Abfragen ‣vordefinieren
- Zusammenhängende Daten in Clusters bzw. Partitionen speichern
- Zugriff mit ‣B-Bäumen oder ‣Bitmuster-Indizes beschleunigen
- Zugriff durch ‣Hashfunktionen beschleunigen
- Ausgewählte Verbundtabellen permanent speichern
- Zu inaktiven Zeiten laden und sichern
- Faktentabellen am Ende von Mehrtabellenverbunden anordnen

- Künstliche statt zusammengesetzte Schlüssel definieren
- Nicht benötigte Daten archivieren

✓ Speicheraufwand verringern

- Nicht benötigte Daten archivieren
- ‣Nullwerte sparsam speichern
- Daten und Indizes komprimieren

✓ Verfügbarkeit verbessern

- Daten inkrementell laden

c) Hardware und Systemsoftware optimieren

✓ Einzelprozessorsysteme beschleunigen

✓ Auswahl- und Aktionsabfragen parallelisieren

Die ergiebigste Optimierungsmassnahme ist die **Archivierung** nicht mehr benötigter Daten. "Schlafende" Daten (engl. dormant data) entstehen vor allem durch obsolete Aggregations- und Periodentabellen. Man setzt deshalb **Monitore** (Überwachungsprogramme) ein, die Abfragen protokollieren und festhalten, welche Daten mit welcher Häufigkeit noch verwendet werden. Monitore eignen sich auch zur Verhinderung ressourcenintensiver Abfragen. Ein **Query Blocker** stoppt jene Abfragen, die sich nach einer Analyse der Abfrageformulierung als zu aufwendig erweisen.

Effizienzfördernd ist auch die **Modularisierung** von Data Marts (vgl. Abschnitt 5.3.3, Sternschemata). Data Marts lassen sich nicht nur nach Abteilungen und Arbeitsgruppen bilden, sondern auch nach Routine- und explorativen Benutzern unterteilen. Die Entwicklung explorativer Data Mining-Modelle stellt andere Anforderungen als die Beantwortung kleiner und regelmässiger Informationsabfragen (Vergleich 5.60).

Wenn Routine- und explorative Benutzer auf den gleichen Data Mart zugreifen, so behindern die aufwendigen Erkundungs-, Extraktions- und Modellierungsabfragen von Data Mining-Experten (Kapitel 6 ff.) die schlankeren Abfragen der Routineanwender. Man wird deshalb den Data Miner entweder auf einem temporären Data Warehouse-Auszug oder auf einem permanenten Data Mart aus laufend aktualisierten Stichprobendaten entwickeln lassen. Oft wird der Data Miner seine Daten zusätzlich transformieren, damit sie die grösseren Performanceanforderungen seiner Methoden und Werkzeuge besser befriedigen. Zum Beispiel wird er einen Teil der Daten kondensieren, damit er sie im Internspeicher analysieren kann.

Abfrageeigenschaften	***Routine**benutzer*	***Explorative** Benutzer*
Häufigkeit	regelmässig	unregelmässig
Volumen	klein	gross
Vorhersagbarkeit	+ (Abfragen oft vordefiniert)	- (Abfragen ad hoc)
Komplexität	- (v.a. Objekte)	+ (v.a. Beziehungen)
Granularität	- (v.a. Aggregate)	+ (v.a. Details)
Optimales Datenmodell	Sternschema bzw. Würfel	normalisiert
Werkzeugschwerpunkt	OLAP (auch Präsentation)	Data Mining (v.a. Analyse)

Vergleich 5.60: Leistungsoptimierung durch Bildung von Benutzergruppen

Denormalisierung transformiert Tabellen dritter oder höherer Normalform in Tabellen zweiter Normalform. Sie verschlechtert zwar die Speichereffizienz und Fortschreibungsfreundlichkeit, verbessert aber die Antwortzeit. Die Fortschreibungsfreundlichkeit ist für analytische Datenbanken weniger wichtig als für Produktionsdatenbanken, weil Data Warehouses nur durch (seltene) Ladeprozesse fortgeschrieben werden. Zur Denormalisierung führen vor allem die folgenden Massnahmen:

- *Vorberechnung*: Zum Beispiel werden aus einer Detailtabelle VERKÄUFE zusätzliche Aggregationstabellen nach den Dimensionen Jahr, Monat und Woche erstellt.
- *Spaltenreplikation*: Zur Vermeidung aufwendiger Verbundoperationen wird ein Teil einer Tabelle in eine andere Tabelle kopiert.
- *Vorverbund*: Eine Verbundoperation wird einmal durchgeführt und dann permanent gespeichert.

Die Tabellen 5.61 und 5.62 veranschaulichen die Vor- und Nachteile der Normalisierung und Denormalisierung an einem Beispiel. Die Tabellen 5.61 sind normalisiert. Die Abfrage a) richtet sich nur an die Tabelle VERANSTALTUNG. Die Abfrage b) kann hingegen nur mit einer Verbundoperation beantwortet werden. Dem Vorteil der redundanzminimierenden Darstellung in dritter Normalform steht der Laufzeitaufwand des Verbunds gegenüber. Die Tabellen 5.62 zeigen die entsprechende Denormalisierungsmassnahme. Das Ergebnis der Verknüpfung der beiden Tabellen über dem Verbundattribut Raumnummer wird unter dem Tabellennamen VORVERBUND permanent gespeichert und reduziert so alle Abfragen, die sonst zur Laufzeit diese Verbundoperation erfordern, auf eine Einzeltabellen-Abfrage.

VERANSTALTUNG

Name	Stunden
Recht	2
BWL	4
VWL	3

ORGANISATION

Name	Semester	Dozent	Raumnummer
Recht	SS93	Meier	111
Recht	SS94	Meier	112
BWL	WS94	Schmid	111
BWL	SS95	Schmid	111
...	...	...	...

RAUM

Raumnummer	Plätze
111	200
112	150

Abfragen auf einer und mehreren Tabellen

a) Stundenzahl der Veranstaltung Recht?
b) Plätze der Räume für BWL-Vorlesungen von Schmid?

Tabellen 5.61: Die Normalisierung verlangsamt (Schlüssel unterstrichen)

Während die Denormalisierung das logische Datenmodell ändert, modifiziert die **Partitionierung** nur das physische Datenmodell. Sie spaltet Tabellen vertikal oder horizontal so, dass sich die Laufzeit- oder Speichereffizienz der Eingabe- und Ausgabeoperationen verbessert. Die **Zeilen**partitionierung bildet neue Tabellen, die aus den gleichen Spalten, aber verschiedenen Zeilen bestehen. Sie eignet sich vor allem für Transaktionsdatenbanken. Die **Spalten**partitionierung verbessert vor allem die Ein- und Ausgabe analytischer Datenbanken. Data Warehousing- und Data Mining-Operationen betreffen nämlich oft nur die Werte eines bestimmten Attributs, seltener aber die Werte aller Attribute eines bestimmten Satzes. Ausserdem ist es leichter, inhaltlich homogene Attributwerte zu komprimieren. Die physischen Eingabe-/Ausgabe-Blöcke eines Data Warehouse werden deshalb mit Vorteil so gefüllt, dass die Werte des gleichen Attributs im gleichen Block stehen (Tabelle 5.63).

Neben der Partitionierung beschleunigt auch die **Indexierung** den physischen Zugriff. Sie ermittelt aus einem Inhaltsverzeichnis, zum Beispiel einem ›B-

ORGANISATION

Name	*Semester*	*Dozent*	***Raumnummer***
Recht	SS87	Meier	111
Recht	SS88	Meier	112
BWL	WS88	Schmid	111
BWL	SS89	Schmid	111
...	...	...	...

+

RAUM

Raumnummer	*Plätze*
111	200
112	150

↓

VORVERBUND

Name	*Semester*	*Dozent*	***Raumnummer***	*Plätze*
Recht	SS87	Meier	111	200
Recht	SS88	Meier	112	150
BWL	WS88	Schmid	111	200
BWL	SS89	Schmid	111	200
...	...	...	...	...

Tabellen 5.62: Die Denormalisierung beschleunigt (Verbundattribut fett)

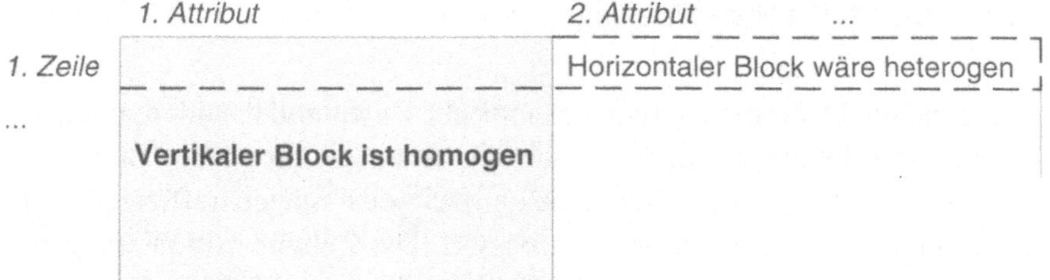

Tabelle 5.63: Spaltenpartitionierung für Data Warehouses

Baum, die Adresse eines Datensatzes und kann dann direkt statt sequentiell auf den gesuchten Satz zugreifen. Wenn sich das Suchattribut eignet, lässt sich die Adresse statt in einem Inhaltsverzeichnsi auch durch eine ›**Hashfunktion** ermitteln. Die Indexierung wirkt sich meist positiv auf die Abfrageeffizienz eines Data Warehouse aus. Allerdings müssen die Indizes zur Ladezeit erzeugt werden. Der dabei anfallende Speicher- und Zeitaufwand steigt mit der Zahl der indizierten Attribute.

Bitmuster-Indizes (engl. bitmap indexes) können die Effizienz der herkömmlichen Indexierung verbessern. Sie setzen allerdings Attribute niedriger Kardinalität voraus. Die Datenbasis der Abbildung 5.64 enthält zum Beispiel nur Attribute der Kardinalitäten 3, 4 und 2:

- Wirtschaftssektor [Landwirtschaft, Industrie, Dienstleistung]
- Region [Oberrhein, Mittelland, Bodensee, Genfersee]
- ›ISDN-Anschluss? [ja, nein].

Eine mögliche Indexierungsvariante transformiert diese Attribute in binäre Merkmale und erstellt für jede mögliche Transformation einen Bitmuster-Index. Der Index der Daten von Abbildung 5.64 baut zum Beispiel auf binären Attributen mit den folgenden Wertebereichen auf:

- Dienstleistung? [Dienstleistung, nicht Dienstleistung]
- Oberrhein? [Oberrhein, nicht Oberrhein]
- ›ISDN-Anschluss? [ja, nein].

Die Abfrage "Wie viele Dienstleistungsfirmen verfügen über einen ISDN-Anschluss und haben ihren Sitz in der Region Oberrhein?" entspricht dann dem Bitmuster [1,1,1]. Dieses Abfragemuster lässt sich sehr effizient mit den Einträgen des Bitmuster-Index 5.64 vergleichen.

Bitmuster-Indizes eignen sich vor allem dort, wo die Daten statisch und von niedriger Kardinalität sind. Die erste Voraussetzung trifft auf analytische Datenbanken immer zu. Die Kardinalitätsbedingung trifft auf viele Wertebereiche von Dimensionstabellen zu. Bitmuster-Indizes von Faktentabellen können hingegen sehr gross werden. Attribute höherer Kardinalitäten lassen sich besser indizieren, wenn ihre Indizes komprimiert werden. Speichereffiziente Kompressionstechniken können zusammen mit der Laufzeiteffizienz bitweiser Operationen die Ad hoc-Abfragen und -Aggregationen von Data Warehouses stark verbessern. Es ist zum Beispiel möglich, einen komprimierten Bitmusterindex für eine halbe Million Sätze in einem einzigen Block von 4096 Bytes zu lesen.

Die bisherigen Optimierungsmassnahmen betreffen die logischen und physischen *Datenmodelle* analytischer Datenbanken. *Hardwareoptimierungen* sind weniger spezifisch. Man bezeichnet sie deshalb auch als Brute Force-Optimierungen. Sie bringen eine allgemeine Leistungssteigerung der Prozessoren, der Intern- und Externspeicher sowie von Systembus und Netzverbindungen. Leistungsengpässe ("Flaschenhälse") lassen sich allerdings nur dann vermeiden, wenn zusammenhängende Rechnerelemente im Gleichklang optimiert wer-

Abfrage

Wie viele *Dienstleistungs*firmen verfügen über einen *ISDN*-Anschluss und haben ihren Sitz in der Region *Oberrhein*?

Dienstleistung	*Oberrhein*	*ISDN-Anschluss?*
1 (ja)	1 (ja)	1 (ja)

Datenbasis

Wirtschaftssektor	*Region*	*ISDN-Anschluss?*
Dienstleistung	Oberrhein	ja
Landwirtschaft	Mittelland	nein
Dienstleistung	Oberrhein	ja
Dienstleistung	Genfersee	nein

Bitmuster-Index der Datenbasis (Abfrageergebnis eingerahmt)

Dienstleistung?	*Oberrhein?*	*ISDN-Anschluss?*
1	1	1
0	0	0
1	1	1
1	0	0

Abfrageergebnis

2

Tabellen 5.64: Eine Variante der Bitmuster-Indexierung

den. Die Performance eines **Einzelprozessor**-Systems lässt sich zum Beispiel durch die koordinierte Optimierung ihrer Komponenten verbessern:

Prozessor

- ✓ Verarbeitungstakt erhöhen (zum Beispiel von 300 Mhz auf 400 MHz)
- ✓ Bus verbreitern (zum Beispiel von 32 bit auf 64 bit)
- ✓ Prozessorarchitektur ändern (zum Beispiel von ‣CISC nach ‣RISC)

Internspeicher

- ✓ Kapazität und Zugriffszeit des Hauptspeichers verbessern
- ✓ Kapazität und Zugriffszeit des ‣Cache verbessern

Peripherie

✓ Kapazität und Zugriffszeit des Externspeichers verbessern

RAID-Festplatten-Systeme (engl. Redundant Array of Inexpensive Disks) schliessen zum Beispiel viele kleine Festplatten als ganzes an den Systembus. Damit verbessert sich nicht nur die Performance, sondern auch die ›Fehlertoleranz und Skalierbarkeit des Externspeichers.

✓ ›Bandbreite der Netzverbindungen verbessern.

Mehrprozessorsysteme (MPS) verteilen nach dem Prinzip "Divide et impera" die Last auf mehrere Prozessoren. Ziel ist die Verbesserung der Skalierbarkeit (engl. scale up) und der Laufzeiteffizienz (engl. speed up). Die Nutzung der Vorteile von Mehrprozessorsystemen setzt voraus, dass sich Warehouse-Aufgaben parallelisieren lassen. Unter **Parallelverarbeitung** versteht man die *gleichzeitige* Verarbeitung mehrerer Aufgaben auf mehreren Prozessoren. Eine **Aufgabe** (engl. task) kann ein Teil einer Anweisung, eine ganze Anweisung, ein Prozess aus mehreren Anweisungen, ein Job aus mehreren Prozessen oder sogar ein unabhängiges Programm sein. Data Warehouse-Systeme parallelisieren sowohl ›Auswahl- als auch ›Aktionsabfragen. Zu den Aktionsabfragen gehören die Indexierung, Sicherung und Wiederherstellung von Daten sowie die Extraktion, Transformation und Integration operativer Daten während des Ladeprozesses.

Bild 5.65 zeigt das Zusammenspiel eines einfachen Multiprozessorsystems mit paralleler Datenbank- und OLAP-Software. Die Konfiguration besteht aus den folgenden Komponenten:

Prozessoren:	8 Intel Pentium
Internspeicher:	zum Beispiel 8 Gb
Systembus:	›PCI
Externspeicher:	Platten mit bis zu Dutzenden von ›Terabyte
Betriebssystem:	MS Windows NT, Enterprise Edition
Datenbanksystem:	zum Beispiel Oracle oder MS SQL Server

Man unterscheidet zwei Arten von Mehrprozessorsystemen. Symmetrische Mehrprozessorsysteme verbinden wenige parallele Prozessoren eng miteinander. *Massiv parallele* Mehrprozessorsysteme begnügen sich hingegen mit einer nur losen Koppelung vieler paralleler Prozessoren und ihrer Peripherie. Ein **symmetrisches Mehrprozessorsystem** (SMP) koppelt in der Regel vier bis dreissig Prozessoren über einen gemeinsamen Bus, einen gemeinsamen Internspeicher und ein gemeinsames Disk Controller/Festplattensystem (Schema 5.66). Man nennt es deshalb auch *Shared-Memory*-System. SMP-Rechner

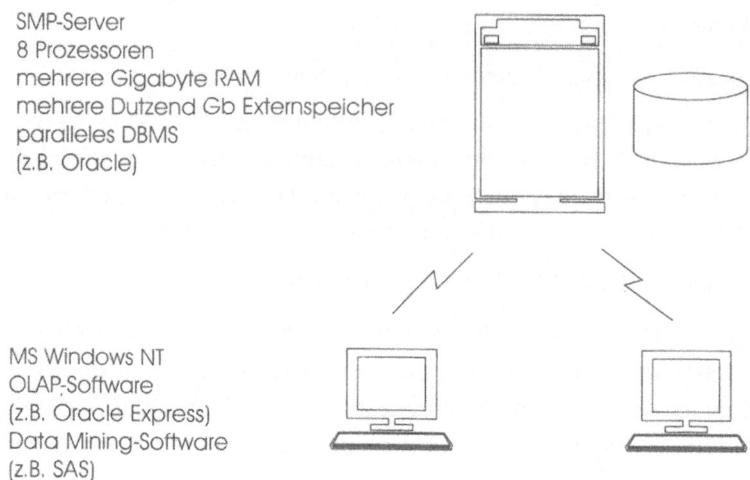

Beispiel 5.65: Ein einfaches Mehrprozessor-System für ein Data Warehouse

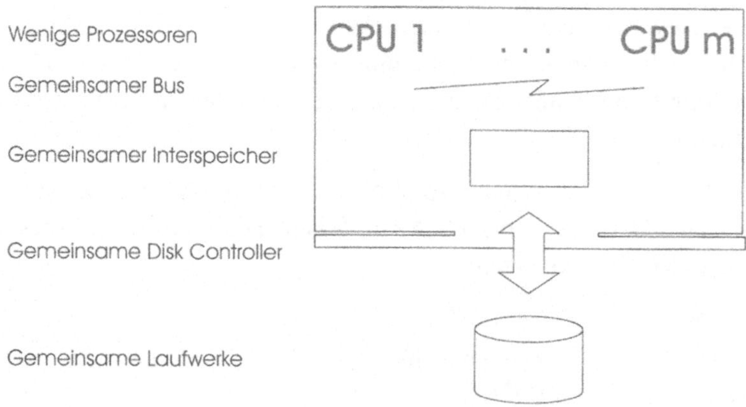

Schema 5.66: Aufbau eines symmetrischen Mehrprozessor-Systems

lassen sich wie Einzelrechner programmieren. Ihre Skalierbarkeit ist aber begrenzt, weil der gemeinsame Systembus Grenzen setzt.

Ein **Cluster** verknüpft mehrere SMP-Systeme über eine Hochgeschwindigkeitsverbindung (Schema 5.67). Die einzelnen Knoten greifen auf ihre lokalen Festplatten und einen gemeinsamen Externspeicher zu. Clusters sind besser skalierbar und fehlertoleranter als ein einzelnes symmetrisches Multiprozessorsystem. Allerdings ist auch ihre Skalierbarkeit durch die feste Bandbreite

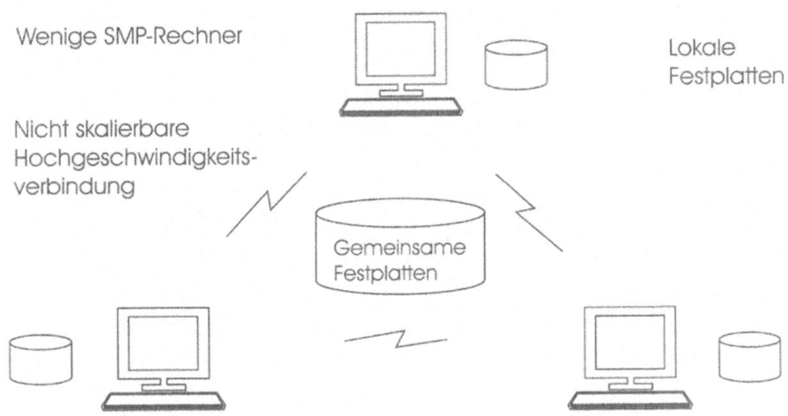

Schema 5.67: Cluster aus symmetrischen Mehrprozessor-Systemen

der Netzverbindung begrenzt. Ausserdem ist die Kommunikation zwischen den SMP-Knoten nicht einfach programmierbar.

Am konsequentesten parallelisieren **massiv parallele Mehrprozessorsysteme** (MPP). Sie koppeln viele Knoten aus je einem Prozessor, einem Internspeicher und einem Externspeicher über einen Hochgeschwindigkeitsbus (Schema 5.68). Die Koppelung ist lose, weil die Knoten nie die Internspeicher und nur selten die Externspeicher gemeinsam nutzen. MPP-Systeme heissen deshalb auch *Shared Nothing*-Systeme. Je nach Architektur ist die Hochgeschwindigkeitsverbindung zwischen den Knoten skalierbar. Massiv parallele Mehrprozessorsysteme sind deshalb besser ausbaubar als SMP-Systeme. Sie lassen sich aber weniger einfach programmieren. Tabelle 5.69 vergleicht die Merkmale massiv paralleler mit jenen symmetrischer Mehrprozessorsysteme.

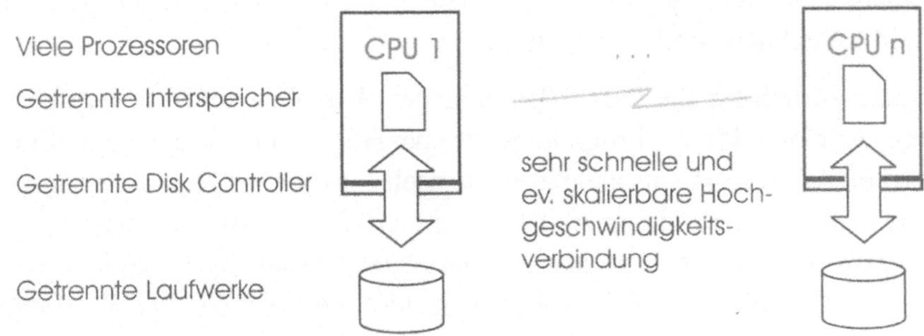

Schema 5.68: Massiv paralleles Mehrprozessor-System

	Symmetrische MPS (SMP)	*Massiv parallele MPS (MPP)*
Synonym	Shared Memory-System	Shared Nothing-System
Prozessoren (mit Cache)	wenige gleichberechtigte (symmetrische), i.d.R. 4-30	viele (bis Hunderte)
Verbindung	Standard-Systembus	proprietär
Betriebssystem	gemeinsam	getrennt
Speicher	gemeinsam	getrennt
Leistungsfähigkeit	-	+
Skalierbarkeit	-	+
Kompatibilität	+	-
Programmierung	leicht	schwierig
Parallelisierung	durch das Betriebssystem	durch den Programmierer
Installat../Betrieb	+	-
Kosten	+	-
Verbreitung	stark	gering
Anwendungen	DBMS und Kommunikation	"number crunching"
RDBMS-Beispiel	Sybase SQL Server	Sybase MPP

Vergleich 5.69: Symmetrische versus massiv parallele MPS

NUMA (engl. Non Uniform Memory Access), eine neuere parallele Architektur verbindet - gleich wie MMP-Systeme - Prozessoren mit eigenem Intern- und Externspeicher (Schema 5.70). Zusätzlich zum lokalen Internspeicher kann aber auch der Internspeicher der übrigen Einheiten genutzt werden. Weil aber der Zugriff auf den eigenen Internspeicher schneller ist als der Zugriff auf fremdes Memory, heisst er "non uniform". NUMA-System sind sowohl gut skalierbar als auch gut programmierbar. Die praktischen Erfahrungen mit NUMA-Rechnern sind aber gering.

Verantwortlich für die Parallelisierung von Aufgaben sind das Betriebssystem, der Compiler, der Programmierer oder Hilfsprogramme (engl. utilities). Jeder dieser Akteure entscheidet sich je nach Anwendung für eine der folgenden Parallelisierungsvarianten: Die *funktionale* Parallelisierung ordnet jedem Prozessor eine andere Aufgabe zu. Die *Daten*parallelisierung ordnet jedem Prozessor die gleiche Aufgabe, aber verschiedene Daten zu. Die *Pipeline*parallelisierung verteilt schliesslich verschiedene Phasen der gleichen Aufgabe auf verschiedene Prozessoren. Wenn das Mehrprozessorsystem eine Abfrage

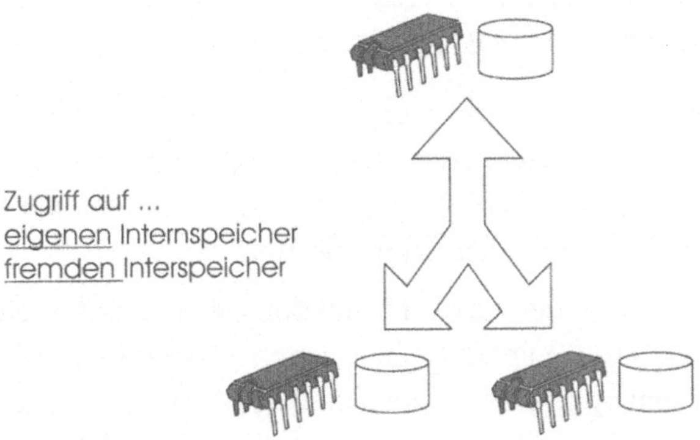

Schema 5.70: NUMA-System

parallelisiert, so kann es zum Beispiel unabhängige relationale Grundoperationen auf verschiedene Prozessoren verteilen.

Mehrere Prozessoren können nur sequentiell auf eine gemeinsame Festplatte zugreifen. Die Datenparallelisierung verteilt die Eingabe/Ausgabedaten daher auf verschiedene Prozessor/Platten-Paare. Dabei stellt sich die Frage, wie ein bestimmter Prozessor einer bestimmten Platte oder Plattenkombination zugeordnet werden soll (**Partitionierungsproblem**). Im Unterschied zur oben erwähnten spalten- oder zeilenweisen Trennung von Tabellen geht es hier um eine optimale Prozessor/Platten-Zuordnung. Die Partitionierung erfolgt durch die Hardware (zum Beispiel ein ›RAID-System), das Betriebssystem oder das Datenbanksystem.

Die **Bereichspartitionierung** ordnet jedem Prozessor einen fortlaufenden Bereich einer Mehrplatten-Tabelle zu. Die folgende fiktive SQL-Anweisung partitioniert zum Beispiel nach dem Produktnamen:

```
CREATE TABLE Verkäufe(
   Produktnummer NUM
   Produktname CHAR
   ...)
PARTITION BY VALUE
   Produkt = 'Racing Bike' IN partition_1,
   Produkt = 'Mountain Bike' IN partition_2,
   ...
```

Die **Hashpartitionierung** berechnet hingegen die Partition aus den Werten des jeweiligen Datensatzes. Datensätze des gleichen Bereichs stehen also in der Regel in verschiedenen Partitionen.

Zusammenfassung von Abschnitt 5.4

- Die *Spezifikationsphase* definiert das Ziel eines Data Warehouse-Projekts. Die *Realisierungsphase* bestimmt, *wie* das Ziel erreicht werden soll. Dabei folgt sie im wesentlichen den Schritten des traditionellen Entwicklungszyklus: Entwurf, Implementation und Betrieb.
- Operative Daten *laden* heisst Produktionsdaten extrahieren, transformieren und in ein Data Warehouse integrieren. Produktionsdaten stammen vor allem aus Legacy-Systemen, lokalen Client/Server-Datenbanken und unternehmungsweiten Client/Server-Systemen.
- Hauptanliegen der *logischen* Modellierung ist ein abbildungstreuer und benutzerfreundlicher Datenentwurf, Ziel der *physischen* Modellierung hingegen eine effiziente Implementation.
- *Optimierungsmassnahmen* beziehen sich auf das logische bzw. physische Datenmodell oder auf die Hardware und Systemsoftware. Besonders ergiebige Optimierungsmassnahmen sind die *Archivierung* nicht mehr benutzter Daten und eine effizienzfördernde *Modularisierung* von Benutzergruppen in Data Marts.
- Die *Denormalisierung* transformiert ausgewählte Tabellen dritter oder höherer Normalform in Tabellen zweiter Normalform. Sie erstellt Vorberechnungstabellen, repliziert Tabellenspalten oder speichert Verbundtabellen.
- Die *Partitionierung* spaltet Tabellen vertikal oder horizontal so, dass sich die Laufzeit- oder Speichereffizienz von Eingabe-/Ausgabeoperationen verbessern.
- Die *Indexierung* beschleunigt den Zugriff auf einen Satz, indem sie aus einer effizienten Datenstruktur die Adresse des Datensatzes ermittelt und dann direkt auf den gesuchten Satz zugreift. *Bitmuster*-Indizes eignen sich besonders gut für Data Warehouses. Sie codieren ›diskrete Attribute als Bitfolgen, die einen schnellen Vergleich zwischen einer bitweisen Abfrage und bitweisen Indizes ermöglichen.
- *Hardwareoptimierungen* beziehen sich auf die Prozessoren, den Internspeicher und die Peripherie (Externspeicher und Kommunikation). Eine besonders geeignete Optimierungsmassnahme ist die Parallelverarbeitung, das heisst die gleichzeitige Verarbeitung verschiedener Aufgaben auf mehreren Prozessoren.

- Ein *symmetrisches* Mehrprozessor-System koppelt in der Regel vier bis dreissig Prozessoren durch einen gemeinsamen Bus, einen gemeinsamen Internspeicher, einen oder mehrere Disk Controller und Festplattenspeicher.
- Am konsequentesten parallelisieren *massiv parallele* Mehrprozessorsysteme. Sie können Hunderte von Knoten aus je einem Prozessor, einem Internspeicher und einem Externspeicher- über einen Hochgeschwindigkeitsbus lose koppeln. Im Vergleich mit symmetrischen Multiprozessorsystemen sind sie zwar besser skalierbar, aber schlechter programmierbar.

5.5 Aufgabenteilung in Rechnernetzen

Begriffe

- Wie lassen sich Eingabe, Verarbeitung und Ausgabe aufteilen?
  - zwischen Host und Terminal
  - zwischen Master und Slave
  - zwischen Arbeitsplatzrechner und Fileserver
  - zwischen Server und Client
- Auf wie viele Stufen erstrecken sich Client/Server-Data Warehouses?
  - zweistufige Data Warehouses
  - dreistufige Data Warehouses
- Wie lassen sich Rechner physisch vernetzen?
  - lokales Netz (LAN)
  - Verbundnetz (WAN)
    - Internet und Intranet
      - Eingabe und Ausgabe von Webseiten
        - Browser
          - Scripts
          - Komponenten (zum Beispiel ActiveX)
      - Übertragung von Webseiten
        - Übermittlungsprotokoll HTTP
          - multimediale Inhalte
          - eingebettete Befehle (zum Beispiel in HTML)
      - Webserver
        - Schnittstelle zwischen Webseite und Anwendungsserver
- Wie lassen sich Intranet/Internet-Data Warehouses realisieren?
  - Schnittstelle zwischen Webseite und Datenbankserver

5.5.1 Client/Server-Systeme

Isolierte Arbeitsplatzrechner sind die Ausnahme. Die Regel ist eine Aufgabenteilung zwischen mehr oder weniger abhängigen Verarbeitungseinheiten. Die Tabelle 5.71 vergleicht einige Verteilungsmuster, die sich in den letzten Jahrzehnten herausgebildet haben. Die Entwicklung folgte zuerst einer fortschreitenden Verlagerung zentraler Funktionen auf dezentrale Einheiten. In jüngster Zeit gewinnt der "thin client" an Boden: Mehrstufige Client/Server-Systeme und schlanke ›Internet-Clients verlagern Endrechnerfunktionen wieder auf zentrale Server.

Umgebung	*zentrale Aufgaben* (von Host bzw. Server)	*lokale Aufgaben* (von Terminal bzw. Client)
Host-	Verarbeitung und Dialog	Eingabe/Ausgabe auf *dummen* Terminals
Master/Slave-	Verarbeitung und Dialogschwerpunkt	Eingabe/Ausgabe auf *intelligenten* Terminals
Fileserver-	Druck und Speicherung, Dateiaustausch	Dialog und Verarbeitung
Zweistufige C/S-Systeme	Datenhaltung und Teile der Verarbeitung	Dialog und Teile der Verarbeitung
Mehrstufige C/S-Systeme	Datenhaltung und Verarbeitung durch dedizierte Anwendungsserver	Dialog

Vergleich 5.71: Aufgabenteilung im Netz nach Umgebungstyp
(C/S heisst Client/Server)

Host-Umgebungen verbinden einen "intelligenten" Grossrechner (engl. mainframe) mit "dummen" ›Terminals. Ein Mainframe ist ein grosser Einzelrechner mit einem ›proprietären Betriebssystem. Ein Terminal ist eine Endstation, an der Daten einfach ein- oder ausgegeben werden können. Meist versteht man unter Mainframes IBM-Grossrechner mit dem Betriebsystem ›MVS und stellt sie Client/Server-Systemen unter dem Betriebssystem UNIX gegenüber. Mainframes waren bis in die 80-er Jahre die dominierenden Rechner für kommerzielle Anwendungen. Heute übertreffen viele Client/Server-Systeme die Leistungsfähigkeit von Mainframes. Vorteile von Grossrechnern sind ihre Unterstützung von ›Legacy-Anwendungen und ihre Zuverlässigkeit, Hauptnachteile ihre geringe Flexibilität und Kompatibilität.

In **Master/Slave**-Umgebungen übernimmt ein Grossrechner die Verarbeitung und Steuerung des Dialogs mit dem Benutzer. Die Präsentation der Daten erfolgt über *intelligente* Terminals. Ein "intelligentes" Terminal kann im Gegensatz zum "dummen" einfache Eingabe/Ausgabefunktionen wie die Cursorsteuerung, die ›Pufferung und die Datenübertragung selbst durchführen.

Server-Umgebungen nutzten den Trend von der proprietären Grossrechnerumgebung zu den offenen Systemen lokaler Netzwerke (engl. local area networks oder LANs). Ein LAN verbindet Clients (Arbeitsplatzrechner) und Server (Dienstleistungsrechner) über Kommunikationsprotokolle, welche den Anschluss von Geräten verschiedener Hersteller erlauben. Die einfachste Client/Server-Konfiguration, eine **Fileserver**-Umgebung, verbindet Clients so, dass der Server nur Drucker- und Speicherfunktionen, aber keine höheren Verarbeitungsaufgaben übernimmt. Die Funktionen des Servers passen sich der geringen Bandbreite einfacher lokaler Netze an und beschränken sich auf elementare Aufgaben, vor allem die Speicherung gemeinsamer Dateien.

Anspruchsvollere Server-Umgebungen intensivieren als **Client/Server**-Systeme die Kommunikation zwischen Server und Client, indem sie den Austausch ganzer Dateien durch die satz- und feldweise Kommunikation ergänzen. Der zentrale Server kann auf diese Weise komplexere Aufgaben übernehmen. Tabelle 5.72 vergleicht fünf verschiedene Modelle der Aufgabenteilung zwischen Server und Client. Die ersten beiden Modelle sind *serverzentriert*, weil sie alle Aufgaben ausser dem Dialog dem Server aufbürden. Die erste Konfiguration betreut den Server sogar mit einem Teil der Dialogfunktionen. Zum Beispiel kann der Client Benutzereingaben lesen, die der Server auf Plausibilität testet. Im *verteilten* Modell übernehmen Server *und* Client die eigentliche Verarbeitung (in einem Data Warehouse zum Beispiel die Analyse der Daten). Das *clientzentrierte* Modell überlässt schliesslich die ganze Verarbeitung dem Client.

Modell	***serverzentriert***		***verteilt***	***clientzentriert***	
	Dialog verteilt	*Dialog entfernt*	*Anwendung verteilt*	*Daten entfernt*	*Daten verteilt*
Server	Daten	Daten	Daten	Daten	Daten
	Anwendung	Anwendung	Anwendung	Netzwerk	Netzwerk
	Präsentation	Netzwerk	Netzwerk	Anwendung	Daten
	Netzwerk	Dialog	Anwendung	Dialog	Anwendung
Client	Dialog	Dialog	Dialog	Dialog	Dialog

Vergleich 5.72: Aufgabenteilungem (Server hell schattiert, Client gestrichelt)

Ein **zweistufiges** Client/Server-System verteilt die Datenhaltung *und* -verarbeitung auf die Server und Clients. Den Dialog führt der Client alleine. Eine **dreistufige** Client/Server-Umgebung ist schliesslich ein Rechnersystem, das

Datenhaltung und -verarbeitung auf unterschiedliche, dedizierte Anwendungsserver und die Interaktion auf die Clients verteilt. Tabelle 5.73 vergleicht die zwei- und dreistufigen Client/Serversystem mit dem einstufigen System des Grossrechners und erwähnt ausserdem die unterschiedliche Netzbelastung der drei Systeme.

Architektur	*Client*	*1. Server*	*2. Server*	*Netzverkehr*
einstufig (one-tiered)	Daten Verarbeitung Präsentation	-	-	-
zweistufig (two-tiered, *"thin client"*)	Daten	Verarbeitung Präsentation	-	Abfrage, Antwort
zweistufig (*"fat client"*)	Daten Verarbeitung	Präsentation	-	Abfrage, Zwischenergebnis
dreistufig (three-tiered)	Daten	Verarbeitung	Präsentation	Abfrage, Zwischenergebnis, Antwort

Vergleich 5.73: Client/Server-Architekturen

Data Warehouses profitieren in dreierlei Hinsicht von Client/Server-Systemen mit grosser Netzbandbreite: Sie laden operative Daten bzw. analytische Daten aus Produktionsdatenbanken bzw. zentralen Enterprise Data Warehouses. Der Endbenutzer greift in der Regel von einem Client auf Data Mart-Server zu, und verteilte Datenbanksysteme können Data Marts koordinieren.

Schema 5.74 zeigt die Architektur einer typischen **zweistufigen** Data Warehouse-Umgebung. Der Client beherbergt das ROLAP-Werkzeug. Es erzeugt aus der Abfrage des Endbenutzers eine Folge von SQL-Anweisungen. Der Server richtet die SQL-Abfrage an das relationale Datenbanksystem und sendet das Zwischenergebnis an das ROLAP-Tool, das die Ergebnistabellen aufbereitet und präsentiert.

Das Architektur-Schema 5.75 veranschaulicht ein **dreistufiges** Data Warehouse-System. Der Client befasst sich nur mit der Eingabe und der mehrdimensionalen Präsentation. Die eigentliche Analyse läuft auf dem Anwendungsserver ab. Der mittlere Server enthält ausserdem die Data Mart-Daten und sendet Drill Through-Abfragen an das zentrale Datenbanksystem des Enterprise Data Warehouse.

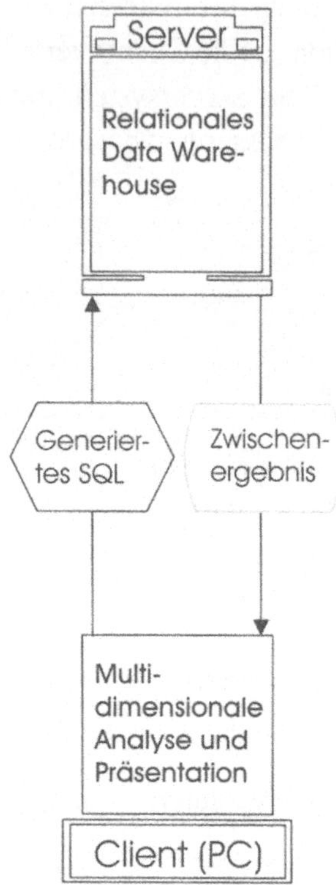

Schema 5.74: Eine zweistufige Data Warehouse-Architektur mit ROLAP

Ein "fat client" eines Data Warehouse-Systems kann mit einer Vielfalt von Werkzeugen auf einen Data Mart zugreifen:

1. Konventionelle Abfragewerkzeuge

- endbenutzernahe lokale Datenbanksysteme wie MS Access
- zweidimensionale Abfragewerkzeuge wie SQL und QBE
- Tabellenkalkulationspakete wie MS Excel
- konventionelle Berichtsgeneratoren
- Groupware wie Lotus Notes
- Eigenentwicklungen mit 4GL-Umgebungen wie Visual Basic

2. OLAP-Werkzeuge

- Tabellenkalkulationspakete mit OLAP-Add Ins, zum Beispiel das MS Excel Add In "BusinessQuery" von Business Objects
- Web Browser mit-OLAP Add Ins

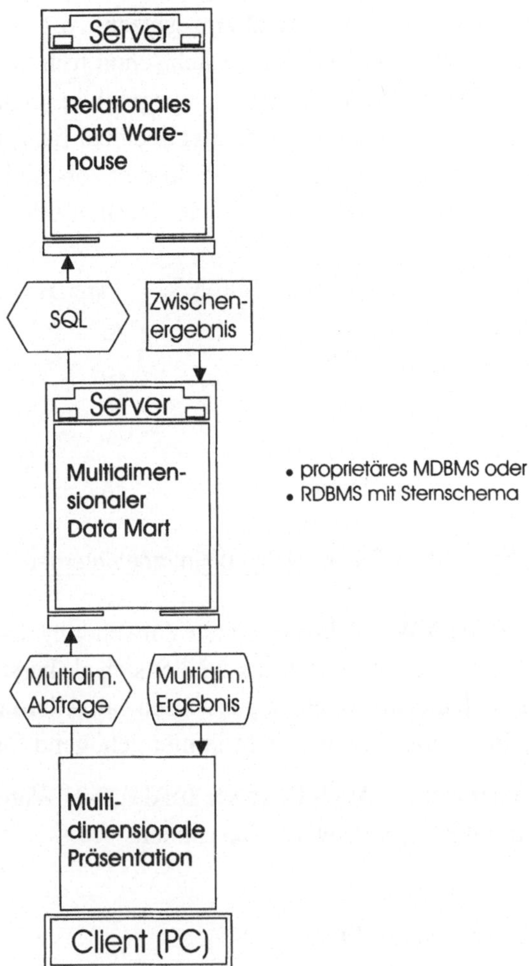

Schema 5.75: Eine dreistufige Data Warehouse-Architektur

- OLAP-Software wie Cognos PowerPlay oder Oracle Express

3. Data Mining-Werkzeuge

- Data Mining-Software wie Cognos Scenario
- Statistiksoftware-Frontends, zum Beispiel jene von SAS
- Text Mining-Werkzeuge wie Oracle ConText.

5.5.2 Internet und Intranet

Die Technologie konventioneller lokaler Netzwerke ist zu einem grossen Teil proprietär. Es ist deshalb schwierig, unterschiedliche LANs zu vernetzen und

Client/Server-Software netzübergreifend einzusetzen. Auf ‣Wide Area Networks (WANs oder Verbundnetzen) haben sich schon früh die Kommunikationsprotokolle des ‣**Internet** als Standard herausgebildet. In den letzten Jahren wurden sie unter der Bezeichnung **Intranet** auch zur Basis innerbetrieblicher Netzverbindungen. Tabelle 5.76 vergleicht die Vor- und Nachteile der konventionellen LAN-Technologie mit jenen des Intranet/Internet-Standards.

	Konventionelles LAN	*Intranet/Internet*
Plattformunabhängigkeit	☐	☑
GUI weit verbreitet	☐	☑
GUI-Funktionalität hoch	☑	☐
Werkzeugbeispiele	komfortables OLAP-Werkzeug	Internet Browser (ev. mit OLAP-Add Ins)

Vergleich 5.76: Lokales Client/Server-Netz und Intranet/Internet

Das ‣World Wide Web (WWW), die populärste Anwendung des Internet, eignet sich gut als Data Warehouse-Plattform, weil es sich als herstellerunabhängig, benutzerfreundlich und kostengünstig erwiesen hat. Allerdings ist es noch oft langsam, manchmal unsicher und nicht immer genügend funktional.

Endbenutzer greifen mit einem **Web Browser** auf das Data Warehouse zu. Die folgende Liste nennt wichtige Browser-Funktionen:

1. Seiten laden und anzeigen

- durch Anklicken von Hyperlinks
- durch Eingabe von ‣URLs

2. Navigieren

- innerhalb einer Webseite
- über mehrere Webseiten

3. Seiten durchsuchen

- Volltextsuche auf der laufenden Seite
- Suche über mehrere Webseiten (Suchmaschinen)

4. Seiten oder Ausschnitte speichern

- Speicherungsformat wählen
  (z.B. ‣HTML, ‣ASCII/‣ANSI oder ein Textverarbeitungsformat)
- Gewählte Texte und Grafiken speichern

5. Benutzeroberfläche anpassen, zum Beispiel ...

- Startseite wählen
- Favoriten speichern.

Die Funktionalität eines Standardbrowsers genügt nicht, um die Client-Fähigkeiten komfortabler OLAP-Werkzeuge abzubilden. Man ergänzt deshalb den Browser durch Add Ins, vor allem Java›Applets und›ActiveX-Komponenten.

Der Rest dieses Abschnitts führt in die Grundlagen der webbasierten Verteilung von Data Warehouse-Daten ein. Er konzentriert sich auf wenige Ansätze, die entweder Basis komplexerer Technologien sind oder welche die Praxis seit Jahren einsetzt. Die Ausführungen gehen aber nicht auf alternative Lösungen oder neuere Ansätze wie die .NET-Initiative von Microsoft oder Protokolle wie SOAP (Simple Object Access Protocol) ein.

Die Kommunikation zwischen einem Web Client und dem Web Server wird durch das **Hypertext Transport Protocol** (HTTP) geregelt. HTTP legt fest, wie das WWW Nachrichten übermittelt und wie ein Browser auf Nachrichten reagiert. Wenn eine Benutzerin zum Beispiel eine Webadresse (›URL) eingibt, dann veranlasst der Browser den adressierten Server mit einem HTTP-Befehl, eine Webseite zurück zu senden. HTTP wird durch einen weiteren Standard ergänzt: Die **Hypertext Markup Language** (HTML) ist eine geschlossene deklarative Sprache, welche das Format von Webdokumenten beschreibt. Schema 5.77a veranschaulicht die Erstellung und Interpretation von HTML-Dokumenten. Der Webautor erstellt mit einem dedizierten ›WYSIWYG-Editor (zum Beispiel MS FrontPage) oder einem allgemeinen Texteditor ein Dokument, das den sichtbaren Text enthält und mit eingebetteten Befehlen das Aussehen des Texts spezifiziert. Der Browser übersetzt die (unsichtbaren) eingebetteten Befehle in die Aktionen seiner Benutzeroberfläche. Code 5.77b illustriert die Form eines HTML-Dokuments:

- Eingebettete Befehle stehen zwischen Winkelklammern.
- Der Aufbau des Dokuments ist hierarchisch.
- Der Gültigkeitsbereich eines Befehls erstreckt sich vom ersten Auftreten des Befehlsworts bis zur Konkatenation des Vorwärtsstrichs mit dem Befehlswort (zum Beispiel von <HTML> bis </HTML>).

Das HTTP-Protokoll erlaubt nur eine eingeschränkte Art der “Programmierung”. Es sieht keine Speicherung in Variablen vor. Eine Aktion der laufenden Webseite wird ohne Wissen über die Aktionen früherer Webseiten ausgeführt. HTML wird deshalb durch ›Cookie-Variablen, ›Scripts und die erwähnten ›Applet- und ›ActiveX-Technologien ergänzt.

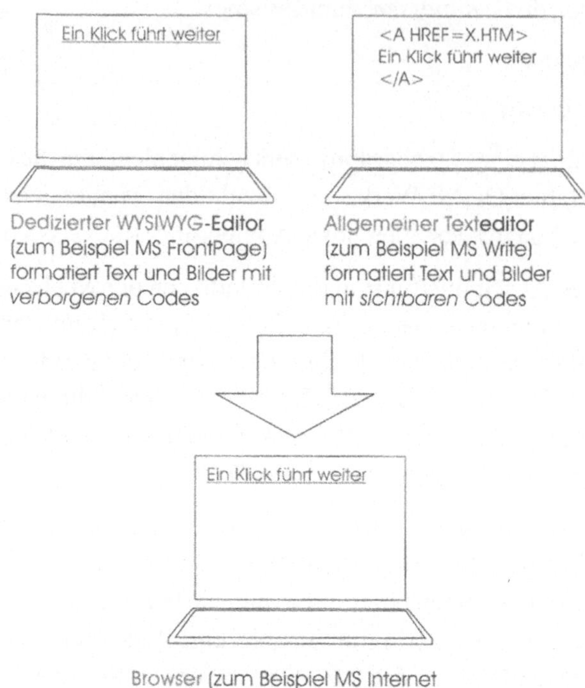

Schema 5.77a: Erstellung und Interpretation von HTML-Dokumenten

```
<HTML>
   <HEAD>
      <TITLE>Formatierungsbeispiel</TITLE>
   </HEAD>
   <BODY>
      ...
      <P ALIGN="LEFT">
         <FONT COLOR="000000" SIZE="3">...
         </FONT>
      </P>
      ...
   </BODY>
</HTML>
```

Code 5.77b: Ausschnitt aus einem HTML-Dokument

Eine neuere Sprache zur Beschreibung von Webseiten, die **eXtensible Markup Language** (XML), beschreibt nicht nur die Form, sondern auch den *Inhalt* eines Dokuments. XML lässt sich ausserdem einfach erweitern. Der folgende Ausschnitt stammt aus einem einfachen XML-Dokument. Im Gegensatz zum HTML-Beispiel enthält der Ausschnitt benutzerdefinierte Schlüsselwörter wie <Bestellung> und <Geschlechtsname>.

```
<BESTELLUNG>
   <VON>
      <PERSON>
         <GESCHLECHTSNAME>Müller</GESCHLECHTSNAME>
         <VORNAME>Hans</VORNAME>
      </PERSON>
   </VON>
   <PRODUKT>
      <GRUPPE>Buch</GRUPPE>
      <NAME>Einführung in XML</NAME>
      ...
   </PRODUKT>
   ...
</BESTELLUNG>
```

Schema 5.78 fasst eine einfache Art der Webkommunikation mit einem Data Warehouse zusammen. Im einfachsten Fall interpretiert der Browser nur die eingebetteten Elemente von Standard-HTML, um ein Webdokument anzuzeigen und mit dem Webserver zu kommunizieren. Diese Art der Kommunikation beansprucht das Netz stark und schränkt die Interaktivität des Dialogs ein, weil viele Benutzereingaben die Übermittlung einer HTML-Seite an den Server erfordern.

Die Benutzerin sendet mit einem Klick auf die HTML-Seite ① eine Anfrage an das Data Warehouse. Der HTTP-Server (Webserver) interpretiert die erhaltenen HTML-Befehle und beauftragt einen Anwendungsserver, ein ‣Template mit Data Warehouse-Inhalten zu füllen, und sendet dann das ausgefüllte Template an den Browser. Die Schritte ③ und ④ setzen die Kommunikation fort und beanspruchen beide die Kapazität des Internet.

Viele Webanwendungen erweitern deshalb die Funktionalität von HTML. Client und Server interpretieren zum Beispiel **Scripts**, die - wie andere HTML-Befehle - in Webseiten eingebettet sind (Schema 5.79). Beispiele von Skriptsprachen sind ‣JavaScript und ‣VBScript. Eine zweite Möglichkeit ist

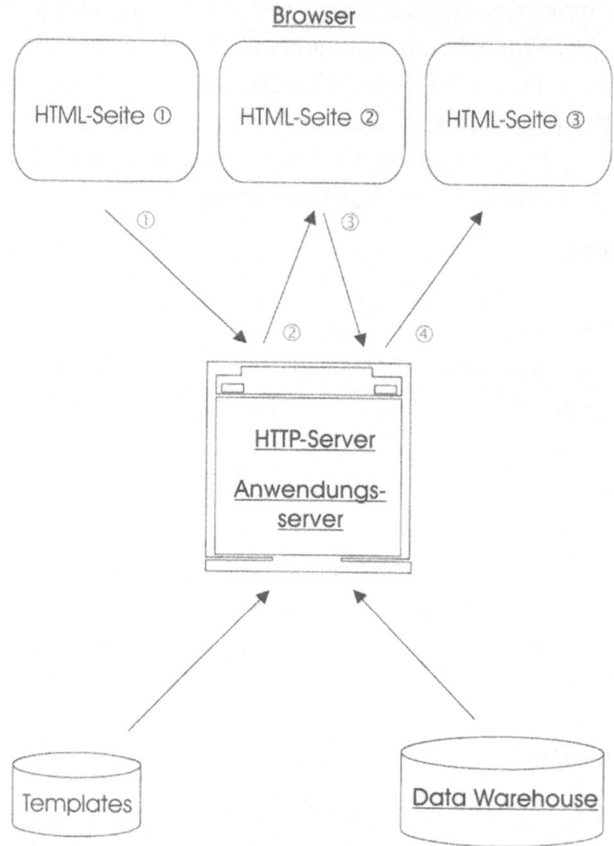

Schema 5.78: Eingeschränkte Interaktivität mit Standard-HTML

der Aufruf von Bibliotheksfunktionen aus der Webseite, vor allem von Java→Applets und ›ActiveX-Komponenten.

Der folgende Ausschnitt veranschaulicht die Einbettung einer VBScript-Prozedur in HTML:

```
<SCRIPT LANGUAGE="VBScript">
  'Initialisierung
  ...
  'Prozedur mit dem Ausgabebefehl MsgBox
 Sub Hallo_Klick()
   MsgBox "Hallo!"
 End Sub
</SCRIPT>
```

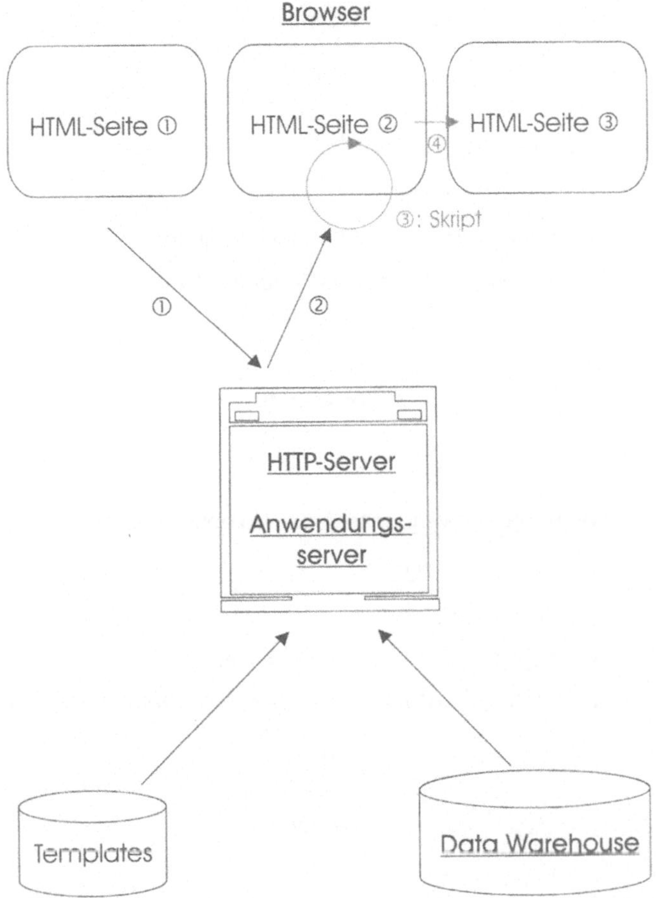

Schema 5.79: Scripts verbessern die Interaktivität von Standard-HTML

Der Quellcode steht zwischen den reservierten HTML-Wörtern `<SCRIPT LANGUAGE="VBScript">` und `</SCRIPT>`. Im Gegensatz zu einer Skriptprozedur ist eine **ActiveX**-Komponente Objektcode aus einer Dynamic Link Library (DLL). Sie wird deshalb über einen Namen und Parameter aufgerufen. Der Aufruf einer ActiveX-Komponente auf dem Server *MyServ* und dem Namen *MyDLL.OCX* lautet zum Beispiel:

```
<OBJECT
  ID="SteuerelementAntworte"
  CLASSID="clsid:123-1234-123-123-"
  CODEBASE="http://MyServ/MyDLL.OCX">
</OBJECT>
```

Client

↓

Internet Browser akzeptiert ...

- Standard-HTML
- Skriptcode (zum Beispiel ▸JavaScript)
- ▸Applet- und ▸ActiveX-Komponenten

↓

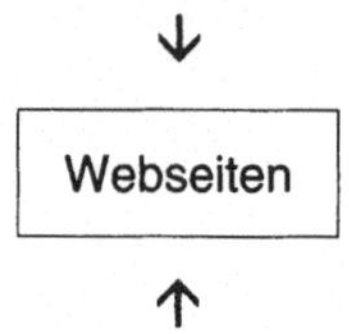

↑

Web- und Anwendungsserver akzeptieren ...

- Standard-HTML
- Skriptcode
- Applet- und ActiveX-Komponenten
- z.B. ▸CGI-, ▸ISAPI- oder ▸NSAPI-konforme Programme

↑

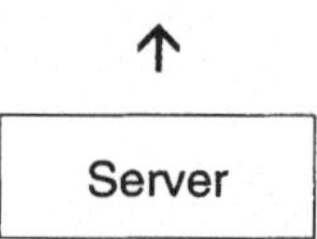

Schema 5.80: Einige client- und serverseitige Ergänzungen von HTML

Ein Ausschnitt aus dem Quellcode von *MyDLL.OCX* sieht wie folgt aus:

```
Sub Antworte(Abfrage As String, Antwort As String)
  'Abfrage interpretieren und verarbeiten
  ...
  Antwort =
    "Content-Type: text/html
    <HTML><BODY>
        'Antwort zeigen
        '(d.h. folgendes Template instanzieren)
        ...
    </BODY></HTML>"
End Sub
```

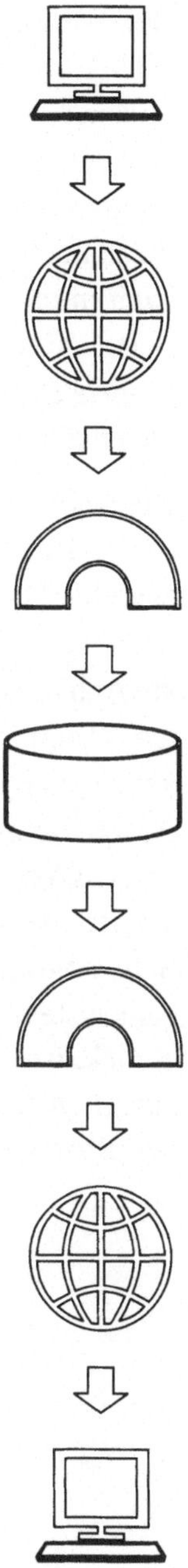

① Der Benutzer füllt ein Abfrageformular aus. Der **Browser** sendet die Benutzereinträge 1...N als Teil der folgenden URL an den Web Server: ***http://<Web Site>/<Templatename><Var1, Wert>...<VarN, Wert>***. Der Anwendungsserver wird später mit den Paaren <Var, Wert> ein SQL-Template instanzieren.

② Der **Web Server** leitet die ***URL*** an den Anwendungsserver weiter

③ Der **Anwendungsserver** ...
a) isoliert die Paare <Var, Wert>
b) sucht in der Metadatenbank das passende SQL-Template
c) instanziert dessen Variablen mit den entsprechenden Werten
d) sendet die SQL-Abfrage an den Data Warehouse Server

④ Der **Data Warehouse-Server** führt die SQL-Abfrage aus und sendet das ***Ergebnis*** dem Anwendungsserver

③ Der **Anwendungsserver** instanziert das Template mit dem SQL-Ergebnis und sendet das ***HTML-Ergebnis*** an den Web Server

② Der **Web Server** leitet das *HTML-Ergebnis* an den Browser des Benutzers weiter

① Der **Browser** zeigt das *HTML-Ergebnis* meist in Form einer Tabelle an

Schema 5.81: Abwicklung einer SQL-Abfrage an einen Datenbankserver

Die Visual Basic-Prozedur `Antworte` verarbeitet die Abfrage konventionell - zum Beispiel mit eingebetteten SQL-Anweisungen. Der Stringparameter `Antwort` ist eine HTML-Zeichenkette, die nach dem Verlassen der Prozedur in eine Webseite eingefügt wird.

Der Webserver bleibt ebenfalls nicht bei der Interpretation von Standard-HTML stehen. Er erkennt sogenannte CGI-Aufrufe und leitet sie wenn nötig an einen Anwendungsserver weiter. **GGI** (Common Gateway Interface) ist eine bereits bejahrte portable Schnittstelle zwischen HTML und einem Serverprogramm. Ein Datenbankserver kann zum Beispiel über CGI eine Client-Abfrage an eine Server-Datenbank stellen. Ein Programm mit CGI-Schnittstelle kann in einer beliebigen serverunterstützten Sprache geschrieben sein (zum Beispiel C oder Visual Basic). Weil CGI langsam ist, werden auch effizientere *proprietäre* Schnittstellen eingesetzt (▸ISAPI und ▸NSAPI). Schema 5.80 fasst die erwähnten client- und serverseitigen HTML-Ergänzungen zusammen.

Die Abbildung 5.81 zeigt eine mögliche Abwicklung einer SQL-Abfrage des Client. In der Regel formuliert ein Benutzer Abfragen, indem er ein Formular ausfüllt. Die Abfragekomplexität kann von einem einfachen Menü bis zu ▸QBE reichen. Der Browser kann die Formulareinträge 1 bis N zum Beispiel als Anhängsel zur Anschrift des Webservers (▸URL) senden: http://<Website>/<Templatename><Var1, Wert> ... <VarN, Wert>. Diese HTML-Zeichenkette gelangt dann an den Webserver, der den Abfrageteil isoliert und an den Anwendungsserver weiterleitet. Dieser trennt den Abfragestring in die Paare <Var, Wert>, sucht in der Metadatenbank das passende SQL-Template, instanziert dessen Variablen mit den entsprechenden Werten und sendet die SQL-Abfrage an den Data Warehouse-Server. Die Abfrage wird vom Datenbanksystem ausgeführt, und ihr Ergebnis gelangt an den Anwendungsserver zurück, der damit das Antworttemplate instanziert und es an den Webserver zurück übermittelt. Der Webserver leitet schliesslich das HTML-Ergebnis an den Browser weiter, der es in Tabellenform präsentiert.

Zusammenfassung von Abschnitt 5.5

- In den letzten Jahrzehnten haben sich die folgenden Muster der *Aufgabenteilung* zwischen Verarbeitungseinheiten herausgebildet: Host- und Master/Slave-Systeme sowie Filerserver- und Client/Server-Umgebungen.
- *Data Warehouses* sind meist Teil von Client/Server-Systemen oder verteilten Datenbanksystemen. Client/Server-Umgebungen können serverzentriert (mit thin clients), verteilt oder clientzentriert (mit fat clients) sein.
- *Intranet/Internet*-Lösungen sind im Gegensatz zu proprietären LAN-Umgebungen plattformunabhängig und bieten eine bekannte und einfache Benutzeroberfläche.
- Die Kommunikation zwischen einem Web Client und dem Web Server wird durch das Hypertext Transport Protocol (HTTP) und die Hypertext Markup Language (HTML) geregelt. HTML selbst erlaubt nur eine eingeschränkte Art der Programmierung. Anspruchsvollere Web-Anwendungen ergänzen deshalb ihre Funktionalität durch eingebettete Skriptanweisungen und Komponenten wie Java Applets und ActiveX.
- *Web Warehouse*-Anwendungen senden dem Browser HTML-Dokumente mit Daten, die Benutzerabfragen beantworten. Schnittstellen zwischen HTML und einem beliebigen Serverprogramm regeln den Zugriff auf den Data Warehouse-Server.

Wiederholungsfragen

Die folgenden Mehrfachwahl- und Zuordnungsaufgaben ergänzen die Vertiefungsaufgaben des Kapitels. Wählen Sie bei den Mehrfachwahlaufgaben jeweils die beste Antwortalternative. Sie können die Aufgaben auch unter der Kontrolle des Testprogramms \Folien\WebQuiz\WebQuiz lösen. Es begründet falsche Antworten und verweist Sie auf die entsprechende Folie.

1. Ordnen Sie die Eigenschaften A bis F den Datenbanksystemen 1 bis 2 zu.

A Die Daten werden möglichst redundanzarm gehalten.
B Die Daten sind operativ.
C Die Daten sind oft abgeleitet.
D Die Abfragen sind häufig ad hoc.
E Abfragen sind in der Regel Auswahlabfragen.
F Die Daten werden möglichst vollständig gehalten.

1 Produktionsdatenbank
2 Data Warehouse

2. Welches ist ein *Nachteil von OLAP*?

a) geringes Automatisierungspotential
b) grosser Lernaufwand
c) kleiner Anwendungsbereich
d) Benutzerunfreundlichkeit

3. Ordnen Sie die Softwarekomponenten A bis G den *Datenbankaufgaben* 1 bis 6 zu. (Mehrfachzuordnungen möglich)

A Forms Generator
B Report Generator
C Application Generator
D Datenbankmaschine
E Data Dictionary
F SQL
G QBE

1 Massendaten verwalten
2 Metadaten verwalten
3 Bildschirmformulare erstellen
4 Berichtsdateien formatieren
5 deklarative Anfragen formulieren
6 spezifizierte Anwendungslogik erzeugen

4. Ordnen Sie die *Sprachen* A bis E den Sprachkategorien 1 bis 2 zu.

A SQL
B Programmiersprache von dBASE
C Visual Basic für Applikationen
D QBE
E COBOL

1 prozedurale Sprache
2 deklarative Sprache

5. Eine Abfrage lautet umgangsprachlich "Wie heissen die Mitarbeiter, die weder in Dortmund noch in Düsseldorf wohnen?"
Welches ist die entsprechende *Abfragebedingung*?

a) NOT (Wohnort ≠ *Dortmund* OR Wohnort = *Düsseldorf*)
b) Wohnort ≠ *Dortmund* AND Wohnort ≠ *Düsseldorf*
c) Wohnort ≠ *Dortmund* OR Wohnort ≠ *Düsseldorf*
d) NOT (Wohnort ≠ *Dortmund* AND Wohnort ≠ *Düsseldorf*)

6. Eine *QBE*-Abfrage enthält eine Verbundoperation, wenn ...

a) die Verknüpfungsattribute mit x markiert sind.
b) mindestens eine der Tabellen ein Kreuz (x) enthält.
c) beide Tabellen in den Verbundattributen einen gleichen Eintrag enthalten.
d) die beiden Primärschlüssel durch ein Beispielelement verbunden sind.

7. Welcher Teil einer *SQL*-Anweisung legt die Zeilen fest, die in das Ergebnis eingehen?

a) `order by`
b) `select`
c) `from`
d) `where`

8. Weshalb ist die Normalisierung operativer Daten wichtiger als jene analytischer Daten?

a) Analytische Daten sind weniger redundant.
b) Operative Daten sind änderungsintensiver.
c) Analytische Daten sind nicht relational.
d) Operative Daten sind nicht mehrdimensional.

9. Was bedeutet *Drilling Down and Drilling Up*?

a) detaillieren und zusammenfassen
b) berechnen und zusammenfassen
c) synthetisieren und analysieren
d) Slicing and Dicing

10. Wie werden *Data Marts* am besten entwickelt?

a) top down.
b) bottom up
c) parallel
d) top down oder parallel

11. Welches der folgenden Attribute ist ein *Indikator*?

a) Region
b) Branche
c) Gewinn
d) Produkt

12. OLAP ermöglicht ...

a) dem Endbenutzer einen zweidimensionalen Zugriff auf einen Data Mart.
b) einen mehrdimensionalen Zugriff auf Data Marts.
c) dem Entwickler einen schnellen Zugriff auf einen Würfel.
d) die On Line-Verarbeitung tabellarischer Daten.

13. Ordnen Sie die Fachausdrücke A bis F den Datenbanken 1 bis 3 zu:

1 Data Warehouse
2 Transaktions-Datenbank
3 relationales Data Warehouse

A Produktions-Datenbank
B operative Datenbank
C analytische Datenbank
D OLAP
E ROLAP
F OLTP

14. Ordnen Sie die Eigenschaften A bis H den Kategorien 1 bis 2 zu:

A operative Produktionsdaten
B zusammenfassende Momentaufnahmen
C managementkritische Analysedaten
D historische Daten
E abfragefreundlich
F speichereffizient
G zugriffseffizient
H hoher Anteil berechneter Daten

1 OLTP
2 OLAP

15. Ordnen Sie die Eigenschaften A bis D den OLAP-Kategorien 1 bis 2 zu:

A standardisiert
B für grössere Warehouses geeignet
C zugriffseffizienter
D flexibler

1 ROLAP
2 mehrdimensionales OLAP

16. Was ist ein *Legacy-System*?

a) ein relationales Datenbanksystem für grosse Datenvolumina
b) ein hierarchisches Datenbanksystem mit COBOL
c) ein Client/Server-System für verteilte Datenbanken
d) ein älteres DV-System, das nicht mehr dem State of the Art entspricht

17. Was ist ein *Sternschema*?

a) eine mehrdimensionale Datenbank, welche die Dimensionen eines Warehouse benutzerfreundlich um die Fakten ordnet
b) ein logisches Datenbankschema, das die Dimensionen eines Warehouse benutzerfreundlich um die Fakten ordnet
c) ein logisches Datenbankschema, das die Fakten benutzerfreundlich um die Dimensionen ordnet
d) ein physisches Datenbankschema, das die Dimensionen benutzerfreundlich um die Fakten ordnet

18. *if..Synchrony* ist ein einfaches ...

a) Front End, das Ad hoc-Abfragen in SQL-Befehle übersetzt
b) MOLAP-Werkzeug für ad hoc-Abfragen
c) ROLAP-Front End für Routineabfragen
d) kommerzielles OLAP-Datenbanksystem

19. Das *Family Panel* von Synchrony enthält ...

a) die Abfrageergebnisse.
b) ein Tabellenblatt, das die Antworten anzeigt.
c) das zugrunde liegende Sternschema.
d) den Abfrage-Browser.

20. Ordnen Sie die Aufgaben A bis D den vernetzten Systemen 1 bis 5 zu:

A Verarbeitung durch dedizierte Anwendungsserver
B nur Drucker- und Speicherteilung sowie Dateiaustausch
C Verarbeitung und Dialog durch den Grossrechner
D beschränkte Dialogverarbeitung durch die Terminals

1 Host-Terminal-Umgebung
2 Master-Slave-Umgebung
3 Fileserver
4 Zweistufiges Client/Server-System
5 Mehrstufiges Client/Server-System

21. Welches war die ursprüngliche Absicht des *Internet*?

a) die sichere Datenübertragung für Unternehmungen
b) On Line-Daten für PC-Benutzer
c) ein sicheres Netzwerk für den Nuklearkrieg
d) eine schnelle Datenübertragung zwischen Forschern

22. Welche *Protokolle* verwendet das Internet?

a) FTP und Telnet
b) HTTP und SMTP
c) NNTP and IRC
d) ‣TCP und IP

23. Ordnen Sie die Aufgaben A bis G den Systemen 1 bis 4 zu:

A URL an den Anwendungsserver senden
B SQL-Abfrage ausführen
C URL an den Web Server senden
D Ergebnistemplate mit dem Resultat der SQL-Abfrage instanzieren
E SQL-Template instanzieren
F Ergebnis als HTML-Formular an den Browser senden
G Abfrageergebnis dem Benutzer anzeigen

1 Browser
2 Web Server
3 Anwendungsserver
4 Data Warehouse-Server

Vertiefungshinweise

Data Warehousing ist weniger aus der Wissenschaft als aus der Praxis befruchtet worden. Einige Literaturhinweise richten sich daher vor allem an Praktiker. Sie zeichnen sich durch Aktualität und Praxisbezug aus, lassen aber oft die Systematik und den Bezug zur Datenbanktheorie vermissen.

Lehrbücher

▷ Adamson, C., Venerable, M., *Data Warehouse Design Solutions*, Wiley 1998, 523 S. (inkl. CD ROM)

Sammlung logischer Datenmodelle aus den Bereichen Verkauf, Produktion und Lagerhaltung, Finanz- und Rechnungswesen, Qualitätskontrolle und strategische Planung. Die beiliegende CD ROM enthält Data Warehouse-Schemata und Beispieldaten in MS Access.

▷ Berson, A., Smith, S.J., *Data Warehousing, Data Mining, and OLAP*. McGraw-Hill 1997, 612 S.

Umfangreiche Einführung in Data Warehousing und Data Mining. Vertiefende Behandlung der Hardware- und Softwaregrundlagen. Umfangreiche Produktbeschreibungen

▷ Connelly, R., McNeill, R., Mosimann, R., *The Multidimensional Manager*, Ottawa, Cognos Inc. 1998, 130 S.

Auf Cognos PowerPlay bezogene DOLAP-Einführung für Endbenutzer aus betriebswirtschaftlicher Sicht. Sammlung mehrdimensionaler Sichten auf das Finanz- und Rechnungswesen, das Marketing, die Beschaffung, die Produktion und das Personalwesen

▷ Connelly, R., McNeill, R., Mosimann, R., *The Multidimensional Organisation*, Ottawa, Cognos Inc, 137 S.

Implementationsbezogene Ergänzung zu *The Multidimensional Manager* der gleichen Autoren (siehe oben)

▷ Corey, M.J., Abbey, M., Abramson, I., Taub, B., *ORACLE8 Data Warehousing*, Osborne/McGraw-Hill 1998, 686 S.

Von Oracle autorisierte Einführung. Inhalt: Einführung (42 S.), Entwicklung (45 S.), Laden einer Legacy-Datenbank (71 S.), Entwurf und Data Marts (59 S.), Benutzerschnittstelle, inkl. OLAP (100 S.), Optimierung (144 S.), Sicherung und Sicherheit (80 S.), Oracle Express Server (55 S.), Data Mining (23 S.) und Web-Zugang (27 S.). Ein grosser Teil der Ausführungen bezieht sich auf Oracle-Produkte. Von allgemeinen Interesse sind vor allem die Praxisbeispiele und die SQL-Scripts. Interessant ist auch die Einführung in das MOLAP-Werkzeug Oracle Express.

▷ Hackathorn, R.D., *Web Farming for the Data Warehouse*, Morgan Kaufman 1998, 425 S.

▷ Hammergren, T., *Official Sybase Data Warehousing on the Internet. Accessing the Corporate Knowledge Base*, London, International Thomson Computer Press 1997, 628 S.

Umfangreiche Einführung in die praktische Data Warehouse-Entwicklung mit den Schwerpunkten Data Marts und Webzugriff. Viele Verweise auf Softwarepakete (zum Teil aus der Sicht von Sybase)

▷ Inmon, W.H., Welch, J.D., Glassey, K.L., *Managing the Data Warehouse*, Wiley 1997, 386 S.

Vollständige und gut lesbare Einführung mit vielen Abbildungen und einem Glossar

▷ Inmon, W.H., Rudin, K., Buss, C., Sousa, R., *Data Warehouse Performance*, Wiley 1998, 444 S.

Unter einen breiten Performance-Begriff subsumieren die Autoren die Benutzer- und Datenmodellierung, Ladeprozesse, Hardware, Leistungsüberwachung und andere Aspekte der Leistung eines Data Warehouse. Gut verständliche, aber oft redundante Einführung

▷ Kimball, R., Reeves, L., Ross, M., Thornthwaite, *The Data Warehouse Lifecycle. Toolkit. Expert Methods for Designing, Developing, and Deploying Data Warehouses*, Wiley 1998, 771 S. (mit CD ROM)

Die Autoren geben aus einer Fülle von Beratungserfahrungen konkrete Handlungsanweisungen. Die CD ROM enthält Vorlagen für Data Warehouse-Projekte aus Praktikersicht. Der Text ist eingängig, zuweilen aber undifferenziert und redundant.

▷ Lusti, M., *Dateien und Datenbanken*, 3. Auflage, Springer 1997, 365 S.

Elementare anwendungsorientierte Einführung in den Entwurf und die Anwendung operativer Datenbanken. Data Warehouse- und Data Mining-Konzepte werden nicht behandelt.

▷ Marco, D., *Building and Managing the Meta Data Repository*, Wiley 2000, 392 S. (inkl. CD ROM)

Umfangreiche Einführung in die Verwaltung von Metadaten in Data Warehouses. Der erste Teil beschreibt Grundlagen und Standards, der zweite die Implementation einer Metadatenbank für Data Warehouses.

▷ Mucksch, H., Behme, W. (Hrsg.), *Das Data Warehouse-Konzept. Architektur-Datenmodelle-Anwendungen*, unveränderte 3. Aufl., Gabler 1998 (1. Aufl. 1996), 679 S.

Sammelband mit Beiträgen und Erfahrungsberichten aus Praxis und Wissenschaft

▷ Oehler, K., *OLAP. Grundlagen, Modellierung und betriebswirtschaftliche Lösungen*, Hanser 2000, 365 S.

Umfangreiche Einführung in OLAP. Schwerpunkte sind der Aufbau und die Modellierung von OLAP-Systemen am Beispiel betrieblicher Anwendungen

▷ Silverston, L., Inmon, W.H., Graziano, K., *Data Model Resource Book. A Library of Logical Data Models and Data Warehouse Design*, Wiley 1997, 355 S.

Sammlung logischer Datenmodelle aus der Beratungspraxis. Die Autoren beschreiben auf 217 Seiten ein Unternehmungsdatenmodell mit Entity-Relationship-Diagrammen und erstellen daraus auf siebzig Seiten Sternschemata für ein Enterprise Data Warehouse. Eine getrennt erhältliche CD ROM mit SQL-Skripts ermöglicht die einfache Implementation und Anpassung an Unternehmungsspezifika. Der Detaillierungsgrad der Datenmodelle ist geringer als jener vergleichbarer Sammlungen im deutschsprachigen Raum, zum Beispiel der operativen Datenmodelle von Scheer (Scheer, A.-W., Referenzmodelle für industrielle Geschäftsprozesse, 7. Aufl., Springer 1997). Hilfreich sind vor allem die gut lesbaren Beschreibungen der wichtigsten Entitäten und Beziehungen eines Unternehmungsdatenmodells und ihre Umsetzung in Sternschemata.

▷ Stock, S., *Modellierung zeitbezogener Daten im Data Warehouse*, Gabler 2001, 197 S.

Modellierung temporaler Daten, insbesondere in Sternschemata

▷ Thomsen, E., *OLAP Solutions. Building Multidimensional Information Systems*, Wiley 1997, 576 S. (inkl. CD ROM)

Detaillierte und CD ROM-gestützte Einführung in OLAP mit Literatur- und Produkthinweisen sowie Fallstudien. Das Buch besticht durch seine Tiefe, die auch vor Implementationsdetails nicht Halt macht. Die CD ROM enthält TM/1, ein mehrdimensionales Datenbankverwaltungssystem und das Visualisierungswerkzeug SPSS Diamond (vgl. Kapitel 6, Data Mining - Ein Überblick).

Zeitschriften

▷ *itFokus*, IT Verlag für innovative Technologien GmbH, Arnikastraße 2, 85635 Höhenkirchen (http://www.it-verlag.de)

Deutschsprachige Zeitschrift für den Praktiker mit gut verständlichen, kurzen Artikeln zu aktuellen Themen aus den Bereichen Datenbanken und Data Warehouses

▷ *Data Management Review*, Powell Publishing, Inc (http://dmreview.com/)

▷ *The Journal of Data Warehousing*, The Data Warehousing Institute, 849-J Quince Orchard Boulevard, Gaithersburg, MD 20879, 301-947-3730

▷ *Intelligent Enterprise*
(http://www.dbpd.com/, http://www.intelligententerprise.com)

Websites

▷ *The Data Warehousing Information Center*

http://www.dwinfocenter.org/ (White Papers, Literaturverweise und Software für die Praxis)

▷ *Data Warehousing Institute*

http://www.dw-institute.com (Material aus der Sicht einer Beratungsunternehmung)

▷ *Alta Plana Online Analytical Processing* (OLAP)
http://altaplana.com/olap/ (Überblick)

▷ *The OLAP Report*
http://www.olapreport.com (umfangreiche Marktübersicht)

▷ *German OLAP and Data Warehouse Forum*
http://www.winf.ruhr-uni-bochum.de/olap/ (White Papers, Literatur- und Produktverweise)

6 Data Mining - Ein Überblick

Neue Begriffe

Wo lassen sich Data Mining-Methoden einsetzen?
- Beispielanwendungen
  - Beurteilung der Kreditwürdigkeit
  - Marktkorbanalyse
- Anwendungsklassen
  - Klassifikation
  - Vorhersage
  - Clustering
  - Assoziation

Welche Daten eignen sich zur Entwicklung von Data Mining-Modellen?
- Datengesamtheit
  - Stichprobe
    - Datensatz
      - Variable
        - unabhängige Variable
        - abhängige Variable

Welche Methoden und Werkzeuge werden eingesetzt?
- Methodenbeispiele
  - Entscheidungsbäume
  - neuronale Netze
  - Visualisierung
- Methodenklassen
  - datengetriebene (explorative) Methoden
  - modellgetriebene Methoden

6.1 Anwendungen

Vergleich 6.1 stellt die Abfrage- und Analysewerkzeuge des letzten Kapitels den Data Mining-Methoden der nächsten Kapitel gegenüber. *Abfrage- und Berichtssprachen* wie SQL und QBE sind zwar standardisiert und mächtig, aber für gelegentliche Benutzer zu schwierig. *OLAP-Werkzeuge* erlauben hingegen auch gelegentlichen Benutzern flexible mehrdimensionale Abfragen. Ihre Methoden sind aber abfragezentriert und von der Analysekomplexität her einfach. *Data Mining-Werkzeuge* erlauben komplexere Analysen. Sie lassen den erfahrenen Benutzer in Massendaten nach verborgenem Wissen "schürfen". Dieses Kapitel führt in den Begriff sowie in einige Methoden und Werkzeuge des Data Mining ein. Die Kapitel 7 und 8 vertiefen zwei verbreitete Methoden, die Regelinduktion und neuronale Netze.

"To mine", der Wortstamm von Data Mining, bedeutet "schürfen nach". Ziel des **Data Mining** ist die automatische und nichttriviale Suche nach Wissen in Massendaten. Die Suchmethoden sind nichttrivial, weil sie statt der herkömmlichen Datenbankwerkzeuge komplexe Methoden aus dem Bereichen der wissensbasierten Systeme und der Statistik verwenden. Die Massendaten einer Data Mining-Analyse können zum Beispiel aus einer ›Direct Mailing-Kampagne stammen. Analyseziel ist dann die Vorhersage jener Adressaten, die positiv auf die Kampagne reagieren.

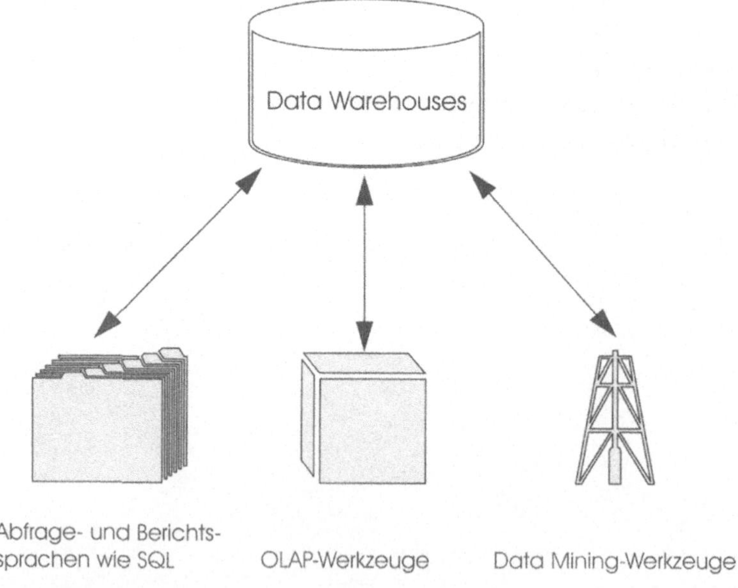

Vergleich 6.1: Datenbankabfrage und Data Mining

Data Mining-Methoden lassen sich in vielen Branchen und ›Funktionsbereichen anwenden. Die Tabelle 6.2 nennt einige Anwendungen aus den Bereichen Absatz, Rechnungswesen und Personal. Das Beispiel "Beurteilung der Kreditwürdigkeit" wird die Kapitel 7 und 8 begleiten.

Anwendungsbeispiel	*Funktionsbereich*
›Marktkorbanalyse	Absatz
Beurteilung der Werbewirksamkeit	Absatz
Antwortrate nach einem Direct Mailing	Absatz
Vorhersage der Kundenfluktuation	Absatz
Kreditwürdigkeitsbeurteilung	Absatz
Entdeckung von Kreditkartenbetrug	Absatz
Analyse der Zahlungsgewohnheiten	Rechnungswesen
Mitarbeiterzufriedenheit	Personalwesen

Beispiele 6.2: Betriebliche Data Mining-Anwendungen

Die Anwendung von Data Mining-Methoden und -Werkzeugen folgt einem Phasenschema: Die Fachabteilung spezifiziert ein Problem, zum Beispiel die Beurteilung der Bonität von Kreditsuchenden. Der Data Mining-Experte wird dann die Anwendungsklasse bestimmen und Methoden vorschlagen, die geeignet sind, Probleme dieser Art zu lösen. Das achte Kapitel wird am Beispiel neuronaler Netze eine Methode der Bonitätsbeurteilung vertiefen. Nach der Wahl einer oder mehrerer Methoden wird man sich schliesslich auf den Einsatz eines Werkzeugs einigen. In Kapitel 8 setzen wir zum Beispiel mit NeuralWorks Predict ein neuronales Werkzeug zur Bonitätsbeurteilung ein.

Tabelle 6.3 unterscheidet fünf verbreitete **Anwendungsklassen**. Die Spalte Aufgabe charakterisiert die Anwendungsklasse. Die dritte Spalte nennt ein repräsentatives Beispiel und die letzte Spalte typische Methoden der Problemlösung. Die Kapitel 7 und 8 diskutieren vor allem Klassifikationsmethoden. Diese ordnen ein Individuum (einen Datensatz) einer aus mehreren bekannten Klassen zu. OCR (engl. Optical Character Recognition) ordnet zum Beispiel das Bitmuster eines Zeichens der Ziffernklasse 1 zu.

Eine Klasse unterscheidet sich von einem Cluster: Die *Klassifikation* geht von einer festen Zahl genau definierter Klassen aus. *Clustering* bildet hingegen erst aufgrund einer Analyse Gruppen (engl. clusters) ähnlicher Individuen. Die *Vorhersage* unterscheidet sich von der Klassifikation durch das unterschiedliche Messniveau der abhängigen Variablen. Die vorherzusagende Va-

Klasse	*Aufgabe*	*Anwendung*	*Methodenbeispiele*
Klassifikation	Individuen bereits *bekannten* Klassen zuordnen	›OCR, Bonitäts-beurteilung	›Regelinduktion, ›neuronale Netze
Vorhersage	*Kontinuierliche* zukünftige Werte aus unabhängigen Variablen berechnen	Bonitäts-beurteilung	›neuronale Netze, ›Regression
Clustering	Gruppen aufgrund von Ähnlichkeiten zwischen Individuen *identifizieren*	Werbeadressaten einteilen	›neuronale Netze, konventionelle ›Clusteranalyse
Assoziation	*Abhängigkeiten* entdecken und quantifizieren	›Marktkorb-analyse	statistische Zusammenhangs-analyse
Text Mining	*Textmuster* suchen	Information Retrieval	Suchalgorithmen

Vergleich 6.3: Klassen von Data Mining-Anwendungen

riable ist kontinuierlich (stetig), während Klassenvariablen diskret sind. Eine klassifizierende Bonitätsbeurteilung ordnet zum Beispiel Antragsteller den Klassen "kreditwürdig " und "nicht kreditwürdig" zu. Eine vorhersagende Bonitätsbeurteilung könnte hingegen die Bonität der Antragsteller als "voraussichtliche Zahl der bezahlten Raten" definieren.

Die Assoziationsanalyse entdeckt und quantifiziert Abhängigkeiten. Ein wichtiges Anwendungsbeispiel sind **Marktkorbanalysen** (engl. market basket analyses). Sie untersuchen Abhängigkeiten zwischen Produkten, die Kunden einkaufen. Ein Beispielergebnis wäre etwa: "80% aller Kunden, die Bier kaufen, haben auch Chips im Einkaufskorb".

6.2 Datenanalyse

Die Qualität der **Daten** ist entscheidend für den Erfolg des Data Mining. Die Datenqualität hängt ihrerseits vom Erfolg der Data Warehousing-Bemühungen ab. Die Zuverlässigkeit und Gültigkeit der Daten eines Enterprise Data Warehouse und der einzelnen Data Marts bieten aber noch keine Gewähr für einen sinnvollen Einsatz von Data Mining-Technologien. Es bleibt das Risiko, dass naive Anwender "die Daten solange quälen, bis sie das hergeben, was die Auftraggeber von ihnen erwarten".

Data Mining-Verfahren sind meist explorativ. Die explorative oder **datengetriebene** Analyse beschreibt und verallgemeinert die Muster einer Datengesamtheit. Die **modellgetriebene** Datenanalyse geht hingegen von Hypothesen aus, die von einem einschränkenden Modell der Wirklichkeit abgeleitet worden sind und konzentriert sich darauf, diese Hypothesen an einer Stichprobe zu prüfen. Der übernächste Abschnitt wird mit der Visualisierung eine Methode einführen, die sich besonders gut zur explorativen Datenanalyse eignet. Typische *daten*getriebene Methoden stammen aus der deskriptiven Statistik und der Theorie neuronaler Netze. Zu den *modell*getriebenen Methoden gehören insbesondere die schliessende Statistik und die Analyse mit konventionellen Abfragesprachen wie SQL.

Die Tabelle 6.4 beschreibt einige **Grundbegriffe der Datenanalyse**. Der Erfolg einer Methode ist abhängig von der Relevanz, der ›Reliabilität und der ›Validität der erhobenen *Variablen*. Die Validität der Ergebnisse hängt davon ab, ob die Auftraggeberin, zum Beispiel eine Fachabteilung, Hypothesen über Attribute und Beziehungen der *Datengesamtheit* beisteuert. Wo die *Datenelemente* nur eine Auswahl einer Grundgesamtheit sind (Teilerhebung), muss sich der Analytiker fragen, wie sicher er die Ergebnisse der ausgewählten *Stichprobe* auf andere Unternehmungseinheiten oder Zeitperioden verallgemeinern kann. *Lernmenge und Testmenge* unterscheiden wir dort, wo eine zweite Datengesamtheit, die Testmenge, das Ergebnis der Lernmenge validieren soll. Eine *abhängige* Variable beschreibt ein Merkmal, dessen Wert vom Modell selbst - endogen - erklärt wird. Zur Erklärung dienen *unabhängige* Variablen, deren Werte nicht weiter begründet werden, sondern nur ausserhalb des Modells - exogen - begründet werden können.

Begriff	*Synonyme*	*Verwandte Begriffe*
Datengesamtheit	Lernmenge	›Grundgesamtheit, ›Stichprobe, Testmenge, Datenbank
Datenelement	Satz, Zeile, Tupel, Individuum, Beispiel, Beobachtung	
Variable	Attribut, Merkmal, Feld, Spalte	Fakt, Indikator, Dimension
unabhängige Variable	exogene Variable	Prädiktor, Klassifikator
abhängige Variable	endogene Variable, Kriterium	vorhergesagte oder klassifizierte Variable

Tabelle 6.4: Grundbegriffe der Datenanalyse

Datenerhebung und -analyse lassen sich in die folgenden **Phasen** einteilen:

1 Problem spezifizieren

- Abhängige Variable bestimmen
- Unabhängige Variablen bestimmen
- Hypothesen formulieren

2 Daten sammeln und aufbereiten

- Voll- oder Teilerhebung durchführen
- Variablen messen
- Datengesamtheit wenn nötig in Lern- und Testmenge aufteilen
- Variablen für Modellierungszwecke transformieren

3 Daten explorieren

- Daten visualisieren (Beispiel Streudiagramm)
- ‣Ausreisser analysieren
- Verteilungsmasse berechnen (Beispiel ‣Varianz)
- Variablen in Beziehung zueinander setzen (Beispiel ‣Korrelation)
- Ergänzende Hypothesen formulieren

4 Hauptmethoden anwenden

- Methoden wählen
- ev. Hypothesen testen
- ev. Zusammenhänge identifizieren und quantifizieren
- ev. Kausalität von blosser Korrelation unterscheiden
- ev. Einfluss ‣intervenierender Variablen identifizieren

5 Ergebnisse validieren, präsentieren und anwenden

- ev. Unsicherheit der Ergebnisse quantifizieren (Beispiel ‣Signifikanztest)
- Ergebnisse visualisieren
- Ergebnisse auf neue Stichproben anwenden.

Wir haben den Begriff des Data Mining an Beispielen verbreiteter Anwendungsklassen eingeführt. Dann haben wir die Bedeutung von Daten, Variablen, Methoden und Ergebnissen im Phasenschema der Datenanalyse gezeigt. Im nächsten Schritt führen wir Methoden an Kurzbeispielen ein, welche in den Kapiteln 7 und 8 vertieft werden. Der Rest des Kapitels zeigt am Beispiel der Visualisierung eine explorative Methode, welche die Auswahl vertiefender Analysemethoden vorbereiten kann.

6.3 Methoden

Zu den Werkzeugen des Data Mining im weiteren Sinn gehören auch Abfragesprachen, OLAP-Werkzeuge, Berichtsgeneratoren und Tabellenkalkulationswerkzeuge. Abfrage- und Berichtswerkzeuge beantworten einfache Fragen abschliessend und entdecken Hypothesen, die später mit Data Mining Tools getestet werden können. Ihr Vorgehen ist allerdings kaum automatisierbar und ergibt meist nur einfache statistische Ergebnisse wie Häufigkeiten, Durchschnitte und Standardabweichungen. Tabellenkalkulationswerkzeuge erlauben zwar komplexere Berechnungen, eignen sich aber nur für geringe Datenmengen. Trotzdem wird man nur für einen kleineren Teil der Abfragen und Analysen Data Mining-Methoden und -Werkzeuge im engeren Sinn einsetzen. Alle Analyseprobleme mit Data Mining zu lösen, hiesse "mit Kanonen auf Spatzen schiessen". Ausserdem erfordern ihre Methoden - im Gegensatz zu OLAP - Hintergrundwissen, das den meisten Endbenutzern fehlt.

Zur Veranschaulichung einiger Data Mining-Ansätze greifen wir im Fallbeispiel 6.5 auf die Anwendung ZEITSCHRIFTEN des letzten Kapitels zurück.

Ein Verlag publiziert die Zeitschriften *Auto*, *Wohnen, Sport, Musik* und *Comics*. Ein Data Warehouse soll Fragen der folgenden Art beantworten: "Welches Profil zeigen die Leser der Zeitschrift *Wohnen*?" oder "Welche Zusammenhänge bestehen zwischen Lesern der Zeitschriften *Sport* und *Auto*?". Die verwendeten Data Mining Tools sollen auf dem Data Warehouse aufsetzen und Marketing-Aktionen wie ›Direct Mailing oder Anzeigenkampagnen unterstützen. Das Management stellt sich vor, dass die Analysen Aussagen wie die folgenden ermöglichen:

- "Hypothekarverschuldete Leser sind mit einer Wahrscheinlichkeit von 70% auch Abonnementen der Zeitschrift Wohnen."
- "Ein Abonnent der Zeitschrift Sport mit einem Alter zwischen 20 und 30 subskribiert mit einer Wahrscheinlichkeit von 40% zwischen 30 und 40 auch die Zeitschrift *Auto*".

Fallbeispiel 6.5: ZEITSCHRIFTEN

Prognosen mit Data Mining-Methoden sind in der Regel treffsicherer als naive Ad hoc-Vorhersagen. Wir klären den Unterschied zwischen naiven und methodisch fundierten Vorhersagen an der Frage "Abonniert ein Konsument eine Zeitschrift XY?". Die **naive** Vorhersage ist uninformiert, weil sie einen zukünftigen Merkmalswert nur aus der Verteilung des Merkmals in der Vergangenheit herleitet. Die folgende Tabelle veranschaulicht die naive Vorhersage an zwei Beispielen:

Zeitschrift	*Kaufhäufigkeit*	*Vorhersage*
"Auto"	40%	⇒ kein Abonnement
"Wohnen"	70%	⇒ Abonnement
...	...	...

Man schliesst allein aus der Tatsache, dass die Zeitschrift "Auto" nur von 40% des Zielpublikums abonniert wurde, dass ein einzelner, zu prognostizierender Kunde "Auto" nicht abonniert. Die naive Vorhersage berücksichtigt also keine Faktoren (unabhängige Variablen), welche die vorherzusagende Grösse (abhängige Variable) beeinflussen könnten, sondern stützt sich nur auf leicht verfügbare Vorinformation.

Naive Vorhersagen schätzen *a priori*-Wahrscheinlichkeiten, die nicht berücksichtigen, dass diese von anderen - vielleicht bekannten oder besser vorhersagbaren - Faktoren abhängen. Eine **methodische** Vorhersage schätzt deshalb *bedingte* (a posteriori-) Wahrscheinlichkeiten unter Berücksichtigung unabhängiger Variablen, welche die vorherzusagende abhängige Variable beeinflussen. Die folgende Tabelle illustriert die methodische Vorhersage an einem Beispiel: Im Vergleich zur naiven Vorhersage erhöht die Tatsache, dass jemand Wohn- und Autoeigentümer ist, die Wahrscheinlichkeit, dass er die Zeitschrift "Auto" abonniert von 40% auf 65%. Bei der Herleitung bedingter Vorhersagen helfen Data Mining-Methoden wie ▸Regressionsanalysen und ▸Entscheidungsbaumverfahren.

Zeitschrift	*Wohneigentum*	*Autoeigentum*	*Vorhersage*
"Auto"	ja	ja	65% Abo-Wahrscheinlichkeit
"Wohnen"	ja	nein	80% Abo-Wahrscheinlichkeit
...	...	...	...

Ein verbreitetes und anwenderfreundliches Data Mining-Verfahren ist die **Regelinduktion**. Sie induziert aus einer Datengesamtheit Entscheidungsbäume, wie sie das vierte Kapitel ("Regelbasierte Systeme") eingeführt hat. Wir veranschaulichen das Problem an der Frage "Welche Bevölkerungsgruppen lesen die Zeitschrift *Auto und Freizeit*?". Ein Entscheidungsbaum ist eine Menge von hierarchisch verknüpften Regeln deren schrittweise Abarbeitung eine Ausgangsfrage beantwortet. Ein Entscheidungsbaum, der unsere Beispielfrage beantwortet, lässt sich grafisch oder als Einrückungsliste darstellen:

Wer liest "Auto und Freizeit"?

- Alter <= 45
  - Einkommen > 70'000.- ⇒ 0%
  - Einkommen <= 70'000.-
    - Alter >= 32 ⇒ 52%
    - Alter < 32 ⇒ 95%
- Alter > 45
  - Alter > 50 ⇒ 0%
  - Alter <= 50 ⇒ 8%

Eine Interpretation des ersten Teils des Entscheidungsbaums lautet wie folgt: Wer zwischen 32 und 45 Jahre zählt und höchstens 70'000.- verdient, liest mit einer Wahrscheinlichkeit von 52% die Zeitschrift "Auto und Freizeit".

Schema 6.6 fasst den Syntheseprozess der Regelinduktion zusammen. Ein Induktionsalgorithmus leitet aus einer aufbereiteten Datengesamtheit Regeln her. Oft wird ein menschlicher Experte die Regeln auf Plausibilität prüfen und allenfalls verfeinern. Die endgültigen Regeln werden dann Teil einer Anwendung, zum Beispiel eines Schemas zur Bonitätsbeurteilung.

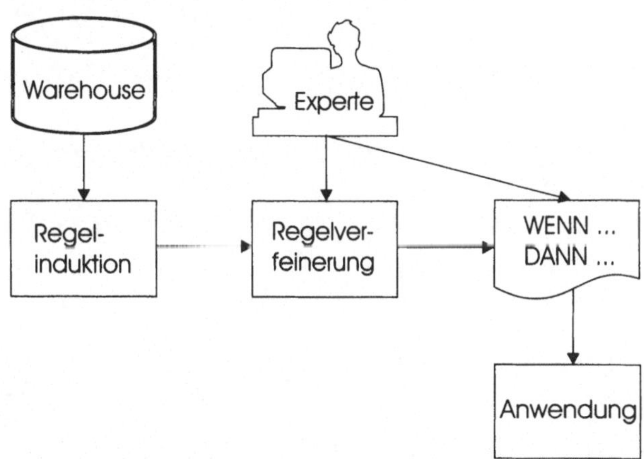

Schema 6.6: Induktion von Entscheidungsbäumen

Die Ziele der Induktion von Entscheidungsbäumen und neuronaler Netze überschneiden sich. Beide können Klassifikationsaufgaben lösen. Ein **neuronales Netz** besteht aus Verarbeitungseinheiten (Neuronen), die aus einer Stichprobe von Eingabevektoren eine Ausgabe berechnen. Die Architektur künstlicher neuronaler Netze ist wesentlich einfacher als jene biologischer Netze mit Millionen von Nervenzellen. Bild 6.7 nimmt das Fallbeispiel ZEITSCHRIFTEN auf und veranschaulicht, wie ein neuronales Netz die abhängige Variable "Subskriptionswahrscheinlichkeit" aus unabhängigen Variablen -

zum Beispiel Alter, Hauseigentum und Region - berechnet. Die Kreise symbolisieren Neuronen. Ziel des Lernalgorithmus ist es, den Weg von den Eingaben (den unabhängigen Variablen) durch das neuronale Netz bis zur Ausgabe (zur abhängigen Variable) so zu wählen, dass jedes Individuum der Lernmenge optimal klassifiziert werden kann. Im Idealfall gelingt es dem Algorithmus, nicht nur die Elemente der Lernmenge, sondern auch Individuen beliebiger Testmengen der richtigen Zeitschrift (etwa "Auto" oder "Wohnen") zuzuordnen.

Typische neuronale Netze bestehen aus Eingabeneuronen, verborgenen Neuronen und Ausgabeneuronen. Die Eingabeneuronen nehmen die Werte der unabhängigen Variablen auf. Diese werden durch Gewichte zuerst auf die verborgenen und dann auf die Ausgabeneuronen verteilt. Aufgabe des neuronalen Netzes ist es, die Werte der Eingabeneuronen (zum Beispiel des Alters) solange modifiziert weiter zu geben, bis die Werte der Ausgabeneuronen einem gewünschten Kriterium (zum Beispiel den gegebenen Subskriptionshäufigkeiten der Lernmenge) entsprechen.

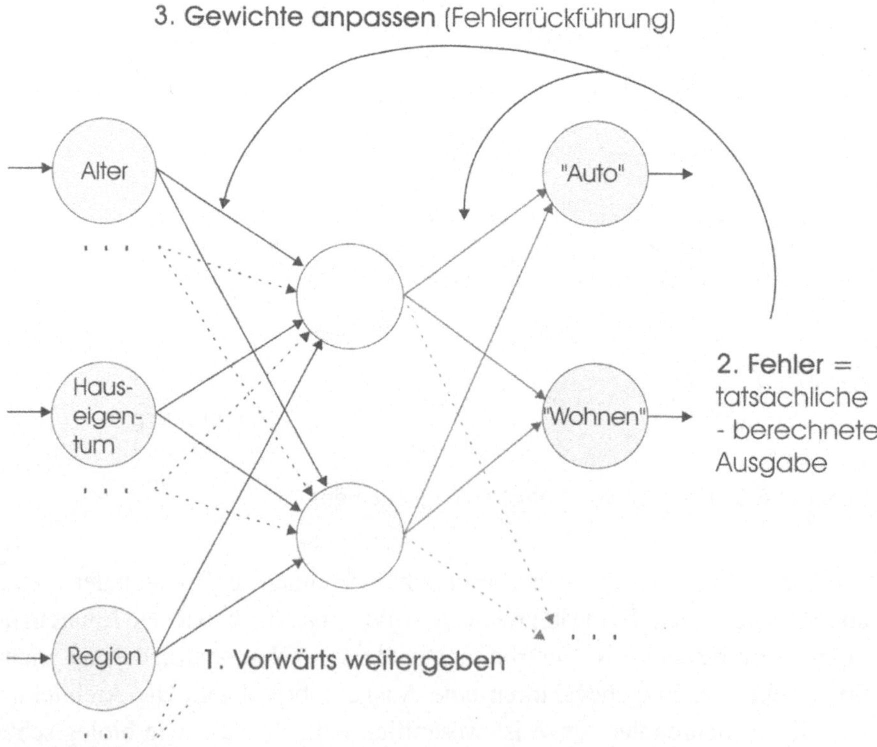

Bild 6.7: Neuronales Netz zur Vorhersage der Subskriptionswahrscheinlichkeit

Allgemeiner lässt sich der Lernalgorithmus der neuronalen Architektur von Bild 6.7 wie folgt beschreiben: Die Gewichte zwischen den Neuronen werden solange angepasst, bis der Fehler - das heisst der Unterschied zwischen den berechneten und den tatsächlichen Werten der abhängigen Variable in der Lernmenge - minimal wird.

Anwendungen neuronaler Netze finden sich in allen betrieblichen Funktionsbereichen und Branchen. Eine typische Marketinganwendung ist die Identifikation jener Kundenklassen, die gut auf bestimmte Werbeaktionen ansprechen. Anwendungen aus der Branche Finanzdienstleistungen sind zum Beispiel die Beurteilung der Kreditwürdigkeit und die Zusammenstellung von Wertschriften-Portfolios. Kapitel 8 wird an einfachen Netzarchitekturen in die Mechanismen neuronaler Netze einführen.

6.4 Visualisierung

"A picture is worth a thousand words" bringt das Anliegen der **Visualisierung** auf den Punkt. Ihr Ziel ist die bildliche Darstellung komplexer Daten zur Entdeckung von Hypothesen oder zur Veranschaulichung von Ergebnissen. Die Visualisierung ergänzt in der Regel andere Data Mining-Techniken, indem sie die Anwendbarkeit vertiefender Methoden exploriert oder die Ergebnisse abgeschlossener Analysen veranschaulicht.

Visualisierungstechniken lassen sich nach dem Typ der Diagramme, der Dimensionaliät und der Art der veranschaulichten Data Mining-Methoden einteilen. Verbreitete Diagrammklassen sind Kurven-, Flächen-, Balken-, Kreis-, Streu- und Kartendiagramme. Bild 6.8a zeigt ein dreidimensionales Streudiagramm (engl. scatterplot) zum Fallbeispiel ZEITSCHRIFTEN . Es kann Attribute durch ihre Raumkoordinaten und Eigenschaften wie Farbe, Grösse und Form visualisieren. Die hell schattierten Punkte des Bilds 6.8a veranschaulichen Leser der Zeitschrift "Musik". Die dunkel schattierten Punkte visualisieren Individuen, die nicht zu den Lesern gehören. Die Tabelle 6.8b fasst die Interpretationsmöglichkeiten des dreidimensionalen Streudiagramms zusammen. Das Beispiel zeigt, wie ein Sachverhalt grafisch anschaulicher dargestellt werden kann.

Ein zweites Beispiel soll eine grössere Zahl von Dimensionen und zusätzliche Visualisierungstechniken illustrieren: Eine Telekommunikationsunternehmung plant eine ‣Direct Mail-Kampagne für Hunderttausende von Kunden. Sie wertet dazu eine grosse Kundenstichprobe mit einer bestimmten Mindestanzahl letztjähriger Ferngespräche aus. Die Ergebnisse visualisiert sie in drei-

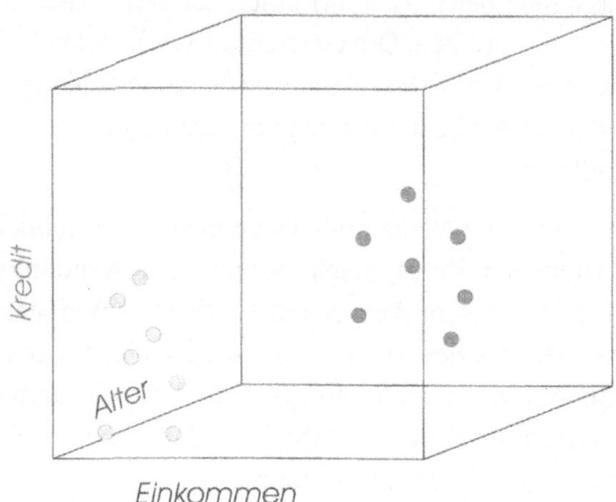

Beispiel 6.8a: Ein dreidimensionales Streudiagramm

Zeitschrift "Musik"	*Einkommen*	*Alter*	*Kredit*
Leser	gering	gering	gering
Nichtleser	gross	gross	hoch

Beispiel 6.8b: Interpretation des Streudiagramms von Beispiel 6.8 a

dimensionalen Streudiagrammen. Die Raumkoordinaten und zusätzliche Attribute veranschaulichen die Merkmalswerte der Stichprobenelemente:

- X-Achse: Wochentag
- Y-Achse: Tageszeit
- Z-Achse: Gesprächsdauer
- Objektgrösse: Taxkreis

Weitere Attribute lassen sich zum Beispiel durch die Form oder die Farbe eines Objekts veranschaulichen. Die Analyse verwendet ausserdem die folgenden Visualisierungstechniken:

- Animation
- Interaktion (Klicks, Drag and Drop, Pivoting, ...)
- Audioeffekte
- Virtuelle Realität.

6.4.1 Anwendung mit SPSS Diamond

SPSS Diamond ist ein einfaches Visualisierungswerkzeug mit statistischem Hintergrund. Jede Instanz von Diamond öffnet eine Datengesamtheit (engl. data set) als Tabelle von Beobachtungen. Eine Beobachtung (engl. case) entspricht einer Zeile und jede Spalte stellt eine Variable dar. Form und Inhalt der Tabelle können transformiert werden.

Schwerpunkt der Analyse ist die explorative Erzeugung neuer **Sichten** auf die gleiche Tabelle. Sichten erleichtern vor allem die folgenden Aufgaben:

- Sie prüfen Annahmen statistischer Verfahren visuell.
- Sie erkennen Muster ›multivariater Daten.
- Sie helfen Ausreisser zu identifizieren.

Diamond setzt als Visualisierungstechniken vor allem Farben, verschiedene Diagrammtypen und dynamische Sichten ein. **Dynamische Sichten** (engl. presentation windows) sind textuelle oder grafische Fenster, die sich beliebig manipulieren lassen. Sie sind dynamisch, weil sich allfällige Daten- und Formatänderungen in einem Fenster unmittelbar auf die anderen Fenster auswirken. Die Aufgabe 6.1 erlaubt Ihnen, SPSS Diamond an einer Demonstrationsversion kennen zu lernen. Konsultieren Sie bei der Bearbeitung der Aufgabe ausgiebig die On line-Hilfe.

Aufgabe 6.1 (🖱 VISUALISIERUNG mit *SPSS Diamond*)

SPSS Diamond soll Sie in Grundfunktionen von Visualisierungswerkzeugen einführen. Im ersten Teil lernen Sie Diamond geleitet kennen. In einem zweiten Teil können Sie das Werkzeug selbständig erkunden.

Lernziele

⇨ Die Grundbegriffe Erhebung, Datensatz, Variable und Wert definieren

⇨ Ein-, zwei- und dreidimensionale Beziehungen visualisieren

⇨ Farben zur Visualisierung einsetzen

1. SPSS Diamond kennen lernen

- Starten Sie 💻 SPSS Diamond (Warten Sie nach dem Erscheinen des Start-Bildschirms etwa 20 Sekunden auf das Erscheinen der OK-Schaltfläche)
- Wenn Sie den Cursor auf ein Symbol bewegen, erhalten Sie darüber und auf der Statuszeile eine Kurzbeschreibung seiner Funktion. Ausführliche

Hilfe zum Hauptfenster finden Sie unter dem Menüpunkt *Help/The Main Window* und *Help/Commands*.

- Die Demonstrationsversion lässt Sie nur 30 Minuten arbeiten! Starten Sie so oft neu, bis Sie die Aufgabe fertig bearbeitet haben.

a) *Hauptfenster* (engl. main window)
   - Welches sind die Aufgaben der ersten vier Symbole von links?
   - Weshalb sind die übrigen Symbole noch deaktiviert?
   - Wozu dient das Spreadsheet-Symbol?
   - Welche Datenformate kann Diamond importieren?
   - Wozu dient die Tabelle mit dem Zeilentitel "Opened Data Set"?

b) *Datengesamtheit* (engl. data set)
   - Laden Sie ...\diam_le\data\ECONOMY.DA. Was bedeutet die Dateierweiterung ".da"?
   - Wie viele Datensätze (Beobachtungen) und Variablen pro Satz enthält ECONOMY.DA?
   - Wenn Sie im Fenster "Selected Data Set Variables" Copy All drücken, so werden die 20 Variablen der Datengesamtheit aktiviert. Da die Demonstrationsversion aber höchsten 12 Variablen akzeptiert, müssen Sie 8 Variablen entfernen.
   - Interpretieren Sie die nun ausgefüllten ersten vier Zeilen der Tabelle des Hauptfensters.

c) *Rohdaten-Sicht* (engl. raw data view)
   - Klicken Sie auf das Symbol "Raw Data" und öffnen Sie ein Fenster mit den Rohdaten von ECONOMY.DA.
   - Wo stehen in der Tabelle die Variablen, wo die Beobachtungen?
   - Sortieren Sie die Beobachtungen absteigend nach der Variablen Unemployment. Verifizieren Sie das Ergebnis an den Spalten Unemployment und Case #.
   - Schliessen Sie das Rohdaten-Fenster.

d) *Bivariate Beziehungen*
   - Klicken Sie auf das Symbol "Pairwise" und wählen Sie links die Abszisse Year und rechts die Ordinate DJI (engl. Dow Jones Industrial Average).
   - Interpretieren Sie für Year und DJI je die beiden Balkendiagramme. Welche Bedeutung hat ein Balken des einfachen bzw. kumulierten Histogramms.

- Interpretieren Sie das zweidimensionale Streudiagramm.
- Legen Sie eine lineare Regressionsgerade (engl. best-fit straight line) über das Streudiagramm.
- Wie gross ist der Korrelationskoeffizient? Vergleichen Sie den Eindruck, den der numerische Koeffizient vermittelt mit dem Eindruck des grafischen Streudiagramms.
- Welche Information fehlt zur Beurteilung der Validität des Korrelationskoeffizienten?

e) *Farbliche Visualisierung des Streudiagramms*

- Klicken Sie auf das Symbol "Create Red Region".
- Bewegen Sie die Maus auf den Punkt mit der Abszisse 1982. Drücken Sie dann die linke Maustaste und zeichnen Sie ein Rechteck bis zur rechten oberen Ecke des Streudiagramms. Sie markieren so einen Teil des Streudiagramms, der eine Regressionsgerade mit einem höheren Korrelationskoeffizient ergibt.
- Vergleichen Sie die rote Regressionsgerade mit der ursprünglichen (Falls keine rote Gerade erscheint, klicken Sie auf die mittlere der drei Schaltflächen der Ergebnistabelle). Wie gross ist der Korrelationskoeffizient der roten Gerade?
- Experimentieren Sie mit verschiedenen Positionen des Rechtecks. Verschieben Sie das Rechteck, indem Sie Alt drücken und die Maus bei niedergedrückter Linkstaste bewegen. Die Abmessungen des Rechtecks ändern Sie mit Ctrl statt Alt.
- Markieren Sie den Rest des Streudiagramms mit einem blauen Rechteck und interpretieren Sie die Regressionsgerade und den Korrelationskoeffizienten.

f) *Gemeinsame Visualisierung mehrerer Streudiagramme*

- Klicken Sie auf das Symbol "Directory". Suchen Sie das Streudiagramm "DJI - Year".
- Mit der Kompassrose ändern Sie die Position der Directory-Elemente. Durch einen Doppelklick auf ein beliebiges Streudiagramm können Sie das Diagramm näher untersuchen. Klicken Sie zum Beispiel auf "BondLong - Trade". Was bedeuten die Variablen BondLong und Trade?

g) *Zwei- und dreidimensionale Animation eines Streudiagramms*

Ein parametrisches "Schlangendiagramm" ist ein zweidimensionales Streudiagramm, dessen Punkte in Abhängigkeit von einer dritten (parametrischen) Variable verbunden werden.

- Klicken Sie auf das Symbol "Parametric Snake".
- Wählen Sie die Abszisse Trade, die Ordinate BondLong und die parametrische Variable Year.
- Wenn Sie auf Start klicken, dann werden die Punkte in aufsteigender Reihenfolge der Werte der parametrischen Variablen (hier Year) verbunden.

Eine weitere Art der Animation ist das dreidimensionale Streudiagramm.

- Klicken Sie auf das Symbol "Triplewise".
- Experimentieren Sie mit den Schaltflächen "Start", "Adjust Orientation" und "Adjust View".

h) *Visualisierung von Korrelationen*

Ein Fractal Foam Window veranschaulicht uni- oder bivariate Statistiken. In der Mitte liegt die gewählte Fokusvariable als weisse Blase (engl. bubble). Die best korrelierten Variablen liegen im Gegenuhrzeigersinn um die Fokusvariable herum. Je grösser der absolute Korrelationskoeffizient, desto grösser die Blase. Jede Blase kann ihrerseits (rekursiv) Blasen um sich ordnen.

- Klicken Sie auf das Symbol "Fractal Foam".
- Wählen Sie die Variable BondLong.
- Bewegen Sie die Maus über die weisse Bubble.
- Welches ist die Variable, die mit BondLong am stärksten korreliert ist? Klicken Sie doppelt auf diese Variable.
- Weshalb ist es gefährlich, bivariate Korrelationen als Masse für den Zusammenhang zwischen zwei von mehreren Variablen zu interpretieren, wenn die Variablen alle unter sich verbunden sind?

2. Diamond selbständig anwenden

Versuchen, Sie über die Hilfedatei und freies Experimentieren die folgenden Konzepte zu begreifen:

- Quadwise Window
- Univariate und bivariate Statistiken
- Transformation und Definiton von Variablen
- Teilmengenbildung (engl. reinvocation)
- Import von Fremdformaten (zum Beispiel einer MS Excel-Tabelle).

6.5 Werkzeuge

Ein Data Mining-**Werkzeug** ist Software, die Daten aufbereitet und daraus Ergebnisse mit geeigneten Methoden ermittelt und präsentiert. Die Tabelle 6.9 nennt repräsentative Werkzeugklassen, die Methodenbeispiele der mittleren Spalte implementieren. Die fett umrandeten Werkzeuge zählen zum Data Mining im **engeren** Sinn, während die Werkzeugklassen mit doppeltem bzw. gestricheltem Rand zum Data Mining im **weiteren** bzw. weitesten Sinn gehören.

Werkzeugklassen	*Methodenbeispiele*	*Werkzeugbeispiel*
Konventionelle Abfragesprachen und Berichtgeneratoren	›QBE-, ›SQL-Frontends	*MS Access*
Tabellenkalkulation	›Was-Wenn-Analyse	*MS Excel*
Multidimensionale Abfragewerkzeuge	›OLAP	*PowerPlay* von Cognos
Konventionelle Statistik	*Entdecken* ›Clusteranalyse ›Faktoranalyse *Testen und Schliessen* ›Varianzanalyse ›Regressionsanalyse ›Diskriminanzanalyse	Kern von *SPSS*
Induktion von Entscheidungsbäumen	›ID3-Algorithmus	*XpertRule Profiler* (*XpertRule Miner*)
Neuronale Netze und Genetische Algorithmen	›Neuronale Netze	*NeuralWorks Predict* (*Aspen NeuralSim*)
Visualisierung	Visuelle ›Sensitivitätsanalyse	*SPSS Diamond*

Beispiele 6.9: Klassen von Data Mining-Methoden und -werkzeugen

Die Tabelle 6.10 erwähnt Faktoren der Auswahl von Data Mining-Werkzeugen. Ein wichtiges Kriterium ist die Möglichkeit aus möglichst vielen Quellen möglichst flexibel Daten zu importieren. Oft genügt es nicht, ad hoc aus isolierten Tabellen Daten zu übernehmen. Eine enge Koppelung an ein Data Warehouse-System ermöglicht zum Beispiel die Definition regelmässiger Verbindungen mit *mehreren* Tabellen.

Eine sorgfältige Werkzeugauswahl ist umso wichtiger, als zwischen Marketingargumenten und der Wirklichkeit grosse Lücken klaffen können. Die Wer-

Anwendungsphase	*Beurteilungskriterium*
Eingabe	**Datenbank** isolierte Tabellen verbundende Tabellen
	Tabellenkalkulationsblätter
	Textdateien
	Gedrucktes (über eine ›OCR-Schnittstelle)
	Datenaufbereitung Daten mischen Daten trennen Gruppen bilden (Aggregation) Integrität prüfen Daten transformieren fehlende Werte verwalten
Verarbeitung	**Methoden** Zahl Details
	Entwicklungsphasen
	Komponenten-Schnittstelle (zum Beispiel zu Applets oder ›ActiveX)
	Ad hoc-Analyse durch den Endbenutzer
	Makrosprache
Ausgabe	**Grafik**
	Verbindung zum Internet

Tabelle 6.10: Kriterien der Auswahl von Data Mining-Werkzeugen

bung verspricht brandneue, originelle und kombinierte Methoden. In der Wirklichkeit erweist sich eine Methode aber oft als alter Wein in neuen Schläuchen. Oft ist sie ausserdem proprietär und deshalb nicht nachvollziehbar. Vor allem Methodenkombinationen erweisen sich als schwer verständlich.

Tabellenkalkulationswerkzeuge sind vielseitig. Ein Spreadsheet kann Routinerechnungen automatisieren, einfache Datenbestände verwalten, komplexe Algorithmen wie Optimierungen ausführen und anspruchsvolle Statistiken berechnen. Der Schluss liegt deshalb nahe, Werkzeuge wie MS Excel für Data Mining-Aufgaben einzusetzen. Die Zahl und Funktionalität der angebotenen

Data Mining-Methoden stösst allerdings an Grenzen. Tabellenkalkulationspakete unterstützen zum Beispiel komplexere Methoden wie Regelinduktion, neuronale Netze und nichtparametrische Tests nicht direkt. Ausserdem sind sie nicht für grosse Datenmengen und die Metadatenverwaltung in einem Data Dictionary eingerichtet. Beschränkt ist auch der grafische Funktionsumfang und die Fähigkeit, Mehrdimensionalität darzustellen und zu verarbeiten. Schliesslich mangelt es auch an einer vertieften Verwaltung fehlender Werte, vor allem einer Typisierung von Nullwerten und am Ausschluss fehlender Daten für Berechnungen.

Aufgabe 6.2 (BANK - Eine Data Mining-Spezifikation)

Ein stark vereinfachtes Datenmodell und das entsprechende MS Access-Beispiel Bank.mdb sollen die operativen und analytischen Daten einer Bank beschreiben. Anhand von zwei Fragestellungen lernen Sie die Data Mining-Phasen Problem- und Modellspezifikation kennen.

1. Kreditkartenbetrug

Eine zuverlässige Identifikation betrügerischer Kreditkarten-Transaktionen spart Banken und Kreditkarten-Organisationen Kosten. Beantworten Sie dazu die folgenden Fragen:

a) Welche *Attribute* des Datenmodellausschnitts 6.11 eignen sich zur Klassifikation oder Vorhersage betrügerischer Transaktionen?

b) Erweitern Sie den Datenmodell-Ausschnitt mit *zusätzlichen* Attributen, die sich zur Identifikation von Kreditkartenbetrug eignen.

c) Viele Data Mining-Werkzeuge lassen sich nicht so gut in Datenbanksysteme integrieren, dass die blosse Auswahl relevanter Attribute und Beziehungen aus einem Datenbankschema genügt.

   Integrieren Sie deshalb die unter a) ausgewählten Attribute in eine *temporäre Tabelle* oder eine Sicht (*engl. view*), welche das Data Mining-Werkzeug direkt verwenden kann. Nennen Sie die notwendige(n) SQL-Anweisung(en). Verwenden Sie als laufendes Datum den 1/7/97.

d) Welche Data Mining-*Methoden* eignen sich für die Analyse?

2. Retention Management

In umkämpften Märkten kann es gewinnbringender sein, bestehende Kunden zu erhalten, als neue zu gewinnen. Eine Bank kann deshalb versuchen, Kundenwechsel frühzeitig zu erkennen, um entsprechende Massnahmen einzuleiten (engl. retention marketing).

a) Welche *Attribute* eignen sich zur Vorhersage von Kundenwechsel?
b) Erweitern Sie den Datenmodell-Ausschnitt mit *zusätzlichen* Attributen, die sich zur Vorhersage der Kundenfluktuation eignen.
c) Welche Data Mining-*Methoden* eignen sich für die Analyse?
d) Eine abnehmende Zahl von Transaktionen eines Kunden kann ein Indiz für einen bevorstehenden Bankenwechsel sein. Sammeln Sie deswegen für alle Kunden, die bereits ein Konto bei der Konkurrenz haben, die Zahl der Transaktionen der letzten sechs Monate. Nennen Sie die dazu notwendigen *SQL-Anweisungen* (Verwenden Sie als laufendes Datum den 1/7/97).

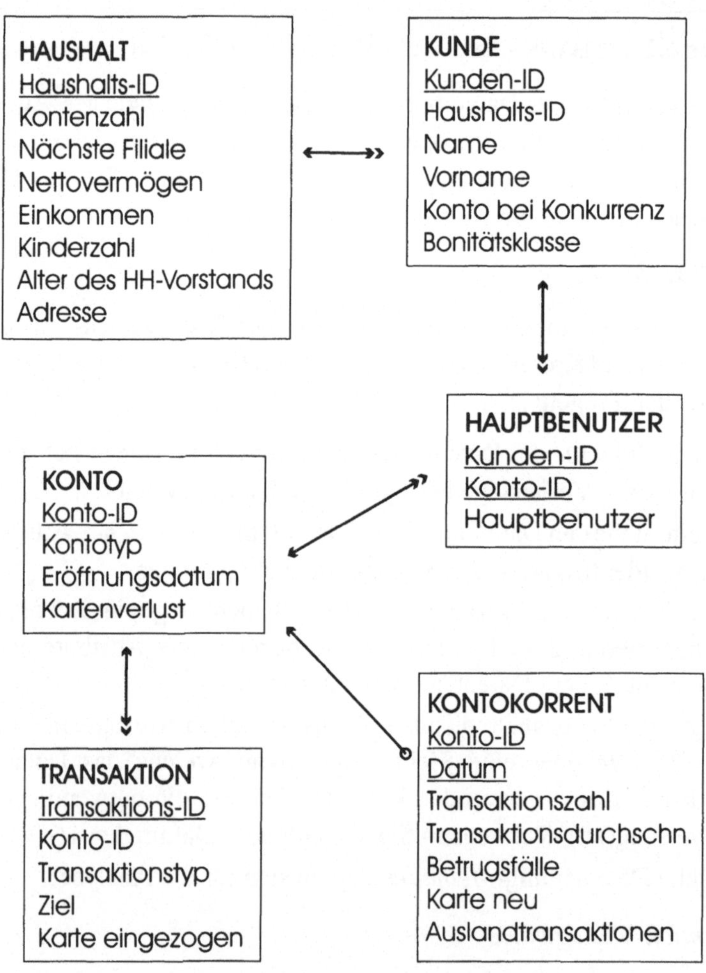

Schema 6.11: Ausschnitt aus dem Datenmodell BANK

Zusammenfassung

- *Data Mining* ist die nichttriviale und automatische Suche nach Wissen in Massendaten. Data Mining *im engeren Sinn* ermöglichen vor allem die konventionelle Statistik, die Visualisierung, die Regelinduktion und neuronale Netze. Data Mining *im weiteren Sinn* umfasst auch OLAP und unter Umständen auch konventionelle Abfrage- und Tabellenkalkulations-Methoden.
- Verbreitete *Anwendungsbereiche* des Data Mining sind Klassifikation, Vorhersage, Clustering, Assoziation und Text Mining. Die Klassifikation geht von einer festen Zahl genau definierter Klassen aus. Clustering identifiziert hingegen Gruppen ähnlicher Individuen erst zur Analysezeit. In einer Vorhersage ist die abhängige Variable kontinuierlich, während die Variablen einer Klassifikation diskret sind. Die Assoziationsanalyse entdeckt und quantifiziert Abhängigkeiten zwischen Variablen niedriger Messniveaus.
- Eine Datengesamtheit besteht aus Sätzen, die verschiedene Attribute (Variablen) einer Beobachtung beschreiben. Data Mining-Verfahren sind meist *datengetrieben*; sie beschreiben und analysieren die Muster grosser Datengesamtheiten. Die modellgetriebene Datenanalyse geht hingegen von Hypothesen aus, die von einem einschränkenden Modell der Wirklichkeit abgeleitet worden sind.
- Die *naive* Vorhersage berücksichtigt im Gegensatz zur *methodischen* Vorhersage keine Faktoren (unabhängige Variablen), welche die vorherzusagende Grösse (abhängige Variable) beeinflussen könnten, sondern stützt sich nur auf leicht verfügbare Vorinformation.
- Die *Regelinduktion* induziert aus einer Datengesamtheit Entscheidungsbäume, welche die Klassifikation von Individuen erlauben. *Neuronale Netze* erfüllen neben der Klassifikation eine Reihe weiterer Aufgaben. Sie bestehen aus Eingabeneuronen, verborgenen Neuronen und Ausgabeneuronen. Die Eingabeneuronen nehmen die Werte der unabhängigen Variablen auf. Diese werden durch Gewichte zuerst auf allfällige verborgene Neuronen und dann auf die Ausgabeneuronen verteilt. Aufgabe des neuronalen Netzes ist es, die Werte der Eingabeneuronen solange zu gewichten und weiter zu geben, bis die Werte der Ausgabeneuronen einem gewünschten Kriterium entsprechen.
- Ziel der *Visualisierung* ist die bildliche Darstellung komplexer Daten zur Entdeckung von Hypothesen oder Veranschaulichung von Ergebnissen.

Wiederholungsfragen

Die folgenden Mehrfachwahl- und Zuordnungsaufgaben ergänzen die Vertiefungsaufgaben des Kapitels. Wählen Sie bei den Mehrfachwahlaufgaben jeweils die beste Antwortalternative. Sie können die Aufgaben auch unter der Kontrolle des Testprogramms \Folien\WebQuiz\WebQuiz lösen. Es begründet falsche Antworten und verweist Sie auf die entsprechende Folie.

1. Eine *methodische Vorhersage* ...

a) ist im Gegensatz zu einer naiven Vorhersage unbedingt.
b) schätzt die A priori-Wahrscheinlichkeit einer Prognose.
c) schätzt eine bedingte Wahrscheinlichkeit.
d) berücksichtigt alle relevanten Bedingungen.

2. Die *Regelinduktion* eignet sich in erster Linie für ...

a) die Prognose.
b) Clustering-Aufgaben.
c) die Klassifikation.
d) die Assoziation.

3. Ein *neuronales Netz* ...

a) stellt Regeln (Bedingungen und Folgerungen) hierarchisch dar.
b) verändert Eingabeneuronen so, dass sie den Ausgabeneuronen entsprechen
c) ordnet verborgene Neuronen so an, dass die berechnete Eingabe gleich der tatsächlichen entspricht.
d) passt Gewichte solange an, bis die berechnete gleich der tatsächlichen Ausgabe wird.

4. Weshalb ist *Tabellenkalkulations-Software* nur für einfache Data Mining-Anwendungen geeignet?

a) Es fehlen statistische Verfahren wie Regressionsanalyse und Chi-Quadrat-Tests.
b) Die Analyse multidimensionaler Daten ist unmöglich.
c) Die Analyse grosser Datenbestände ist nicht möglich.
d) Die Abfrage von Datenbanken ist unmöglich.

5. Welches ist eine *modell*getriebene Methode der Datenanalyse?

a) deskriptive Statistik
b) Visualisierung
c) neuronale Netze
d) schliessende Statistik

6. Ordnen Sie die Verfahren und Werkzeuge A bis F der richtigen *Data Mining*-Klasse 1 bis 3 zu:

A Diskriminanzanalyse
B OLAP
C QBE
D Neuronale Netze
E MS Excel
F Regelinduktion

1 konventionelle statistische Analyse
2 Data Mining im *engeren* Sinn
3 Data Mining im *weiteren und weitesten* Sinn

7. Ordnen Sie die Aufgaben A bis D den *Anwendungsklassen* 1 bis 4 zu:

A Individuen *bekannten* Klassen zuordnen
B Individuen *un*bekannten Gruppen zuordnen
C Regressionskurve berechnen
D Beziehungen entdecken und quantifizieren

1 Assoziierung
2 Vorhersage
3 Clustering
4 Klassifikation

8. Ordnen Sie die Begriffe A bis E den Begriffen bzw. Unterbegriffen 1 bis 7 zu (Mehrfachzuordnungen möglich):

A Datengesamtheit
B Datenelement
C Variable
D unabhängige Variable
E abhängige Variable

1 Prädiktor
2 exogene Variable
3 Kriterium
4 Individuum
5 Lernmenge
6 Beobachtung
7 Stichprobe

Vertiefungshinweise

Monographien

▷ Adriaans, P., Zantinge, D., *Data Mining*, Addison-Wesley 1996, 158 S.

Kurzer und verständlicher Überblick mit Glossar. Weniger betriebswirschaftlich fokussiert als Berry et al. (siehe unten)

▷ Berry, J., Linoff, G., *Data Mining Techniques For Marketing, Sales and Customer Support*, Wiley 1997, 454 S.

Gut verständliche und breite Einführung in die Themen "Data Warehouses", "Market Basket Analysis", "Memory-based Reasoning", "Cluster Detection", "Link Analysis", "Decision Trees", "Neural Networks" und "Genetic Algorithms". Trotz Beispielen aus dem Marketing auch als allgemeine Einführung geeignet

▷ Westphal, C., Blaxton, T., *Data Mining Solutions: Methods and Tools for Solving Real-World Problems*, Wiley 1998, 617 S. (inkl. CD ROM)

Umfangreiche und pragmatische Einführung in die Nutzung von Data Mining-Werkzeugen. Die Abschnitte I und II führten auf 200 Seiten überblicksartig und nichtformal in Data Mining-Verfahren ein. Der dritte Teil stellt auf weiteren 240 Seiten Werkzeuge vor. Der letzte Teil veranschaulicht schliesslich die vorangehenden Abschnitte auf etwa 130 Seiten an Fallstudien. Die beiliegende CD ROM enthält Demonstrations- Software, Shareware und die Abbildungen des Buchs als GIF-Dateien.

Westphal et. al. konzentrieren sich auf die Beschreibung konkreter Werkzeuge. Die Einführung in den methodischen Hintergrund bleibt an der Oberfläche.

▷ Cios, K., Pedrycz, W., Swiniarski, R., *Data Mining Methods for Knowledge Discovery*, Kluwer 1998, 520 S.

Technische Einführung in die Grundlagen des Data Mining. Scharfe und unscharfe Mengen, Bayssche Netze, genetische Algorithmen, neuronale Netze. Bibliographie

▷ Groth, R., *Data Mining : A Hands-On Approach for Business Professionals*, Prentice-Hall 1997, 264 S. (inkl. CD ROM)

Rezeptartige Einführung in drei Data Mining-Werkzeuge (Data Mind, Angoss, KnowledgeSEEKER und NeuralWorks Predict). Der bei DataMind beschäftigte Autor geht kaum über einfache Anleitungen zum Gebrauch der drei besprochenen Demonstrationsversionen hinaus. Die Hintergrundinformation ist spärlich und trägt wenig zum Verständnis der Methoden bei (Entscheidungsbäume, Neuronale Netze und ein proprietäres Verfahren von Data Mind). Interessanter sind die letzten beiden Kapitel. Kapitel 7 geht kurz auf praktische Anwendungen ein, und das letzte Kapitel veranschaulicht an Fallstudien die Bedeutung von Data Warehouses für einige Data Mining-Methoden.

▷ Seidmann, C., *Data Mining with Microsoft SQL Server*, Microsoft Press 2001, 384 S.

Einführung in die auf MS SQL Server 2000 angebotenen Data Mining-Methoden und Werkzeuge, vor allem Entscheidungsbäume und Clustering

▷ Hippner, H., Ulrich, K., Meyer, M., Wilde, K. (Hrsg.), Handbuch *Data Mining im Marketing*, Vieweg 2001

Sammelband über Data Mining-Anwendungen im Marketing

Zeitschriften

▷ *Data Mining and Knowledge Discovery*, Kluwer Academic Publishers, P.O. Box 17, 3300 AA Dordrecht, Niederlande (http://www.wkap.nl/journalhome.htm/1384-5810)

▷ *Intelligent Data Analysis*, Elsevier Science, Inc., Journal Information Center, 655 Avenue of the Americas, New York, NY 10010 (http://www/iospress.nl)

Websites

▷ *The Knowledge Discovery Mine*

http://www.kdnuggets.com (umfangreicher und laufend fortgeschriebender Überblick, gratis abonnierbarer EMail-Dienst)

▷ *The Data Mine*

http://www.andypryke.com/university/TheDataMine.html (Überblick)

7 Regelinduktion

Neue Begriffe

Welches sind wichtige Anwendungsbereiche der Regelinduktion?
- Wissenserwerb für Expertensysteme
- Induktion von Entscheidungsbäumen zur Klassifikation

Welches sind Gründe für mangelhafte Regeln?
- Redundanz
- Inkonsistenz
- Lückenhaftigkeit
- Ineffizienz

Welches sind die Komponenten einer Elementarregel?
- generierter Bedingungsteil
- manueller Folgerungsteil

Welchen Phasen folgt die Induktion eines Entscheidungsbaums?
- Lernmenge definieren
- ODBC-Verbindung zwischen Werkzeug und Daten erstellen
- Daten nach einer deskriptiven Analyse aufbereiten
- Induktionsparameter anpassen
- Entscheidungsbaum induzieren
- Baum an einer Testmenge validieren
- Entscheidungsbaum auf neue Daten anwenden

Welche Kriterien messen die Güte einer Klassifikation?
- Entscheidungsgehalt und Entropie
- Klassifikationsgewinn

Wie läuft der Induktionsprozess ab?
- Mit einer zufälligen Stichprobe von Elementarregeln beginnen
- Entscheidungsbaum rekursiv generieren
- Testattribute und -werte jedes rekursiven Teilbaums wählen

7.1 Unterrichtsmaterial

Dieses Kapitel beschreibt die automatische Ableitung von Entscheidungsbäumen. Es baut auf den Regelbäumen des Kapitels 4 (Regelbasierte Systeme) auf. Am Beispiel von *XpertRule Profiler*[1] lernen Sie ein Softwarepaket kennen, das Regeln in Form von Entscheidungsbäumen induziert. Aus dem Folienkapitel 🕮 Regelinduktion der CD ROM gelangen Sie zu ...

- einem Anwendungsbeispiel und einer Aufgabe mit *XRule Profiler*
- Anbieter- und Produktinformation zu *XRule Profiler* auf dem WWW.

7.2 Wissenserwerb für regelbasierte Systeme

Expertensysteme erwerben Wissen auf zwei Wegen. Meist formulieren Fachleute Fakten und Regeln aus ihrem Erfahrungsbereich (1), zum Beispiel der Kreditvergabe. Wissensingenieure stellen dieses Wissen nachher in einer Form dar, die das Expertensystemwerkzeug verarbeiten kann. Ziel ist eine redundanzfreie, widerspruchsfreie, vollständige und effiziente Wissensbasis. Expertenbefragungen erfüllen diese Anforderungen nicht immer und sind zeitaufwendig. Man ergänzt deshalb manchmal die Befragung durch *halbautomatische* Formen der Wissensaquisition (2). Die Regelinduktion extrahiert Entscheidungsbäume aus einer Datenbank von Attributen, die historische Daten beschreiben. Ein weiteres Motiv der Regelinduktion ist neben der Generierung von Expertensystem-Regeln die *automatische* Zuordnung von Individuen und vorgegebenen Klassen, zum Beispiel die Einteilung Kreditsuchender in Klassen unterschiedlicher ›Bonität.

Wir untersuchen zuerst den halbautomatischen Wissenserwerb für Expertensysteme und gehen erst in Abschnitt 7.3 auf Klassifikationsanwendungen ein. An Beispielen begründen wir, weshalb Regeln mangelhaft sein können und veranschaulichen, wie die Induktion einige dieser Mängel überwindet.

Wenn eine betriebliche Wissensbasis nur die beiden Abteilungen *Einkauf* und *Verkauf* beschreibt, dann ist die folgende Regelbasis redundant:

WENN Funktion = Direktor UND Abteilung = *Einkauf*
DANN Antrag akzeptieren

WENN Funktion = Direktor UND Abteilung = *Verkauf*
DANN Antrag akzeptieren

Unter der genannten Voraussetzung genügt nämlich eine einzige Regel:

---

1 Attar Software bietet inzwischen unter dem Namen *XpertRule Miner* eine neuere Version von XpertRule Profiler an (siehe Abschnitt Vertiefungshinweise).

WENN Funktion = Direktor
DANN Antrag akzeptieren

Eine Wissensbasis heisst **redundant**, wenn auch weniger Regeln oder Bedingungen die *gleichen* Folgerungen ergeben.

Eine Wissensbasis ist nicht nur mangelhaft, wenn sie redundant ist, sondern auch, wenn sich Regeln widersprechen. Eine Wissensbasis heisst **widersprüchlich**, wenn Regeln mit gleichen oder äquivalenten Bedingungsteilen unterschiedliche Folgerungen ergeben. Widersprüchlich ist zum Beispiel die folgende Regelbasis:

WENN
  Funktion = Direktor
DANN
  Antrag *akzeptieren*

WENN
  Funktion = Direktor
DANN
  Antrag *ablehnen*

Mangelhaft ist auch eine Regelbasis, die anwendungsnotwendige Regeln nicht enthält. Eine Wissensbasis heisst **lückenhaft**, wenn die Bedingungen nur einen *Teil* des Gegenstandsbereichs (der Domäne) abdecken. Eine Wissensbasis heisst schliesslich **ineffizient**, wenn sie in einer anderen Form - zum Beispiel durch eine andere Regelfolge oder -syntax - schneller ausgewertet werden kann. Ineffizient sind zum Beispiel die beiden folgenden Regeln:

WENN
  Funktion = Vizedirektor UND
  Hotelklasse = Economy UND
  Abteilung = Rechnungswesen
DANN Antrag akzeptieren

WENN
  Funktion = Vizedirektor UND
  Hotelklasse = Economy UND
  Abteilung = Verkauf
DANN Antrag akzeptieren

Die beiden Regeln sind ineffizient, weil die Bedingungen "Funktion = Vizedirektor" und "Hotelklasse = Economy" unter Umständen zweimal geprüft werden. Die folgende syntaktisch veränderte, logisch aber äquivalente Regel ist effizienter, weil sie die Bedingung "wenn Funktion = Vizedirektor und Hotelklasse = Economy" nur ein einziges Mal prüft:

WENN
Funktion = Vizedirektor UND
Hotelklasse = Economy UND
(Abteilung = Rechnungswesen ODER Abteilung = Verkauf)
DANN Antrag akzeptieren

Weil die Befragung von Experten zeitaufwendig ist und manchmal redundante, widersprüchliche, lückenhafte oder ineffiziente Regeln ergibt, induziert man Regeln auch aus generierten Attributwert-Tupeln. Ein n-Tupel von Attributen beschreibt den Gegenstand einer Regel durch n seiner Merkmale. Das Beispiel 7.1 beschreibt zum Beispiel die Bearbeitung eines Spesenantrags durch die Attribute Funktion, Abteilung und Hotelklasse.

Funktion	*Abteilung*	*Hotelklasse*	*Spesenbescheid*
Direktor	Rechnungswesen	Komfort	?
Direktor	Rechnungswesen	Standard	?
Direktor	Rechnungswesen	Economy	?
...	...	...	...

Beispiel 7.1: Generierte Attributwert-Tupel

Die Generierung der Regelzeilen verläuft allerdings nur *halb*automatisch, weil die Attributwert-Tupel (die Regelvoraussetzungen) von einem Fachexperten noch manuell um die Folgerung ergänzt werden müssen. Nach der Ergänzung der Spalte Spesenbescheid entstehen sogenannte Elementarregeln. Eine **Elementarregel** besteht aus einem generierten Bedingungsteil und einem manuellen Folgerungsteil. Die folgende Elementarregel besteht aus dem Attributwert-Tripel [Direktor, Rechnungswesen, Komfort] und der ergänzten Folgerung “Antrag akzeptieren”:

WENN
Funktion = Direktor UND
Abteilung = Rechnungswesen UND
Hotelklasse = Komfort
DANN
Antrag akzeptieren

Elementarregeln sind dann *vollständig*, wenn alle möglichen Regelbedingungen vorkommen. Die Tabelle 7.2 beginnt zum Beispiel mit der systematischen Aufzählung aller Kombinationen der Attribute Funktion, Abteilung und Hotelklasse. Sie deutet gleichzeitig die kombinatorischen Grenzen der Regelinduktion für diskrete Attribute mit grosser Kardinalität und für stetige Attribute ohne Klassenbildung an.

Funktion	*Abteilung*	*Hotelklasse*	*Spesenbescheid*
Direktor	Rechnungswesen	Komfort	Antrag akzeptieren
Direktor	Rechnungswesen	Standard	Antrag akzeptieren
Direktor	Rechnungswesen	Economy	Antrag akzeptieren
Direktor	Verkauf	Komfort	Antrag akzeptieren
Direktor	Verkauf	Standard	Antrag akzeptieren
Direktor	Verkauf	Economy	Antrag akzeptieren
Vizedirektor	Rechnungswesen	Komfort	...
Vizedirektor	Rechnungswesen	Standard	...
Vizedirektor	Rechnungswesen	Economy	...
Vizedirektor	Verkauf	Komfort	...
Vizedirektor	Verkauf	Standard	...
Vizedirektor	Verkauf	Economy	...
Prokurist	Rechnungswesen	Komfort	...
Prokurist	Rechnungswesen	Standard	...
...	...	...	...

Tabelle 7.2: Elementarregeln sind vollständig

Elementarregeln sind zwar vollständig, aber meist redundant und ineffizient. Die ersten sechs Elementarregeln von Tabelle 7.2 sind zum Beispiel redundant, weil sie zusammen dasselbe aussagen wie die folgende Regel:

```
WENN
  Funktion = Direktor
DANN
  Antrag akzeptieren
```

Nach der Generierung und Ergänzung von Attributwert-Tupeln folgt das eigentliche Induktionsverfahren: Es fasst die vielen speziellen Elementarregeln zu wenigen allgemeinen Regeln zusammen. Aus den Elementarregeln der Tabelle 7.2 und weiteren Elementarregeln entstehen zum Beispiel die Regeln von Tabelle 7.3. Sie sind nicht nur redundanzfrei, sondern auch effizienter als die Expertenregeln des Moduls 4.13 im Kapitel "Regelbasierte Systeme".

Wir fassen die bisherigen Ausführungen in der folgenden Definition zusammen: **Regelinduktion** ist die automatische Ableitung eines Entscheidungsbaums aus Elementarregeln. Sie ist in der Lage auch dann zusammenfassende Regeln zu extrahieren, wenn die Elementarregeln nicht alle logisch möglichen Fälle abdecken. Für Expertensysteme wird man die Regelinduktion dort anwenden, wo die direkte Eingabe von Wissen durch einen Experten, der Regeln explizit formuliert, nicht möglich ist. Dies kommt vor allem dann vor, wenn Expertenwissen unstrukturiert oder unbewusst angewendet wird.

```
WENN Funktion = Direktor
DANN Spesenantrag akzeptieren

WENN Funktion = Vizedirektor
DANN
    WENN Hotelklasse = Komfort                  % erste Schachtelung
    DANN Antrag ablehnen
    WENN Hotelklasse = Standard
    DANN
        WENN Abteilung = Rechnungswesen         % zweite Schachtelung
        DANN Spesenantrag akzeptieren
        WENN Abteilung = Verkauf
        DANN Spesenantrag ablehnen
    WENN Hotelklasse = Economy
    DANN Spesenantrag akzeptieren

WENN
    Funktion = Prokurist UND
    Hotelklasse = Economy ODER
    Hotelklasse = Standard
DANN Spesenantrag ablehnen

WENN
    Funktion = Prokurist UND
    Hotelklasse = Economy
DANN Spesenantrag akzeptieren
```

Regelmodul 7.3: Aus den Elementarregeln des Beispiels 7.2 induzierte Regeln

7.3 Klassifikation

Eine *Datenbankabfrage* sucht jene Daten, die mit einem benutzerdefinierten Abfragemuster übereinstimmen. *Data Mining* sucht hingegen Muster, die eine gegebene Teilmenge der Datengesamtheit zusammenfassen. Für die klassifizierende Regelinduktion lautet die Frage: Welcher Entscheidungsbaum teilt eine Datenmenge in vordefinierte Klassen ein? Kapitel 6.3 hat Klassifikationsbäume an der Frage "Welche Bevölkerungsgruppen lesen welche Zeitschriften?" eingeführt.

Wir beantworten die Frage nach einem optimal klassifizierenden Entscheidungsbaum am Beispiel der Bonitätsbeurteilung. Aus einer Lernmenge bereits bearbeiteter Kreditgesuche soll ein Baum induziert werden, der künftige Kreditgesuche annimmt oder ablehnt.

Wir definieren eine abhängige Variable Kreditwürdigkeit, die zwei Werte annehmen kann. Der eine Wert ist "Annahme", der andere "Ablehnung". "Annahme" heisst: Ein Kreditnehmer hat alle Raten bezahlt. Die Bonitätsentscheidung hängt von den unabhängigen Variablen (Attributen) Geschlecht, Zivilstand, Kinderzahl, Beschäftigung, Wohneigentum, Einkommen, Ausgaben und Ersparnisse ab. Ziel ist es, einen Entscheidungsbaum abzuleiten, dessen Knoten je einem Wert dieser Attribute entsprechen. Die Traversierung des Baums führt je nach Individuum und früher oder später zum Blattknoten "Annahme" oder "Ablehnung".

Schema 7.4 skizziert den Ablauf der Induktion eines Entscheidungsbaums: Nach der Problemspezifikation folgt die Auswahl und Darstellung der unabhängigen Variablen und der abhängigen Variable der Datentabelle. Das Induktionsverfahren extrahiert dann aus der Stichprobe einen Entscheidungsbaum. Das Schema 7.5 verfeinert die Phase der Induktion. Ziel ist es, die Reihenfolge und Klassifikationswerte der unabhängigen Variablen so festzulegen, dass sie auf möglichst wenig Baumebenen alle Individuen den Blattknoten "Annahme" und "Ablehnung" zuteilen.

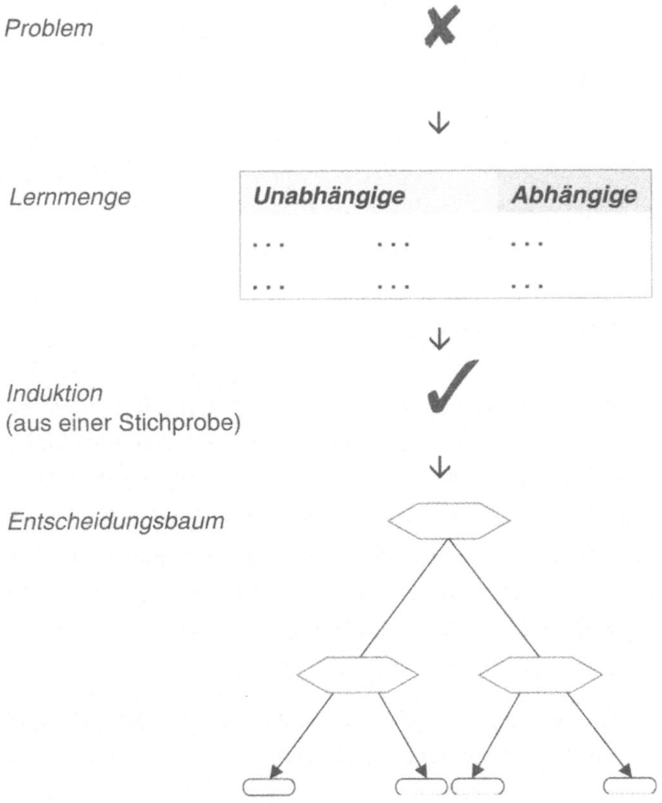

Schema 7.4: Ablauf der Induktion eines Entscheidungsbaums

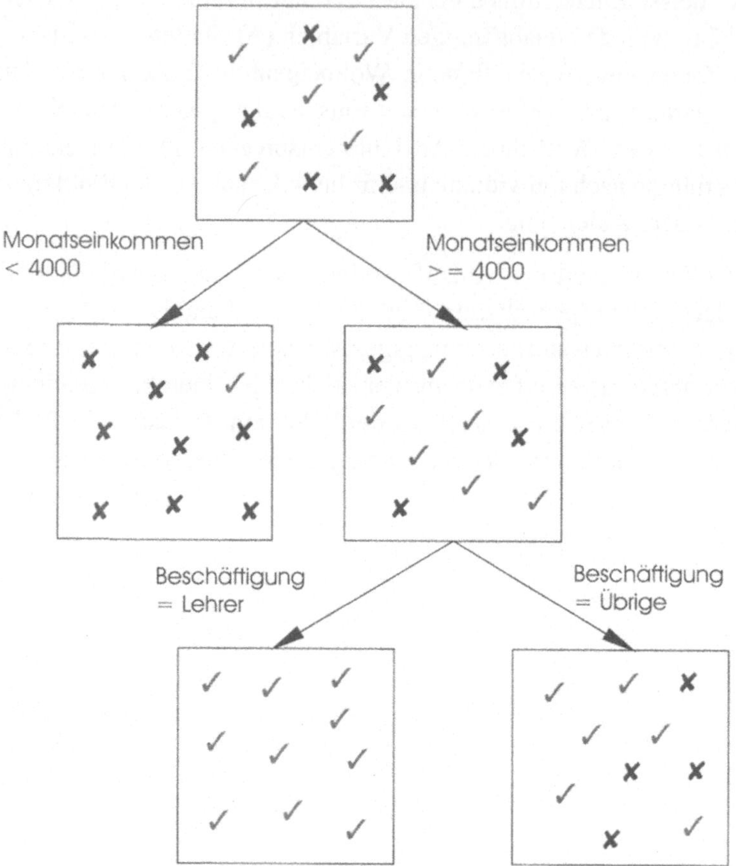

Schema 7.5: Von heterogenen zu homogenen Klassen

In Schema 7.5 ergibt der Test "Beschäftigung = Lehrer" bereits einen *homogenen* Zwischenknoten, der nur Kreditnehmer enthält, die alle Raten bezahlt haben (✓). Der Entscheidungsbaum bildet also mit nur zwei Tests, nämlich "Monatseinkommen >= 4000" und "Beschäftigung = Lehrer", eine homogene Klasse kreditwürdiger Stichprobenelemente. Es gelingt ihm aber nicht, *alle* guten Bonitäten von den schlechten zu trennen. Das Induktionsverfahren fährt deshalb fort, die heterogene Klasse "Beschäftigung = Übrige" durch weitere Entscheidungsfragen in weniger heterogene Teilklassen aufzulösen.

Wenn der Entscheidungsbaum einmal induziert ist, verläuft die **Klassifikation** neuer Individuen baumtraversierend und rekursiv:

Beantworte die Frage des Wurzelknotens.
BIS Du an einem Blattknoten angelangt bist
    Folge dem Ast, der auf Deine Antwort zutrifft
    Beantworte die Frage des nächsten Knotens

Die erste Ebene des Teilbaums 7.5 legt die folgenden Fragen nahe: "Weshalb wählt das Induktionsverfahren gerade das Monatseinkommen als erstes Klassifikationsattribut?" und "Weshalb ist der Trennwert gerade < 4000?". Allgemeiner: Wie kann die Klassifikationsgüte eines Attributs bzw. die Homogenität eines Knotens gemessen werden? Die Antworten sind deshalb wichtig, weil das Induktionsverfahren jeweils jene unabhängige Variable als Testattribut wählt, die am meisten zur Klassifikation beiträgt und dann in der Reihenfolge des Beitrags der übrigen Attribute weitere Testfragen stellt, bis die Blattknoten die gewünschte Homogenität erreichen.

Ein Induktionsverfahren kann einen Entscheidungsbaum auf zwei Arten generieren. Der *enumerative* Ansatz erzeugt alle möglichen Bäume und wählt dann den Baum mit den wenigsten Fragen (den "kürzesten" Baum). Dieser Ansatz findet zwar den kürzesten Baum, ist aber ineffizient. Der *heuristische* Ansatz beginnt mit einem *Teil* der Elementarregeln, generiert eine erste Baumebene und wählt die Testattribute und -werte des nächsten Teilbaums. Schliesslich fährt er rekursiv fort, bis die Klassen eine gewünschte Homogenität aufweisen. Dieser Ansatz ist zwar effizient, findet aber nicht immer den bestklassifizierenden Baum. Abschnitt 7.5 wird am Beispiel des Induktionsverfahrens ID3 den heuristischen Ansatz vertiefen.

Induktionsziel sind also hierarchisch geordnete Testattribute und Trennwerte, welche die Heterogenität der Knotenklassen und die Höhe des Entscheidungsbaums minimieren. Ein mögliches Mass der Heterogenität (Unordnung) eines Entscheidungsbaums ist die ›informationstheoretische Entropie. Bevor wir den Begriff operationalisieren und das Verfahren verfeinern, betrachten wir klassifizierende Entscheidungsbäume aus der Sicht des Werkzeugbenutzers.

7.4 Anwendung mit XpertRule Profiler

Der letzte Abschnitt hat den Induktionsablauf skizziert. Die folgenden Ausführungen stellen ein Werkzeug vor, das an einem Beispiel die klassifizierende Regelinduktion veranschaulicht. Mit *XpertRule Profiler* (in der neuesten Version "Xpert Rule Miner") kann ein Endbenutzer ein Datenbank- oder Tabellenkalkulationspaket als Datenquelle bezeichnen, eine Lernmenge definieren und daraus einen ›binären Entscheidungsbaum induzieren. Der Programmierer kann schliesslich das Ergebnis in C- oder SQL-Code transformieren und in eine Applikation integrieren.

Wir greifen das Problem der Bonitätsbeurteilung von Aufgabe 4.1 (Regelbasierte Systeme) auf und induzieren aus historischen Konsumkredit-Daten einen Entscheidungsbaum zur Klassifikation von Kreditsuchenden in kreditwürdige und kreditunwürdige. Die *Entwicklung* verläuft wie folgt:

1. Lernmenge definieren

Der Benutzer definiert die Lernmenge in einer Datenbank- oder Tabellenkalkulationstabelle. Das Beispiel 7.6 zeigt einen Ausschnitt aus der MS Access-Tabelle Bonitätsdaten.mdb. Die ersten sieben Spalten entsprechen den unabhängigen Variablen Geschlecht, Zivilstand, Kinderzahl, Beschäftigung, Wohneigentum, Monatliches_Einkommen, Ausgaben und Ersparnisse. Die abhängige Variable Kreditgesuch_angenommen ist binär.

Geschlecht	Zivilstand	Kinder	Beschaeftigung	Wohneigentum	Monatliches_ Einkommen	Ersparnisse	Kreditgesuch_ angenommen
W	V	1	ungelernt	N	2530	N	N
M	V	0	ungelernt	N	2301	J	N
M	V	1	angelernt	N	3484	N	N
W	V	0	unbekannt	N	2188	N	N
M	W	1	FacharbeiterIn	J	2071	J	N
M	V	1	angelernt	J	2650	J	N
M	V	0	unbekannt	N	2418	J	N
M	V	2	FacharbeiterIn	J	2508	J	N
W	W	0	FacharbeiterIn	N	2788	N	N
W	V	2	angelernt	N	2778	N	N
W	V	0	ungelernt	N	2599	N	N
M	V	0	unbekannt	N	2166	N	N
M	W	1	ungelernt	N	2092	J	N
W	V	1	FacharbeiterIn	N	2444	N	N
M	V	1	unbekannt	J	2844	N	N
W	V	2	unbekannt	J	2448	N	N
M	A	1	angelernt	J	2501	N	N
...	...	...	...	...	...	...	...

Beispiel 7.6: Ausschnitt aus der Lernmenge Bonitätsklassifikation (abhängige Variable eingerahmt)

Die Beobachtungen von Beispiel 7.6 sind analog zu den Elementarregeln der Tabellen 7.1 und 7.2 aufgebaut. Die Werte der unabhängigen Variablen entsprechen dem automatisch generierten Voraussetzungsteil einer Elementarregel und der Wert der abhängigen Variable dem manuell ergänzten Folgerungsteil. Der Unterschied besteht nur darin, dass sich Beispiel 7.6 aus beobachteten Stichprobenelementen zusammensetzt, während die Elementarregeln der Tabellen 7.1 und 7.2 halbautomatisch generiert worden sind.

2. ODBC-Verbindung einrichten

Die ODBC-Schnittstelle verbindet XpertRule Profiler mit einem Datenbanksystem, in unserem Beispiel mit MS Access, und Bonitätsdaten.mdb. ODBC (engl. Open Data Base Connectivity) ist ein ›Industriestandard, der die Schnittstelle zwischen einem SQL-Datenbanksystem wie MS Access und einem Anwendersystem wie XpertRule Profiler normiert.

3. Daten aufgrund einer deskriptiven Analyse aufbereiten

Datenanalysen nach dem Beispiel von Bildschirm 7.7 erleichtern die Auswahl unabhängiger und abhängiger Variablen. Die Auswahl wird sich im allgemeinen auf wenige Variablen beschränken. Variablen mit offensichtlich geringem Klassifikationsbeitrag werden manuell vom Analytiker oder automatisch vom System weggelassen. Eine weitere Vereinfachung ist möglich, wenn man kontinuierliche *un*abhängige Variablen durch Gruppenbildung in diskrete transformiert.

4. Induktionsparameter anpassen

Der Benutzer kann die Auswahl der Klassifikationsattribute durch Parameter beeinflussen. Wie leicht eine unabhängige Variable Testattribut werden kann, wird durch die minimale Klassengrösse und das ›Signifikanzniveau der Klassentrennung bestimmt. Die mnimale Klassengrösse bestimmt, durch wie viele Stichprobenelemente eine Klasse mindestens besetzt werden muss. Eine Erhöhung der minimalen Klassengrösse oder des Signifikanzniveaus verringert die Baumtiefe. Allerdings nimmt so auch die Trefferquote ab. Die **Trefferquote** (engl. accuracy) ist der Quotient zwischen der Zahl der richtigen Klassifikationen und der Gesamtzahl der Klassifikationsversuche. Die Trefferquote ist maximal, wenn alle Blattknoten homogen sind.

5. Entscheidungsbaum induzieren

XpertRule Profiler kommuniziert über SQL mit einer ODBC-Datenquelle und erstellt sequentiell auf dem Client oder parallel auf dem Server einen Entscheidungsbaum, der die Lernmenge mit einem Teil der möglichen Variablen klas-

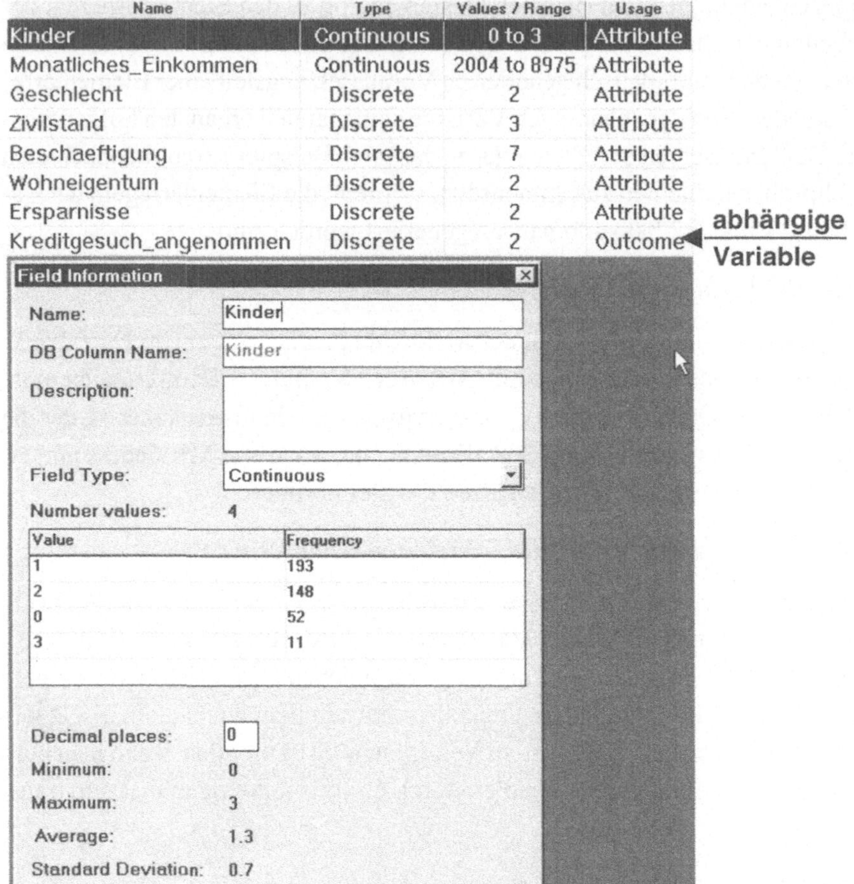

Bildschirm 7.7: Datenanalyse zur Auswahl der Variablen und Datentypen

sifiziert. Bildschirm 7.8a zeigt einen Ergebnisbaum, den die Einrückungsliste 7.8b zusammenfasst:

Jeder Baumknoten ist nach dem Schema 7.9 aufgebaut. Eine Nummer # identifiziert den Knoten. Die beiden Klassen, welche durch den Test an der Kante zum Knoten entstanden sind, werden durch ihre absolute und relative Häufigkeit charakterisiert. Auf der letzten Zeile erscheint der Anteil des Totals an der Gesamtgrösse der Stichprobe. Der Rahmen über der grösseren Klasse ist umso länger, je überlegener die Baumklassifikation im Vergleich zur naiven Klassifikation ist (vgl. Abschnitt 6.3).

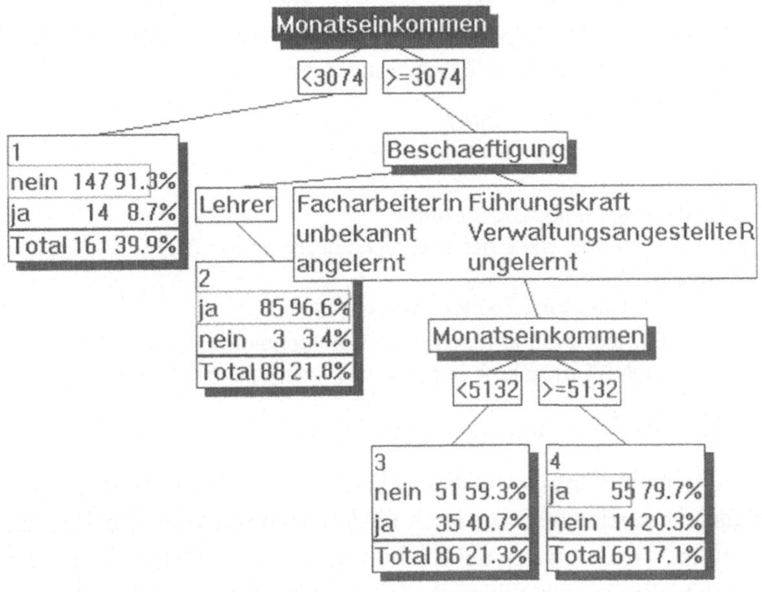

Bildschirm 7.8a: Entscheidungsbaum zu Bonitätsdaten.mdb

Monatseinkommen?
- < 3074
  - ⇒ Kreditgesuch mit einer Wahrscheinlichkeit von 91% ablehnen
- >= 3074
  - Beschäftigung?
    - Lehrer
      - ⇒ Kreditgesuch mit einer Wahrscheinlichkeit von 97% annehmen
    - Übrige
      - Monatseinkommen?
        - < 5132
          - ⇒ Kreditgesuch mit einer Wahrsch. von 59% ablehnen
        - >= 5132
          - ⇒ Kreditgesuch mit einer Wahrsch. von 80% annehmen

Bildschirm 7.8b: Einrückungsliste zum Entscheidungsbaum 7.6a

Knotennummer	#		
Grössere Klasse	ja (nein)	p	p / (p + q) in %
Kleinere Klasse	nein (ja)	q	q / (p + q) in %
Total	Total	p + q	Anteil an der Stichprobe in %

Schema 7.9: Aufbau eines Entscheidungsbaum-Knotens von XpertRule Profiler

Ein Entscheidungsbaum lässt sich grafisch, als Einrückungsliste oder als Regeltext darstellen. Der folgende Regeltext entspricht formal der Notation des Expertensystem-Beispiels SPESEN von Regelmodul 7.3:

WENN *Monatseinkommen* < 3074
DANN Ablehnung mit einer Wahrscheinlichkeit von 0.91
SONST
    WENN *Beschaeftigung* = Lehrer
    DANN Annahme mit einer Wahrscheinlichkeit von 0.97
    SONST
        WENN *Monatseinkommen* < 5132
        DANN Ablehnung mit einer Wahrscheinlichkeit von 0.59
        SONST Annahme mit einer Wahrscheinlichkeit von 0.80

6. Entscheidungsbaum an einer Testmenge validieren

Die Verallgemeinerung der relativen Häufigkeiten eines Entscheidungsbaums auf Wahrscheinlichkeiten, die auch für künftige Individuen gelten, ist unsicher, weil die Trefferquoten der Stichprobendaten mit Schätzfehlern behaftet sind. Sowohl die Ordnung als auch die einzelnen Trennwerte der Testattribute sind unsicher. Deshalb wird man nicht nur die Wahl der Lernmenge, der Variablen und der Parameter sorgfältig vorbereiten, sondern auch den generierten Entscheidungsbaum an einer Testmenge validieren.

7. Entscheidungsbaum auf neue Daten anwenden

Wenn sich der induzierte Entscheidungsbaum nach der Validierung an Testmengen als robust erweist, dann kann man die Benutzeroberfläche des Induktionswerkzeugs verlassen und die Klassifikationsprozedur als C- oder SQL-Code generieren lassen und in eine Anwendung integrieren.

Die *Funktionalität* von XpertRule Profiler lässt sich wie folgt zusammenfassen:

Eingabe

- ✓ Daten aus einer SQL-Datenbank importieren
- ✓ Variablen transformieren
- ✓ Daten vorläufig analysieren

Verarbeitung

- ✓ Entscheidungsbaum induzieren
- ✓ Klassifikationsgüte berechnen (zum Beispiel die Trefferquote)

Ausgabe

- ✓ Vorbereitende Datenanalysen präsentieren

✓ Entscheidungsbaum präsentieren

✓ C- oder SQL-Code erzeugen.

Aufgabe 7.1 (BONITÄT mit XpertRule Profiler)

Zuerst werden Sie die bereits bekannte Lösung des Bonitätsproblems *nachvollziehen*. Dann erhalten Sie die Gelegenheit, Profiler *selbständig* kennen zu lernen.

1. XpertRule Profiler geleitet kennen lernen

Jede Zeile der Tabelle von Bonitätsdaten.mdb enthält die Daten des Antragsformulars eines Kreditnehmers mit bereits bekannter Bonität. Kreditwürdig ist (ex post), wer alle Raten bezahlt hat. Ein Induktionsmodell soll die Spaltenattribute so verarbeiten, dass sie die Kreditwürdigkeit künftiger Antragsteller möglichst gut klassifizieren.

1.1 Datensicht

- Laden Sie die Access-Datei Bonitätsdaten.mdb. (Profiler selbst erfordert allerdings MS Access nicht, sondern nur Bonitätsdaten.mdb. Sie können deshalb diesen und den nächsten Schritt auch weglassen)
- Öffnen Sie die Tabelle KONSUMKREDIT.
  - Aus welchen Attributen besteht die Tabelle?
  - Welches sind die Datentypen der Attribute?
  - Welches ›Skalenniveau verwenden die Attribute?
- Starten Sie XpertRule Profiler. Nach dem Start verlangt Profiler eine Legitimation. Klicken Sie stattdessen "Demo". Sie können dann Profiler mit dem Beispiel und der Aufgabe dieses Kapitels benutzen. Allerdings können Sie ihre Ergebnisse vor dem Verlassen von Profiler nicht speichern. Sie erhalten auf drei Arten Hilfe:
  - Wenn Sie den Cursor auf ein Toolbar-Symbol positionieren, erscheint eine Kurzbeschreibung.
  - Ausführliche Hilfe zu Symbolleiste und Menü finden Sie unter dem Menüpunkt *Help/Inhalt/Reference*.
  - *Help/Contents* enthält unter dem Titel "Tutorial" eine ausführliche Beispielsitzung. Konsultieren Sie diese Hilfe, wenn der folgende Aufgabentext nicht genügt.

a) *File/New* führt zur Definition der Datenquelle (engl. data set).

b) Profiler greift über ODBC auf die Tabelle KONSUMKREDIT zu. Open Data Base Connectivity ist ein Industriestandard, der die Schnittstelle zwischen einem Anwendersystem (hier Profiler) und einem SQL-System (hier MS Access) normiert. Im nächsten Schritt werden Sie deshalb eine ODBC-Verbindung (engl. data connection) zur Datenquelle KONSUMKREDIT einrichten. Klicken Sie dazu *Add* und füllen Sie das Formular wie folgt aus:
   - Name, zum Beispiel "Konsumkredit-Daten"
   - Description, zum Beispiel "Lernmenge für eine Bonitätsklassifikation"
   - Data Type: Case based
   - Driver: 32bit ODBC CAF Driver (für Windows 95 und NT)
   - User name: Admin
   - Password: (auslassen)
   - Edit Connection: Ein Klick führt zu einem Unterformular
   - Data Source: Wählen Sie "Microsoft Access-Datenbank"
   - Table Name: Wählen Sie zuerst Bonitätsdaten.mdb und dann KONSUMKREDIT aus dem Menü "Table Name".

c) New Analysis: OK (alle Felder in die Analyse aufnehmen)

d) Profiler erstellt eine Liste der Attribute mit Name, Typ (discrete oder continuous, für unser Beispiel nicht von Belang), Wertebereich und Variablenart ("Attribute" ist eine unabhängige Variable, "Outcome" ist abhängig).

   Klicken Sie doppelt auf einen Attributnamen und beschreiben Sie die Bedeutungen der Attribute und Werte, falls der Name nicht genügt. Beachten Sie ausserdem die statistischen Angaben am Ende des Dialogs.

e) Klicken Sie doppelt auf den Namen der abhängigen Variable und notieren Sie im Feld "Description", dass es sich um die abhängige Variable handelt. Lassen Sie das gewählte Attribut markiert und definieren Sie die abhängige Variable mit *Options/Field Usage/Outcome*. Beachten Sie die Änderung in der Spalte "Usage".

f) Verringern Sie die Zahl der Kommastellen der kontinuierlichen Attribute.

g) Der Menüpunkt *Options/Ranking* ordnet die unabhängigen Variablen nach ihrem Klassifikationsbeitrag. Wenn die Zahl der Attribute gross ist, könnte man hier aus Effizienzgründen eine Vorauswahl treffen.

1.2 Entscheidungsbaum-Sicht

h) Wechseln Sie mit *View/Decision Tree* in die Entscheidungsbaum-Sicht. Welche Bedeutung haben die gezeigten Knotenhäufigkeiten?

i) Erzeugen Sie mit *Options/Induce Tree* einen Klassifikationsbaum. Ein Popup-Menü verlangt die folgenden Parameter:
   - Mindestzahl von Beispielen pro Klassifikationsknoten
   - ‣Signifikanzniveau für jeden Ast
   - Klassifikationskriterium (‣Chi-Quadrat oder ‣Entropie).

   Belassen Sie die Voreinstellungen.

j) Unterscheiden Sie Wurzel, Zwischenknoten, Blätter und Kanten.

k) Interpretieren Sie die Knoten und Kanten inhaltlich und konvertieren Sie das Induktionsergebnis manuell in eine Regelfolge.

2. XpertRule Profiler selbständig erkunden

Beantworten Sie die folgenden Fragen (Konsultieren Sie wenn nötig die Hilfekomponente):

l) Experimentieren Sie mit den Baumformaten unter *Options/Display*.

m) Experimentieren Sie mit verschiedenen Werten für die Induktionsparameter "Mindestzahl von Beispielen pro Klassifikationsknoten" und "Signifikanzniveau" (vgl. i). Der Menüpunkt *Datei/Print* erlaubt die Ausgabe eines Baums auf den Drucker oder in eine Datei.
   - Was bewirken geringere Anforderungen an die Beispielzahl und das ‣Signifikanzniveau?
   - Wie verhalten sich Anforderungen und Verallgemeinerungsfähigkeit?

n) Inspizieren Sie mit *Options/Inspect* die Entscheidung des Induktionsalgorithmus für ausgewählte Knoten. Vergessen Sie nicht, vorher einen Knoten zu markieren.
   - Welches Klassifikationsattribut wird jeweils gewählt?
   - Welche Beziehung besteht zwischen den Testkriterien ‣Chi-Quadrat und ‣Entropie?
   - Was bedeutet die vierte Spalte? Experimentieren Sie zum Beispiel mit unterschiedlichen Besetzungszahlen.

o) Welche anwendungspraktischen Schlüsse ziehen Sie aus den in m) und n) angesprochenen Freiheitsgraden bei der Modellspezifikation?

7.5 Ein Blick in die Blackbox

Abschnitt 7.4 hat den Ablauf der Regelinduktion aus der Sicht der Werkzeug*anwenderin* skizziert. Der *Entwicklerin* bieten sich verschiedene **Induktionsverfahren** an. Während sich zum Beispiel C4.5 (1988), ID3 (Iterative Dichotomiser 3, 1986) und CART (Classification And Regression Trees, 1984) für ›kontinuierliche Unabhängige eignen, ist CHAID (Chi Square Automatic Interaction Detection, 1976) für diskrete Unabhängige konzipiert. Wir veranschaulichen den **ID3**-Algorithmus von Ross Quinlan (Iterative Dichotomiser 3) an einem *einfachen* Klassifikationsbeispiel. Tabelle 7.10 enthält eine Lernmenge von Wetterbeobachtungen. Jede Beobachtung gehört einer von zwei Klassen an. Die erste Klasse enthält Tage mit "gutem" Wetter (+), die andere mit "schlechtem" Wetter (-).

Variablen, welche die Klassenzugehörigkeit beeinflussen können, sind Wettercharakter, Temperatur, Feuchtigkeit und Wind. Gesucht sei eine Vorschrift, die einen Entscheidungsbaum ableitet, der neue Wetterbeobachtungen aufgrund der vier Attribute einer der zwei Klassen + oder - zuordnet. Unsere Beschreibung des ID3-Verfahrens geht von diesem Zweiklassen-Problem aus. Eine Verallgemeinerung auf mehr als zwei Klassen ist einfach.

ID3 erstellt aus den Datensätzen der Tabelle 7.10 den Entscheidungsbaum 7.11. Dieser teilt die Wetterbeobachtungen mit nur drei der vier unabhängigen Variablen den Klassen + oder - zu. Zur Probe klassifizieren wir den eingerahmten Datensatz von Tabelle 7.10. Der Test der Attribute *Wettercharakter* und *Wind* ergibt die Antworten regnerisch und nein. Der resultierende Weg durch den Baum 7.11 ist gestrichelt und kann auch als Einrückungsliste dargestellt werden:

Element	*Charakter*	*Temperatur*	*Feuchtigkeit*	*Wind*	*Wetter*
1	sonnig	heiss	hoch	nein	-
2	sonnig	heiss	hoch	ja	-
3	bedeckt	heiss	hoch	nein	+
4	regnerisch	mild	hoch	nein	+
5	regnerisch	kühl	normal	nein	+
6	regnerisch	kühl	normal	ja	-
7	bedeckt	kühl	normal	ja	+
8	sonnig	mild	hoch	nein	-
9	sonnig	kühl	normal	nein	+
10	regnerisch	mild	normal	nein	+
11	sonnig	mild	normal	ja	+
12	bedeckt	mild	hoch	ja	+
13	bedeckt	heiss	normal	nein	+
14	regnerisch	mild	hoch	ja	-

Tabelle 7.10: Lernmenge WETTER (Quinlan 1986)
(abhängige Variable vertikal eingerahmt, Beispielbeobachtung horizontal)

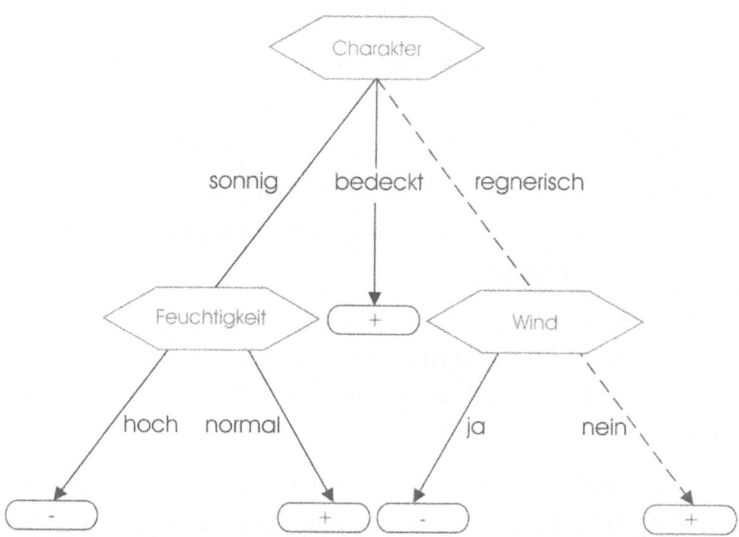

Entscheidungsbaum 7.11: Ein Ergebnis von ID3 für die Lernmenge WETTER

Wettercharakter?
regnerisch
Wind?
nein
⇒ Klasse +

Die Blattknoten eines Entscheidungsbaums ordnen das Individuum, das dem Pfad von der Wurzel bis zum Blatt folgt, einer Klasse zu. In der Regel existieren mehrere Bäume, die zu den gleichen Klassifikationsergebnissen führen. Wir werden weiter unten Kriterien für geeignete Entscheidungsbäume kennen lernen.

Das Wetterbeispiel unterscheidet sich in den folgenden Punkten von den komplexeren Anwendungen, die sich mit Induktionswerkzeugen wie XpertRule Profiler bearbeiten lassen:

- Die abhängige Variable ist *binär* (+, -). Das allgemeine Verfahren erlaubt auch n-äre oder kontinuierliche Variablen. Ein Datensatz kann also auch einer von vielen Klassen zugeordnet werden.
- Die unabhängigen Variablen (Testattribute) sind *diskret*. Das allgemeine Verfahren erlaubt auch kontinuierliche unabhängige Variablen.

Nach der Spezifikation des Problems fragen wir uns, *wie* ID3 einen Klassifikationsbaum mit möglichst wenigen Testattributen und möglichst hoher Trefferquote induziert. Vereinfacht lautet ein heuristisches Verfahren wie folgt:

Lerne einen Entscheidungsbaum

1. Berechne für jeden Testattribut-Kandidaten, wie gut er *allein* die Elemente der Lernmenge klassifiziert.
2. Klassifiziere mit dem *besten* der untersuchten Attributkandidaten.
3. *Wiederhole* für jeden so entstandenen Teilbaum die ersten beiden Schritte.
4. Brich diesen rekursiven Prozess ab, sobald er ein (noch zu bestimmendes) *Abbruchkriterium* erfüllt.

Die Schritte 1 und 2 setzen ein Mass für die Qualität der Klassifikation voraus. Wir operationalisieren den Begriff der *Klassifikationsgüte* mit zwei Konzepten der Informationstheorie, dem Entscheidungsgehalt und der Entropie. Dies erlaubt uns eine Verfeinerung des Lernalgorithmus von ID3.

Die **Informationstheorie** formalisiert nachrichtentechnische Probleme der Informationsspeicherung, -umformung und -übermittlung mit den Begriffen der Wahrscheinlichkeitsrechnung. Am Anfang steht die Quantifizierung des Informationsgehalts: Je mehr Binärentscheidungen die Darstellung einer Information benötigt, desto grösser ist ihr Gehalt. Wir veranschaulichen dies an einem einfachen Beispiel: Wer ein Objekt ohne Vorinformation einer von zehn Klassen (Ziffern) 0 bis 9 zuordnen möchte, benötigt *maximal* zehn Binärentscheidungen. Wenn wir zum Beispiel annehmen, dass das Objekt der zehnten Klasse angehört und die Entscheidungsfragen in aufsteigender Reihenfolge gestellt werden, dann lassen sich die zehn benötigten Binärentscheidungen wie folgt darstellen:

Klasse	0	1	2	3	4	5	6	7	8	9
Binärentscheidung	nein	nein	nein	nein	nein	nein	nein	nein	nein	ja

Das duale Zahlensystem braucht die folgenden vier Bit, um die Zahl der erforderlichen zehn Binärentscheidungen darzustellen: 1010 ($10 = 2^3 + 2^1$). Da wir mit vier Bit aber auch noch die Zahlen 11 bis 15 darstellen könnten, berechnen wir die Zahl der Bits genau: Statt aus $2^4 = 16$ berechnen wir die Zahl der erforderlichen Bits aus $2^{3.32} = 10$. Mit anderen Worten, der Informationsgehalt einer Entscheidung für eine von 10 Klassen ist 3.32 Bit. Der Exponent 3.32 ist gleich dem dualen Logarithmus von 10, das heisst dem Logarithmus von 10 zur Basis 2 ($3.32 = \log_2 10 = \text{ld } 10$ = logarithmus dualis von 10).

Der duale Logarithmus spielt in ID3 eine wichtige Rolle. Wir verallgemeinern deshalb den **Informationsgehalt** als dualen Logarithmus der Zahl der Binärentscheidungen, die zur Darstellung der Information nötig sind. Diese Definition ist rein syntaktisch, das heisst *un*abhängig von der Domäne, aus welcher die Information stammt.

ID3 misst allerdings die Information eines Entscheidungsbaums nicht als Informationsgehalt, sondern als Entropie. Die Entropie verhält sich umgekehrt zum Informationsgehalt: Je grösser der Informationsgehalt, desto kleiner die Entropie. Die Entropie eines Entscheidungsbaums quantifiziert die Information, die eine Klassifikation *ohne* Testattribute benötigen würde. Je mehr Klassifikationsinformation ein Entscheidungsbaum enthält, desto kleiner die Entropie. Ziel von ID3 ist ein Entscheidungsbaum mit minimaler Entropie.

Die **Entropie I eines Entscheidungsbaums**, welcher Datensätze in die beiden Klassen + (positiv) und - (negativ) einteilt, ist wie folgt definiert:

$$I(p, n) = -p / (p+n) \cdot ld(p / (p+n)) - n / (p+n) \cdot ld(n / (p+n)).$$

p ist die absolute Häufigkeit der einen Klasse und n die absolute Häufigkeit der anderen Klasse. $p / (p+n)$ bzw. $n / (p+n)$ sind die relativen Häufigkeiten der beiden Klassen p und n. In der Datengesamtheit von Tabelle 7.10 bedeutet p die Häufigkeit "guten Wetters" und n die Häufigkeit "schlechten Wetters". Weil wir den Buchstaben E später für den ›Erwartungswert verwenden, kürzen wir Entropie nicht mit E, sondern mit I ab (I steht für Informationsmass). Mit anderen Worten ist die Entropie gleich der Summe zweier negativer Terme. Jeder Term multipliziert die relative Häufigkeit einer Klasse (der positiven bzw. negativen) mit ihrem dualen Logarithmus.

Wir berechnen I am Beispiel des Entscheidungsbaums Wetter. Die bereits bekannte Tabelle 7.10 enthält neun Beobachtungen mit positiver Klassenzugehörigkeit und fünf mit negativer. Die Berechnung der Entropie I lautet dann:

$$I(9, 5) = - 9 / (9+5) \cdot ld(9 / (9+5)) - 5 / (9+5) \cdot ld(5 / (9+5)) = 0.94.$$

Ein Verfahren ohne Vorinformation wird Individuen zufällig auf die beiden Klassen + und - verteilen. Es ist deshalb plausibel, dass die Entropie umso kleiner wird, je weiter sich die Klassenhäufigkeiten p und n von der Gleichverteilung entfernen. Die Tabelle 7.12 (Entropien.xls) veranschaulicht diesen Sachverhalt, indem sie die Entropie aller Klassenhäufigkeitspaare von der Gleichverteilung (p=7, n=7) bis zur extremen Ungleichverteilung (p=1, n=13) berechnet.

Wenn eine der beiden Klassen alle Datensätze enthält (p=0 oder n=0), dann erübrigt sich eine Klassifikation und deshalb auch ein Entscheidungsbaum. Wir werden daher weder I(0, n) noch I(p, 0) berechnen (Eine Berechnung wäre ohnehin nicht möglich, weil der duale Logarithmus von 0 nicht definiert ist).

p	n	p/(p+n)	ld(p/(p+n))	n/(p+n)	ld(n/(p+n)	I(p, n)
7	7	0.5	-1	0.5	-1	1
6	8	0.43	-1.22	0.57	-0.81	0.99
5	9	0.36	-1.49	0.64	-0.64	0.94
4	10	0.29	-1.81	0.71	-0.49	0.86
3	11	0.21	-2.22	0.79	-0.35	0.75
2	12	0.14	-2.81	0.86	-0.22	0.59
1	13	0.07	-3.81	0.93	-0.11	0.37

Tabelle 7.12: Die Entropie nimmt mit wachsender Ungleichverteilung ab

Der oben berechnete Wert von 0.94 für I ist die Entropie des *gesamten* Entscheidungsbaums. Man kann auch die Entropie eines *Teil*baums berechnen. Zum Beispiel lautet die Entropie $I_{sonnig}(2, 3)$ des Teilbaums, welcher der Kante sonnig folgt: $I_{sonnig}(2, 3) = - 2/5 \, ld(2/5) - 3/5 \, ld(3/5) = 0.971$. Das Ergebnis ist 0.971, weil die Tabelle 7.10 zum Attributwert sonnig zwei Beobachtungen mit positiver und drei mit negativer Klassenzugehörigkeit enthält.

Die Entropie geht in den ‣Erwartungswert ein, den wir zur Definition des Klassifikationsgewinns benötigen. Der Erwartungswert E_A misst die Information, welche eine Klassifikation mit dem Testattribut A erfordert. Die Definition geht davon aus, dass die Werte $a_1, ..., a_i, ..., a_v$ von A die Individuen eines Knotens v Teilbäumen zuordnet. Der **Erwartungswert** E_A der für die Klassifikation mit dem Attribut A erforderlichen Information ist das gewichtete Mittel der Entropien $I_A(p_i, n_i)$ der durch A aufgespannten Teilbäume 1 bis v:

Element	Charakter	Temperatur	Feuchtigkeit	Wind	Klasse
1	sonnig	heiss	hoch	nein	-
2	sonnig	heiss	hoch	ja	-
3	bedeckt	heiss	hoch	nein	+
4	regnerisch	mild	hoch	nein	+
5	regnerisch	kühl	normal	nein	+
6	regnerisch	kühl	normal	ja	-
7	bedeckt	kühl	normal	ja	+
8	sonnig	mild	hoch	nein	-
9	sonnig	kühl	normal	nein	+
10	regnerisch	mild	normal	nein	+
11	sonnig	mild	normal	ja	+
12	bedeckt	mild	hoch	ja	+
13	bedeckt	heiss	normal	nein	+
14	regnerisch	mild	hoch	ja	-

Tabelle 7.13: Berechnung des *Erwartungswerts* für das Attribut Charakter

(Die unterschiedliche Schattierung kennzeichnet die drei aufgespannten Teilbäume "sonnig", "bedeckt" und "regnerisch")

$$E_A := \sum_{i=1}^{v} \frac{p_i + n_i}{p + n} \cdot I(p_i, n_i)$$

Wir wenden den Erwartungswert E_A zuerst auf das oberste Attribut an. Die Tabelle 7.13 teilt die Beobachtungen nach den drei Ausprägungen von Charakter ein. i läuft also von 1 bis 3. $E_{Charakter}$ berechnet sich deshalb wie folgt:

$E_{Charakter} := 5/14 \cdot I_{sonnig}(p_1,n_1) + 4/14 \cdot I_{bedeckt}(p_2,n_2) + 5/14 \cdot I_{regnerisch}(p_3, n_3)$.

Der Term $I(p_1, n_1)$ des ersten Summanden ist bereits als Entropie I(2, 3) des Teilbaums mit der Wurzel sonnig berechnet worden (0.971). Die übrigen Entropien lassen sich analog ermitteln. Das Schlussergebnis von $E_{Charakter}$ ist 0.694.

Zur Auswahl des Testattributs verwendet ID3 den **Klassifikationsgewinn** G. G_A misst den Gewinn, den eine Klassifikation *mit* Testattribut A im Vergleich mit einer Klassifikation *ohne* Testattribut erzielt. Dazu berechnet man die Entropie des Teilbaums mit der Wurzel A und subtrahiert den Erwartungswert der durch A aufgespannten Teilbäume:

$G_A = I(p, n) - E_A$.

Der Klassifikationsgewinn des Attributs Charakter berechnet sich zum Beispiel wie folgt: $G_{Charakter} = I(9, 14) - E_{Charakter} = 0.94 - 0.694 = 0.246$.

Tabelle 7.14 nennt die Entropien $I(p_i, n_i)$ der drei Teilbäume i, die durch das Testattribut Charakter aufgespannt werden. Die Entropieergebnisse $I(p_i, n_i)$ gehen in die Berechnung des Erwartungswerts $E_{Charakter}$ von Tabelle 7.15 ein. Die Subtraktion des in Tabelle 7.15 fett gedruckten Erwartungswerts $E_{Charakter}$

Teilbaum i	*$I(p_i, n_i)$*	*Berechnung*
sonnig	*0.971*	$- 2/5 \log_2(2/5) - 3/5 \log_2(3/5)$
bedeckt	*0*	
regnerisch	*0.971*	$- 3/5 \log_2(3/5) - 2/5 \log_2(2/5)$

Tabelle 7.14: Entropien $I(p_i, n_i)$ der durch Charakter aufgespannten Teilbäume

Berechnungselement	*Ergebnis*	*Berechnung*
I(p, n)	**0.94**	$- 9/14 \log_2(9/14) - 5/14 \log_2(5/14)$
$E_{Charakter}$	**0.694**	$5/14\ I(p_1, n_1) = 5/14 \bullet$ *0.971*
		$+ 4/14\ I(p_2, n_2) = 4/14 \bullet$ *0*
		$+ 5/14\ I(p_3, n_3) = 5/14 \bullet$ *0.971*
$G_{Charakter}$	**0.246**	$I(p, n) - E_A =$ **0.94 - 0.694**

Tabelle 7.15: Berechnung des *Klassifikationsgewinns* für das Attribut Charakter

vom fett gedruckten Entropiewert $I_{Charakter}$ ergibt den Klassifikationsgewinn $G_{Charakter}$.

Wir wiederholen unsere erste Annäherung an den ID3-Algorithmus:

1. Berechne für jeden Testattribut-Kandidaten, *wie gut er allein* die Elemente der Lernmenge klassifiziert.
2. Klassifiziere mit dem *besten* Attributkandidaten.
3. *Wiederhole* für jeden so entstandenen Teilbaum die ersten beiden Schritte.
4. Brich diesen rekursiven Prozess ab, sobald er ein bestimmtes *Abbruchkriterium* erfüllt.

Die Schritte 1 und 2 haben wir mit der Berechnung des Klassifikationsgewinn von Charakter (Tabellen 7.14 und 7.15) teilweise ausgeführt. Was noch fehlt sind die Klassifikationsgewinne der übrigen Attribute (Tabelle 7.16).

Klassifikationsgewinn	*Ergebnis*
$G_{Charakter}$ (vgl. Tabellen 7.14 und 7.15)	0.246
$G_{Temperatur}$	0.029
$G_{Feuchtigkeit}$	0.151
G_{Wind}	0.048

Tabelle 7.16: Klassifikationsgewinne der Attribute auf der ersten Baumstufe

Unter den Attributen Charakter, Temperatur, Feuchtigkeit und Wind hat Charakter den grössten Klassifikationsgewinn. Als erstes Testattribut spannt es die Teilbäume "sonnig", "bedeckt" und "regnerisch" auf. Für sie berechnet ID3 *wiederum* das Attribut mit dem höchsten Klassifikationsgewinn. Diese *rekursive* Berechnung von Testattributen dauert solange, bis alle Teilbäume nur noch entweder positive oder negative Instanzen enthalten oder ein benutzerdefinierter Schwellenwert erreicht ist. Weil die Entropie des Entscheidungsbaums für alle Attribute einer Baumstufe gleich gross ist, genügt statt der Maximierung der Klassifikationsgewinne auch eine Minimierung der Erwartungswerte.

Wir haben eine sehr einfache Lernmenge mit nur vierzehn Beobachtungen gewählt und ausserdem nur einen kleinen Teil der Berechnungen ausgeführt. Wegen der Effizienzanforderungen grosser Datengesamtheiten trifft ID3 seine Entscheidungen nur aufgrund einer zufälligen Teilmenge der Datengesamtheit.

```
Erstelle aus der Datengesamtheit einen Entscheidungsbaum
    Wähle eine zufällige Lernmenge aus der Datengesamtheit
    Erstelle daraus einen Entscheidungsbaum                         % 1. Aufruf
    BIS dieser Entscheidungsbaum die Datengesamtheit korrekt klassifiziert
        Füge eine Auswahl der falsch klassifizierten Elemente zur Lernmenge
        Erstelle aus der neuen Lernmenge einen Entscheidungsbaum   % 2. Aufruf
Erstelle einen Entscheidungsbaum
    FÜR JEDES Attribut
        Berechne den Klassifikationsgewinn
            Erstelle aus der Partition einen Entscheidungsbaum
        FALLS die Partition nur positive Instanzen enthält
            Markiere den Knoten als Folgerung +
        FALLS die Partition nur negative Instanzen enthält
            Markiere den Knoten als Folgerung -
```

Entwurfscode 7.17: Eine zweite Annäherung an ID3

Zusammenfassend können wir in Entwurfscode 7.17 eine zweite Annäherung an ID3 formulieren. Die Hauptprozedur ruft zweimal die Prozedur *Erstelle einen Entscheidungsbaum* auf. Diese Prozedur ruft sich ihrerseits rekursiv auf. Der Pseudocode beschreibt das grundsätzliche Vorgehen von ID3. Praktische Implementationen verfeinern vor allem die Wiederholungsbedingung der Hauptprozedur: "BIS der Entscheidungsbaum die Lernmenge korrekt klassifiziert".

Ein tiefer Entscheidungsbaum reagiert empfindlich auf Datenfehler. Ein kurzer und einfacher Baum ist ›robuster, weil er Stichproben- und Messfehlern weniger Angriffspunkte bietet. Stichprobenfehler entstehen, wenn die Datenauswahl nicht repräsentativ für die Grundgesamtheit ist. Messfehler treten dann auf, wenn Werte durch Befragung oder subjektives Urteil zustande kommen. Erweiterungen des Grundverfahrens versuchen deshalb, zufallsbedingte Klassifikationsfehler zu berücksichtigen. Das Problem lautet: Wie gross ist die Wahrscheinlichkeit, dass eine weitere Testfrage nichts mehr zur Klassifikation beiträgt? Unter bestimmten Annahmen lässt sich aus den positiven (+) und negativen (-) Klassenhäufigkeiten der mit den Attributwerten erzeugten Teilbäume eine Statistik formulieren, die sich mit zunehmendem Stichprobenumfang einer ›Chi-Quadrat-Verteilung nähert. Das Induktionsverfahren kann dann so angepasst werden, dass es nur Testattribute aufnimmt, die mit einer vordefinierten Wahrscheinlichkeit (zum Beispiel 99%) noch zur Klassifikation beitragen.

7.6 Regelinduktion im Vergleich

Der Vergleich 7.18 betrachtet die Regelinduktion im Zusammenhang mit den entscheidungsunterstützenden Methoden der übrigen Kapitel. + bedeutet einen überdurchschnittlichen Wert, ∅ einen durchschnittlichen und – einen unterdurchschnittlichen. Der Vergleich verwendet die Kriterien der Übersicht 2.14 des zweiten Kapitels.

Kriterium	*AHP*	*Optimierung*	*OLAP*	*Regelbasierte Systeme*	*Induktion*	*Neuronale Netze*	*Regression*
Methode breit anwendbar	+	–	+	∅	∅[1)]	∅	–
Automatisierungsgrad	–	+	–	∅	+	+	+
Ergebnis genau	–	+	+	∅	+	+	+
Unabhäng. Variablen gewichtbar	–	–	–	–	∅[2)]	–	+
Lösungsweg begründbar	∅	–	∅	+	+[3)]	–	–
Methode plausibel	+	∅	+	+	∅	–	∅
Ergebnis einbettbar	∅	+	∅	∅	+	∅	+
Entwicklungsaufwand	+	+	–	–	+	∅	∅
Rechnerbelastung	+	+	–	∅	∅	–	+

Vergleich 7.18: Die Regelinduktion und andere EUS-Methoden

1) Klassifikation und Vorhersage
2) Ordnung, aber keine Gewichtung
3) Grosse Entscheidungsbäume können allerdings schwer verständlich sein

Verglichen mit den übrigen Methoden zeichnet sich die Regelinduktion durch ihre Benutzerfreundlichkeit, insbesondere die Plausibilität ihrer Ergebnisse aus. Ihr Anwendungsbereich beschränkt sich auf Klassifikations- und Vorhersageprobleme. Man unterscheidet deshalb zwei Arten von Induktionsbäumen. Klassifizierende Entscheidungsbäume heissen *Klassifikations*bäume. *Regressions*bäume sind Entscheidungsbäume, die kontinuierliche Merkmale vorhersagen.

Zusammenfassung

- Die ideale *Wissensbasis eines regelbasierten Systems* ist redundanzfrei, konsistent, vollständig und effizient. Im Gegensatz zu einer aufwendigen Expertenbefragung ermöglicht die Regelinduktion den automatischen Erwerb komplexer Regeln aus elementaren Regeln, welcher diese Anforderungen oft leichter erfüllt.
- Die *Regelinduktion* leitet aus Elementarregeln komplexe Regeln bzw. Entscheidungsbäume für Experten- oder Klassifikationssysteme ab. Eine *Elementarregel* besteht aus gegebenen Bedingungen (den unabhängigen Variablen) und einer Folgerung (der abhängigen Variable), die durch Experten ergänzt wird.
- Die häufigste Anwendung der Regelinduktion ist die Extraktion von Entscheidungsbäumen, die zur Klassifikation oder Vorhersage eingesetzt werden. Verbreitete *Methoden* sind ID3, CHAID und CART.
- Mit dem Softwarepaket *XpertRule Profiler* kann ein Endbenutzer eine Datenbank oder ein Tabellenblatt als Datenquelle bezeichnen, eine Lernmenge definieren und daraus einen binären Entscheidungsbaum induzieren.
- *Heuristische* Induktionsverfahren beginnen mit einer Stichprobe von Elementarregeln, generieren eine erste Baumebene und wählen dann die Testattribute und -werte des nächsten Teilbaums informationstheoretisch. Dann fahren sie rekursiv fort, bis die Klassen eine gewünschte Homogenität aufweisen.
- *ID3* verwendet den informationstheoretischen Begriff der Entropie und das statistische Konzept des Chi-Quadrat-Tests, um die Eignung einer unbhängigen Variable zur Klassifikation zu prüfen. Zuerst wird für jedes Testattribut berechnet, wie gut es allein die Elemente der Lernmenge klassifiziert. Mit dem Attribut, das am besten abschneidet wird eine erste Klassifikation durchgeführt. Dann wiederholt ID3 rekursiv für jeden so entstandenen Teilbaum die ersten beiden Schritte. Die Berechnung von Testattributen dauert solange, bis alle Blattknoten nur noch Instanzen der gleichen Klasse enthalten oder ein benutzerdefinierter Schwellenwert (etwa ein bestimmtes Signifikanzniveau oder eine bestimmte Klassengrösse) erreicht ist.

Wiederholungsfragen

Die folgenden Mehrfachwahl- und Zuordnungsaufgaben ergänzen die Vertiefungsaufgaben des Kapitels. Wählen Sie bei den Mehrfachwahlaufgaben jeweils die beste Antwortalternative. Sie können die Aufgaben auch unter der Kontrolle des Testprogramms \Folien\WebQuiz\WebQuiz lösen. Es begründet falsche Antworten und verweist Sie auf die entsprechende Folie.

1. Was ist *kein* Grund für die Regelinduktion in Expertensystemen?

a) Inkonsistenz und Redundanz der Expertenregeln
b) mangelnde Erklärbarkeit der Expertenregeln
c) Lückenhaftigkeit der Expertenregeln
d) mangelnde Performance der Expertenregeln

2. Was sind *Elementarregeln?*

a) automatisch induzierte Regeln
b) automatisch generierte Attributtupel
c) induktiv ergänzte Attributtupel
d) Attributwerttupel, die der Experte um Folgerungen ergänzt

3. *Induktion* bietet sich für Expertensysteme an, falls ...

a) das relevante Wissen schlecht strukturiert ist.
b) die Regeln nicht geschachtelt sein sollen.
c) die Regeln gut erklärbar sein sollen.
d) der Experte seine Regeln explizit formulieren kann.

4. Welche Aussage zu *Klassifikation* bzw. *Regression* ist richtig?

a) Die Klassifikation verwendet stetige unabhängige Variablen.
b) Die Regression prognostiziert anhand einer Vorhersagegerade.
c) Die Klassifikation verwendet eine kategoriale abhängige Variable.
d) Die Klassifikation stellt höhere Anforderungen an das Messniveau.

5. Was gilt für den heuristischen Induktionsansatz?

a) Er wählt von allen möglichen Bäumen jenen mit den wenigsten Fragen.
b) Er generiert rekursiv alle möglichen Entscheidungsbäume.
c) Er wählt die Testmerkmale und -werte jedes rekursiven Teilbaums nach einer informationstheoretischen Regel.
d) Der heuristische Ansatz ist ineffizient, findet aber den einfachsten Baum.

6. Die *Trefferquote* eines Induktionsverfahrens sinkt mit ...

a) zunehmender Zahl der Klassifikationsattribute.
b) steigender Mindestzahl der Beispiele pro Ast.
c) steigendem Signifikanzniveau.
d) abnehmender Stichprobengrösse.

7. Was bedeutet das Akronym *ID3*?

a) Interactive Dichotomiser 3
b) Inductive Dichotomiser 3
c) Interdependent Dichotomiser 3
d) Iterative Dichotomiser 3

8. Der *Erwartungswert* ...

a) misst den Informationsaufwand eines Klassifikationsattributs.
b) ist das gewichtete Mittel der Entropien des Entscheidungsbaums.
c) berechnet die Entropie eines Teils des Entscheidungsbaums.
d) addiert alle Entropien der Teilbäume eines Attributs.

9. Der *Klassifikationsgewinn* ...

a) subtrahiert die Entropie eines Entscheidungsbaums vom Erwartungswert seiner Teilbäume.
b) berechnet das gewichtete Mittel der Entropien der durch ein Attribut aufgespannten Teilbäume.
c) misst den Gewinn, den eine Klassifizierung mit einem bestimmtenTestattribut A erzielt.
d) teilt den Entscheidungsbaum in Teilbäume.

10. Sequenzieren Sie die folgenden *Entwicklungsphasen* einer Klassifikation durch Regelinduktion:

A an Testdaten validieren
B ODBC-Verbindung einrichten
C Werte der unabhängigen Variablen gruppieren
D Entscheidungsbaum induzieren
E Daten transformieren
F Induktionsparameter bestimmen
G Lernmenge definieren
H induzierten Baum auf Produktionsdaten anwenden

Vertiefungshinweise

Lehrbücher

▷ Berry, J., Linoff, G., *Data Mining Techniques For Marketing, Sales and Customer Support*, Wiley 1997, 454 S.

Das Kapitel "Decision Trees" (S. 243-285) bietet eine einfache Einführung in Entscheidungsbäume. Es geht insbesondere auf die verschiedenen Varianten von Induktionsalgorithmen ein und beschreibt eine Anwendung aus dem Bankwesen.

▷ Der Australier J. Ross Quinlan ist der Begründer des ID3-Induktionsverfahrens. Die folgenden Arbeiten von Quinlan führen in die Anwendung und den Hintergrund von ID3 ein:

- Quinlan, J.,R., *Induction of Decision Trees*, Machine Learning 1, 1986, 81-106
- Quinlan, J.,R. *Simplifying decision trees*, in Gaines, B.R., Boose, J.H., Knowledge-Based Systems, Vol. 1: Knowledge Acquisition for Knowledge-based Systems, Academic Press, San Diego, 1988, 241-254
- Quinlan, J.R., *C4.5 Programs for Machine Learning*, Morgan Kaufmann 1993

8 Neuronales Lernen

Neue Begriffe

Wie ist ein neuronales Netz aufgebaut?
- Neuron
  - Eingabe, Verarbeitung, Ausgabe
- Netz von Neuronen
  - Architektur
    - einstufige -
    - mehrstufige -
  - Transferfunktion
  - Lernalgorithmus
    - überwacht lernend
    - unüberwacht lernend

Wo lassen sich neuronale Netze anwenden?
- Beispiele
  - OCR, Direct Mailing, Bonitätsbeurteilung, Zeitreihenanalyse
- Anwendungsklassen
  - Klassifikation, Clustering, Vorhersage, Optimierung

Wie verläuft die Entwicklung neuronaler Netze mit *NeuralWorks Predict*?
- Problem spezifizieren
- Lern- und Validierungsdaten sammeln
- Daten aufbereiten
- unabhängige Variablen wählen
- Netzmodell spezifizieren und lernen
- gelerntes Modell validieren
- Modell anwenden

Wie funktionieren künstliche neuronale Netze?
- Transferfunktionen verknüpfen Neuronen
- Lernalgorithmen und Lernregeln lernen Verbindungsgewichte
- Perzeptrons sind einfach verständliche neuronale Netze
  - einstufige Perzeptrons
    - Zweiklassen-Perzeptrons
      - eindimensionale -
      - zweidimensionale -
    - Mehrklassen-Perzeptrons
  - mehrstufige Perzeptrons
    - mit Rückführung (Backpropagation)

8.1 Unterrichtsmaterial

Dieses Kapitel beschreibt Anwendung und Theorie neuronaler Netze. Sie lernen dabei *NeuralWorks Predict* kennen, ein MS Excel Add In, das die Entwicklung neuronaler Modelle eines bestimmten Typs unterstützt. Wer sich für den methodischen Hintergrund interessiert, lernt an Spreadsheets und Visual Basic-Programmen die Architektur und die Lernalgorithmen elementarer Netze kennen.

Aus dem CD ROM-Folienkapitel 🕮 Neuronales Lernen gelangen Sie zu ...

- einem kurzen Tutorial über neuronale Netze
- einer Demonstrationsversion von *NeuralWorks Predict*
- einem Anwendungsbeispiel und einer Aufgabe mit *NeuralWorks Predict*
- Theoriebeispielen unter *MS Excel* und *Visual Basic für Applikationen*
- Anbieter- und Produktinformation auf dem WWW.

8.2 Grundlagen

Wissenschaft und Praxis untersuchen neuronale Netze mit verschiedenen Zielen: Naturwissenschafter interessieren sich für die Funktion von Nervenzellen, insbesondere des menschlichen Gehirns. Ingenieurwissenschafter bilden natur- und formalwissenschaftliche Erkenntnisse über natürliche und künstliche neuronale Netze auf Computerarchitekturen und -algorithmen ab. Angewandte Informatiker und Betriebswirte wenden schliesslich die ingenieurwissenschaftlichen Ergebnisse auf betriebliche Probleme an. Die folgenden Abschnitte setzen den Schwerpunkt auf betriebliche Anwendungen und untersuchen an Beispielen wie Direct Mailing und Bonitätsbeurteilung den Einsatz in entscheidungsunterstützenden Systemen.

Das Grundprinzip neuronaler Netze ist das Lernen aus Fehlern und die Verallgemeinerung des Gelernten auf neue Stichproben. Die kleinste Lerneinheit ist dabei eine idealtypische Nervenzelle, das Neuron. Schema 8.1 zeigt das vereinfachte Bild einer biologischen Nervenzelle. Eine Nervenzelle ist eine Verarbeitungseinheit, die dem bekannten EVA-Schema eines Prozessors folgt (*E*ingabe, *V*erarbeitung, *A*usgabe).

Die Theorie neuronaler Netze verallgemeinert Aspekte biologischer Nervensysteme auf künstliche neuronale Netze. Künstliche neuronale Netze sind Analogien, und für Analogien gilt "Comparaison n'est pas raison". Modelle isolieren nämlich einen Teil der Wirklichkeit, abstrahieren von deren Komple-

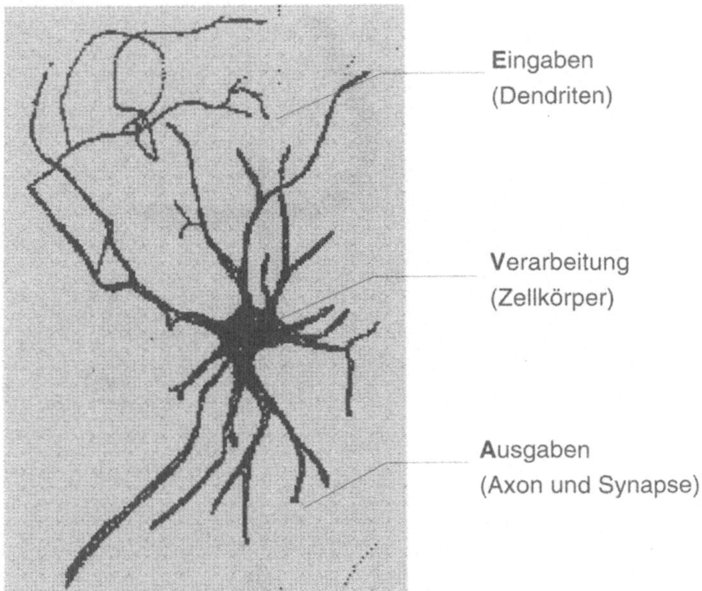

Schema 8.1: Eine biologische Nervenzelle (Neuron)

xität (zum Beispiel jener des menschlichen Gehirns) und verallgemeinern auf eine neue Domäne (zum Beispiel auf betriebliche Entscheidungen).

Wir gehen von einem Beispiel aus, an dem wir die Grundbegriffe des sechsten Kapitels (Data Mining - ein Überblick) auffrischen. Das Schema 8.2 zeigt eine der ersten Anwendungen neuronaler Netze, die optische Zeichenerkennung. **OCR**-Systeme (engl. Optical Character Recognition) bilden gescannte Dokumente auf die Zeichencodes und Layoutbefehle eines Textverarbeitungssystems ab. Neuronale Netze sind eine mögliche Methode der Lösung des OCR-Problems. Die Sensoren eines Lesegeräts geben jedes Zeichen einer Stichprobe von Texten als Rasterbild in ein neuronales Netz ein. Dieses ändert die Verbindungen zwischen den Neuronen so lange, bis das berechnete Ausgabezeichen mit dem entsprechenden (gegebenen) Zeichen der Lernmenge übereinstimmt. Das gelernte Netz kann nach der Eichung an einer anderen Stichprobe (Validierung) auch auf neue Texte angewendet werden.

Schema 8.3 nimmt die Netzarchitektur von Abbildung 6.7 (Data Mining - ein Überblick) auf und wendet sie auf das OCR-Beispiel an. Der Einfachheit halber reduzieren wir die Aufgabe auf die Erkennung von Ziffern statt allgemeiner Zeichen. Gegeben seien eine Stichprobe von Rasterbildern der Ziffern 0 bis 9. Jedes Rasterbild ist eine Eingabe für das neuronale Netz 8.3.

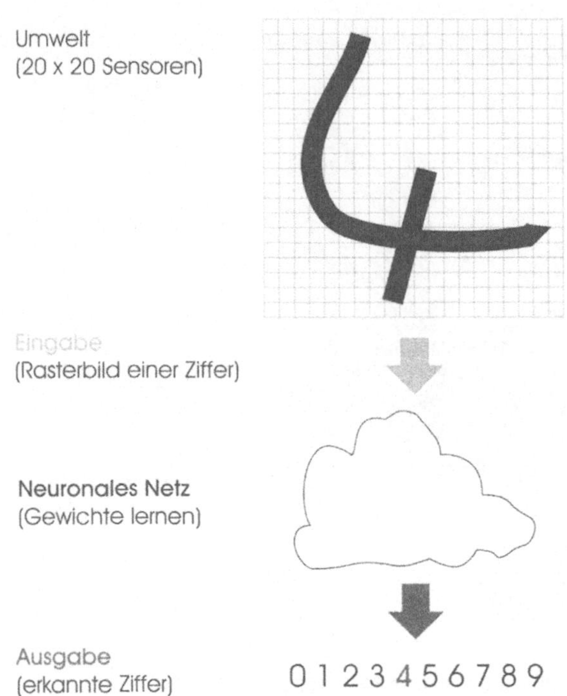

Schema 8.2: OCR kann die Interpretation von Ziffern neuronal lernen

Eine verbreitete Klasse neuronaler Netze lernt - ähnlich wie die Regelinduktion und die Verfahren der Inferenzstatistik - an einem Vorbild, einer Lernmenge bekannter Eingaben und Ausgaben. Die OCR-Lernmenge enthält deshalb neben dem uninterpretierten Rasterbild (Eingabe) auch die tatsächliche Ausgabe, das heisst die korrekte Interpretation der Ziffer. Gesucht ist ein Algorithmus, der für eine beliebige künftige Eingabe die korrekte Ausgabe berechnet - mit anderen Worten ein Algorithmus, der das Rasterbild einer beliebigen Ziffer interpretiert. Das Schema 8.3 veranschaulicht einen Lernalgorithmus, den Abschnitt 8.4.4 vertiefen wird. Die Gewichte zwischen den Neuronen werden solange angepasst, bis der Fehler (in etwa der Unterschied zwischen dem berechneten und dem tatsächlichen Wert der abhängigen Variable) minimal wird.

Nachdem wir das Anliegen neuronaler Netze an der Zeichenerkennung kennen gelernt haben, vertiefen wir die Grundbegriffe “Neuron”, “neuronales Netz” und “neuronales Lernen”.

Schema 8.4 formalisiert die Definition eines Neurons. Ein Neuron verändert mehrere Eingaben durch Verarbeitungsgewichte zu einer einzigen Ausgabe

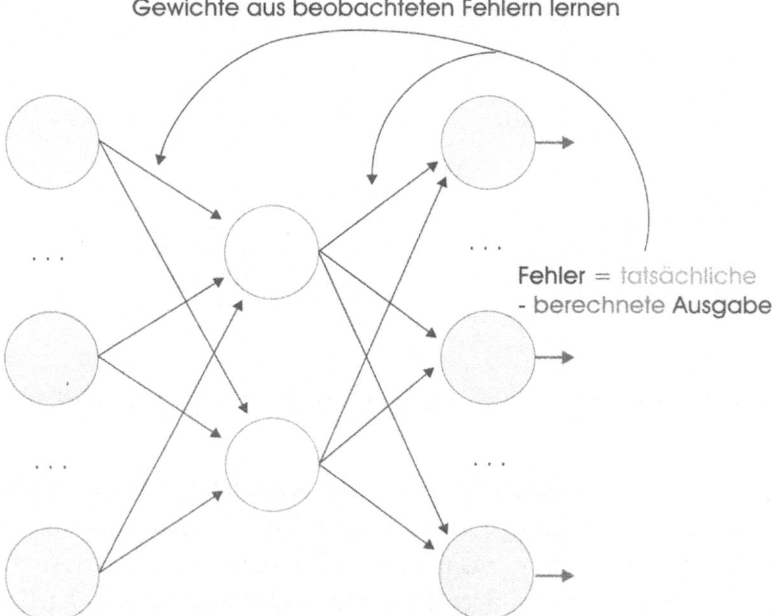

Gegeben

- Eingabe (Stichprobe von Rasterbildern der Ziffern 0 bis 9)
- tatsächliche Ausgabe (korrekte Interpretationen aller Ziffern)

Gesucht

Algorithmus, der für eine beliebige Eingabe die korrekte Ausgabe berechnet (der das Rasterbild einer beliebigen Ziffer interpretiert)

○ Netzelement (Neuron, Nervenzelle)

Schema 8.3: Eine mögliche Netzarchitektur für die OCR-Beispielanwendung

(EVA-Prinzip des Prozessors). Eine gerichtete Verbindung zwischen Neuron i und Neuron j überträgt die Eingabe e_i. Das Verbindungsgewicht g_{ij} misst die Wichtigkeit der Verbindung. a_j ist schliesslich die einzige Ausgabe des Neurons j, welche wiederum Eingabe eines anderen Neurons sein kann. a_j bezeichnet die Ausgabe eines *einzelnen* Neurons und nicht die Ausgabe des ganzen Netzes.

Zusammenfassend halten wir in einer ersten Annäherung die folgenden Definitionen fest: Ein **Neuron** ist eine lernfähige Verarbeitungseinheit, die Einga-

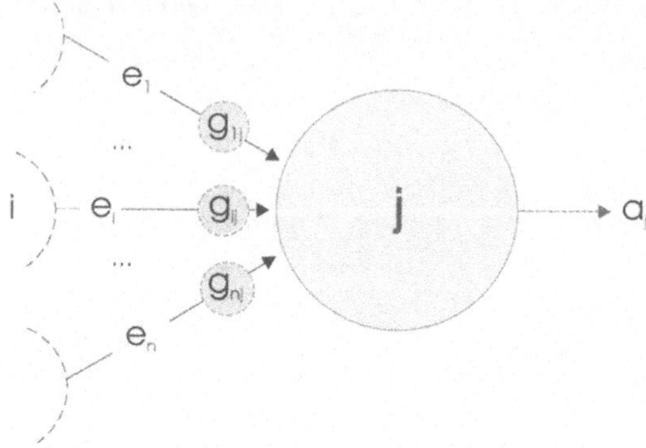

Schema 8.4: Eingabe e_i, Verarbeitung und Ausgabe a_j eines Neurons j

ben aus anderen Neuronen oder der Umwelt verarbeitet und an weitere Neuronen oder die Umwelt ausgibt. Ein neuronales **Netz** verbindet Neuronen numerisch, indem jedes Neuron aus mehreren Eingaben eine einzige Ausgabe an mehrere andere Neuronen oder die Umweltberechnet. Im Vergleich zu den Millionen und Milliarden von Neuronen biologischer Netze und ihren bis zu 100'000 Verbindungen ist die Zahl der Neuronen und Verbindungen künstlicher Netze gering.

Neuronale Netze lernen an historischen Daten und wenden das Gelernte auf neue Daten an. Die Lernmethoden orientieren sich an den Prinzipien biologischer Nervensysteme. Abbildung 8.5 zeigt schematisch die Entwicklung und Anwendung neuronaler Netze:

1. Die Benutzerin entscheidet sich je nach Problem und Werkzeug für ein bestimmtes neuronales Modell.
2. An historischen Daten lernt das neuronale Netz jene Gewichte, die aus den Eingaben der Lernmenge die Ausgaben möglichst genau approximieren.
3. Die Benutzerin wendet das gelernte Netz auf neue Daten an.

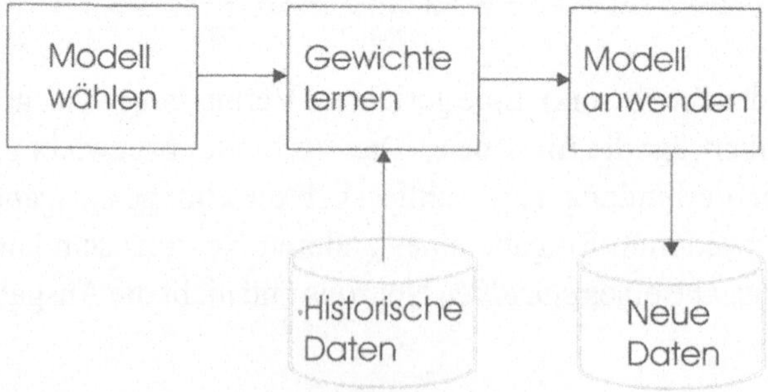

Schema 8.5: Wie neuronale Netze lernen

Lernen heisst die Gewichte der Verbindungen zwischen den Neuronen anpassen. Das Lernverfahren der OCR-Anwendung passt zum Beispiel die Gewichte so lange an, bis ein neuronales Netz handschriftliche Zeichen akzeptabel klassifiziert. Allgemein verändert ein Lernalgorithmus die Gewichte g_{ij} so lange, bis die vorgegebenen Ausgaben a_j korrekt berechnet werden.

Ein neuronales Netz kann überwacht oder unüberwacht lernen. Wenn es **überwacht** lernt, dann ordnet ein "Lehrer" (die Stichprobe) jedem Eingabentupel die richtige historische Lösung zu. Gegeben ist immer eine Lernmenge aus Eingaben und korrekten Ausgaben. Das siebte Kapitel hat mit der Regelinduktion ein Verfahren eingeführt, dass überwacht klassifizieren bzw. vorhersagen lernt. Der Rest des Kapitels wird sich ausschliesslich mit dem überwachten Lernen beschäftigen. Wenn ein Netz **unüberwacht** lernt, dann lernt es nach vorgegebenen Kriterien als "Schüler" allein aus der Beobachtung der Eingaben. Gegeben ist nur eine Lernmenge von Eingaben. Die ›Clusteranalyse ist ein Beispiel eines unüberwacht lernenden Verfahrens.

Bevor wir an einem einfachen Beispiel die theoretischen Grundlagen vertiefen, veranschaulichen wir eine Anwendung neuronaler Netze im Betrieb. **Direct Mailing** ist eine Form der Direktwerbung, die aus eigenen oder gekauften Adressen eine Zielgruppe auswählt und deren Mitglieder einzeln anschreibt. Ein neuronales Netz soll die Antwortrate einer Direct Mailing-Kampagne maximieren.

Gegeben seien Merkmale von Individuen mit *bekanntem* Antwortverhalten (zum Beispiel "keine Antwort", "Rückfrage", "Kauf"). Gesucht sei ein neuronales Netz, welches das Antwortverhalten, insbesondere die Kaufbereitschaft, künftiger Individuen vorhersagt. Wir wählen dazu geeignete Prädiktoren, welche das Kriterium Antwortverhalten vorhersagen. Zu den Prädiktoren gehören persönliche Merkmale wie Alter, Geschlecht und Kinderzahl oder finanzielle Merkmale wie Kontenstand.

Auf der CD ROM finden Sie ein Lernprogramm, welches das Direct Mailing-Problem mit *SPSS Neural Connection* löst. Neural Connection setzt zwei sogenannte ›RBF-Netzwerke ein, um mit persönlichen und finanziellen Prädiktoren das Kriterium Antwortverhalten vorherzusagen. Mehr erfahren Sie, wenn Sie 🖫 nbook2.tbk starten. Nach etwas Geduld können Sie auf die Schaltfläche des Willkommen-Bildschirms klicken. Wählen Sie die Benutzergruppe "technical user" und klicken Sie auf die Schaltflächen GO und ✥ (Inhaltsverzeichnis). Dann klicken Sie hintereinander "How does it work?" und "Demonstrations". Ein Doppelklick auf "Direct Mailing" führt Sie schliesslich zum entsprechenden Fallbeispiel.

Zur Vertiefung der eingeführten Grundbegriffe entwickeln wir ein einfaches neuronales Netz, das die logische Verknüpfung **UND** aus vier Beispielaussagen lernt. Wir formulieren zuerst das Problem, codieren die Eingaben und Ausgaben geeignet und entwickeln ein Lösungsmodell.

Die UND-Verknüpfung ist in der folgenden Wahrheitstafel definiert. Die Lernmenge eines UND-Netzes setzt sich nur aus den vier Zeilen der Wahrheitstafel zusammen:

Aussage e_1		*Aussage e_2*		*Aussage a_3*
wahr	UND	wahr	⇨	wahr
falsch	UND	falsch	⇨	falsch
wahr	UND	falsch	⇨	falsch
falsch	UND	wahr	⇨	falsch

Wenn zum Beispiel zwei *wahre* Aussagen e_1 und e_2 verknüpft werden, dann ist die Verknüpfung a_3 ebenfalls wahr (erste Zeile der Wahrheitstafel). Gesucht sei ein neuronales Netz, das die Wahrheitswerte zweier beliebiger Aussagen so verknüpft, dass dabei der Wahrheitswert der UND-Verknüpfung entsteht. Weil die Wahrheitstafel alle möglichen Eingaben erschöpfend behandelt, ist die Berechnung eines neuronalen Netzes ohne praktische Bedeutung. Es dient uns nur zur Veranschaulichung der Elemente eines neuronalen Modells.

Damit wir die Wahrheitstafel numerisch verarbeiten können, codieren wir die Werte "wahr" und "falsch" als 1 und 0. Die Wahrheitstafel lautet dann:

Aussage e_1		*Aussage e_2*		*Aussage a_3*
1	UND	1	⇨	1
0	UND	0	⇨	0
1	UND	0	⇨	0
0	UND	1	⇨	0

Schema 8.6 zeigt die Komponenten eines einfachen **neuronalen Modells**:

- ✓ Die *Architektur* definiert die Zahl und die Verbindungen der Neuronen.
- ✓ Die *Transferfunktion* f leitet die Eingaben an andere Neuronen weiter.
- ✓ Der *Lernalgorithmus* berechnet die Gewichte von f.

Die Architektur unseres UND-Netzes ist sehr einfach (Schema 8.7). Die beiden Eingabeneuronen 1 und 2 übergeben die Eingaben e_1 und e_2 an das Ausgabeneuron 3. Gesucht sind die Gewichte g_{13} und g_{23}.

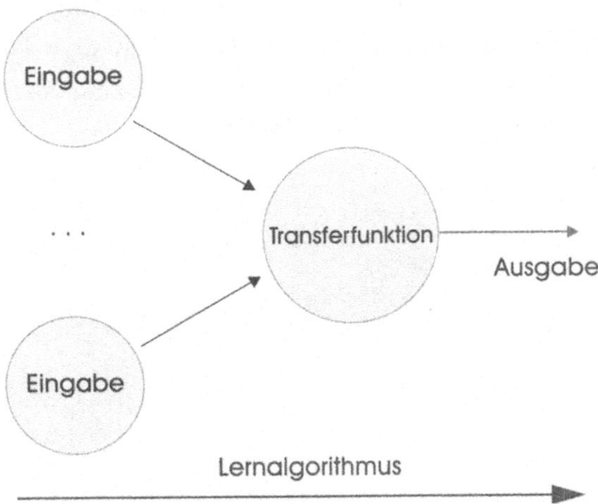

Modell 8.6: Allgemeines Modell eines einfachen neuronalen Netzes

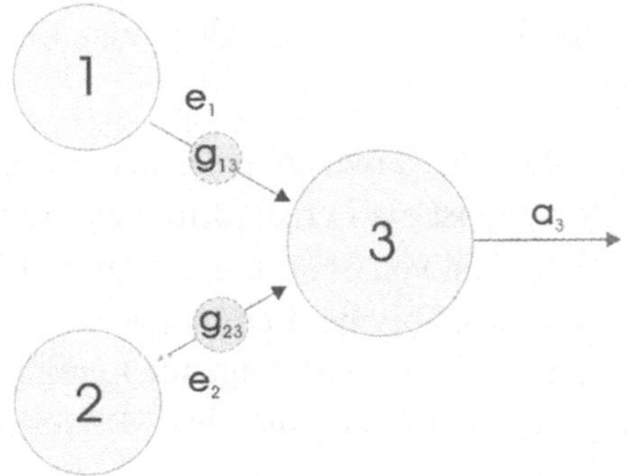

Schema 8.7: Erste Modellkomponente eines UND-Netzwerks: Architektur

Die zweite Modellkomponente, die Transferfunktion, überträgt ("transferiert") die Eingaben eines Neurons als eine einzige Ausgabe an weitere Neuronen. Vor der Weitergabe gewichtet das verarbeitende Neuron die Eingaben. Aufgabe der dritten Modellkomponente, des Lernalgorithmus, ist es, die Gewichte so zu berechnen, dass die Unterschiede zwischen den tatsächlichen und den berechneten Netzausgaben minimal werden. Wir werden einen einfachen Lernalgorithmus entwickeln, der mit einer multiplikativen Transferfunktion f der folgenden Form korrekte Gewichte für das UND-Problem berechnet:

$$a_3 = f(e_1, e_2) = g_{13}\, e_1 \cdot g_{23}\, e_2$$

Die nächste Frage ist, *welche* Gewichte g_{13} und g_{23} die Eingaben e_i auf die Ausgabe a_3 abbilden. Eine tentative Lösung ist $g_{13} = 2$ und $g_{23} = 1/2$. Die Transferfunktion f wäre dann $2e_1 \cdot ½\, e_2$. Die folgende Tabelle zeigt, dass diese Gewichte in der Tat die korrekte Ausgabe ergeben.

$g_{13}\ e_1$	·	$g_{23}\ e_2$	Berechnete Ausgabe a_3
2 · 1	·	1/2 · 1	= 1
2 · 0	·	1/2 · 0	= 0
2 · 1	·	1/2 · 0	= 0
2 · 0	·	1/2 · 1	= 0

Man sieht allerdings leicht, dass unendliche viele analoger Gewichtepaare die korrekte Ausgabe a_3 berechnen. In den letzten drei Zeilen ist die Ausgabe immer 0. Die Berechnung von a_3 wird deshalb - unabhängig von der Wahl der Gewichte - immer korrekt. Die erste Zeile berechnet die korrekte Ausgabe, falls sich die Gewichte reziprok zu einander verhalten (zum Beispiel 2 und 1/2, aber auch 4711 und 1/4711).

Im allgemeinen lassen sich die Gewichte eines neuronalen Netzes nicht einfach erraten. Jedem Netztyp ist ein Lernalgorithmus zugeordnet, der die Gewichte in einer endlichen Zahl von Schritten bestimmt. Er berechnet aus den gegebenen Eingaben und Ausgaben der Lernmenge die Gewichte einer Transferfunktion, deren Typ gegeben ist. Der folgende Lernalgorithmus berechnet zum Beispiel zulässige Gewichtepaare für das UND-Netz:

```
Initialisiere g13 und g23 beliebig
WIEDERHOLE BIS berechnete Ausgaben = tatsächliche Ausgaben
   FALLS g13 e1 · g23 e2 < a3
      Vergrössere g13 oder g23 um 0.1
   SONST
      Verkleinere g13 oder g23 um 0.1
```

Dieser Lernalgorithmus ist trotz seiner Einfachheit in zweierlei Hinsicht typisch. Er *startet* mit beliebigen Gewichtewerten (Zeile 1) und modifiziert diese iterativ in Richtung der Abbruchbedingung (Zeile 2). Die *Abbruchbedingung* ist erfüllt, wenn die tatsächlichen und berechneten Ausgaben übereinstimmen. Die *Lernregel* (Auswahlanweisung) bestimmt, wie die Gewichte verändert werden müssen, solange die Abbruchbedingung nicht zutrifft.

Das UND-Netz ist sehr spezifisch und lässt sich nicht einmal auf die ODER-Verknüpfung übertragen. Es stellen sich deshalb die folgenden Fragen: Existieren allgemeinere Lernalgorithmen, die beliebige Eingaben einer bestimmten Problemklasse auf beliebige Ausgaben abbilden? Wie sehen die Architektur und die Transferfunktion komplexerer Anwendungen aus? Der Rest des Kapitels deutet an Beispielen an, dass verschiedenste Klassen praktischer Probleme mit Dutzenden von neuronalen Modellen gelöst werden können. Bevor wir das bereits bekannte Bonitätsproblem auch neuronal lösen, unterscheiden wir einige wichtige Klassen neuronaler Architekturen und schreiben die vorläufigen Definitionen von "Neuron" und "neuronalem Netz" fort.

Die Architektur des UND-Netzes ist einfach (Schema 8.7). Die beiden Eingaben und die einzige Ausgabe werden über eine einzige Stufe von Gewichten und eine einzige Transferfunktion verbunden. Man nennt solche Netze einstufig. Ein **einstufiges** neuronales Netz besteht aus Eingaben und Ausgaben, die über eine einzige Gewichtungsstufe verbunden sind. Die Zahl der Eingaben und Ausgaben ist nicht beschränkt (Schema 8.8). Das Bild zeigt ausserdem, dass eine einzige Eingabe in mehrere Neuronen eingehen kann. Ein einzelnes Neuron gibt aber nur eine einzige Ausgabe an die Umwelt weiter.

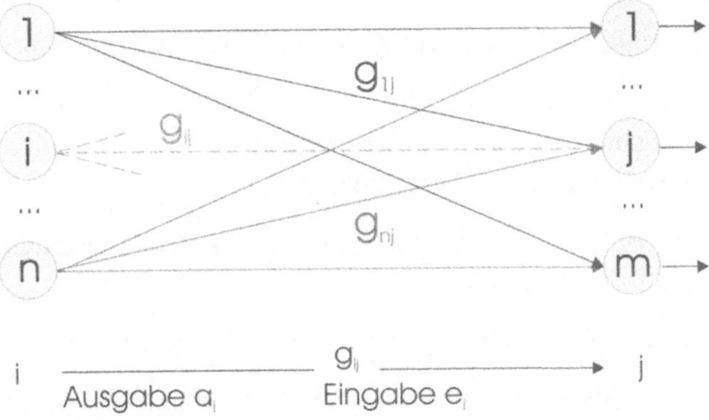

Schema 8.8: Einstufige Architektur

Ein **mehrstufiges** neuronales Netz besteht aus Eingabe-, verborgenen - und Ausgabeneuronen, die durch mehr als eine Gewichtungsstufe verbunden sind. Mehrstufige neuronale Netze sind weit verbreitet. Schema 8.9 stellt eine dreistufige vorwärtsgerichtete 3-2-3-2-Architektur dar. Sie besitzt die folgenden Eigenschaften:

- Neuronen werden immer von links nach rechts (vorwärts) verbunden. Solche Netze heissen deshalb auch Feedforward-Netze. Rekursive, seitliche und Rückwärtsbeziehungen sind nicht erlaubt.
- Verbindungspartner sind nur Neuronen benachbarter Schichten. In der Regel sind "Sprünge" über Schichten nicht erlaubt.

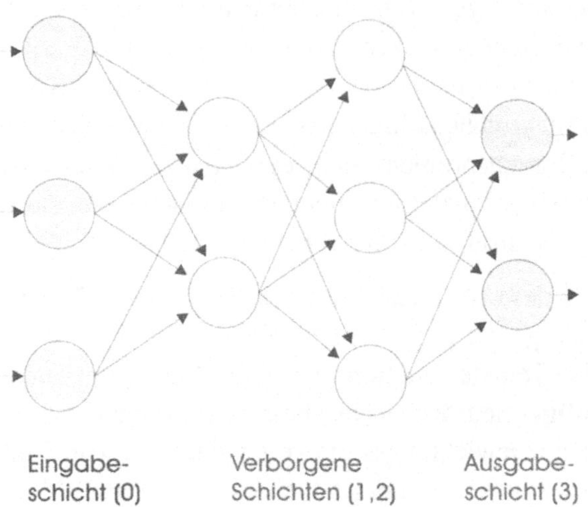

Schema 8.9: Eine dreistufige vorwärtsgerichtete 3-2-3-2-Architektur

- 3-2-3-2 gibt die Zahl der Neuronen pro Schicht an. Die Neuronenzahl ist deshalb 3 + 2 + 3 + 2 = 10.

Die Begriffe Schicht und Stufe unterscheiden sich. Ein Netz mit n Schichten hat n-1 Stufen zwischen den Schichten.

Bevor wir im nächsten Abschnitt zu einer praktischen Anwendung kommen, halten wir die folgenden Definitionen fest:

Ein **Neuron** ist das Grundelement eines neuronalen Netzes und verarbeitet ...

✓ mehrere Eingaben der Umwelt oder anderer Neuronen

✓ mit einer Transferfunktion (auch Aktivierungsfunktion genannt)

✓ zu einer einzigen Ausgabe (auch Aktivierung genannt) an andere Neuronen oder die Umwelt.

Ein neuronales **Netz** besteht aus Neuronen mit ...

✓ einer bestimmten Architektur (einer charakteristischen Zahl von Neuronen und einer charakteristischen Anordnung ihrer Verbindungen)

✓ mindestens einer Transferfunktion (einer Vorschrift, die den gewichteten Eingaben eines Neurons genau eine Ausgabe zuordnet)

✓ einem Lernalgorithmus (einem Verfahren, das aus einer Lernmenge repräsentativer Beobachtungen iterativ die Gewichte berechnet).

8.3 Anwendung mit NeuralWorks Predict

Die Tabelle 6.3 (Data Mining - ein Überblick) hat verschiedene Klassen von Data Mining-Anwendungen unterschieden. Vergleich 8.10 ergänzt die Klassen um die Optimierung und nennt geeignete neuronale Modelle und Anwendungen.

Bereich	*Eingaben und Ausgaben*	*Beispielmodelle*	*Anwendung*
Klassifikation	Beobachtungen bekannten Klassen zuordnen	›CCN, ›Perzeptron	›OCR
Clustering	Aus Beobachtungen bisher unbekannte Gruppen bilden	CCN	›Marktkorb-analyse
Vorhersage	Kontinuierliche Werte aus bekannten unabhängigen Variablen berechnen	CCN	›Bonitäts-beurteilung
Optimierung	Optimale Lösungen unter bekannten Nebenbe-dingungen berechnen	rekursive Netze	lineare und nichtlineare ›Optimierung

Vergleich 8.10: Anwendungsklassen neuronaler Netze

Klassifikation und Vorhersage sind verbreitete neuronale Anwendungsklassen. Populäre betriebliche Anwendungsbereiche sind neben der Bonitätsbeurteilung etwa die Identifikation betrügerischer Kreditkarten-Transaktionen und die Vorhersage von Wechselkursschwankungen. Die Beispiele stammen alle aus dem Bereich der *Verhaltens*modellierung. Die Reliabilität und Validität *physischer* Modelle - zum Beispiel der Bild- und Zeichenerkennung - ist in der Regel höher. Unbelebte Phänomene lassen sich zuverlässiger und gültiger messen und vorhersagen. Auch die Aufgabe 4.2 (Konsumkredit) und der Abschnitt 7.4 (Konsumkredit) modellieren menschliches Verhalten, wenn sie die Kreditwürdigkeit mit den Methoden regelbasierter Systeme und der Regelinduktion beurteilen. Die Lernmenge des Abschnitts 7.4 wird auch Ausgangspunkt der Bonitätsbeurteilung mit einem neuronalen Netz sein.

Wir lösen das Bonitätsproblem mit *NeuralWorks Predict*, einem Werkzeug, das Endbenutzer oder Programmierer neuronale Modelle eines bestimmten Typs entwickeln lässt. Ein Endbenutzer bereitet die Lern- und Testdaten in MS Excel vor, verarbeitet sie mit dem Add In von NeuralWorks und präsentiert die Ergebnisse schliesslich in MS Excel. Alternativ kann ein Programmierer die Daten auch in einer eigenen Applikation aufbereiten, sie mit der Predict→DLL verarbeiten, um schliesslich die Ergebnisse in einer frei gewählten Applikation zu präsentieren.

8.3.1 Problemspezifikation

Fallbeispiel 8.11 beschreibt das Bonitätsproblem im Hinblick auf eine Lösung mit einem neuronalen Netz. Der Rest des Kapitels folgt den Entwicklungsphasen von NeuralWorks Predict. In der Excel-Arbeitsmappe Bonitätsklassifikation.xls finden Sie die Daten. Nach der Installation der Demonstrationsversion des Add In von NeuralWorks können Sie die Entwicklungsphasen des Fallbeispiels nachvollziehen.

Gegeben seien 400 Datensätze, die abgeschlossene Kreditgesuche der letzten zwei Jahre beschreiben. Gesucht sind die Parameter eines neuronalen Klassifikationsmodells, das jedes künftige Kreditgesuch einer der Klassen "Annahme" und "Ablehnung" zuordnet

a) Laden Sie Bonitätsklassifikation.xls und NeuralWorks Predict. Inspizieren Sie die Stichprobendaten des Tabellenblatts.
b) Unterscheiden Sie abhängige und unabhängige Variablen.
c) Erstellen Sie parallel zur Einführung des Abschnitts 8.3 ein neuronales Netz.

Fallbeispiel 8.11: Bonitätsklassifikation

Die Entwicklung und Anwendung eines neuronalen Netzes umfassen einerseits die Berechnung eines Modells aus der *Lernmenge* und andererseits die Übertragung des berechneten Modells auf künftige *Anwendungsmengen*. Vergleich 8.12 unterscheidet die Lern- und Anwendungsmengen nach ihrer Zusammensetzung und Funktion.

8.3.2 Auswahl der Lern- und Testdaten

Im Falle einer Teilerhebung hängt die Qualität der Datenanalyse von der Definition der Datengesamtheit und der Repräsentativität der Stichprobe ab. Von Bedeutung ist nicht nur die Erhebung der Lernmenge, sondern auch die Definition der Testmenge.

Das Bild 8.13 illustriert den Einfluss der Datenauswahl auf das Analyseergebnis. Je nach Wertebereich der Datenauswahl wird der horizontale Trend der mittleren Punktwolke oder der umfassende diagonale Trend verallgemeinert.

	Lernmenge	*Anwendungsmenge*
Datengesamtheit	Kreditnehmer der *letzten* 2 Jahre	Konsumkreditanträge der *nächsten* Jahre
Eingaben	bonitätsrelevante Eigenschaften *ehemaliger* Kreditnehmer	bonitätsrelevante Eigenschaften *neuer* Kreditnehmer
Ausgabe	tatsächliche Bonität	berechnete Bonität
Verarbeitung	Gewichte der Verbindungen zwischen Eingaben und Ausgabe lernen	Ausgabe aus *neuen* Eingaben und *gelernten* Gewichten berechnen

Vergleich 8.12: Lernen und Anwenden eines Netzes am Beispiel Bonität

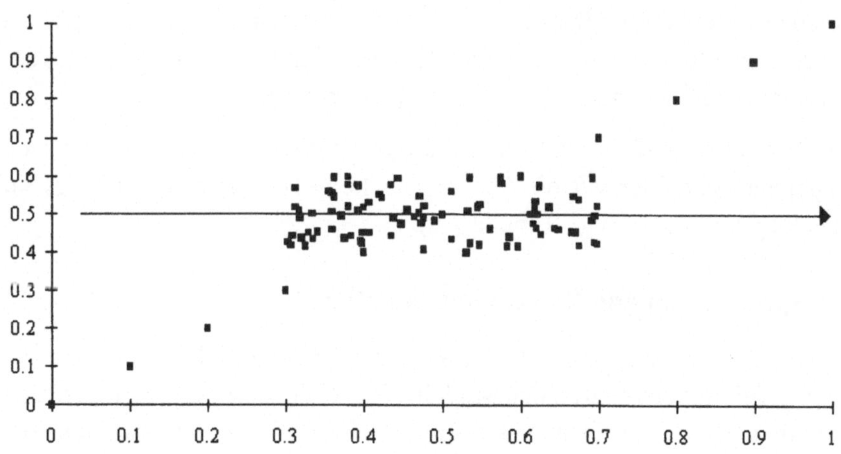

Bild 8.13: Einfluss der Stichprobenauswahl auf das Analyseergebnis

Die Repräsentativität der Lernmenge kann also die Validität der Ergebnisse entscheidend beeinflussen.

8.3.3 Datenaufbereitung

Zur Datenaufbereitung gehört die Entfernung falscher und redundanter Daten sowie die Anpassung der Rohdaten an die Erfordernisse des Modells und des Werkzeugs. Zum Beispiel werden die Daten um den Einfluss der Teuerung oder anderer verfälschender Trends bereinigt.

Neuronale Modelle verlangen numerische Eingaben, deren Werte oft in einen kleinen Bereich fallen müssen. Zur Aufbereitungsphase gehören deshalb auch die *Skalierung und Codierung*. Symbolische Daten werden zum Beispiel auf numerische abgebildet und numerische Werte auf den Bereich zwischen 0 und 1 skaliert. Die so transformierten Werte erfüllen zwar die Modellbedingungen, erschweren aber die Interpretation der Ergebnisse. Sie tragen dazu bei, dass neuronale Netze weniger plausibel als Entscheidungsbäume und regelbasierte Systeme sind (vgl. Abschnitt 8.5: Neuronale Netze im Vergleich).

8.3.4 Variablenauswahl

Viele Data Mining-Verfahren erfordern eine Vorentscheidung, welche Merkmale der Datengesamtheit als unabhängige Variablen in den Modellierungsprozess eingehen. Der Benutzer trifft diese Vorentscheidung aufgrund seiner Domänenkenntnisse oder überlässt sie dem Werkzeug. Dieses kann mit einem statistischen Verfahren, zum Beispiel der ‣schrittweisen Regression, geeignete Variablen automatisch identifizieren. Wenn zum Beispiel von dreissig Variablen zehn wegfallen, so bedeutet dies bei gekauften Daten oder grossen Sammelanstrengungen beträchtliche finanzielle Einsparungen.

Das Tabellenblatt 💻 Bonitätsklassifikation.xls dieses Abschnitts verwendet die gleichen Variablen wie die Access-Tabelle 💻 Bonitätsdaten.mdb des Kapitels Regelinduktion (vgl. Tabelle 7.6).

8.3.5 Spezifikation und Berechnung des Modells

Dieser Schritt bestimmt die Architektur, die Transferfunktion(en) und den Lernalgorithmus des neuronalen Modells. Die Wahl dieser drei Komponenten wird vor allem von der Anwendungsklasse (Klassifikation, Clustering, Vorhersage, etc.), dem Datentyp der Eingabevariablen (binär, kontinuierlich, etc.) und der gewünschten Lerngeschwindigkeit bestimmt. Predict stellt ein einziges, aber flexibles Modell zur Verfügung. Das CCN-Modell (engl. Cascade Correlation Neural Net) ist ein Netz, das je nach Aufgabenstellung keine oder mehrere verborgene Neuronenschichten inkrementell aufbaut (Bild 8.14). Abschnitt 8.4.5 wird das CCN-Modell vertiefen.

Bildschirm 8.15 fasst die Parameter des Modells "Bonitätsklassifikation" zusammen. Dazu gehören:

- ✓ unabhängige Variablen des Tabellenblatts
- ✓ abhängige Variablen des Tabellenblatts
- ✓ Zuverlässigkeit der Daten (engl. noise)
- ✓ Zahl der Variablen, die zur Validitätsverbesserung transformiert wurden

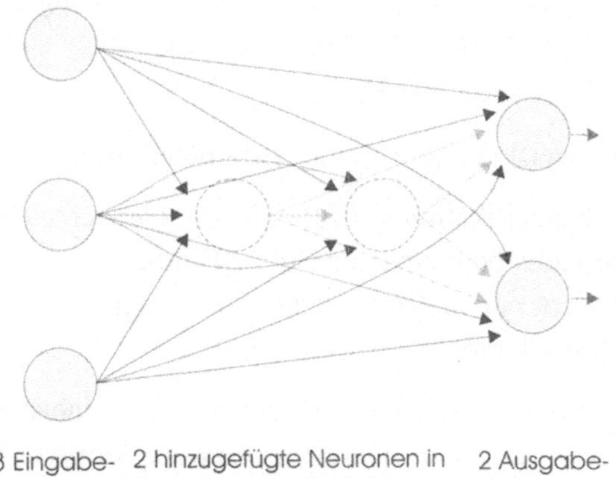

Bild 8.14: Eine Ausprägung des CCN-Modells von NeuralWorks Predict

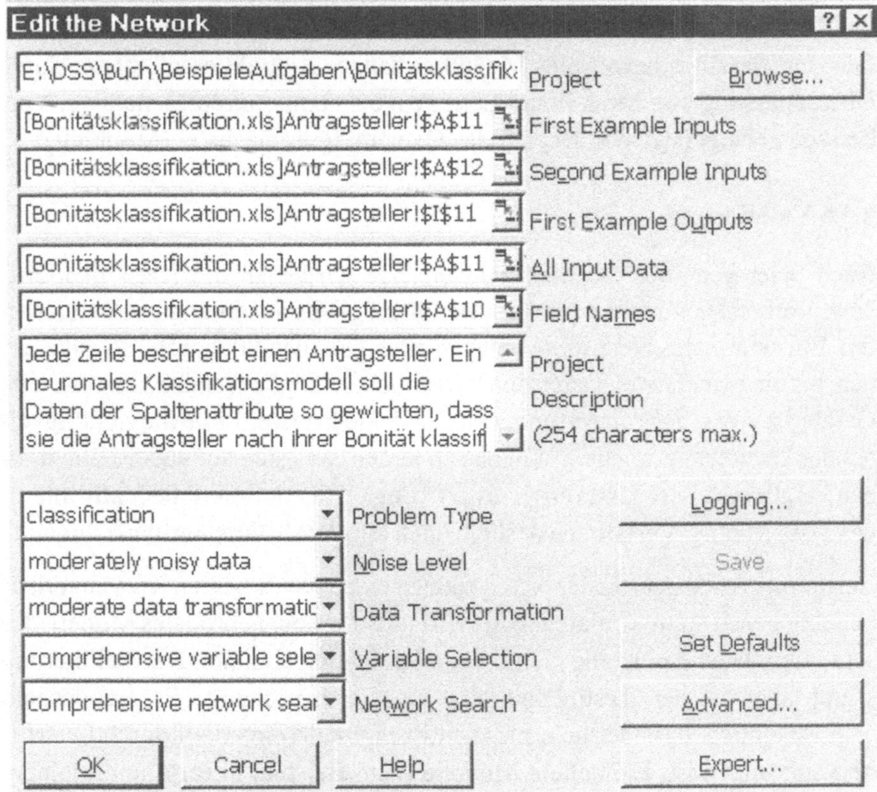

Bildschirm 8.15: Predict-Parameter des Modells "Bonitätsklassifikation"

✓ Zeitbudget zur Bestimmung der benötigten unabhängigen Variablen (sofern die Unabhängigen automatisch gewählt werden sollen)

✓ Zeitbudget für den Lernprozess.

Das Fallbeispiel weist den letzten vier Parametern die Voreinstellungen zu.

Nach der Modellspezifikation wird Predict die Gewichte des nun parametrisierten CNN-Modells berechnen und in Bonitätsklassifikation.xls die berechneten Ausgaben neben den tatsächlichen Ausgaben einfügen. Sie finden in BonitätsklassifikationErgebnis.xls das Resultat der Sitzung mit Predict.

Die Entwicklung eines neuronalen Modells verläuft meist nicht sequentiell. Modellieren heisst oft experimentieren. Eine explorative Analyse wird die Grössen der Lern- und Validierungsmengen sowie die Modellparameter so lange variieren, bis das Modell den Vorstellungen des Analytikers entspricht. Er untersucht zum Beispiel die Sensitivität der Ergebnisse auf Änderungen der Anfangsgewichte, der Lernrate, des Abbruchkriteriums, der Architektur und der Transferfunktion. Wer allerdings zu ausgiebig experimentiert, läuft Gefahr, ein flexibles neuronales Modell so lange zu "traktieren", bis er durch Überanpassung von Modell und Lernmenge zu einer unrepräsentativen Vorhersage gelangt (vgl. den Begriff des Overfitting im nächsten Abschnitt).

8.3.6 Validierung

Nach jeder generalisierenden Datenanalyse wird man die Klassifikations- bzw. Vorhersagegüte an einer **Testmenge** möglichst unabhängiger Daten prüfen. Ein neuronales Netz sollte nicht an einer einzigen Stichprobe solange lernen, bis die berechneten Daten den tatsächlichen möglichst nahe kommen. Die Gefahr ist gross, dass die gefundenen Gewichte in erster Linie die Zufälligkeiten der Lernmenge spiegeln statt das zu lernen, was sich auf andere Stichproben verallgemeinern lässt (engl. ‣**overfitting**). Man definiert die **Validität** eines Data Mining-Verfahrens deshalb auch als Verallgemeinerungsfähigkeit.

Bestimmte Arten neuronaler Netze können einen nichtlinearen Kurvenverlauf beliebig genau approximieren. Bild 8.16 illustriert ein neuronales Modell, das seine Lerndaten durch eine nichtlineare Beziehung abbildet. Die Validierung ergibt aber in der Testmenge eine lineare Beziehung. Es ist deshalb wahrscheinlich, dass der gelernte nichtlineare Kurvenverlauf durch Overfitting entstanden ist. Einfachere Modelle (zum Beispiel lineare) und kleinere Stichprobengrössen sind weniger anfällig für Overfitting als komplexe neuronale Netze.

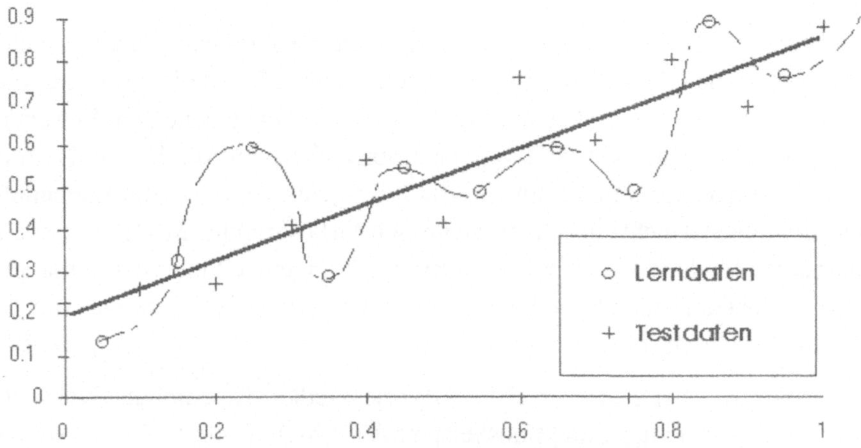

Bild 8.16: Die Validierung an einer Testmenge kann Overfitting entdecken

Wir motivieren die Validierung an einem weiteren Beispiel. Das amerikanische Militär war daran interessiert, Tanks automatisch von anderen Objekten zu unterscheiden. Einem neuronalen Modell gelang es tatsächlich, die Tanks der Lernmenge perfekt zu erkennen. Die Validierung verlief allerdings enttäuschend. Weil die Tankbilder zufällig bei sonnigem Wetter und die restlichen Aufnahmen bei schlechtem Wetter entstanden waren, hatte das neuronale Netz gelernt, Objekte bei schlechten und gutem Wetter zu unterscheiden statt Tanks zu erkennen.

Die Definition der Validität als Verallgemeinerungsfähigkeit sagt noch nichts über ihre Messung aus. Ein verbreiteter Ansatz der **Operationalisierung** ermittelt die ‣*Korrelation* zwischen den berechneten und tatsächlichen Ausgaben. Die Tabelle 8.17 erwähnt zwei weitere Validitätskoefffizienten, Trefferquote und Entropie. Beide wurden bereits in Kapitel 7 (Regelinduktion) eingeführt. Eine *Trefferquote* von 0.88 bedeutet zum Beispiel, dass ein Bonitätsklassifikations-Modell 88% der Kreditnehmer richtig klassifiziert. In Übereinstimmung mit dem Entropiebegriff der Regelinduktion ist die Klassifikation umso besser, je geringer die berechnete *Entropie* ist.

	Trefferquote	***Entropie***	*Zahl der Datensätze*
Lernmenge	***0.88***	***0.15***	*282*
Testmenge	***0.89***	***0.15***	*122*
Gesamtmenge	***0.88***	***0.15***	*404*

Tabelle 8.17: Validitäten der Lern- und Testmengen von "Bonitätsklassifikation"

8.3.7 Anwendung

Nach der Validierung wird man das berechnete Netz auf neue Kreditgesuche anwenden. Die Klassifikationsleistung neuronaler Modelle ist zwar gut, die Plausibilität ihrer Methoden und Ergebnisse erreicht aber jene von ›Entscheidungsbäumen nicht (Abschnitt 8.5: Neuronale Netze im Vergleich). Die Akzeptanz neuronaler Netze beim Anwender ist gefährdet, wenn der Endbenutzer zum Beispiel nicht einsieht, weshalb sich ein bestimmtes Modell besser als alternative Modelle eignet, auf welchen verschlungenen Wegen der Lernalgorithmus die Gewichte ermittelt hat und wie der Benutzer die Gewichte inhaltlich interpretieren soll.

Wir haben in sieben Phasen mit NeuralWorks Predict ein neuronales Netz entwickelt, das - wie das Induktionsbeispiel des Abschnitts 7.4 - Gesuchsteller nach ihrer Kreditwürdigkeit klassifiziert. Die abhängige Variable der Datengesamtheit war symbolisch und binär ("Annahme" oder "Ablehnung" des Kreditgesuchs durch einen Bonitätsexperten). Statt symbolisch und binär kann die abhängige Variable auch numerisch und kontinuierlich sein. Zum Beispiel kann die Bonität behandelter Kreditgesuche auch an der Zahl erfolgreicher Ratenzahlungen gemessen werden. Aus dem Klassifikationsproblem entsteht dann ein Vorhersageproblem. Aufgabe 8.1 setzt sich deshalb zum Ziel - mit den gleichen unabhängigen Variablen wie die Bonitätsklassifikation - für jeden Gesuchsteller die Zahl der Ratenzahlungen vorherzusagen.

Aufgabe 8.1 (🖰 Bonitätsvorhersage mit NeuralWorks Predict)

Die Anwendung "Bonitätsklassifikation" hat die Kreditnehmer in nur zwei Bonitätsklassen eingeteilt. Ziel der folgenden Aufgabe ist ein Modell, das für einen Kreditnehmer die Zahl der Raten vorhersagt, die er abzahlen kann. Dazu verwendet es die gleichen unabhängigen Variablen wie "Bonitätsklassifikation".

Laden Sie die Arbeitsmappe 💻 Bonitätsvorhersage.xls. Sie erhalten auf drei Arten Hilfe:

- Wenn Sie den Cursor auf ein Toolbar-Symbol positionieren, erscheint eine Kurzbeschreibung des Symbols.
- Ausführliche Hilfe erhalten Sie auf einem Menüpunkt mit *Shift/F1*.
- Wenn Sie den Cursor auf die orange Zelle "Hilfe" bewegen, erscheint eine Anleitung zum Problem "Bonitätsvorhersage". Für Details bewegen Sie den Cursor über Zellen mit ◥.

Daten vorbereiten

a) Interpretieren Sie das Tabellenblatt
   - Aus welchen Attributen besteht die Tabelle?
   - Welches sind die Datentypen der Attribute?
   - Zwischen welchen Attributen vermuten Sie Beziehungen?
   - Welche Messskalen (Nominal-, Ordinal- oder Verhältnisskala) gelten für die einzelnen Variablen?

Daten aufbereiten

b) Ändern Sie ausgewählte Daten des Tabellenblatts nach Plausibilitätsüberlegungen:
   - Ändern Sie einzelne Zellen.
   - Fügen Sie neue Zeilen (neue Antragsteller) hinzu.
   - Fügen Sie neue Spalten (unabhängige Variablen) hinzu.

Modell erstellen und anwenden

c) Erstellen Sie in MS Excel mit dem Menüpunkt *Predict/New* ein Modell BONITÄTSVORHERSAGE.NPR (für NeuralWorks Predict):
   - Geben Sie die Datenbereiche an.
   - Bestimmen Sie die übrigen Modellparameter.
   - Lassen Sie Predict das Netzwerk erstellen.

d) Wenden Sie das Modell an und interpretieren Sie die Ergebnisse (*Predict/Run)*:
   - Was bedeutet die Spalte "R"?
   - Weshalb heisst die Korrelation linear?
   - Was bedeutet der Wert in der Spalte "Accuracy (20%)"?
   - Was bedeutet der Wert in der Spalte "Conf. Interval (95%)"?

Gelerntes Netzwerk anwenden

e) Zeigen Sie die vorhergesagten Werte an.

f) Vergleichen Sie die vorhergesagten und die tatsächlichen Werte grafisch (Verwenden Sie dazu den *Diagrammassistenten* von MS Excel).

g) Welche Berufsgattung ist am kreditwürdigsten?

h) Berechnen Sie Ihre eigene Bonität.

Modell anpassen

i) Experimentieren Sie mit den folgenden Parametern (*Predict/Edit* ...):

- Problem Type
- Noise
- Input Variable Selection
- Neural Network, Search
- Lern- und Testmengen.

j) Untersuchen Sie das Modell mit *Predict/Expert/Transforms* ... und *Predict/Expert/Go Re-train* ...
- Welche Eingabevariablen sind relevant?
- Wie wurden die Variablen transformiert?

Alternative Methode einsetzen

k) Verwenden Sie die statistische Methode der linearen Regression von MS Excel, um aus der gleichen Tabelle die gleiche Ausgabevariable (abhängige Variable) zu prognostizieren.

Dieser Abschnitt hat mit **NeuralWorks Predict** zwei neuronale Netze zur Klassifikation und Prognose der Kreditwürdigkeit entwickelt. Predict ist ein einfaches Beispiel eines allgemeinen neuronalen Werkzeugs für den Endbenutzer. Seine Funktionalität lässt sich wie folgt zusammenfassen:

Eingabe

✓ Eingabe- und Ausgabevariablen definieren
✓ Lern- und Validierungsdaten aus einer *Excel*-Tabelle übernehmen
✓ Modellparameter festlegen
✓ Unabhängige Variablen automatisch eingrenzen

Verarbeitung

✓ Netz nach dem CCN-Modell an der Lernmenge trainieren

Ausgabe

✓ Validitätsstatistiken berechnen
✓ Ergebnisse in *MS Excel* grafisch und rechnerisch präsentieren

8.4 Ein Blick in die Blackbox

“Es gibt nichts Praktischeres als eine gute Theorie”. Ohne die Theorie des CNN-Modells wäre NeuralWorks Predict zum Beispiel nicht in der Lage zu klassifizieren und vorherzusagen. Den theoretischen Hintergrund neuronaler

Netze werden wir allerdings an einfacheren Modellen veranschaulichen. Dazu knüpfen wir an die Grundlagen von Abschnitt 8.2 an und beantworten die folgenden Fragen:

- Wie verknüpfen Transferfunktionen Eingaben und Ausgaben?
- Wie funktionieren Lernalgorithmen?
- Wie klassifizieren einstufige und mehrstufige neuronale Netze?
- Wie lassen sich einfache neuronale Netze programmieren?
- Wo stossen einfache Modelle an ihre Grenzen?

Bevor wir verschiedene Typen einfacher neuronaler Modelle untersuchen, vertiefen wir den Grundbegriff der Transferfunktion (Schema 8.18).

Meist ist jedem Neuron j eines bestimmten Netzes die gleiche **Transferfunktion** f zugeordnet. Es ist aber auch möglich, unterschiedliche Funktionen zu verwenden, zum Beispiel für jede Neuronenschicht ein anderes f. Eine Transferfunktion f gewichtet alle e_i mit g_{ij} und gibt sie als einzige Ausgabe a_j weiter. f schränkt dabei oft den Wertebereich der Ausgabe ein - zum Beispiel auf [-1 ... +1]. Symbolisch lässt sich eine Transferfunktion f wie folgt darstellen:

$$a_j = f(g_{1j}\,e_1, \ldots, g_{ij}\,e_i, \ldots, g_{nj}\,e_n)$$

a_j Ausgabe des j-ten Neurons
f Transferfunktion
e_i Eingabe vom i-ten Neuron, wobei i = 1 ... n
g_{ij} Gewicht der Verbindung zwischen dem Eingabeneuron i und dem Ausgabeneuron j

Viele Transferfunktionen sind **additiv**. Das heisst, f ist eine Funktion der *Summe* der gewichteten Eingaben e_i. Weil eine Transferfunktion immer für ein be-

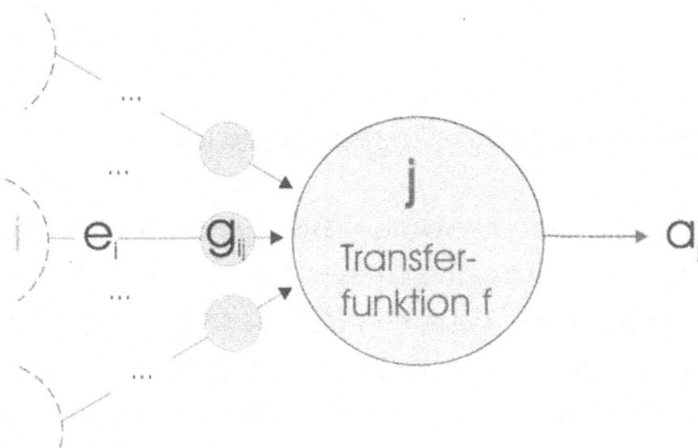

Schema 8.18: Transferfunktion f

stimmtes Neuron j berechnet wird, lassen wir den Index j in a_j und g_{ij} weg und erhalten für eine additive Transferfunktion f:

$$a = f(g_1 e_1 + ... + g_n e_n) = f(\text{sum})$$

Das Argument sum heisst auch **Nettoeingabe**. f ist also eine Vorschrift, welche die Nettoeingabe eindeutig auf die Ausgabe von Neuron j abbildet. Die Berechnung der Nettoeingabe lässt sich auch kürzer als Skalarprodukt des Gewichtevektors **g** und des Eingabevektors **e** notieren:

$$\text{Nettoeingabe} = \text{sum} = g_1 e_1 + ... + g_n e_n = \sum_{i=1}^{n} g_i e_i = \mathbf{g} \bullet \mathbf{e}$$

Wenn der Gewichtevektor zum Beispiel [0.1, 0.2, 0.4] ist und der Eingabevektor [20, 10, 5], dann lautet das Rechenschema für das Skalarprodukt **g** • **e** wie folgt:

				Gewichtevektor ***g***:
				0.1
				0.2
				0.4
Eingabevektor **e**:	20	10	5	*0.1* • 20 + *0.2* • 10 + *0.4* • 5

Die Tabelle 8.19 führt drei verbreitete additive Transferfunktionen ein:

Name von f(sum)	*Definition*	*Erläuterungen*
Identitätsfunktion	f(sum) = sum	
binäre Treppenfunktion	z.B. $\begin{cases} +1 & \text{falls sum} > 0 \\ -1 & \text{sonst} \end{cases}$	a ist +1 (-1), falls **e** zur einen (zur anderen) Klasse gehört
Logistische Funktion	$\frac{1}{1+e^{-\gamma \text{sum}}}$	monoton nichtlinear, einfach differenzierbar (vgl. Bild 8.49)

Tabelle 8.19: Verbreitete additive Transferfunktionen

Oft möchte man Eingaben nur dann weiter geben, wenn sum einen Mindestwert erreicht. Erst nach Erreichen dieses Minimalwerts "feuert" das Neuron, sonst wird die berechnete Ausgabe nicht weitergegeben. Der Wert, den die Nettoeingabe (sum) kompensieren muss, damit das Neuron gerade noch feuert, heisst **Schwellenkonstante**. Wenn wir die Schwellenkonstante als negatives Gewicht g_0 interpretieren, dann lautet die Formel für die Ausgabe a wie folgt:

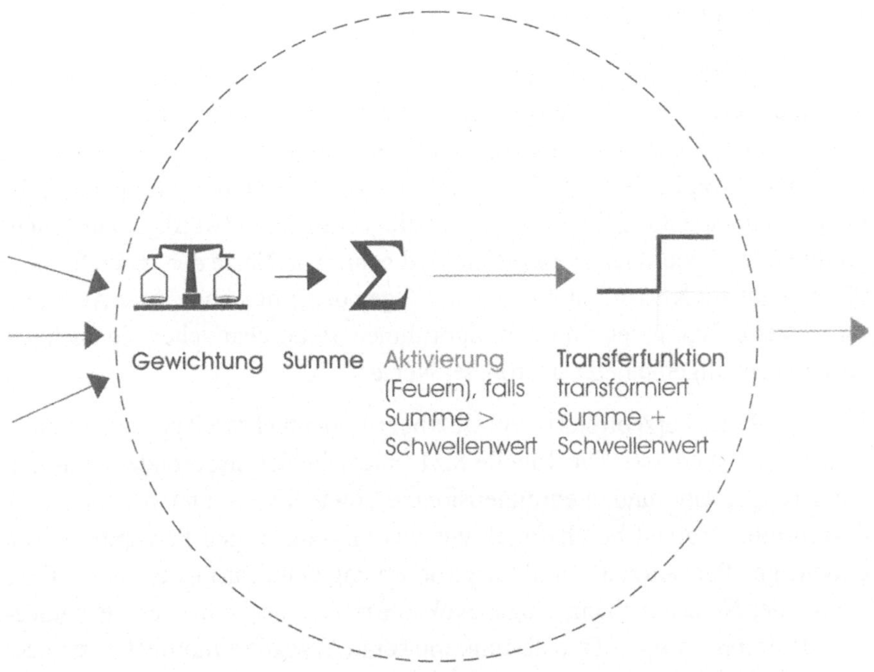

Schema 8.20: Aktivierung eines Neurons

$a = f(g_0 + sum)$.

Wenn zum Beispiel die Schwellenkonstante g_0 den Wert -4 hat, dann muss die Nettoeingabe mehr als +4 betragen, damit das Neuron noch feuert (noch aktiviert wird). Schema 8.20 fasst die Begriffe Gewichtung, Summe, Schwellenwert und Transferfunktion grafisch zusammen.

Die Transferfunktion wird einfacher, wenn wir die Schwellenkonstante in die Nettoeingabe sum integrieren. Die Nettoeingabe ist definiert als $g_1e_1 + ... + g_ne_n$. Es liegt deshalb nahe, die Definition um ein 0-tes Glied $e_0 \cdot g_0 = 1 \cdot g_0$ zu erweitern. g_0 ist die Schwellenkonstante und 1 ist eine fiktive Eingabe e_0. Die erweiterte Definition der Nettoeingabe beginnt nicht beim Index i=1, sondern bei i=0 und lautet:

$$sum = \sum_{i=0}^{n} g_i \cdot e_i$$

8.4.1 Einstufiges Perzeptron

Ein *Klassifikator* ist eine Funktion, die einem Merkmalsvektor einen Namen aus einer vorgegebenen Menge von Klassennamen zuordnet. In den Fallbeispielen zur Bonitätsklassifikation suchen ein induktives (Kapitel 7) und ein neuronales (Kapitel 8) Modell je eine Funktion, die jedem Vektor [Beschäftigung, Wohneigentum, Einkommen, ...] die Klasse "kreditwürdig" oder "nicht kreditwürdig" zuordnet. Perzeptrons sind neuronale Netze der ersten Stunde, die sich gut zur Klassifikation eignen. Wegen der Einfachheit ihrer Architektur, Transferfunktionen und Lernalgorithmen veranschaulichen sie auch die Grundlagen allgemeinerer neuronaler Netze.

Der Begriff des Perzeptrons ist ein Überbegriff, der mehrere Typen neuronaler Netze zusammenfasst. Die Tabelle 8.21 unterscheidet insbesondere ein- und mehrstufige, ein- und mehrdimensionale sowie Zwei- und Mehrklassen-Perzeptrons. Vorerst beschäftigen wir uns mit einstufigen Perzeptrons. Ein **einstufiges Perzeptron** (ein Perzeptron im engeren Sinn) ist ein einstufiges neuronales Netz, das einem Eingabevektor $\mathbf{e} = [e_1, ..., e_n]$ mit einer meist linearen oder treppenartigen Transferfunktion f eine Ausgabe a zuordnet. a ist in der Regel der Name einer bestimmten Klasse.

Einteilungskriterium	*Erste Klasse*	*Zweite Klasse*
Gewichtungsstufen	einstufiges Perzeptron (P. im engeren Sinn)	mehrstufiges P. (P. im weiteren Sinn)
Eingabedimensionen	eindimensionales P.	mehrdimensionales P.
Ausgabeklassen	Zweiklassen-P.	Mehrklassen-P.
Datentypen der Variablen	binär	kontinuierlich
Transferfunktion	Treppenfunktion	andere Funktionen

Tabelle 8.21: Arten von Perzeptrons

Die folgenden Abschnitte werden zu den fünf Unterscheidungen je ein Beispiel vorstellen. Von anderen neuronalen Modellen werden wir lediglich das von Predict verwendete CCN-Modell beschreiben.

8.4.1.1 Eindimensionales Zweiklassen-Perzeptron

Das Fallbeispiel 8.22 beschreibt ein eindimensionales Zweiklassen-Problem. Wir behandeln es nur, um das *allgemeine* Perzeptronmodell zu veranschaulichen. Seine praktische Aufgabe, die binäre Klassifikation mit einer einzigen Eingabevariablen, ist trivial.

Erstellen Sie ein Tabellenblatt, das aus einer Stichprobe (Lernmenge) die Einteilung beliebiger Zahlen in zwei Klassen lernt. Verwenden Sie dabei die Lernmethode eindimensionaler Zweiklassen-Perzeptrons.

Gegeben seien sieben Lernpaare der Form (Eingabezahl, Ausgabeklasse). Die folgende Lernmenge enthält die Paare in beliebiger Reihenfolge:

Eingabezahl	0	0.83	0.33	0.7	0.17	1	0.45
Ausgabeklasse	-1	+1	-1	+1	-1	+1	-1

Gesucht sind die Gewichte eines eindimensionalen Perzeptrons, das beliebige kontinuierliche Eingaben in zwei Klassen einteilt. Die folgende Grafik zeigt die obigen Lernpaare in aufsteigender statt beliebiger Reihenfolge. Die gestrichelte Gerade trennt zwischen den beiden Klassen.

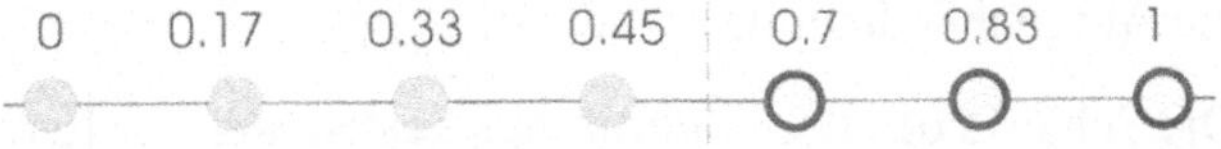

Fallbeispiel 8.22: Eindimensionales Zweiklassen-Perzeptron

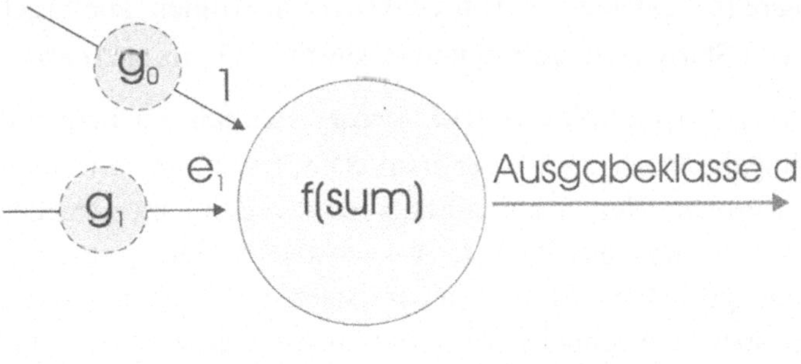

Architektur 8.23: Eindimensionales Zweiklassen-Perzeptron

Wie jedes neuronale Modell ist das **eindimensionale Zweiklassen-Perzeptron** durch das Tripel Architektur, Transferfunktion und Lernalgorithmus gekennzeichnet. Die *Architektur* enthält eine einzige kontinuierliche Eingabe e_1 (Bild 8.23). g_0 ist die Schwellenkonstante. Die Ausgabe a ist binär und unterscheidet die bipolaren Klassen -1 und +1. Die *Transferfunktion* f bildet die Eingabevariable e_1 auf die Klassenvariable a ab. Als Argument verwendet f die Nettoeingabe sum = $g_0 + g_1 e_1$.

$$a = f(\text{sum}) = \begin{cases} +1 \text{ falls sum} \geq 0 \\ -1 \text{ sonst} \end{cases}$$

```
Initialisiere die Gewichte g0 und g1 beliebig              ① Initialisiere
Berechne alle Ausgaben  a := f (sum) = f( g0 + g1e1 )      ② Berechne Klassen
GEHE WIEDERHOLT DURCH ALLE Lernpaare (e1, k)               ③ Schleifenbeginn
    FALLS a die laufende Eingabe e1 fehlklassifiziert      ④ Lernregel, 1. Teil
        g0 := g0 + α · 1 · ( k - a )                       ⑤ Lernregel, 2. Teil
        g1 := g1 + α · e1 · ( k - a )                      ⑥ Lernregel, 3. Teil
        Berechne alle Ausgaben a neu                       ⑦ Berechne Klassen
BIS berechnete Klassen a = tatsächliche Klassen k          ⑧ Abbruchkriterium
```

Lernalgorithmus 8.24: Eindimensionales Zweiklassen-Perzeptron

Der *Lernalgorithmus* berechnet den Schwellenwert g_0 und das Gewicht g_1. Sein Entwurfscode 8.24 ist ähnlich strukturiert wie der UND-Lernalgorithmus des Abschnitts 8.2. Er ordnet zuerst den Gewichten g_0 und g_1 beliebige Startwerte zu. Damit berechnet er die Ausgaben a aller e_1 der Lernmenge. Die berechneten Ausgaben a werden sich anfangs von den tatsächlichen Klassen k unterscheiden. Die Schleife ③ bis ⑧ wird deshalb so lange durchlaufen, bis die Abbruchbedingung erfüllt ist.

Die Schleife des Lernalgorithmus besteht aus der Lernregel, der Neuberechnung der Ausgaben und dem Abbruchkriterium. Das *Abbruchkriterium* stellt fest, wann der Lernalgorithmus terminiert. Es gibt in der Regel mehrere Gewichtepaare (g_0, g_1), die das Abbruchkriterium erfüllen. Die Ergebnisse hängen von den Startwerten von g_0 und g_1 sowie der Lernrate α ab.

Die **Lernregel** bestimmt, was getan werden soll, falls die berechneten g_0 und g_1 eine Eingabe falsch klassifizieren ($a \neq k$). Sie bestimmt mit anderen Worten, wie das neuronale Netz aus den Eingaben und den Unterschieden zwischen den berechneten und tatsächlichen Ausgaben lernt. Perzeptrons ändern g_0 und g_1 nur, solange sich die laufenden berechneten Ausgaben von den tatsächlichen Ausgaben unterscheiden. Sie lernen also nur aus *schlechten* Erfahrungen.

Die **Lernrate** α beeinflusst die Lerngeschwindigkeit. Je kleiner α, desto langsamer lernt das Netz. Der Schluss, dass α möglichst gross sein sollte, ist allerdings falsch. Unter Umständen lässt ein zu grosses α die berechneten Ausgaben um die tatsächlichen oszillieren, ohne dass sich der Unterschied zwischen den beiden verringert. Die Erfahrung zeigt, dass sich Werte zwischen 0 und $|1|$ am besten eignen.

Wir kennen nun die Architektur, die Transferfunktion und den Lernalgorithmus des Fallbeispiels 8.22. Schema 8.25 zeigt den Aufbau des Tabellenblatts 🖫 EindimPerzeptron.xls. Tabellenblatt 8.26 enthält die Ergebnisse, und Tabelle 8.27 zeigt einen Ausschnitt aus der Formelsicht. Am besten verifizieren Sie die folgenden Ausführungen laufend am Rechner. Farbliche Unterschei-

		7 4 2 6	3 1 5	α = 0.1	
Gegeben	*Rangfolge von e_1*	7 4 2 6	3 1 5	α = 0.1	
	Tatsächliche Klasse k	-1	+1	g_0	g_1
	Geordnete Eingabe e_1	0.0 . . . 0.45	0.7 . . . 1.0	① -1	① -0.36
Berechnet	*Lernschritt 1*	. . .	. . .	. . .	. . .
	Lernschritt 2	. . .	. . .	. . .	. . .
	. . .	↑ ② ⑦ *sum neu berechnen* ↓		↑ ③ - ⑥ *g_0, g_1 neu* ↓	
	↓	. . .	. . .	. . .	. . .
	⑧ *e_1 richtig klassifiziert*	*Alle a sind -1*	*Alle a sind +1*	*Gesuchte g_0, g_1*	

Schema 8.25: Tabellenkalkulatorische Berechnung von Fallbeispiel 8.22
(Gegebene Werte sind dunkel schattiert, berechnete hell)

Rang	0	4	2	6	3	1	5	α =	.1
k	-1	-1	-1	-1	1	1	1	g_0	g_1
e_1	.0	.17	.33	.45	.70	.83	1.00	① -1	① -.36
②③	-1.0	-1.06	-1.12	-1.16	-1.25	**-1.3**	-1.36	⑤ -.80	⑥ -.19
⑦③	-.8	-.83	**-.86**	-.89	-.94	-.96	-.99	⑤ -.80	⑥ -.19
⑦③	-.8	-.83	-.86	-.89	**-.94**	-.96	-.99	⑤ -.60	⑥ -.05
⑦③	-.6	**-.61**	-.62	-.62	-.64	-.64	-.65	⑤ -.60	⑥ -.05
⑦③	-.6	-.61	-.62	-.62	-.64	-.64	**-.65**	⑤ -.40	⑥ .15
⑦③	-.4	-.38	-.35	**-.33**	-.30	-.28	-.25	⑤ -.40	⑥ .15
⑦③	**-.4**	-.38	-.35	-.33	-.30	-.28	-.25	⑤ -.40	⑥ .15
⑦③	-.4	-.38	-.35	-.33	-.30	**-.28**	-.25	⑤ -.20	⑥ .31

Tabellenblatt 8.26: Ergebnis des Tabellenblatts 8.25 (EindimPerzeptron.xls)

Rang	... 1 ...	α = .1	
k	... +1 ...	g_0	g_1
e_1	.83 ...	① -1	① -.36
	Berechnete Ausgabe	⑤ *Schwellenwert*	⑥ *Gewicht*
⑦③	sum = $g_0 + g_1 \cdot e_1$ =	$g_0 = g_0 + \alpha \cdot 1(k\text{-}a)$ =	$g_1 = g_1 + \alpha \cdot e_1(k\text{-}a)$ =
	-1 + -.36•.83 = -1.13	-1 + .1•(1-(-1)) = -.8	-.36+.1•.83(1-(-1)) = -.194
	. . .	. . .	. . .
⑦③⑧	a = k für alle e_1	endgültiges g_0	endgültiges g_1

Tabelle 8.27: Formelsicht für das Lernpaar e_1 = 0.83 und k = +1

dungen, zusätzliche Erläuterungen und die Möglichkeit, Zahlenexperimente durchzuführen erleichtern das Verständnis (vgl. Aufgabe 8.2).

Die tabellenkalkulatorische Implementation des Fallbeispiels 8.22 ist umständlich. Der eilige Leser kann sich auf die allgemeinen Ausführungen zum eindimensionalen Zweiklassen-Perzeptron beschränken und direkt zu Abschnitt 8.4.1.2 übergehen, ohne dass er deswegen den roten Faden verliert.

Die Tabellen 8.25 bis 8.27 sind alle gleich aufgebaut:

- Die Symbole ① bis ⑧ verweisen auf den Lernalgorithmus 8.24.
- Dunkel schattiert sind die Daten von Fallbeispiel 8.22, hell die Ergebnisse.
- Die erste Tabellenzeile enthält für jedes e_1 der dritten Zeile den entsprechenden Rang (von 0 bis 6) in der Lernmenge von Fallbeispiel 8.22. Diese Information ist notwendig, weil die dritte Zeile die Eingaben e_1 nicht mehr in beliebiger, sondern in aufsteigender Folge ordnet. Der Lernalgorithmus gilt aber für beliebig geordnete Eingaben. Aus Tabellenblatt 8.26 folgt zum Beispiel, dass die Eingabe 0.83 der dritten Zeile an erster Stelle (das heisst in Rang 1) der Lernmenge steht.

Das Tabellenblatt 8.26 besteht aus drei vertikalen Zahlenbereichen. Es berechnet aus den dunkelschattierten Daten von links nach rechts und von oben nach unten die hellschattierten Zahlen. Sobald alle Zelleneinträge des ersten Bereichs negativ und jene des zweiten Bereichs positiv sind, ist das Abbruchkriterium erfüllt (⑧). Die letzte Zeile des dritten Bereichs enthält die gesuchten Gewichte. Der Lernalgorithmus bricht ab, sobald die Transferfunktion f mit g_0 und g_1 die Eingaben 0.0 bis 0.45 der Klasse -1 (erster Bereich) und 0.7 bis 1.0 der Klasse +1 (zweiter Bereich) zuordnet. Mit $g_0 = -1$, $g_1 = -0.36$ und $\alpha = 0.1$ trennt der Lernalgorithmus bereits im neunten Schritt richtig. Die Zahl der wiederholten Anwendungen der Lernregel hängt allerdings von den Startgewichten g_0 und g_1 sowie der Lernrate α ab. Experimentieren Sie mit anderen Anfangswerten!

Wenn Sie in EindimPerzeptron.xls die Formelsicht einschalten, sehen Sie unter anderem die Formeln von Tabelle 8.27. Die Werte für g_0 und g_1 werden jeweils auf der vorangehenden Zeile des dritten Bereichs berechnet, während α, e_1 und k aus den gegebenen Daten stammen. In die Formeln für g_0 und g_1 geht nicht die Nettoeingabe sum ein, sondern die berechnete Ausgabe a. a wird gemäss Definition der Transferfunktion +1, falls sum positiv oder Null ist und -1, falls sum negativ ist. Wenn der Wert von sum zum Beispiel -1.13 ist, dann wird die Ausgabe -1.

Die Formeltabelle 8.27 berechnet für das Lernpaar ($e_1 = 0.83$, $k = +1$) die Werte von a, g_0 und g_1. Jeder Lernschritt des Tabellenblatts berechnet aus der von der Zeile "Rang" zugewiesenen Eingabe e_1 die Nettoeingabe sum. Das erste Stichprobenelement ist 0.83. Die Berechnung von sum lautet deshalb:

$$\text{sum} = g_0 + g_1 \bullet e_1 = -1 + -.36 \bullet .83 = \underline{-1.3}.$$

Die Transferfunktion ergibt für das Argument sum = -1.3 die berechnete Klasse a = -1. Weil die tatsächliche Klasse k aber positiv ist, liegt eine Fehlklassifikation vor. Die Differenz von a = -1 und k = +1 gehen deshalb in den DANN-Teil der Lernregel von Algorithmus 8.24 ein. Wenn wir für g_0 und g_1 die Startwerte -1 und -0.36 einsetzen, ergeben sich die neuen Werte von g_0 und g_1 wie folgt:

FALLS berechnete - tatsächliche Ausgabe <> 0 DANN

$$g_0 := g_0 + \alpha \cdot 1 \cdot (k - a)$$
$$g_1 := g_1 + \alpha \cdot e_1 \cdot (k - a)$$

$\Rightarrow$

$$g_0 := g_0 + \alpha \bullet 1 \bullet (k - a) = -1 + .1\ (1 - (-1)) = -1 + .1 \bullet 2 = -.80.$$

$$g_1 := g_1 + \alpha \bullet e_1 \bullet (k - a) = -.36 + .1 \bullet .83 \bullet (1 - (-1)) = -.36 + .083 \bullet 2 = -.194.$$

Die Berechnung von g_1 erfordert in jedem Schritt ein neues Lernpaar (e_1, k). Im Tabellenblatt 8.26 steht die entsprechende Nettoeingabe jeweils fett. Die Wahl von e_1 folgt der Schleifenvorschrift ③ des Lernalgorithmus 8.24: Die Schleife geht der Reihe nach durch alle Lernpaare. "der Reihe nach" bedeutet nach der Vorschrift der Zeile "Rang".

EindimPerzeptron.xls prüft die FALLS-Bedingung der Lernregel von Algorithmus 8.24 *nicht*. Wenn nämlich die berechnete gleich der tatsächlichen Ausgabe ist, ergibt (k-a) den Wert 0 und der DANN-Teil der Lernregel ändert g_0 und g_1 nicht. Die FALLS-Bedingung der Lernregel kann also weggelassen werden.

Die Formeln von Tabelle 8.27 sind zwar einfach. Das Implementationsbeispiel 8.28 zeigt aber die Grenzen der Verständlichkeit tabellenkalkulatorischer Darstellungen. Die Formel stellt die Lernregel für g_0 am Beispiel des zweiten Lernschritts dar und verwendet die folgenden Excel-Funktionen:

- Die Funktion VORZEICHEN stellt fest, ob die Nettoeingabe positiv oder negativ ist. VORZEICHEN(-1.3) berechnet zum Beispiel aus der Nettoeingabe sum = -1.3 die berechnete Klasse -1.
- ZEILE() ergibt die Nummer der Tabellenblatt-Zeile, deren Gewichte berechnet werden sollen.
- WVERWEIS sucht die Zelle, in der k bzw. a steht.

J8 + alpha *	**g_0 + alpha •**
(	
WVERWEIS (	**(k**
REST(ZEILE() ; 7) ;	Das laufende g_0 gehört zur zweiten Eingabe, weil Rest(ZEILE() DIV 7) = 2, wobei ZEILE() = 9
$C$5:$I$25 ;	Suchbereich von WVERWEIS
2 ;	Zeilennummer von k innerhalb $C$5:$I$25
FALSCH)	Die Nummernzeile ist nicht sortiert
–	**–**
VORZEICHEN (	**a)**
WVERWEIS (	
REST(ZEILE(); 7) ;	(wie oben)
$C$5:$I$25 ;	(wie oben)
ZEILE()-4 ;	-0.86 steht in der 9-4=5ten Zeile von $C$5:$I$25
FALSCH)	Die Nummernzeile ist nicht sortiert
)	

Formel 8.28: Tabellenkalkulatorische Darstellung von $g_0 := g_0 + \alpha \bullet (k - a)$
(Die mathematische Notation erscheint im Kommentar fett)

Wir haben das eindimensionale Perzeptron tabellenkalkulatorisch implementiert, um den Ablauf des Lernalgorithmus detailliert und numerisch zu veranschaulichen. Das Tabellenblatt, vor allem die Formel 8.28, verdeutlicht aber auch, dass die Ausdruckskraft einer Programmiersprache (nicht zuletzt wegen ihrer Schleifenkonstrukte) einen Lernalgorithmus kürzer und verständlicher darstellt als ein Tabellenkalkulationspaket. Die folgenden Abschnitte verwenden deshalb mit Visual Basic für Applikationen (VBA) die eingebaute Programmiersprache von MS Excel zur Darstellung der Lernalgorithmen.

Zusammenfassend lässt sich das Modell des eindimensionalen Zweiklassen-Perzeptrons wie folgt beschreiben: Die Lernmenge besteht aus Paaren, die sich aus einem Eingabewert e_1 und seiner binären Klasse k zusammensetzen. Die Aufgabe des Lernalgorithmus ist es, einen Schwellenwert g_0 und ein Gewicht g_1 so zu finden, dass die Nettoeingabe $g_0 + g_1e_1$ für jedes e_1 der Lernmenge die richtige Klasse k ergibt. Man kann beweisen, dass der Lernalgorithmus 8.24 bei hinreichend kleiner Lernrate α terminiert.

Das Abbruchkriterium von Lernalgorithmus 8.24 ist einfach. Komplexere neuronale Modelle, zum Beispiel mehrdimensionale oder mehrstufige Perzeptrons, kennen andere Abbruchkriterien. Ein verbreitetes Kriterium ist etwa die Minimierung der quadrierten Differenz zwischen der berechneten und der tatsächlichen Klasse. Ausserdem terminieren Lernalgorithmen nicht immer - insbesondere dann, wenn das Klassifikationsproblem nicht linear ist.

Aufgabe 8.2 (🖰 Eindimensionales Zweiklassen-Perzeptron mit MS Excel)

Zuerst lernen Sie 💻 EindimPerzeptron.xls aus der *Benutzer*sicht kennen, später analysieren, vervollständigen und modifizieren Sie das Tabellenblatt aus der Sicht des *Entwicklers*.

Laden Sie die Arbeitsmappe 💻 EindimPerzeptron.xls. Die Formeln sind geschützt. Sie können deshalb zuerst nur die Benutzeroberfläche betrachten.

- Wenn Sie den Cursor auf ein Toolbar-Symbol positionieren, erscheint eine Kurzbeschreibung des Symbols.
- Ausführliche Hilfe erhalten Sie auf einem Menüpunkt mit *Shift/F1*.
- Wenn Sie den Cursor auf die orange Zelle "Hilfe" bewegen, erscheint eine Anleitung zum Problem "Eindimensionales Zweiklassen-Perzeptron". Für Details bewegen Sie den Cursor über Zellen mit ◥.

1. Benutzeroberfläche kennen lernen

Bewegen Sie den Cursor auf die Zelle "Hilfe" und lesen Sie die Anleitung. Versuchen Sie dann, die Aufgaben der Benutzeroberfläche zu erraten. Wenn nötig, bewegen Sie den Cursor auch über die Zellenkommentare ◥.

a) Unterscheiden Sie zwischen den folgenden Zellbereichen: Daten, Benutzereingaben, Programmausgaben und Kommentare.
b) Welche Bedeutung haben die verschiedenen Farben?
c) Woran erkennen Sie, dass die Abbruchbedingung des Lernalgorithmus erfüllt ist?

2. Tabellenblatt anwenden

d) Experimentieren Sie mit verschiedenen Eingaben, Lernraten und Startgewichten. Welche Schlüsse zur Höhe der Gewichte ziehen Sie daraus?

3. Tabellenblatt ergänzen

Laden Sie die Arbeitsmappe 💻 EindimPerzeptronSkelett.xls. Sie enthält die gleiche Benutzeroberfläche wie EindimPerzeptron.xls. Der Codeteil ist aber nicht mehr geschützt und unvollständig.

e) Versuchen Sie die Berechnungsfolge anhand der Zellenkommentare zu verstehen (*Extras/Detektiv* veranschaulicht Formeln grafisch!)
f) Die Formeln des ersten Lernschritts zur Berechnung von g_0 und g_1 sind unvollständig. Setzen Sie die richtigen Formeln ein. Nehmen Sie dabei die Zellenkommentare zu Hilfe.

g) Versuchen Sie mit Hilfe des Zellenkommentars die Formel für Zelle J9 zu verstehen.
h) Die Tabelle fasst nur wenige Lernschritte. Erweitern Sie das Tabellenblatt auf dreissig Lernschritte.
i) Das Verständnis der Implementation von EindimPerzeptron.xls ist nicht einfach. Begründen Sie, weshalb Entwicklung und Wartung grosser Tabellenblätter mit komplexen Formeln schwierig sind.

8.4.1.2 Zweidimensionales Zweiklassen-Perzeptron

Das eindimensionale Perzeptron des letzten Abschnitts teilt eine *einzelne* Eingabe e_1 einer von zwei Klassen zu. Dies ist einfacher als die bereits bekannte Bonitätsbeurteilung. Die Kreditwürdigkeit beurteilen heisst Individuen mit *mehreren* Merkmalswerten einer von zwei Klassen zuteilen. Das zweidimensionale Zweiklassen-Problem dieses Abschnitts steht dazwischen, weil es Individuen mit *zwei* Merkmalen e_1 und e_2 einer von zwei Klassen zuordnet. Das Schema 8.29 veranschaulicht das Problem geometrisch.

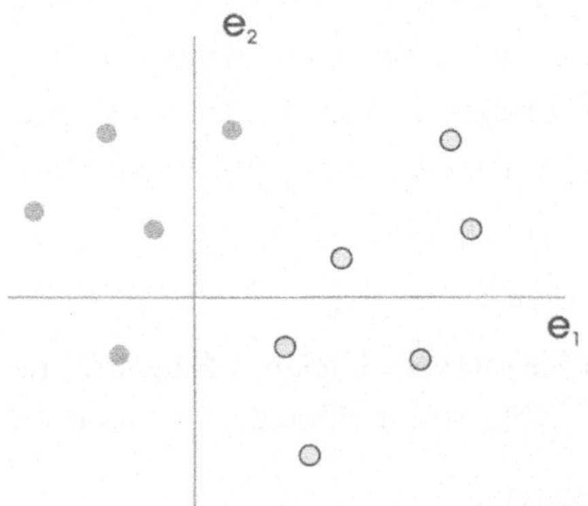

Schema 8.29: Zweidimensionales Zweiklassen-Problem

Aufgabe eines zweidimensionalen Zweiklassen-Perzeptrons ist es, aufgrund der Lernmenge von dunklen und hellen Punkten jede künftige zweidimensionale Eingabe (e_1, e_2) einer der beiden Klassen zuzuordnen. Einstufige Perzeptrons können nur linear klassifizieren. Wir zeigen dies am *zwei*dimensionalen Zweiklassen-Perzeptron. Alle Individuen gehören entweder zur einen oder zur anderen Klasse und lassen sich nur durch eine Gerade trennen (Schema 8.30).

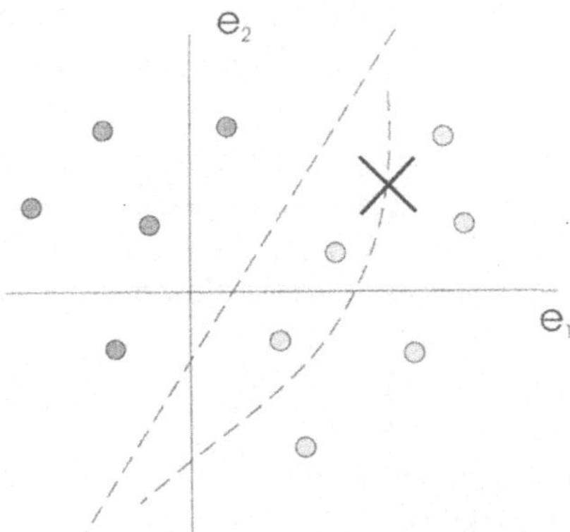

Schema 8.30: Trenngerade eines zweidimensionalen Zweiklassen-Perzeptrons

Die *Architektur* eines **zweidimensionalen Zweiklassen**-Perzeptrons besteht neben einem Schwellenwert g_0 aus *zwei* kontinuierlichen Eingaben e_1 und e_2, einer Transferfunktion f und einer Ausgabe a (Schema 8.31). Die *Transferfunktion* f bildet die Eingabevariablen e_1 und e_2 auf die Klassenvariable a ab. Argument von f ist die Nettoeingabe $sum = g_0 + g_1e_1 + g_2e_2$:

$$a = f(\text{sum}) = \begin{cases} +1 & \text{falls sum} \geq 0 \\ -1 & \text{sonst} \end{cases}$$

Im Vergleich zum *ein*dimensionalen Zweiklassen-Perzeptron enthält sum den zusätzlichen Summanden g_2e_2. Die Transferfunktion selbst bleibt gleich.

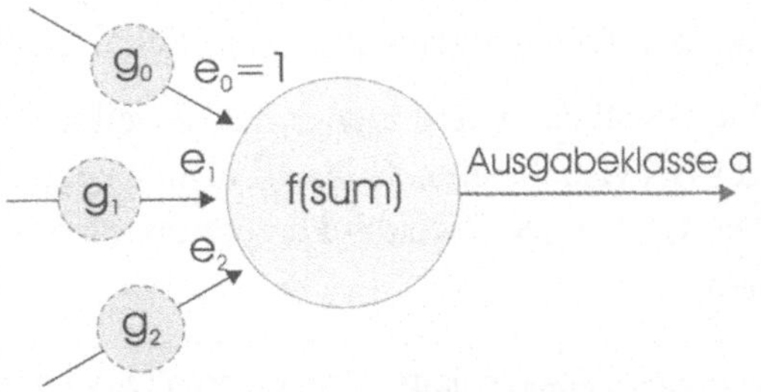

g_0 $e_0 = 1$
g_1 e_1 f(sum) Ausgabeklasse a
g_2 e_2

Architektur 8.31: Zweidimensionales Zweiklassen-Perzeptron

Auch der *Lernalgorithmus* 8.32 ändert im Vergleich zum eindimensionalen Fall wenig. Er unterscheidet sich nur durch die dritte Eingabedimension e_2 und das Gewicht g_2. Die Schleife des Lernalgorithmus besteht aus der Lernregel, der Ausgabenberechnung und dem Abbruchkriterium (③ bis ⑨). Das *Abbruchkriterium* stellt fest, wann der Lernalgorithmus terminiert. Es gibt mehrere Gewichtetripel (g_0, g_1, g_2), die das Kriterium erfüllen. Ihre Werte hängen von den Startwerten der Gewichte und der Lernrate α ab.

Initialisiere die Gewichte g_0, g_1 und g_2 beliebig	① Initialisiere
Berechne alle Ausgaben a := f($g_0 + g_1e_1 + g_2e_2$)	② Berechne Klassen
GEHE WIEDERHOLT DURCH ALLE Tripel (e_1,e_2, k)	③ Schleifenbeginn
FALLS a die Eingaben e_1 und e_2 fehlklassifiziert	④ Lernregel, 1. Teil
$g_0 := g_0 + \alpha \cdot 1 \cdot (k - a)$	⑤ Lernregel, 2. Teil
$g_1 := g_1 + \alpha \cdot e_1 \cdot (k - a)$	⑥ Lernregel, 3. Teil
$g_2 := g_2 + \alpha \cdot e_2 \cdot (k - a)$	⑦ Lernregel, 4. Teil
Berechne alle Ausgaben a neu	⑧ Berechne Klassen
BIS berechnete Klassen a = tatsächliche Klassen k	⑨ Abbruchkriterium

Lernalgorithmus 8.32: *Zwei*dimensionales Zweiklassen-Perzeptron

Die lineare Gleichung der Nettoeingabe sum ist äquivalent zur geometrischen Geradengleichung $y = ax + b$. Wir veranschaulichen dies am bereits bekannten Schema 8.30. Die Gerade trennt Punkte der "linken" und der "rechten" Klasse. Für die einen gilt gemäss Transferfunktion sum ≥ 0, für die anderen sum < 0. Die folgenden Gleichungen zeigen, wie aus der Nettoeingabe-Formel (1) die Geradengleichung (3) entsteht:

$$(1) \quad sum = g_0 + g_1 e_1 + g_2 e_2 = 0$$

$$(2) \quad g_2 e_2 = -(g_0 + g_1 e_1)$$

$$(3) \quad e_2 = -\frac{g_1}{g_2} e_1 - \frac{g_0}{g_2}$$

$-g_1/g_2$ ist Steigung der Trenngeraden und $-g_0/g_2$ Schnittpunkt der y-Achse.

Das Fallbeispiel 8.33 soll das zweidimensionale Zweiklassen-Perzeptron unter MS Excel und VBA visualisieren. Bildschirm 8.34 zeigt die Oberfläche des Tabellenblatts. Das GUI von 🖫 ZweidimPerzeptron.xls setzt sich aus drei Bereichen zusammen:

<table>
<tr><td>Der erste Quadrant des Tabellenblatts stellt die gegebenen e_1, e_2 und k sowie die berechnete Ausgabe a numerisch dar.</td><td rowspan="2">Die rechten Quadranten stellen e_1 und e_2 grafisch in einem Streudiagramm dar. Helle Punkte gehören der Klasse +1, dunkle der Klasse -1 an.
Die Benutzerin kann jeden Lernschritt im Streudiagramm (insbesondere an der Trenngerade) visualisieren und in den linken Quadranten numerisch nachvollziehen.</td></tr>
<tr><td>Der dritte Quadrant enthält die Gewichte g_0, g_1, und g_2, die numerischen Schnittpunkte der Trenngerade mit der x- und der y-Achse sowie die Nummer des laufenden Lernschritts.</td></tr>
</table>

Teilen Sie Zahlenpaare (e_1, e_2) nach dem Muster der folgenden Tabelle in zwei Klassen ein. e_1 und e_2 sind die unabhängigen Variablen, k ist die abhängige. Gegeben seien ausserdem die Startgewichte g_0 = -0.8, g_1 = 0.2 und g_2 = 0.2.

e_1	e_2	k
0	7	-1
-3	2	-1
0	-2	-1
-2	5	-1
0,5	4	-1
-0,5	-6	+1
2	-2	+1
2,5	4	+1
3	-4	+1
2,5	5	+1

Erstellen Sie ein Programm, das die Aufgabe und ihre Lösung in einem Streudiagramm visualisiert. Die Paare (e_1, e_2) sind die Punkte des Diagramms. Eine Trenngerade soll die beiden Punkteklassen trennen. Diese Gerade soll sich an das Ergebnis jedes neuen Lernschritts anpassen.

a) Stellen Sie die gegebenen Daten in einem Excel-Tabellenblatt dar.
b) Implementieren Sie die Benutzeroberfläche (Steuerelemente und Diagramm) auf dem gleichen Tabellenblatt.
c) Codieren Sie die Ereignisprozeduren in VBA.

Fallbeispiel 8.33: Zweidimensionales Zweiklassen-Perzeptron

Die Aufgabe 8.3 löst und vertieft das Fallbeispiel 8.33. Bildschirm 8.34 zeigt die Benutzeroberfläche *vor* dem Aufruf des Lernalgorithmus. Die gestrichelte Trenngerade visualisiert die Klassifikation der Eingaben e_1 und e_2 unter den Startwerten von g_0, g_1 und g_2. Der Benutzer kann durch wiederholtes Drücken der Schaltfläche "Lernschritt" beobachten, wie sich Steigung und Achsen-Schnittpunkte der Trenngeraden ändern, bis der Lernalgorithmus terminiert. Die Tabelle im ersten Quadranten zeigt ausserdem numerisch an, für welche Eingaben die berechnete Klasse mit der tatsächlichen übereinstimmt. Der dritte Quadrant zeigt die Gewichte und den laufenden Lernschritt an.

Bildschirm 8.35 zeigt die Benutzeroberfläche *nach* der erfolgreichen Klassifikation. Nach 24 Lernschritten erscheint die Meldung "Klassifikation erfolg-

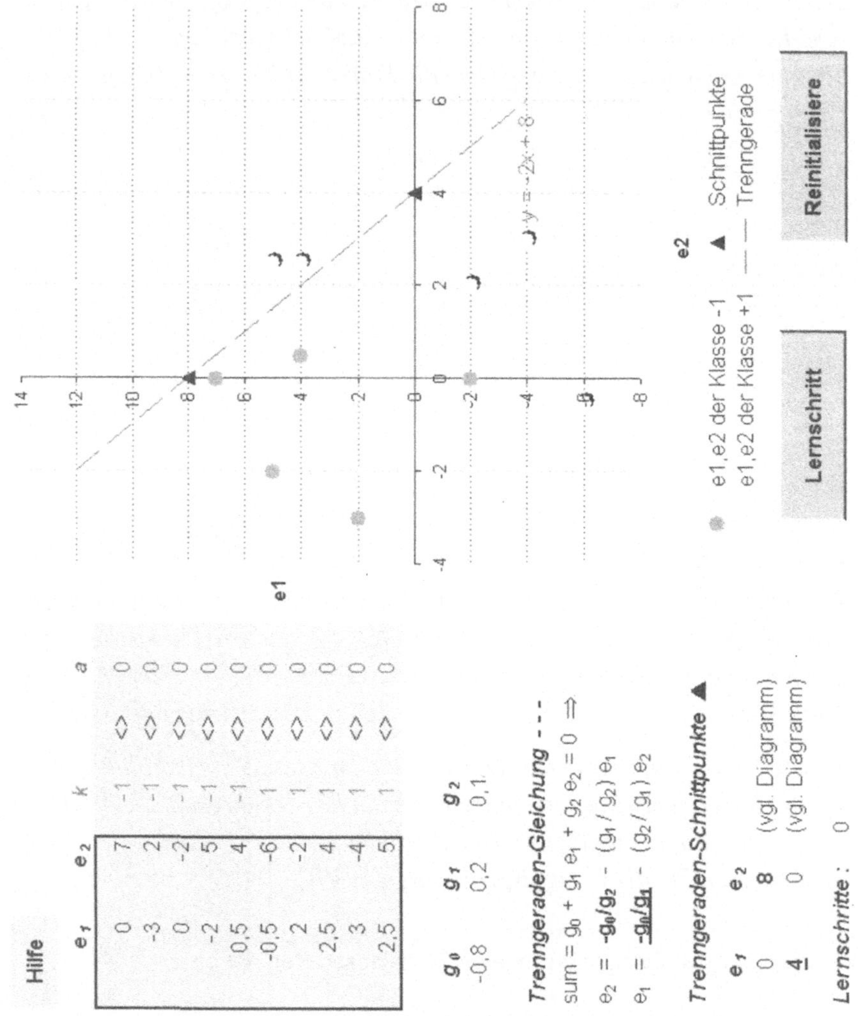

Bildschirm 8.34: ›GUI von ZweidimPerzeptron.xls *vor* der Klassifikation

reich (Vektoren **k** und **a** gleich)". Die gestrichelte Gerade trennt nun erfolgreich zwischen allen Eingabepaaren der Klasse +1 und der Klasse -1. Im ersten Quadranten steht zwischen entsprechenden k- und a-Werten ein Gleichheitszeichen.

ZweidimPerzeptron.xls enthält zwei Schaltflächen. Wenn der Benutzer auf eine dieser Schaltflächen klickt, wird die vom Programmierer zugeordnete Ereignisprozedur aufgerufen (vgl. Abschnitt 4.5.2). Die Ereignisprozedur der Schaltfläche "Lernschritt" geht einmal durch alle Lerntripel (e_1,e_2, k). Die Er-

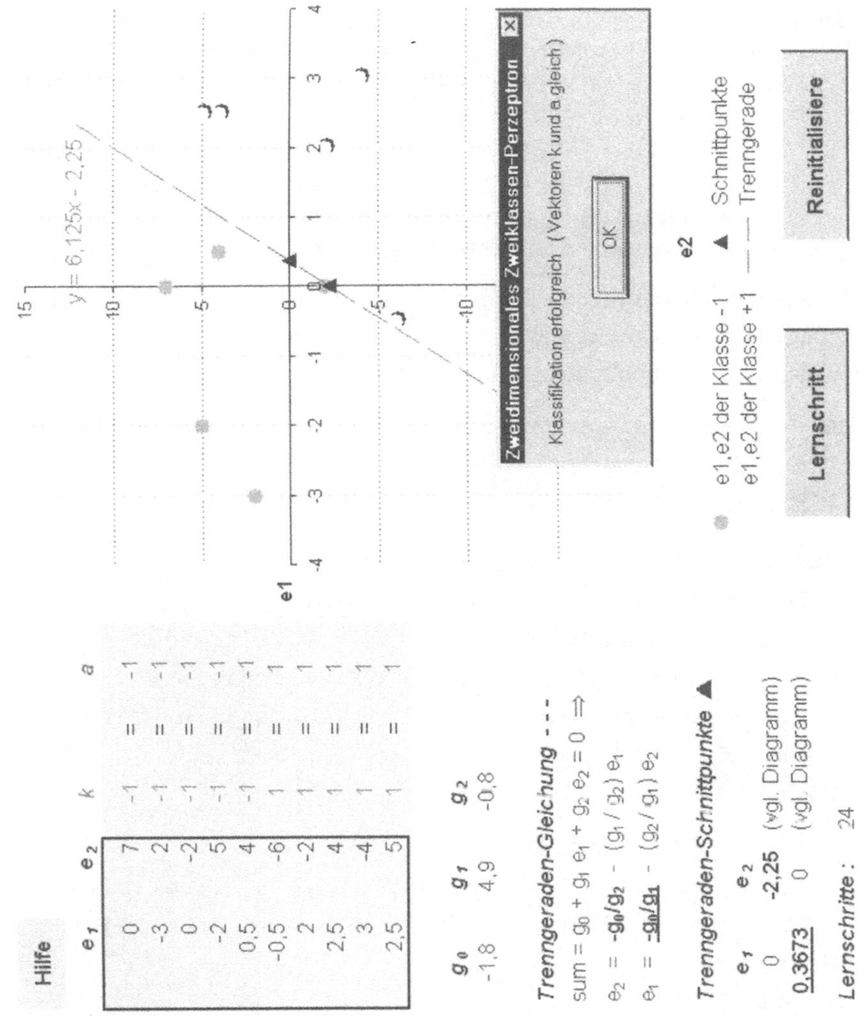

Bildschirm 8.35: ›GUI von ZweidimPerzeptron.xls *nach* der Klassifikation

eignisprozedur der Schaltfläche "Reinitialisiere" initialisiert die Gewichte g_0, g_1 und g_2 wieder mit ihren Startwerten. Den vollständigen Code können Sie mit dem Programmeditor von MS Excel inspizieren. Wir zeigen hier nur die Ereignisprozedur "Lernschritt". Sie geht einmal durch die Schleife des bereits bekannten Lernalgorithmus (ohne das Abbruchkriterium zu prüfen):

Initialisiere die Gewichte g_0, g_1 und g_2 beliebig
Berechne alle Ausgaben a := f($g_0 + g_1e_1 + g_2e_2$)
GEHE WIEDERHOLT DURCH ALLE Tripel (e_1,e_2, k)
FALLS a die Eingaben e_1 und e_2 fehlklassifiziert
$g_0 := g_0 + \alpha \cdot 1 \cdot (k - a)$
$g_1 := g_1 + \alpha \cdot e_1 \cdot (k - a)$
$g_2 := g_2 + \alpha \cdot e_2 \cdot (k - a)$
Berechne alle Ausgaben a neu
BIS berechnete Klassen a = tatsächliche Klassen k

Die folgende VBA-Prozedur implementiert den Lernalgorithmus lässt aber im Gegensatz zu 💻 ZweidimPerzeptron.xls jene Codezeilen weg, die den ersten Quadranten des Tabellenblatts fortschreiben.

```
Sub Lernschritt_nachKlick()                               1
  Dim i As Integer                                        2
  Dim Sum As Single                                       3

  For i = 1 To Zahl_der_Lerntripel                        4
    If a.Cells(i) <> k.Cells(i) Then                      5
      g0 = g0 + alpha*(k.Cells(i) - a.Cells(i))           6
      g1 = g1+alpha*e1.Cells(i)*(k.Cells(i)-a.Cells(i))
      g2 = g2+alpha*e2.Cells(i)*(k.Cells(i)-a.Cells(i))
    End If                                                9
  Next i                                                  10

  For i = 1 To Zahl_der_Lerntripel                        11
    Sum =  g0 + g1 * e1.Cells(i) + g2 * e2.Cells(i)       12
    If Sum >= 0 Then a.Cells(i) = 1 Else a.Cells(i) = -1
  Next
End Sub
```

Die folgenden Erläuterungen beziehen sich auf die Zeilennummern:

2 `i` indiziert die Eingabetripel.

4 Diese Zählschleife geht einmal durch alle Tripel der Lernmenge.

5 Die Cells-Eigenschaft erlaubt den Zugriff auf einen Bereich des Tabellenblatts. `a.Cells(i)` liest zum Beispiel eine Zelle der mit a benannten Spalte des ersten Quadranten von Tabellenblatt 8.34.

6 Die Lernrate alpha ist mit der Anweisung `Const alpha = 0.1` global deklariert worden.

11 Diese Zählschleife führt alle Ausgaben nach.

Aufgabe 8.3 (🖱 Zweidimensionales Zweiklassen-Perzeptron mit MS Excel)

Zuerst lernen Sie die Implementation eines zweidimensionalen Zweiklassen-Perzeptrons aus der Benutzersicht kennen, dann analysieren, vervollständigen und modifizieren Sie den Programmcode aus der Sicht des Entwicklers.

Laden Sie 💻 ZweidimPerzeptron.xls. Der Programmcode ist geschützt. Sie können deshalb nur die Benutzeroberfläche betrachten.

- Wenn Sie den Cursor auf ein Toolbar-Symbol positionieren, erscheint eine Kurzbeschreibung des Symbols.
- Ausführliche Hilfe erhalten Sie auf einem Menüpunkt mit *Shift/F1*.
- Wenn Sie den Cursor auf die orange Zelle "Hilfe" bewegen, erscheint eine Anleitung zum Problem "Zweidimensionales Zweiklassen-Perzeptron". Für Details bewegen Sie den Cursor über Zellen mit ◥.

1. Oberfläche kennen lernen

Bewegen Sie den Cursor auf die Zelle "Hilfe" und lesen Sie die Anleitung. Versuchen Sie dann, die Aufgaben der Benutzeroberfläche zu erraten, ohne gleich mit den Schaltflächen zu experimentieren. Wenn nötig, bewegen Sie den Cursor auf die Zellenkommentare (◥).

a) Unterscheiden Sie zwischen den folgenden Zellbereichen: Daten, Benutzereingaben, Programmausgaben und Kommentar.
b) Welche Aufgaben haben die Schaltflächen *Lernschritt* und *Reinitialisiere*?
c) Prüfen Sie den Kommentar zur Trenngeradengleichung. Verifizieren Sie insbesondere die Ableitung der beiden expliziten Geradengleichungen aus der impliziten Gleichung (sum = ...).
d) Interpretieren Sie die Geradengleichung geometrisch. Wie werden die beiden Schnittpunkte rechnerisch ermittelt.
e) Weshalb wird in der Geradengleichung die Nettoeingabe sum mit 0 gleichgesetzt?

2. Programm anwenden

f) Setzen Sie die Gewichte g_0, g_1 und g_2 auf -0.8, 0.2 und 0.1 und drücken Sie die Schaltfläche "Reinitialisiere". Klicken Sie dann solange *Lernschritt*, bis die Trenngerade zwischen den blauen und grünen Eingaben richtig trennt (also bis das Programm die erfolgreiche Klassifikation meldet).
g) Experimentieren Sie mit verschiedenen Eingabevektoren.
h) Experimentieren Sie mit verschiedenen Startgewichten.

3. Programm ergänzen

Laden Sie die Arbeitsmappe 💾 ZweidimPerzeptronSkelett.xls. Sie enthält die gleiche Benutzeroberfläche wie ZweidimPerzeptron.xls, der Codeteil ist aber nicht mehr geschützt und enthält Lücken.

i) Das Programm enthält zwei Ereignisprozeduren. Welche Aufgaben erfüllen sie? Antworten Sie, ohne den Code zu konsultieren.

j) Wechseln Sie in den VBA-Editor (Alt/F11) und suchen Sie die Ereignisprozeduren. Weshalb enden alle mit `_nachKlick`?

k) Die Ereignisprozedur `Reinitialisiere_nachKlick()` soll nicht nur den Gewichtevektor g initialisieren, sondern auch die Ausgabespalten der Eingabe-/Ausgabetabelle setzen. Vervollständigen Sie die Initialisierungsschleife.

l) Verfolgen Sie den Ablauf von `Reinitialisiere_nachKlick()`:
   - Setzen Sie den Cursor auf `Reinitialisiere_nachKlick()`
   - Starten Sie den Einzelschrittmodus (F8)
   - Gehen Sie schrittweise durch die Prozedur.

m) Vergleichen Sie `Lernschritt_nachKlick()` mit dem bereits bekannten Entwurfs- und VBA-Code dieses Abschnitts. Beschreiben und begründen Sie die Unterschiede.

n) Wie codieren Sie `berechneteGleichTatsächlicheAusgaben()` ohne `Exit Function`?

8.4.1.3 Mehrdimensionales Zweiklassen-Perzeptron

Wir haben gesehen, dass sich Perzeptronprobleme mit einer oder zwei Eingabedimensionen einfach modellieren lassen. Dieser Abschnitt verallgemeinert den zweidimensionalen Fall auf beliebig viele Eingabedimensionen. Wir skizzieren zuerst das Modell, führen dann die vektorielle Notation ein und formulieren den Lernalgorithmus.

Die *Architektur* eines **mehrdimensionalen Zweiklassen**-Perzeptrons enthält *n* Eingaben e_1 bis e_n (Schema 8.36). Die *Transferfunktion* f bildet diese n-Tupel auf die Klassenvariable a ab. Argument von f ist die Nettoeingabe sum = $g_0 + g_1e_1 + ... + g_ne_n$. Abgesehen vom erweiterten Argument sum bleibt die Transferfunktion gleich wie beim ein- und zweidimensionalen Perzeptron:

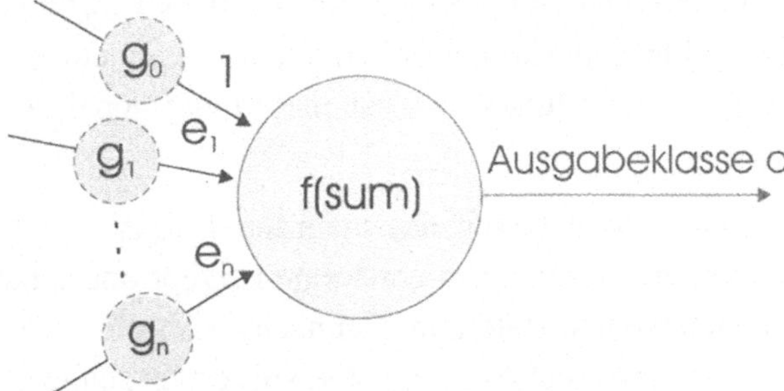

Architektur 8.36: Mehrdimensionales Zweiklassen-Perzeptron

$$a = f(\text{sum}) = \begin{cases} +1 \text{ falls sum} \geq 0 \\ -1 \text{ sonst} \end{cases}$$

Um die umständliche Wiederholung von jeweils n Gliedern einzusparen, notieren wir die Menge aller Eingaben e_i als Vektor **e** und die entsprechenden Gewichte g_i als **g**. Das Modell lautet dann formal:

$\{ (\mathbf{e}, k), ... \}$	Lernmenge aus Paaren, wobei ...
$\mathbf{e} = [\, 1, e_1, ..., e_n \,]$	Eingabe*vektor* **e** (reell)
k	tatsächliche Klasse zu **e** (-1 oder +1)
$\mathbf{g} = [\, g_0, ..., g_n \,]$	Gewichte*vektor*
$\text{sum} = \mathbf{g} \cdot \mathbf{e} = \sum_{i=0}^{n} g_i \cdot e_i$	Nettoeingabe sum
$a = f(\text{sum}) = \begin{cases} +1 \text{ falls sum} \geq 0 \\ -1 \text{ sonst} \end{cases}$	berechnete Klasse a von **e**
α	Lernrate

Gegeben seien die Lernpaare (**e**, k), ein Startvektor **g** und eine Lernrate α. Gesucht ist ein **g**, das jedem **e** die richtige Klasse a zuordnet. Der *Lernalgorithmus* 8.37 verallgemeinert den zweidimensionalen Fall:

```
Initialisiere g beliebig
Berechne alle Ausgaben a := f(sum)
GEHE WIEDERHOLT DURCH ALLE Paare (e, k) der Lernmenge
    FALLS a den laufenden Eingabevektor e fehlklassifiziert
        g := g + α • e • ( k - a )
        Berechne alle Ausgaben neu
BIS berechnete Klassen a = tatsächliche Klassen k
```

Lernalgorithmus 8.37: *Mehr*dimensionales Zweiklassen-Perzeptron

Auch für den allgemeinen Fall des mehrdimensionalen Zweiklassen-Perzeptrons gilt, dass der Lernalgorithmus bei hinreichend kleinem α terminiert und dass eine lineare Transferfunktion zwar mehrdimensional, aber nur linear klassifizieren kann.

Die Tabellen 8.38 a bis c fassen das mehrdimensionale Zweiklassen-Perzeptron zusammen und vergleichen einstufige Perzeptrons anhand der Kriterien Dimension, Klasse und Datentyp. Der nächste Abschnitt veranschaulicht Mehr*klassen*-Perzeptrons und Abschnitt 8.4.4 diskutiert schliesslich ein einfaches Beispiel eines mehr*stufigen* Perzeptrons.

	Zahl der Eingabevariablen	*Nettoeingabe sum*
eindimensionales -	1	$g_0 + g_1 e_1$
zwei -	2	$g_0 + g_1 e_1 + g_2 e_2$
mehr -	n	$g_0 + g_1 e_1 + \ldots + g_n e_n$

Vergleich 8.38a: Einstufige Perzeptrons nach dem Vergleichskriterium *Eingabe*

	Zahl der Klassen	*Excel-Arbeitsmappen*
Zweiklassen-	2	EindimPerzeptron.xls ZweidimPerzeptron.xls
Mehrklassen-	n	MehrklassPerzeptron.xls

Vergleich 8.38b: Einstufige Perzeptrons nach dem Vergleichskriterium *Ausgabe*

Datentyp der Eingaben oder Ausgaben	*Wertebereich*
binär i.e.S.	0 oder 1
bipolar	+1 oder -1
reell	Gleitkomma-Zahlen

Vergleich 8.38c: Einstufige Perzeptrons nach dem Datentyp ihrer Eingaben

8.4.1.4 Mehrdimensionales Mehrklassen-Perzeptron

Die letzten drei Abschnitte haben ein-, zwei- und mehrdimensionale *Zwei*klassen-Perzeptrons unterschieden. Dieser Abschnitt führt am Beispiel der Konversion von Dezimal- in Binärzahlen das **mehrdimensionale *Mehr*klassen-Perzeptron** ein. Wir spezifizieren das Problem im Fallbeispiel 8.39, beschreiben dann die Architektur, die Transferfunktion sowie den Lernalgorithmus und implementieren schliesslich das Modell in VBA.

Entwickeln Sie ein mehrdimensionales Mehrklassen-Perzeptron, das Dezimalzahlen in Binärzahlen konvertiert - zum Beispiel die Dezimalzahl 5 in die Binärzahl 0101. Beschränken Sie sich dabei auf den Wertebereich von 1 bis 15 und bereiten Sie die Daten wie folgt auf:

- *Das verwendete Modell akzeptiere nur binäre Eingaben. Codieren Sie deshalb jede Dezimalzahl als binären Eingabevektor mit jeweils einer einzigen 1 und 14 Nullen. So ergibt 000'0000'0001'0000 dezimal interpretiert die Zahl 5, weil die fünftletzte Binärstelle gesetzt ist.*
- *Codieren Sie die Ausgabe als vierstellige Binärzahl. Der dezimalen Eingabe 5 entspricht zum Beispiel die binäre Ausgabe 0101 ($2^0 + 2^2$).*

Gewichten Sie einen dezimal interpretierten Eingabevektor so, dass die Transferfunktion daraus die richtig Binärzahl berechnet.

Fallbeispiel 8.39: Mehrdimensionales Mehrklassen-Perzeptron

Gegeben ist also eine dezimal dargestellte ganze Zahl, und gesucht ist ihr binäres Aequivalent. Ein neuronales Modell soll das Verfahren der Binärkonversion lernen. Es ist komplexer als das mehrdimensionale *Zwei*klassen-Perzeptron, weil ein Ausgabewert nicht mehr entweder +1 oder -1 ist. Die Klasse ist nämlich ein *Vektor* aus vier binären Elementen, zum Beispiel [0, 1, 0, 1].

Bild 8.40 enthält die Architektur von Fallbeispiel 8.39. Jedes Lernelement besteht aus einem Paar (**e**, **k**) statt einem Paar (**e**, k) wie im zweidimensionalen Perzeptron. Der Eingabevektor **e** stellt eine Dezimalzahl durch 14 Nullen und eine 1 dar. [000'0000'0001'0000] codiert zum Beispiel die 5 als fünftes Bit von rechts. Der zugehörige Klassenvektor **k** ist eine vierstellige Binärzahl. [0101] ist zum Beispiel das binäre Äquivalent von 5. Die vier Verarbeitungsneuronen berechnen die vier Bit der gesuchten Binärzahl. Ziel der Architektur ist es, zusammen mit der Transferfunktion und dem Lernalgorithmus, aus den

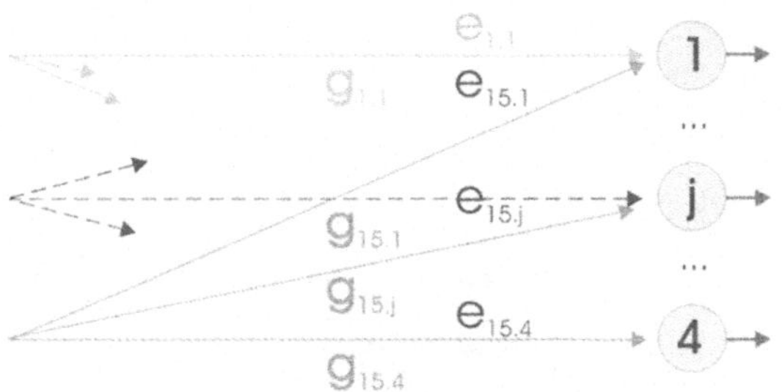

Architektur 8.40: Mehrdimensionales Mehrklassen-Perzeptron

Lernpaaren (**e**, **k**) eine Gewichtematrix **G** zu berechnen, die aus jedem neuen Eingabevektor **e** einen Klassenvektor **a** berechnet. Das Modell des mehrdimensionalen Perzeptrons lautet deshalb formal (Der Einfachheit halber kennzeichnen wir transponierte Matrizen nicht explizit):

$\{ (\mathbf{e}, \mathbf{k}), ... \}$	Lernmenge aus Paaren, wobei ...
$\mathbf{e} = [e_1, ..., e_i, ..., e_n]$	Eingabevektor **e** z.B. 000'0000'0001'0000, wobei n = 15
$\mathbf{k} = [k_1, ..., k_j, ..., k_m]$	tatsächlicher Klassenvektor **k** z.B. 0101, wobei m = 4
$\mathbf{a} = [a_1, ..., a_j, ..., a_m]$	berechneter Klassenvektor **a**
$\mathbf{G} = \begin{bmatrix} g_{11} & ... & g_{1m} \\ ... & g_{ij} & ... \\ g_{n1} & ... & g_{nm} \end{bmatrix}$	Gewichtematrix **G**
$\mathbf{g}_i = [g_{i1}, ..., g_{in}]$	Gewichtevektor $\mathbf{g}_i$
$sum_i = \mathbf{g}_i \bullet \mathbf{e}$	Nettoeingabe sum_i von Neuron i
$\mathbf{sum} = \mathbf{e} \bullet \mathbf{G} = [sum_1, ..., sum_m]$	Vektor **sum** der Nettoeingaben aller Ausgabeneuronen 1 ... m
$f(sum_j) = \begin{cases} 1 \text{ falls } sum_j \geq 0 \\ 0 \text{ sonst} \end{cases}$	Transferfunktion für Neuron j
$\mathbf{a} = \mathbf{f}(\mathbf{sum}) = [f(sum_1), ..., f(sum_m)]$	berechneter Klassenvektor **a**

Die Matrix 8.41 veranschaulicht die Gewichtematrix **G** am Beispiel der Binärkonversion. Jedes Gewicht verbindet ein i-tes Dezimalbit (Eingabe) mit einem j-ten Binärbit (Ausgabe).

	zum 1. Binärbit	*zum j. Binärbit*	*zum 4. Binärbit*
Vom 1. Dezimalbit	$g_{1.1}$	...	$g_{1.4}$
...	...	...	...
Vom i. Dezimalbit	$g_{i.1}$	$g_{i.j}$	$g_{i.4}$
...	...	...	...
Vom 15. Dezimalbit	$g_{15.1}$	...	$g_{15.4}$

Eingabeschicht :	Eingabevektor **e** $= [e_1, ..., e_i, ..., e_n]$
Ausgabeschicht :	Ausgabevektor **a** $= [a_1, ..., a_j, ..., a_m]$

Matrix 8.41: Gewichtematrix des Fallbeispiels 8.38 (Binärkonversion)

Der Lernalgorithmus 8.42 initialisiert die Gewichte beliebig und ändert sie systematisch, bis die berechneten Klassen den tatsächlichen entsprechen. Im Unterschied zum Lernalgorithmus 8.37 (mehrdimensionales Zweiklassen-Perzeptron) verwendet er die Klassen*vektoren* **k** und **a** und eine Gewichte*matrix* **G**, weil er statt einer *vier* binäre Klassifikationsentscheidungen trifft.

```
Initialisiere G beliebig
Berechne alle Ausgabevektoren: a := f( sum )
GEHE WIEDERHOLT DURCH ALLE Paare (e, k) der Lernmenge
    FALLS a den Eingabevektor e fehlklassifiziert
        G := G + α · (k - a) · e
        Berechne alle Ausgabevektoren a neu
BIS berechnete Klassen a = tatsächliche Klassen k
```

Lernalgorithmus 8.42: *Mehr*dimensionales Mehrklassen-Perzeptron

$\mathbf{G} := \mathbf{G} + \alpha \cdot (\mathbf{k} - \mathbf{a}) \cdot \mathbf{e}$ muss eine Matrix ergeben. Der Summand $\alpha \cdot (\mathbf{k} - \mathbf{a}) \cdot \mathbf{e}$ muss deshalb auch eine Matrix sein. $(\mathbf{k} - \mathbf{a})$ ist der Zeilenvektor der Differenzen zwischen den tatsächlichen Klassen **k** und den berechneten Klassen **a**, und **e** ist der Spaltenvektor, der eine Dezimalzahl darstellt. Das Produkt dieser beiden Vektoren ergibt eine Matrix:

k - a •

= G e

Der vorletzte Abschnitt hat das eindimensionale Zweiklassen-Perzeptron tabellenkalkulatorisch abgebildet. Später haben wir den zweidimensionalen Fall numerisch *und* grafisch in VBA programmiert. Dieser Abschnitt implementiert das mehrdimensionale Mehrklassen-Perzeptron am Beispiel der Binärkonversion. Zuerst spezifizieren wir die Benutzeroberfläche, identifizieren geeignete Ereignisse und codieren Ereignisprozeduren in VBA.

Die Aufgabe 8.4 lässt Sie das Fallbeispiel 8.39 anhand der Arbeitsmappe MehrklassPerzeptron.xls lösen. Bildschirm 8.43a zeigt die Benutzeroberfläche *vor* dem Aufruf des Lernalgorithmus, Bildschirm 8.43b *nach* dem Aufruf. Die Oberfläche enthält vier Schaltflächen. Sobald der Benutzer auf eine dieser Schaltflächen klickt, wird die vom Programmierer zugeordnete ›Ereignisprozedur aufgerufen. Die Schaltfläche "Initialisiere" ordnet den Elementen der Gewichtematrix zufällige Startwerte zu, setzt die Zahl der Lernschritte auf 0 und die zu konvertierende Dezimalzahl auf 1.

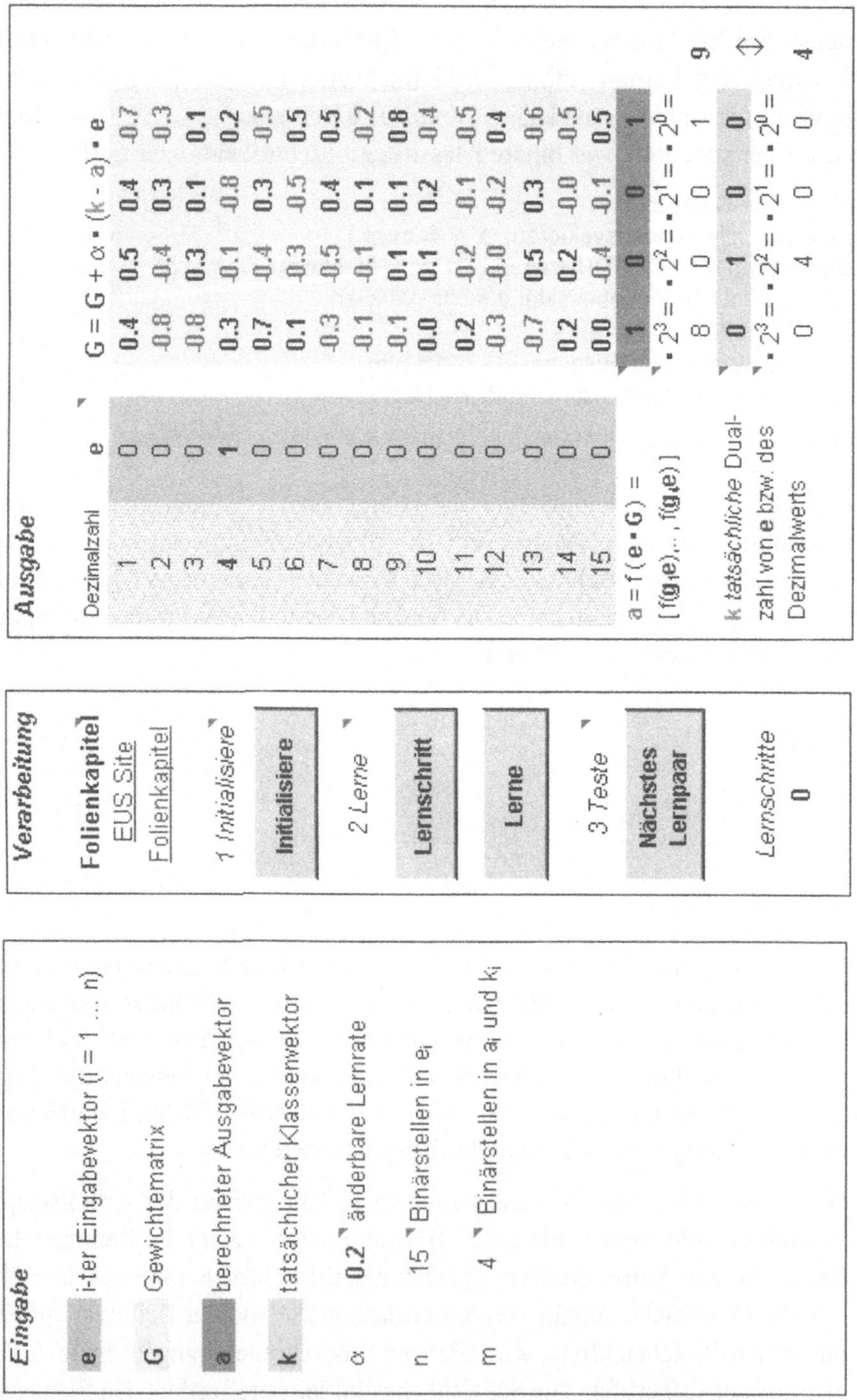

Eingabe

e	i-ter Eingabevektor (i = 1 ... n)
G	Gewichtematrix
a	berechneter Ausgabevektor
k	tatsächlicher Klassenvektor
α	**0.2** änderbare Lernrate
n	15 Binärstellen in e_i
m	4 Binärstellen in a_i und k_i

Verarbeitung

Folienkapitel
EUS Site
Folienkapitel

1 Initialisiere
Initialisiere

2 Lerne
Lernschritt
Lerne

3 Teste
Nächstes Lernpaar

Lernschritte
0

Ausgabe

Dezimalzahl	e	G = G + α • (k - a) • e			
1	0	0.4	0.5	0.4	-0.7
2	0	-0.8	-0.4	0.3	-0.3
3	0	-0.8	0.3	0.1	0.1
4	**1**	0.3	-0.1	-0.8	0.2
5	0	0.7	-0.4	0.3	-0.5
6	0	0.1	-0.3	-0.5	0.5
7	0	-0.3	-0.5	0.4	0.5
8	0	-0.1	-0.1	0.1	-0.2
9	0	-0.1	0.1	0.1	0.8
10	0	0.0	0.1	0.2	-0.4
11	0	0.2	-0.2	-0.1	-0.5
12	0	-0.3	-0.0	-0.2	0.4
13	0	-0.7	0.5	0.3	-0.6
14	0	0.2	0.2	-0.0	-0.5
15	0	0.0	-0.4	-0.1	0.5

a = f (**e** • **G**) =	**1**	**0**	**0**	**1**	
[f($\mathbf{g}_1$**e**),.. , f($\mathbf{g}_4$**e**)]	• 2^3 =	• 2^2 =	• 2^1 =	• 2^0 =	
	8	0	0	1	**9**
k *tatsächliche* Dualzahl von **e** bzw. des Dezimalwerts	**0**	**1**	**0**	**0**	↕
	• 2^3 =	• 2^2 =	• 2^1 =	• 2^0 =	
	0	4	0	0	**4**

Bildschirm 8.43a: *Vor* dem Lernprozess von MehrklassPerzeptron.xls

Ausgabe

Dezimalzahl	e	G = G + α · (k - a) · e			
1	0	-0.2	-0.3	-0.1	0.7
2	0	-0.1	-0.0	0.1	-0.0
3	0	-0.8	-0.6	0.2	0.5
4	0	-0.2	0.0	-0.2	-0.0
5	0	-0.0	0.1	-0.1	0.3
6	0	-0.1	0.1	0.1	-0.1
7	0	-0.2	0.1	0.6	0.0
8	0	0.1	-0.1	-0.2	-0.4
9	0	0.2	-0.0	-0.0	0.2
10	0	0.2	-0.2	0.2	-0.3
11	0	0.1	-0.1	0.5	0.1
12	0	0.0	0.1	-0.1	-0.2
13	0	0.7	0.3	-0.1	0.3
14	0	0.4	0.0	0.1	-0.1
15	**1**	0.7	0.3	0.2	0.2

a = f (e · G) =	1	1	1	1	
[f(g₁e),.. , f(gₗe)]	· 2³ =	· 2² =	· 2¹ =	· 2⁰ =	
	8	4	2	1	15
k *tatsächliche* Dual-	1	1	1	1	↕
zahl von **e** bzw. des	· 2³ =	· 2² =	· 2¹ =	· 2⁰ =	
Dezimalwerts	8	4	2	1	15

Bildschirm 8.43b: *Nach* einem Lernprozess von MehrklassPerzeptron.xls

Die Schaltfläche “Lernschritt” berechnet die Gewichtematrix für eine einzige der fünfzehn Dezimalzahlen. Durch wiederholtes Klicken können Sie die Binärkonversion dieser Zahl lernen. Die Schaltfläche “Lerne” lernt hingegen an allen Dezimalzahlen solange, bis das Abbruchkriterium a = k für alle Eingaben e erfüllt ist. Die gerade getestete Dezimalzahl wird zusammen mit dem gesetzten Bit des Eingabevektors fett markiert (Bildschirm 8.43b links). Die Marke schreitet bis zu jener Dezimalzahl voran, die mit der laufenden Gewichtematrix gerade nicht mehr konvertiert werden kann. Dies kann mehrere Male die gleiche Zahl sein, weil die neuen Gewichte nicht jedesmal zu einer besseren Konversion führen müssen.

Die Schaltfläche "Nächstes Lernpaar" erhöht die Dezimalzahl und ihr Binäraequivalent um 1. Sie können damit nach der Lernphase durch alle möglichen Lernpaare gehen und testen, ob die Binärkonversion aller Eingaben von 1 bis 15 gelernt worden ist.

Den Code können Sie mit dem Programmeditor inspizieren. Wir zeigen hier nur die Ereignisprozedur der Schaltfläche "Lerne". Die VBA-Prozedur `Lerne_nachKlick()` implementiert jenen Teil des Lernalgorithmus, der die Gewichtematrix so lange ändert, bis das Abbruchkriterium erfüllt ist:

GEHE WIEDERHOLT DURCH ALLE Paare (**e**, **k**) der Lernmenge
    FALLS **a** den laufenden Eingabevektor **e** fehlklassifiziert
        $\mathbf{G} := \mathbf{G} + \alpha \cdot (\mathbf{k} - \mathbf{a}) \cdot \mathbf{e}$
        Berechne alle Ausgabevektoren neu
BIS berechnete Klassen **a** = tatsächliche Klassen **k**

Weil wir in Abschnitt 8.4.1.1 nachgewiesen haben, dass die Prüfung der FALLS-Bedingung weggelassen werden kann, unterscheidet sich die VBA-Implementation vom obigen Entwurfscode. Ausserdem delegiert sie die Berechnung der Ausgaben an die Funktion `berechneteGleichTatsächlicheAusgaben`.

```
Sub Lerne_nachKlick()
  ' -- Eingabenindex, Ausgaben- bzw. Klassenindex
  Dim i As Integer, j As Integer
  Do
    ' -- Gewichtematrix ändern
    For j = 1 To m
      For i = 1 To n
        G.Cells(i,j) = G.Cells(i,j) +
          alpha*e.Cells(i) * (k.Cells(j)-a.Cells(j))
      Next
    Next
    Lernschritte = Lernschritte + 1
  Loop Until berechneteGleichTatsächlicheAusgaben()
End Sub
```

Aufgabe 8.4 (Mehrdimensionales Mehrklassen-Perzeptron mit MS Excel)

Zuerst lernen Sie eine Implementation der Binärkonversion aus der Benutzersicht kennen, dann analysieren und vervollständigen Sie den Programmcode aus der Sicht des Entwicklers.

Laden Sie MehrklassPerzeptron.xls. Der Programmcode ist geschützt. Sie können deshalb nur die Benutzeroberfläche betrachten.

- Wenn Sie den Cursor auf ein Toolbar-Symbol positionieren, erscheint eine Kurzbeschreibung des Symbols.
- Ausführliche Hilfe erhalten Sie auf einem Menüpunkt mit *Shift/F1*.
- Wenn Sie den Cursor auf die orange Zelle "Hilfe" bewegen, erscheint eine Anleitung zum Problem "Mehrdimensionales Mehrklassen-Perzeptron". Für Details bewegen Sie den Cursor über Zellen mit ◥.

1. Oberfläche kennen lernen

Bewegen Sie den Cursor auf die Zelle "Hilfe" und lesen Sie die Bedienungsanleitung. Versuchen Sie dann, die Aufgaben der Benutzeroberfläche zu erraten, ohne gleich mit den Schaltflächen zu experimentieren. Wenn nötig, bewegen Sie den Cursor auf die Zellenkommentare (◥).

a) Welchen Sinn macht die Unterteilung in *Eingabe, Verarbeitung, Ausgabe*?
b) Welche Aufgaben erfüllen die Schaltflächen *Initialisiere*, *Lernschritt*, *Lerne* und *Nächstes Lernpaar*?
c) Was bedeuten die farbigen Bereiche im Teil *Ausgabe* ?
d) Unterscheiden Sie zwischen jenen Zellen, die das Programm ändert und jenen, welche die Benutzerin direkt modifiziert.

2. Programm anwenden

Sie lernen eine neue Gewichtematrix auf zwei Arten:

- Sie klicken für einen bestimmten Eingabevektor (siehe Schaltfläche *Nächstes Lernpaar*) solange *Lernschritt*, bis die Gewichtematrix den Ausgabevektor aus genau diesem Eingabevektor richtig berechnet.
- Sie klicken einmal *Lerne*, um eine Gewichtematrix zu lernen, die aus allen 15 möglichen Eingabevektoren die Ausgabevektoren richtig berechnet.

e) Die Schaltfläche *Lernschritt* optimiert die Gewichtematrix für eine einzige Dezimalzahl. Durch wiederholtes Klicken können Sie die Binärkonversion genau dieser Zahl lernen. *Nächstes Lernpaar* geht zur nächsten Zahl.

Experimentieren Sie mit der Schaltfläche *Lernschritt* und verschiedenen Eingabevektoren (Schaltfläche *Nächstes Lernpaar*).

f) Die Schaltfläche *Lerne* lernt so lange, bis das Abbruchkriterium **a** = **k** für alle **e** erfüllt ist. Die jeweils mit dem Abbruchkriterium zu testende Dezimalzahl wird markiert. Die Markierung schreitet bis zu jener Dezimalzahl voran, die von der laufenden Gewichtematrix gerade nicht mehr konvertiert werden kann. Dies kann mehrere Male die gleiche Zahl sein, weil die neuen Gewichte nicht jedesmal zu einer besseren Konversion führen müssen. Experimentieren Sie mit der Schaltfläche *Lerne*.

3. Lernergebnis testen

Sie testen die gelernte Gewichtematrix, indem Sie sich mit der Schaltfläche *Nächstes Lernpaar* durch die erlaubten Eingabewerte von 1 bis 15 bewegen.

g) Überprüfen Sie das Modell für alle Eingabevektoren.
h) Rechnen Sie einen Ausgabevektor von Hand nach.
i) Ändern Sie ausgewählte Gewichte von Hand.

4. Programm ergänzen

Laden Sie die Arbeitsmappe MehrklassPerzeptronSkelett.xls. Sie enthält die gleiche Benutzeroberfläche wie MehrklassPerzeptron.xls, der Codeteil ist aber nicht mehr geschützt und enthält Lücken.

j) Schliessen Sie aus der Benutzeroberfläche und dem Programmablauf, welche Ereignisprozeduren der Code enthält. Welche Aufgaben erfüllen sie? Antworten Sie, ohne gleich den Programmcode zu konsultieren.
k) Wechseln Sie in den VBA-Editor (Alt-F11) und suchen Sie die Ereignisprozeduren. Weshalb enden alle mit `_nachKlick`?
l) Die Ereignisprozedur `Initialisiere_nachKlick()` soll die Gewichtematrix **G** zufällig initialisieren. Programmieren Sie die Initialisierung der Matrix mit einer geschachtelten Zählschleife. Betrachten Sie zur Veranschaulichung die gelb unterlegte Gewichtematrix, nachdem Sie die Schaltfläche *Initialisiere* gedrückt haben.
m) Beschreiben Sie Zweck und Ablauf von `berechneVektoren_e_k_a` am Ende von `Initialisiere_nachKlick()`? Die Prozedur besteht aus der Generierung der Eingaben **e** und **k** sowie der Berechnung der Ausgaben **a** aus der laufenden Gewichtematrix. Den *generierten* Eingabe-, Ausgabe- und Klassenvektoren entsprachen bisher die *vorgegebenen* Lernelemente der Stichprobe.

n) Verfolgen Sie den Programmablauf von `Initialisiere_nach-Klick()`:
   - Setzen Sie den Cursor auf `Initialisiere_nachKlick()`
   - Starten Sie den Einzelschrittmodus (F8)
   - Gehen Sie schrittweise durch die Prozedur, (1) ohne aufgerufene Unterprogramme zu betreten (Umschalt/F8) und (2), indem Sie auch `berechneVektoren_e_k_a` verfolgen.

o) Vergleichen Sie `Lernschritt_nachKlick()` mit dem bereits bekannten Entwurfscode (siehe unten).

p) Vervollständigen Sie die Prozedur `Lerne_nachKlick()` nach dem folgenden Lernalgorithmus. Was nicht kursiv steht, wird von anderen Prozeduren erledigt oder ist Teil des Skeletts.

Initialisiere **G** beliebig
Berechne alle Ausgabevektoren: **a** := f (**sum**)
GEHE WIEDERHOLT DURCH ALLE Paare (**e**, **k**) der Lernmenge
    *FALLS **a** den laufenden Eingabevektor **e** fehlklassifiziert*
    Berechne die Gewichtematrix neu: **G** := **G** + $\alpha \cdot$ (**k** - **a**) $\cdot$ **e**
    Berechne alle Ausgabevektoren neu: **a** := f (**sum**)
BIS berechnete Klassen **a** = tatsächliche Klassen **k**

8.4.2 Mehrstufiges Perzeptron

Einstufige Perzeptrons bestehen nur aus Eingabe- und Ausgabeneuronen. Der Lernalgorithmus verbindet die Eingaben so mit den Ausgaben, dass sich Klassifikationsaufgaben linear lösen lassen. Ende der sechziger Jahre wurden die Grenzen einstufiger Perzeptrons erkannt. Nach einer Phase der Desillusionierung folgte die Entwicklung mächtigerer Modelle. Von praktischer Bedeutung sind vor allem die vorwärtsgerichteten mehrstufigen Perzeptrons mit **Fehlerrückführung**. Wir veranschaulichen eine einfache Variante am Beispiel der logischen Verknüpfung "entweder ... oder" (engl. "exclusive or" oder XOR). Zuerst formulieren wir im Fallbeispiel 8.44 das Problem, entwerfen dann ein Lösungsmodell und implementieren es schliesslich unter VBA.

Gesucht ist ein neuronales Netz, das aus den Wahrheitswerten von zwei Aussagen den Wahrheitswert der XOR-Verknüpfung berechnet. Weil die Wahrheitstafel des Fallbeispiels 8.44 alle Eingaben erschöpfend behandelt, ist die Berechnung des XOR-Netzes ohne praktische Bedeutung. Wir veranschaulichen daran nur das Grundmodell des mehrstufigen Perzeptrons.

Abschnitt 8.2 hat aus der Wahrheitstafel der UND-Verknüpfung die Gewichte eines einstufigen Perzeptrons gelernt, das aus den Wahrheitswerten einer beliebigen Eingabe die Wahrheitswerte der UND-Verknüpfung berechnet. Ein neuronales Netz soll in ähnlicher Weise die XOR-Verknüpfung lernen. Die Wahrheitstafel lautet:

Aussage e_1		*Aussage e_2*		*Aussage a_3*
0	XOR	0	⇨	0
0	XOR	1	⇨	1
1	XOR	0	⇨	1
1	XOR	1	⇨	0

a) Begründen Sie, weshalb sich die Eingabepaare der XOR-Verknüpfung im Gegensatz zu jenen der UND-Verknüpfung nicht linear (durch eine einzige Trenngerade) klassifizieren lassen.

b) Berechnen Sie ein mehrstufiges Perzeptron, das den Wahrheitswert einer beliebigen XOR-Verknüpfung berechnet.

Fallbeispiel 8.44: Mehrstufiges Perzeptron am Beispiel der XOR-Verknüpfung

Abschnitt 8.4.1.2 begründet, weshalb einstufige Perzeptrons nur linear klassifizieren. Bild 8.45 zeigt grafisch, dass sich die XOR-Wahrheitstafel im Gegensatz zur UND-Verknüpfung nur *nichtlinear* und deshalb nicht als einstufiges Perzeptron abbilden lässt. Während die UND-Trenngerade drei Aussagen (drei helle Punkte) erfolgreich von der vierten (dunkler Punkt) trennt, lassen sich die Aussagen der XOR-Verknüpfung nicht durch eine einzige Gerade trennen.

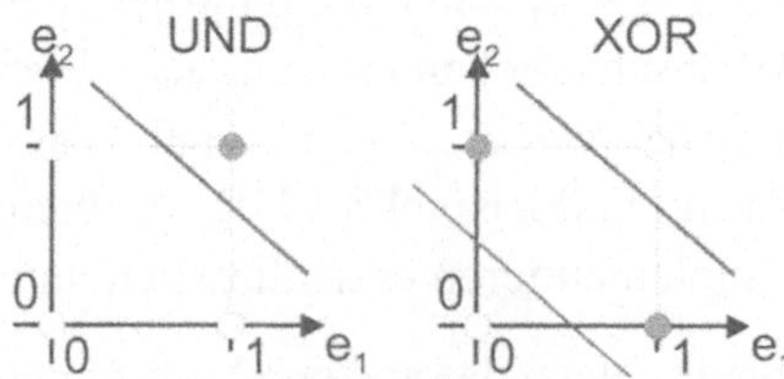

Bild 8.45: XOR lässt sich nicht durch ein einstufiges Perzeptron abbilden

Wir entwerfen deshalb ein Netz, das die XOR-Verknüpfung durch ein zweistufiges Perzeptron darstellt (Architektur 8.46). Ein zweistufiges Perzeptron enthält im Gegensatz zum einstufigen eine **verborgene Schicht** von Neuronen zwischen der Eingabeschicht und der Ausgabeschicht. Die Verbindungen zwischen der Eingabe- und der verborgenen Schicht sowie zwischen der verborgenen Schicht und der Ausgabeschicht sind wie beim einstufigen Perzeptron vorwärtsgerichtet. Ziel des Lernprozesses ist allerdings nicht mehr die Gleichheit der berechneten und der tatsächlichen Ausgaben, sondern die Minimimierung eines Klassifikationsfehlers. Gleich wie in den bisher behandelten einstufigen Perzeptrons ist der Klassifikationsfehler die Differenz von tatsächlicher und berechneter Ausgabe. Nach jedem Durchgang durch die Lernmenge modifiziert der Lernalgorithmus des zweistufigen Perzeptrons die Gewichte beider Stufen so, dass der Klassifikationsfehler immer kleiner wird.

Um die Vorteile der zweistufigen Architektur zu nutzen, muss die Transferfunktion f *nichtlinear* sein. Sie dient nicht nur der Berechnung der Ausgaben der letzten Schicht (Ausgabeschicht), sondern auch der mittleren (der verborgenen) Schicht. Nach einer Fehlklassifikation durch die Ausgabeschicht werden die Gewichte beider Stufen angepasst (Fehlerrückführung, engl. **backpropagation** of errors). Vergleich 8.47 fasst wichtige Unterschiede zwischen einstufigen Perzeptrons und Fehlerrückführungs-Netzen zusammen.

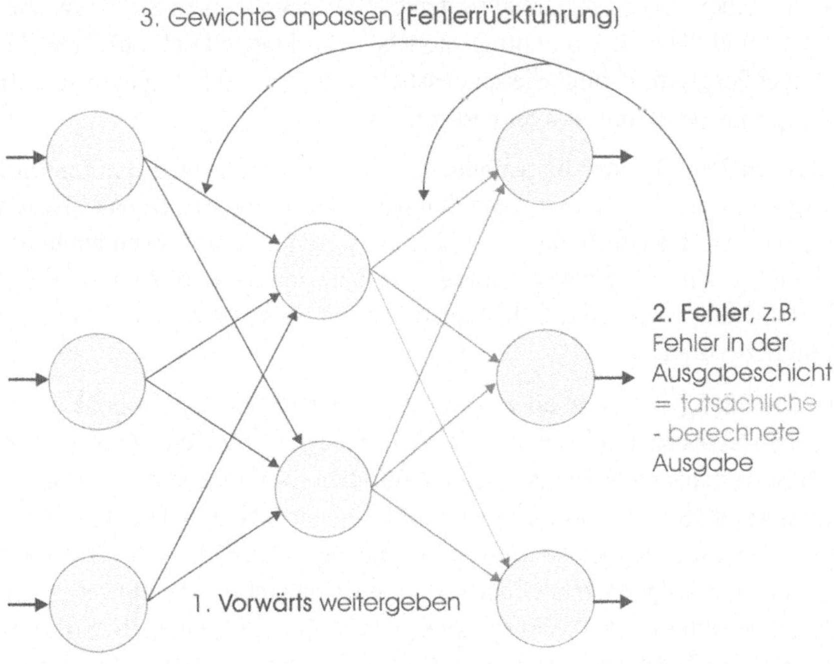

Architektur 8.46: Ein mehrstufiges Perzeptron

	Einstufiges Perzeptron	*Fehlerrückführungs-Netz*
Synonyme	Perzeptron i.e.S. (klassisches Perzeptron)	Backpropagations-Netz
Funktionalität	Lineare Klassifikation	Nichtlineare Klassifikation
Architektur	einstufig vorwärtsgerichtet	mehrstufig vorwärtsgerichtet
Transferfunktion	Treppenfunktion oder linear	nichtlinear
Lernalgorithmus		Backpropagation
Abbruchkriterium	berechnete = tatsächliche Ausgaben	Minimum des Klassifikationsfehlers
Verständlichkeit	einfach	Basisvariante relativ einfach
Rechenbedarf	klein	gross

Vergleich 8.47: Einstufige Perzeptrons und Fehlerrückführungs-Netze

Auf der CD ROM finden Sie ein Lernprogramm, welches das XOR-Problem mit *SPSS Neural Connection* löst. Starten Sie dazu nbook2.tbk. Nach einigem Warten klicken Sie auf die Schaltfläche des Willkommen-Bildschirms. Wählen Sie dann die Benutzergruppe "technical user" und klicken Sie auf die Schaltflächen GO und ✣ (Inhaltsverzeichnis). Dann klicken Sie "How does it work?" und "Neural Computing models". Ein Doppelklick auf "The Multi-Layer Perceptron" führt Sie schliesslich zu einer Einführung in mehrstufige Perzeptrons (engl. multi-layer perceptrons).

Jedes Problem, das sich als Abbildung von n binären Eingaben auf m binäre Ausgaben formulieren lässt, kann durch ein zweistufiges neuronales Netz mit nichtlinearer Transferfunktion modelliert werden. Alle Anwendungen von Fehlerrückführungs-Netzen erfordern deshalb nur eine einzige verborgene Schicht. Mehr verborgene Schichten drängen sich höchstens aus Gründen der Lerneffizienz auf.

Die Abbildung 8.46 zeigt ein *allgemeines* zweistufiges Perzeptron. Das XOR-Problem lässt sich durch einen einfachen *Sonderfall* abbilden: Die Architektur 8.48 besteht aus einer Eingabeschicht mit dem zweidimensionalen Eingabevektor **e** und dem zweidimensionalen verborgenen Vektor **h**. Die Ausgabe a ist skalar. Die Eingaben e_1 und e_2, zum Beispiel der Wahrheitswertevektor **e** = [1, 0], werden mit der Matrix **G** der ersten Stufe gewichtet und als verborgener Ausgabenvektor [h_1, h_2] weitergeleitet (h steht für engl. hidden). **h** wird seinerseits mit dem Vektor **w** der zweiten Stufe gewichtet und an das Ausgabeneuron a weitergegeben (**w** für engl. weights). Der Lernalgorithmus vergleicht schliesslich a mit der tatsächlichen Ausgabe k.

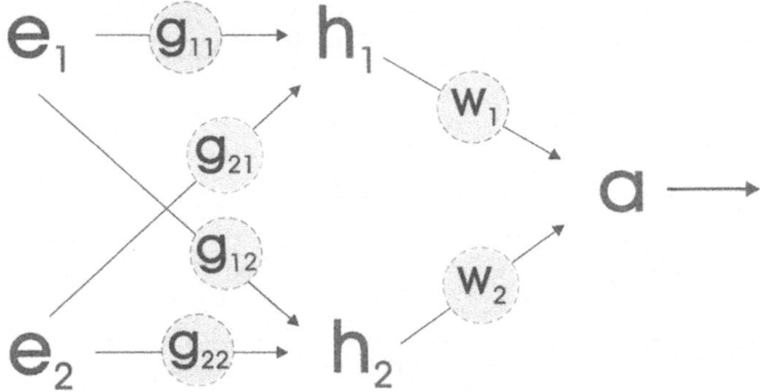

Architektur 8.48: Ein zweistufiges zweidimensionales Zweiklassen-Perzeptron

Das zweistufige XOR-Perzeptron lässt sich symbolisch wie folgt darstellen:

$\{ (\mathbf{e}, k), \ldots \}$	gegebene Lernpaare (**e**, k), wobei ...
$\mathbf{e} = [e_1, e_2]$	binärer Eingabevektor **e**
k	tatsächliche binäre Klasse k
a	berechnete binäre Klasse a
$\mathbf{G} = \begin{bmatrix} g_{11} & g_{12} \\ g_{21} & g_{22} \end{bmatrix}$	Gewichtematrix **G** der ersten Stufe
$\mathbf{hsum} = \mathbf{e} \bullet \mathbf{G} = [\, hsum_1, hsum_2 \,]$	Nettoeingaben-Vektor **hsum** eines verborgenen Neurons
$\dfrac{1}{1 + e^{-\gamma \text{Nettoeingabe}}}$	binäre Sigmoidfunktion f
γ	Steigungsparameter
e	Basis des natürlichen Logarithmus ln
$\mathbf{h} = \mathbf{f(hsum)} = [f(hsum_1), f(hsum_2)]$	verborgener Ausgabevektor **h**
$[\, w_1, w_2 \,]$	Gewichtevektor **w** der zweiten Stufe
$asum = \mathbf{w} \bullet \mathbf{h}$	Nettoeingabe-Skalar asum der Ausgabe
$a = f(asum)$	Ausgabeskalar a

Die Transferfunktion f eines Fehlerrückführungs-Netzes sollte kontinuierlich und einfach differenzierbar sein. Je leichter sich die Transferfunktion differenzieren lässt, desto einfacher ist die Minimierung des Klassifikationsfehlers.

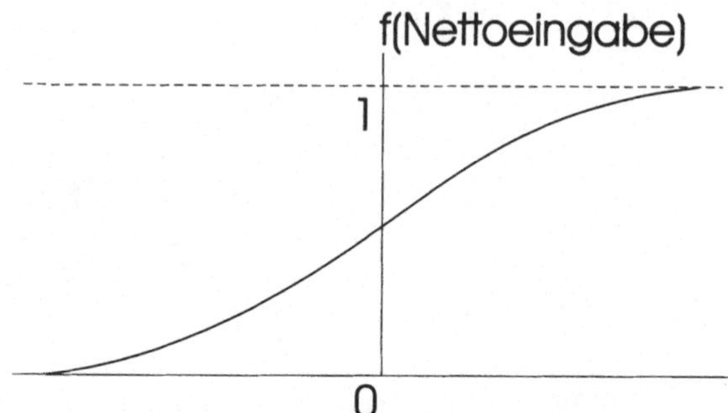

Bild 8.49: Binäre Sigmoidfunktion

Für das XOR-Problem eignet sich zum Beispiel eine Sigmoidfunktion (Bild 8.49). Der Steigungsparameter γ beeinflusst die Steilheit der s-förmigen Kurve von f. Die Eingaben des XOR-Perzeptrons sind binär, der Wertebereich der Transferfunktion f ist aber kontinuierlich. Die Ausgabe a ist deshalb auch kontinuierlich. $a \leq 0.5$ werden wir daher als 0 und $a > 0.5$ als 1 interpretieren.

MehrstufPerzeptron.xls initialisiert das XOR-Perzeptron mit den Gewichtematrizen **G** und **w**, mit der Steigungskonstanten γ und der Lernrate α. Die Lernrate und der Steigungsparameter bleiben während des Lernprozesses gleich, die Gewichte ändern sich nach jedem Durchgang durch die Lernmenge. Der Benutzer kann zwischen einer zufälligen oder einer beliebigen Initialisierung wählen. Die folgenden Werte führen rasch zu einer Lösung:

([0, 1], 1)	Eingabevektor [0, 1] mit k=1
$\begin{bmatrix} 0.1 & -0.6 \\ 0.7 & 0.8 \end{bmatrix}$	Startmatrix **G** der ersten Stufe
[-0.1, 0.5]	Startvektor **w** der zweiten Stufe
$\gamma = 10$	Steigungsparameter von f
$\alpha = 0.5$	Lernrate

Die Abbildung 8.50 schematisiert den Aufbau der Benutzeroberfläche des Tabellenblatts von MehrstufPerzeptron.xls. Die kursiven Werte sind gegeben. Die Bedeutung der mit ✓ eingeleiteten Werte ist bereits bekannt, die mit ✖ versehenen Begriffe werden wir später einführen.

Problem ✓ *Wahrheitstafel* (*e*, *k*) **Architektur** ✓ *Steigung* γ ✓ **G** der ersten Stufe ✓ verborgener Vektor **h** ✓ **w** der zweiten Stufe ✓ Ausgabe a	*1 Durchgang lernen* ✓*Lernrate* α × Korrekturmatrix **dG** × Korrekturvektor **dw**	*Mehrere Durchgänge lernen* × Klassifikationsfehler im Balkendiagramm

Tabellenblatt-Schema 8.50: Benutzeroberfläche von MehrstufPerzeptron.xls

(✓ bezeichnet bekannte Begriffe, × Konzepte, welche dieser Abschnitt einführt. Kursive Werte sind gegeben)

Der Bildschirmausschnitt 8.51 zeigt den linken Teil des Tabellenblatts. Der Bereich *Problem* enthält die gegebene Wahrheitstafel und die Schaltflächen

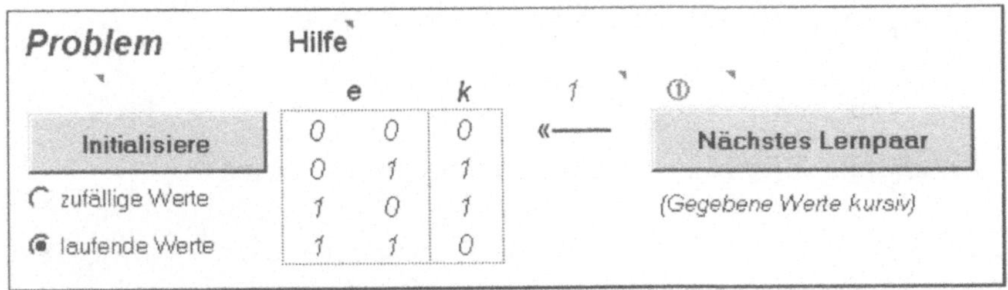

Bildschirm 8.51: XOR-Modell in MehrklassPerzeptron.xls

(Bereiche *Problem* und *Architektur* des Tabellenblattschemas 8.50)

"Initialisiere" und "Nächstes Lernpaar". Die zweite Schaltfläche erhält ihren Sinn, sobald neue Gewichte vorliegen. Der Benutzer kann so für jedes Lernpaar die tatsächliche mit der berechneten Klasse vergleichen.

Der Bereich *Architektur* enthält die Eingabeschicht sowie die berechneten Eingaben der verborgenen Schicht und der Ausgabeschicht. 💻 MehrstufPerzeptron.xls lässt den Benutzer die Startgewichte **G** und **w** der beiden Stufen zufällig oder beliebig initialisieren.

Der Bildschirmauschnitt 8.52 zeigt den rechten Bereich der Benutzeroberfläche. Die Schaltfläche "Lerne 800 Durchgänge" geht 800 Mal durch die Lernmenge. Jeder Durchgang verringert den Klassifikationsfehler mehr oder weniger. Das Balkendiagramm zeichnet den Klassifikationsfehler nach jedem achten Durchgang auf. Der **Klassifikationsfehler** F pro Durchgang ist definiert als die Summe der quadrierten Fehler (k - a) pro Lernpaar:

$F = \sum_{p=1}^{4} (k_p - a_p)^2$ (p bezeichnet das laufende Lernpaar).

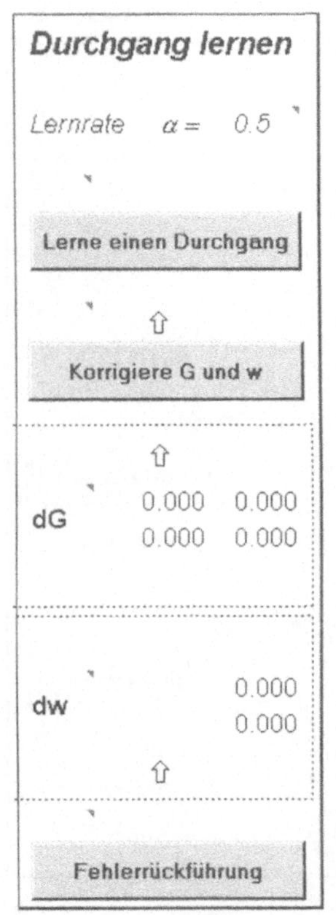

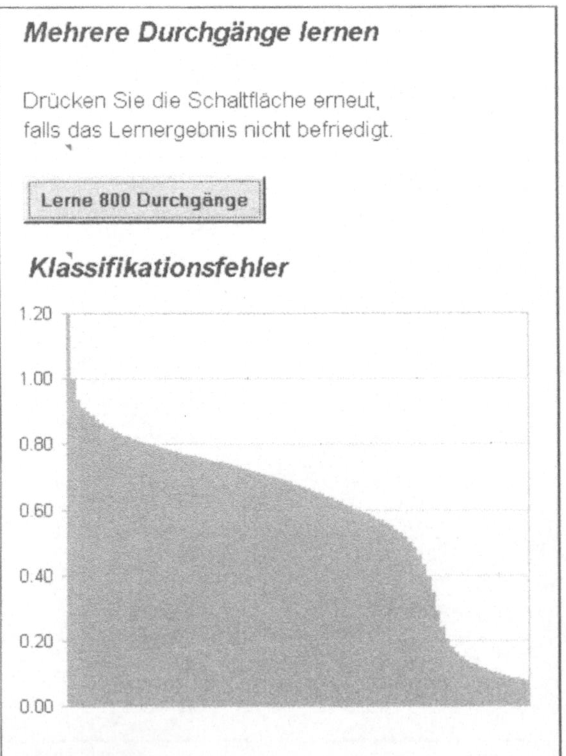

Bildschirm 8.52: Klassifikationsfehler in Abhängigkeit der Lernschritte

Die Geschwindigkeit, mit welcher der Klassifikationsfehler abnimmt, hängt von der Wahl der Lernrate α, des Steigungsparameters γ und der Startgewichte **G** und **w** ab. MehrstufPerzeptron.xls erlaubt Ihnen ein einfaches Experimentieren mit unterschiedlichen Ausgangswerten. Sie finden auf dem Tabellenblatt "Anfangsbelegungen" sechs Konfigurationen von **G** und **w**, die unterschiedliche Diagramme ergeben.

Grund für die Abnahme des Klassifikationsfehlers ist der Lernalgorithmus des mehrstufigen Perzeptrons. Der Bereich *Durchgang lernen* des Bildschirmausschnitts 8.52 enthält mit der Lernrate α sowie den Schaltflächen "Fehlerrückführung" und "Korrigiere **G** und **w**" die wichtigsten Elemente der Lernphase.

In einer ersten Annäherung geht der Lernalgorithmus wie folgt vor:

1. Berechne die Ausgaben (Schaltflächen "Wende **G** an" und "Wende **w** an")
2. Führe die Fehler zurück (Schaltfläche "Fehlerrückführung")
3. Passe die Gewichte an (Schaltfläche "Korrigiere **G** und **w**")

Der Lernalgorithmus 8.53 verfeinert die drei Hauptschritte und nimmt zusätzlich das folgende Abbruchkriterium auf: Wiederhole die Schritte 1 bis 3 so lange, bis der Klassifikationsfehler nicht mehr weiter verringert werden kann. Die endgültige Version des Lernalgorithmus finden Sie im Code von MehrstufPerzeptron.xls. Der VBA-Code unterscheidet sich allerdings vom Lernalgorithmus 8.53 insofern, als er das Abbruchkriterium nicht implementiert. Stattdessen können Sie den Lernprozess solange fortsetzen, bis ein selbst definiertes Abbruchkriterium erfüllt wird.

Das Ergebnis des Lernprozesses eines neuronalen Netzes wird auf künftige Stichproben angewendet. Diese Anwendungsphase übernimmt von der Lernphase die Gewichte und vom Ausgangsmodell die Transferfunktion zur Be-

```
Initialisiere G und w beliebig
Berechne den verborgenen Vektor h = f(hsum)
Berechne die Ausgabe a = f(asum)
GEHE WIEDERHOLT DURCH die Lernmenge
    Korrigiere die Gewichtematrizen G und w
    Berechne den verborgenen Vektor h = f(hsum)
    Berechne die Ausgabe a = f(asum)
BIS Klassifikationsfehler minimal
```

Lernalgorithmus 8.53: Zweistufiges Zweiklassen Perzeptron

rechnung der Ausgabe. Schwerpunkt der Lernphase ist die Rückführung der Klassifikationsfehler auf die vorangehenden Schichten und die Korrektur der Gewichte. Nach jedem Gang durch die Lernmenge korrigiert der Lernalgorithmus die Gewichtematrizen **G** und **w** durch Addition der Korrekturmatrizen **dG** und **dw**: Der Lernalgorithmus durchläuft alle Lernpaare und bildet zunächst aus den Korrekturen, die sich aus der Fehlerrückführung ergeben, die Korrekturmatrizen **dG** und **dw**. Dann korrigiert er die Gewichtematrizen **G** und **w** durch die Addition der Korrekturmatrizen **dG** und **dw** und reinitialisiert die Korrekturmatrizen anschliessend mit 0.

Aufgabe 8.5 (Zweistufiges Perzeptron am Beispiel XOR mit VBA)

Zuerst lernen Sie eine Implementation des XOR-Problems aus der Benutzersicht kennen, dann analysieren Sie den Programmcode aus der Sicht des Entwicklers. Laden Sie dazu MehrstufPerzeptron.xls.

- Wenn Sie den Cursor auf ein Toolbar-Symbol positionieren, erscheint eine Kurzbeschreibung des Symbols.
- Ausführliche Hilfe erhalten Sie auf einem Menüpunkt mit *Shift/F1.*
- Wenn Sie den Cursor auf die orange Zelle "Hilfe" bewegen, erscheint eine Anleitung zum Problem "Zweistufiges Perzeptron". Für Details bewegen Sie den Cursor über Zellen mit ◥.

1. Oberfläche kennen lernen und Netz automatisch trainieren

Bewegen Sie den Cursor auf die Zelle "Hilfe" und lesen Sie die Anleitung. Versuchen Sie dann die Aufgaben der Benutzeroberfläche zu erraten, ohne gleich mit den Schaltflächen zu experimentieren. Wenn nötig bewegen Sie den Cursor auf die Zellenkommentare (◥).

a) Interpretieren Sie den Bereich *Problem.* Unterscheiden Sie dabei zwischen jenen Zellen, die das Programm ändert und jenen, welche die Benutzerin modifiziert. Welche Aufgaben erfüllen die Schaltflächen "Initialisiere" und "Nächstes Lernpaar"?

b) Markieren Sie das Optionsfeld "laufende Werte". Initialisieren Sie dann die Gewichtematrizen mit den Startgewichten a) des Tabellenblatts "Anfangsbelegungen".

c) Klicken Sie auf die Schaltfläche *Lerne 800 Durchgänge.*

   Die aufgerufene Ereignisprozedur geht 800 Mal durch die Lernmenge und stellt den Lernfortschritt grafisch dar. Das Diagramm stellt den Klassifikationsfehler (Y-Achse) als Funktion der Lernschritte (X-Achse) dar. Interpretieren Sie das Diagramm.

d) Interpretieren Sie den Bereich *Architektur*. Unterscheiden Sie dabei wiederum zwischen den Zellen, die das Programm ändert und jenen, welche die Benutzerin modifiziert.

e) Durch fortgesetztes Drücken der folgenden Schaltflächen können Sie prüfen, ob das Netz die Aufgabe gelernt hat: "Nächstes Lernpaar", "Wende G an", "Wende w an". Wenn "Lerne 800 Durchgänge" erfolgreich war, müssen alle berechneten a und die tatsächlichen k übereinstimmen. Prüfen Sie alle vier Lernpaare der Wahrheitstafel.

f) Experimentieren Sie mit unterschiedlichen Startgewichten und Konstanten (Am besten kopieren Sie hintereinander die Konfigurationen a) bis f) des Tabellenblatts "Anfangsbelegungen").

2. Netz manuell trainieren

Mit den Schaltflächen "Erstes Lernpaar", "Nächstes Lernpaar", "Fehlerrückführung" und "Korrigiere Gewichte" können Sie die Lernschritte einzeln verfolgen:

g) Wählen Sie mit den Schaltflächen "Erstes Lernpaar" und "Nächstes Lernpaar" ein Lernpaar.

h) Berechnen Sie die Ausgabe des Netzes, indem Sie die Gewichte **G** und **w** anwenden.

i) Klicken Sie die Schaltfläche "Fehlerrückführung". Die Korrekturen werden berechnet und zu den Korrekturmatrizen addiert.

j) Führen Sie die Schritte g bis i für alle vier Lernpaare durch. Klicken Sie danach die Schaltfläche "Korrigiere Gewichte", um die Gewichtematrizen zu korrigieren und die Korrekturmatrizen wieder auf Null zurück zu setzen. (Die Schaltfläche "Lerne Durchgang" führt Schritt j automatisch durch)

3. Ausgewählte Ergebnisse manuell nachvollziehen

k) Wiederholen Sie die Schritte b und c. Füllen Sie dann mit dem Ergebnis die folgende Tabelle aus:

Lernpaar p	e_p	a_p
1	(0, 0)	....
2	(0, 1)	....
3	(1, 0)	....
4	(1, 1)	....

- Wie gross ist der Wert der Fehlerfunktion F für alle Lernpaare?

- Wie gross ist F, wenn die Klassifikation korrekt ist? Wie gross ist F im ungünstigsten Fall?
- Nehmen Sie die Fehlerfunktion als Abbruchkriterium des Lernprozesses. Wie klein muss F mindestens werden, damit das Netz die Eingabevektoren korrekt klassifiziert.

4. Programm nachvollziehen

Der Code von MehrstufPerzeptron.xls ist komplexer als jener der einstufigen Perzeptrons. Wir beschränken uns deshalb auf den *Nachvollzug* wichtiger Prozeduren.

l) Gehen Sie mit Alt/F11 von der Benutzeroberfläche in den Programmeditor. Rufen Sie dann mit Ctrl/R das Projekt-Explorer-Fenster auf.
   - Gewinnen Sie einen Überblick über die Objekte und Module der Arbeitsmappe.
   - Wozu dienen die Klassenmodule (Ausführliche Erläuterungen finden Sie in MehrstufPerzeptronKlassen.pdf). Klären Sie zuerst ab, wo der Code der Benutzeroberfläche Instanzen der Klassenmodule deklariert, und schauen Sie sich dann den Code der Klassenmodule an.

m) Gewinnen Sie einen Überblick über das Excel-Objekt "Benutzeroberfläche". Gehen Sie ins Codefenster und beschreiben Sie die Prozeduren, die im Listenfeld "(Allgemein)" am Kopf des Codefensters erscheinen.

n) Beschreiben Sie die folgenden Prozeduren entwurfssprachlich: LerneEinenDurchgang_Click, Lerne800Durchgänge_Click, Fehlerrückführung_Click, Fehler().

8.4.3 CCN-Netze - die Grundlage von NeuralWorks Predict

Das Modell einstufiger Perzeptrons ist einfach: Die Architektur kennt keine verborgenen Schichten, die Transferfunktion ist linear bzw. treppenförmig und die Lernregel berechnet aus einer einfachen Kombination von Eingabe, Differenz zwischen tatsächlicher und berechneter Klasse und Lernrate die neuen Gewichte. Komplexere Modelle können sich in folgender Hinsicht vom einfachen einstufigen Perzeptron unterscheiden:

Architektur

- Das Netz besteht aus mehr Neuronen.
- Die Architektur enthält mindestens eine Schicht verborgener Neuronen (ist mindestens zweistufig).

- Neuronen kommunizieren nicht nur vorwärts, sondern auch seitlich und rückwärts.

Transferfunktion

- Transferfunktionen sind auch (▸monoton) nichtlinear.
- Verschiedenen Schichten von Neuronen sind mehrere Typen von Transferfunktionen zugeordnet.

Lernregel

- Die Lernregel ist komplexer (Ein Beispiel ist die Fehlerrückführung).

Wir haben zwei komplexere neuronale Modelle kennen gelernt, das vorwärtsgerichtete mehrstufige Perzeptron mit Fehlerrückführung (Abschnitt 8.4.4) und die von NeuralWorks Predict verwendete Variante des CCN-Modells (Abschnitt 8.3).

Fehlerrückführungs-Netze sind allgemein anwendbar. Das Beispiel MehrstufPerzeptron.xls zeigt aber, dass sie wesentlich langsamer lernen als die einstufigen Perzeptrons von Abschnitt 8.4.1. Zwei Gründe sind mitverantwortlich für die geringe Lerngeschwindigkeit: Zum einen korrigiert jeder Durchgang die Gewichte *aller* Stufen, zum anderen passt sich die Architektur nicht an neue Stichprobenelemente an. CCN-Netze helfen diesen Mängeln ab, indem sie die Berechnung neuer Gewichte pro Durchgang nur auf eine einzige Stufe beschränken und während des Lernprozesses verborgene Neuronen einfügen können.

Schema 8.54 zeigt die Architektur des CCN-Netzes. Es eignet sich für viele Anwendungsbereiche, weil es je nach Aufgabenstellung keine oder mehrere verborgene Neuronenschichten inkrementell aufbauen kann. Der Lernalgorithmus passt die Architektur selbständig an die Lernmenge der jeweiligen Anwendung an. Der Anpassungsprozess verläuft kaskadenweise (ein verborgenes Neuron nach dem anderen). Das Modell heisst deshalb Cascade Correlation Network. Wir beschränken uns auf eine zusammenfassende Beschreibung von CCN-Netzen. Eine vertiefende Behandlung finden Sie zum Beispiel im Abschnitt 7.3.2 von Fausett (1994). Die Tabelle 8.55 fasst die wichtigsten Eigenschaften von CCN-Netzen zusammen.

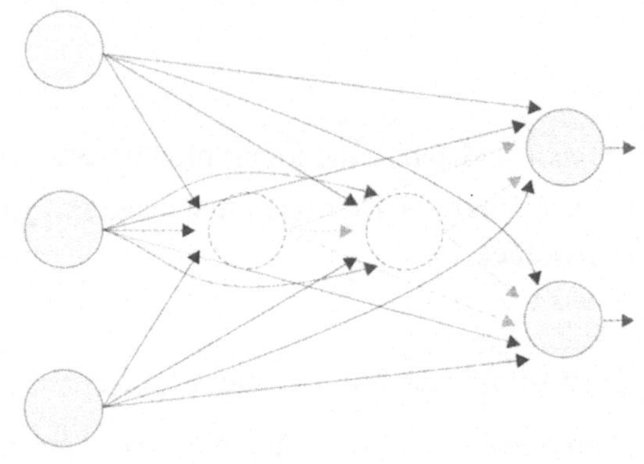

Schema 8.54: Anpassungsfähige Architektur des CCN-Netzes

Modellelement	*Ausprägung*
Neuronen	• Zahl der e_i, a_j benutzerdefiniert • Zahl der h_t lernbar
Verbindungen	• vorwärtsgerichtet • auch direkt (Überspringen von Schichten möglich) • vom Eingabe- zum verborgenen Neuron definitiv • vom verborgenen zum Ausgabeneuron vorläufig
Transferfunktion	• je nach Anwendung linear oder nichtlinear
Lernalgorithmus	• meist eine schnelle Variante der Fehlerrückführung • NeuralWorks Predict bricht ab, sobald sich der Fehler der Testmenge nur noch "wenig" ändert.

Tabelle 8.55: Wichtige Eigenschaften des CCN-Modells

Ein stark vereinfachter CCN-Lernalgorithmus lautet:

Trainiere ein *ein*stufiges Netzwerk
SOLANGE sich der Klassifikationsfehler noch verringern lässt
    Füge ein verborgenes Neuron hinzu
    Gewichte die Verbindung zwischen Eingaben und Zusatzneuron definitiv
    Gewichte die Verbindung zwischen Zusatzneuron und Ausgabe vorläufig
    Gewichte die Verbindungen zwischen verborgenen und Ausgabeneuronen

Drei Gründe tragen zur Effizienz von CCN-Netzen bei: Die flexible Architektur führt dazu, dass sich das Netz auf neue Information einstellen kann. Ausserdem erlaubt die anpassbare Architektur den Einsatz effizienter Transferfunktionen und Lernalgorithmen.

CCN-Netze eignen sich gut für die Klassifikation und Vorhersage. Als Beispiel betrachten wir die von Yamamoto/Zenios 1993 beschriebene Vorhersage vorzeitiger Rückzahlungen von Hypotheken. Die Lernmenge bestand aus mehreren zehnjährigen Zeitreihen, von denen jede Hypotheken mit dem gleichen Zinssatz beschrieb. Kriteriumsvariable (tatsächliche Ausgabe) war die Zahl der vorzeitigen Rückzahlungsraten. Unabhängige Variablen (Prädiktoren) waren:

- Alter der Hypothek in Monaten
- laufender Monat im Jahr
- Aussenstände für den gesamten Hypotheken-Pool
- Quotient zwischen dem Hypothekarzins und dem Zins zur Refinanzierung der Hypothek.

Die verwendeten CCN-Netze enthielten zwischen vierzehn und achtzehn verborgene Neuronen, und die Transferfunktionen waren sowohl linear als auch nichtlinear. Die Lernprozesse terminierten durchschnittlich nach etwa 3000 Durchgängen.

8.5. Neuronale Netze im Vergleich

Der Vergleich 8.56 betrachtet die neuronalen Netze im Zusammenhang mit den entscheidungsunterstützenden Methoden der übrigen Kapitel. + bedeutet einen überdurchschnittlichen Wert, ∅ einen durchschnittlichen und – einen unterdurchschnittlichen. Der Vergleich verwendet die Kriterien der Übersicht 2.14 des zweiten Kapitels.

Hauptvorteil des neuronalen Lernens ist seine Universalität. Durch eine entsprechende Wahl der Architektur und eine passende Datenaufbereitung lassen sich neuronale Netze auf fast alle Data Mining-Probleme anwenden. Dazu gehören vor allem die Klassifikation, die Vorhersage (insbesondere die ›Zeitreihenanalyse), das Clustering und die Mustererkennung. Ihre Allgemeinheit unterscheidet neuronale Netze von den meisten statistischen Verfahren. Im Gegensatz zu ›inferenzstatistischen Methoden lassen sich allerdings die Ergebnisse neuronaler Verfahren schlecht stichprobentheoretisch fundieren.

Die Regelinduktion des vorangehenden Kapitels zeichnet sich durch ihre Plausibilität aus, und regelbasierte Systeme bieten oft eine verständliche Inferenzerklärung an. Im Gegensatz dazu sind weder die Methoden noch die Ergebnisse neuronaler Modelle für den Endbenutzer leicht einsehbar. Die man-

Kriterium	*AHP*	*Optimierung*	*OLAP*	*Regelbasierte Systeme*	*Induktion*	*Neuronale Netze*	*Regression*
Methode breit anwendbar	+	–	+	∅	∅	∅[1]	–
Automatisierungsgrad	–	+	–	∅	+	+	+
Ergebnis genau	–	+	+	∅	+	+[2]	+
Unabhäng. Variablen gewichtbar	–	–	–	–	∅	–[3]	+
Lösungsweg begründbar	∅	–	∅	+	+	–[4]	–
Methode plausibel	+	∅	+	+	∅	–	∅
Ergebnis einbettbar	∅	+	∅	∅	+	∅[5]	+
Entwicklungsaufwand	+	+	–	–	+	∅[6]	∅
Rechnerbelastung	+	+	–	∅	∅	–	+

Vergleich 8.56: Neuronale Netze und andere EUS-Methoden

1 vor allem auf numerische Probleme
2 insbesondere beliebig genaue Anpassung nichtlinearer Beziehungen
3 nur mit Hilfe externer Verfahren (insbesondere über eine Sensitivitätsanalyse)
4 Hauptnachteil
5 Integration in RDBMS wegen der hohen Rechenintensität aufwendig
6 Vorbereitung der Daten aufwendig

gelnde Nachvollziehbarkeit und Überprüfbarkeit durch den Anwender ist der Hauptnachteil der praktischen Anwendung neuronaler Netze.

Neuronale Netze weisen sich über zwei zusätzliche Vorteile aus, die wir nicht in die Vergleichstabelle aufgenommen haben. Sie sind tolerant gegenüber fehlenden oder fehlerhaften Daten. Das heisst, ihre Ergebnisse ändern sich nicht, wenn sich die Qualität der Daten geringfügig ändert. Ausserdem eignen sich die meisten neuronalen Architekturen gut für die *parallele* Verarbeitung.

Zusammenfassung

- Das Grundprinzip neuronaler Netze ist das *Lernen* aus Fehlern und die Verallgemeinerung des Gelernten auf neue Stichproben. Die meisten neuronalen Netze lernen an einem Vorbild, einer Lernmenge bekannter Eingaben und Ausgaben (überwachtes Lernen).
- Ein *Neuron* verarbeitet mehrere Eingaben e_i über Verarbeitungsgewichte g_{ij} zu einer einzigen Ausgabe a. Eine gerichtete und mit g_{ij} bewertete Verbindung verknüpft das Neuron i mit dem Neuron j.
- Ein neuronales *Netz* besteht aus Neuronen einer bestimmten Anordnung, mindestens einer Transferfunktion (einer Vorschrift, die den gewichteten Eingaben eines Neurons genau eine Ausgabe zuordnet) und einem Lernalgorithmus (einem Verfahren, das aus einer Lernmenge repräsentativer Beobachtungen die Gewichte berechnet).
- Ein *Lernalgorithmus* startet mit beliebigen Gewichtewerten und modifiziert diese iterativ in Richtung der Abbruchbedingung. Diese ist in der Regel dann erfüllt, wenn die tatsächlichen und berechneten Ausgaben ganz oder "fast" übereinstimmen. Die *Lernregel* bestimmt, wie die Gewichte verändert werden müssen, solange die Abbruchbedingung nicht zutrifft.
- Ein *einstufiges* neuronales Netz besteht aus Eingaben und Ausgaben, die über eine einzige Gewichtungsstufe verbunden sind. Die Zahl der Eingaben und Ausgaben ist nicht beschränkt. Eine bestimmte Eingabe kann in mehrere Ausgabeneuronen eingehen. Ein Ausgabeneuron gibt hingegen nur eine einzige Ausgabe weiter. Ein *mehrstufiges* neuronales Netz besteht aus Eingabe-, verborgenen - und Ausgabeneuronen, die durch mehr als eine Gewichtungsstufe verbunden sind.
- Die wichtigsten *Anwendungsbereiche* neuronaler Netze sind Klassifikation, Vorhersage, Clustering und Optimierung. Klassifizieren heisst Individuen aufgrund ihrer Merkmale bekannten Kategorien zuordnen, Clustering bildet hingegen aus Beobachtungen, die einander nach einem bestimmten Kriterium "nahe" sind, neue Gruppen. Die Vorhersage berechnet im Gegensatz zur Klassifikation aus unabhängigen Variablen nicht diskrete Klassenzugehörigkeiten, sondern kontinuierliche Werte. Optimierungsverfahren berechnen schliesslich "optimale" Lösungen unter bekannten Nebenbedingungen.
- *NeuralWorks Predict* ist ein Werkzeug, das Endbenutzer oder Programmierer ein neuronales Modell rechnergestützt entwickeln lässt. Ein Endbe-

nutzer bereitet die Lern- und Testdaten in MS Excel vor, verarbeitet sie mit dem Add In von NeuralWorks und präsentiert die Ergebnisse in MS Excel.

- Die *Entwicklung und Anwendung* eines neuronalen Netzes besteht aus der Berechnung eines Modells aus einer Lernmenge, der Validierung des Modells an einer Testmenge und schliesslich der Übertragung des validierten Modells auf künftige Anwendungsmengen. Im Falle einer Teilerhebung hängt die Qualität der Datenanalyse von der Definition der Datengesamtheit und der repräsentativen Wahl der Lern- und Teststichproben ab.
- Zur *Datenaufbereitung* gehört die Entfernung falscher und redundanter Daten sowie die Anpassung der Rohdaten an die Erfordernisse des Modells und des Werkzeugs. Die Entscheidung, welche Merkmale der Datengesamtheit als unabhängige Variablen in den Modellierungsprozess eingehen, fällt das Werkzeug oder der Benutzer.
- Die *Auswahl* der Architektur, der Transferfunktion und des Lernalgorithmus kann anspruchsvoll sein. Sie wird vor allem von der Anwendungsklasse, dem Datentyp der Eingabevariablen und der gewünschten Lerngeschwindigkeit bestimmt. Predict stellt ein einziges, aber flexibles Modell bereit, das CCN-Modell. Zu den Modellparametern, die der Anwender bestimmen muss, gehören unter anderen die abhängige und die unabhängigen Variablen, die Zuverlässigkeit der Daten, die Transformation der Variablen und das Zeitbudget.
- Die Gefahr besteht, dass die gefundenen Gewichte in erster Linie die Zufälligkeiten der Lernmenge spiegeln (engl. *overfitting*) statt das zu lernen, was sich auf andere Stichproben verallgemeinern lässt. Man wird deshalb die Ergebnisse einer Lernmenge an Testmengen validieren.
- Wir haben Tabellenkalkulationsblätter und VBA-Programme implementiert, um die Funktionsweise von Perzeptrons zu veranschaulichen. *Einstufige Perzeptrons* bilden eine oder mehr Eingabedimensionen direkt auf eine Ausgabe ab. Die Ausgabewerte klassifizieren in zwei oder mehr Kategorien, und die Transferfunktion kann treppenförmig oder linear sein.
- Die *Lernregel eines einstufigen Perzeptrons* bestimmt, was getan werden soll, falls die Gewichte **g** eine Eingabe falsch klassifizieren. Sie bestimmt mit anderen Worten, wie das Netz aus den Eingaben **e** und den Unterschieden zwischen berechneten und tatsächlichen Ausgaben (a- k) lernt. Die gemeinsame Lernregel der Varianten des einstufigen Perzeptrons lautet: $\mathbf{g} := \mathbf{g} + \alpha \cdot \mathbf{e}\,(k - a)$. Der einzige Unterschied besteht in der Dimension der Vektoren **g** und **e**.

Die Lernrate α beeinflusst die Lerngeschwindigkeit. Je kleiner α, desto kleiner die Lerngeschwindigkeit und desto grösser die Wahrscheinlichkeit, dass der Lernprozess terminiert. Günstig sind Werte zwischen 0 und 1.

- Das verbreitetste Modell eines mehrstufigen Perzeptrons ist das *Fehlerrückführungs-Netz* (engl. backpropagation net). Im Vergleich zum einstufigen Perzeptron hat es mindestens eine *verborgene* Schicht, eine monotone *nichtlineare* Transferfunktion (meist eine Variante der Sigmoidfunktion) und eine andere Lernregel, die *Fehlerrückführungsregel.* Ausserdem prüft das *Abbruchkriterium* nicht die absolute Übereinstimmung von berechneten und tatsächlichen Ausgaben, sondern ob ein weiterer Lernschritt den Klassifikationsfehler noch verringern kann.
- Die *Stärken* neuronaler Netze liegen in ihrer Universalität und Genauigkeit. Die *Hauptschwäche* ist die mangelnde Plausibilität ihrer Methoden und des Zustandekommens der Ergebnisse.

Wiederholungsfragen

Die folgenden Mehrfachwahl- und Zuordnungsaufgaben ergänzen die Vertiefungsaufgaben des Kapitels. Wählen Sie bei den Mehrfachwahlaufgaben jeweils die beste Antwortalternative. Sie können die Aufgaben auch unter der Kontrolle des Testprogramms \Folien\WebQuiz\WebQuiz lösen. Es begründet falsche Antworten und verweist Sie auf die entsprechende Folie.

1. Was ist *unüberwachtes* Lernen?

a) Lernen mit Feedback
b) Lernen ohne tatsächliche Ausgabe
c) Lernen mit clusteranalytischen Verfahren
d) Lernen mit Perzeptrons

2. Welche Komponenten charakterisieren ein neuronales Modell am besten?

a) Eingaben, Verarbeitung und Ausgaben
b) Lernalgorithmus, tatsächliche und berechnete Ausgaben
c) Architektur, Transferfunktion und Lernalgorithmus
d) Architektur, Gewichtsmatrix und Ausgaben

3. *Transferfunktionen* sind meist ...

a) multiplikativ.
b) iterativ.
c) additiv.
d) mehrstufig.

4. Ein *zwei*stufiges neuronales Netz besteht aus ...

a) der Eingabe- und der Ausgabestufe.
b) der Eingabe- und Ausgabeschicht sowie zwei verborgenen Stufen.
c) mindestens zwei Schichten.
d) zwei Gewichtungsstufen.

5. Welche *Messskala* kann die gemessenen Daten nicht ordnen?

a) Nominalskala
b) Verhältnisskala
c) Ordinalskala
d) Ratioskala

6. Das *CCN*-Modell ...

a) ist vorwärtsgerichtet mit zwei verborgenen Schichten.
b) ist eine mehrstufige Perzeptron-Architektur.
c) beschränkt sich auf vier Schichten.
d) baut je nach Aufgabe seine verborgenen Neuronen inkrementell auf.

7. *Overfitting* ist eine Folge ...

a) falsch ausgewählter Validierungsmengen.
b) einer zufällig zusammengesetzten Lernmenge.
c) des Überlernens zufälliger Stichprobendaten.
d) der Verallgemeinerung einer Stichprobe.

8. Was verbessert Aussagen über die *Validität* nicht?

a) die Lernstichprobe repräsentativer ziehen
b) eine komplexere Architektur wählen
c) eine grössere Stichprobe ziehen
d) das gewählte Modell sorgfältiger auswählen

9. *Transferfunktionen* heissen auch ...

a) Grenzfunktionen.
b) Feuerungsfunktionen.
c) Aktivierungsfunktionen.
d) Additionsfunktionen.

10. Was versteht man unter der *Nettoeingabe*?

a) die Summe der durch f transferierten Eingaben eines Neurons
b) sum ohne die Schwellenkonstante
c) die Summe der gewichteten Eingaben eines Neurons
d) sum ohne die fiktive Eingabe

11. Welche neuronalen Modelle passen Punktemengen mindestens so gut an wie die *Regressions*modelle der Statistik?

a) mehrstufige Perzeptrons
b) einstufige Perzeptrons
c) einstufige CCN-Netze
d) vorwärtsgerichtete neuronale Netze

12. Weshalb liegt die *Lernrate* in der Regel zwischen 0 und 1?

a) damit das Abbruchkriterium erfüllt werden kann
b) damit der Abbruch möglichst schnell und sicher eintritt
c) damit das Perzeptron möglichst genau lernt
d) damit die Lernrate überhaupt konvergiert

13. Weshalb lernen Perzeptrons “aus *schlechten* Erfahrungen”?

a) Die Gewichte ändern sich nur nach einer Fehlklassifikation.
b) Die Gewichtskorrektur ist in jedem Durchgang nur marginal.
c) Die Lernregel ist zu einfach.
d) Die Lernrate bewegt sich nur zwischen 0 und 1.

14. Weshalb sind einstufige Pezeptrons *eingeschränkt*?

a) Sie können nur linear klassifizieren.
b) Sie berücksichtigen höchstens zwei Eingabevariablen.
c) Sie eignen sich nur zur Vorhersage.
d) Die Lernrate muss sich zwischen 0 und 1 bewegen.

15. Eine verbreitete Lernregel (die sogenannte Delta-Regel) lässt sich wie folgt abkürzen: **G** := **G** + Delta. Was ist *Delta*?

a) der Skalar α
b) der Vektor (**k** - **a**)
c) das Skalarprodukt α (**k** - **a**) • **e**
d) die Matrix α (**k** - **a**) • **e**

16. Weshalb eignet sich die *CCN*-Architektur besonders gut für ein Werkzeug wie *Predict*?

a) Sie hat nur zwei verborgene Schichten.
b) Sie passt sich an die Anwendung an.
c) Sie verwendet das statistische Korrelationsmass.
d) Sie ist vorwärtsgerichtet.

17. Weshalb lässt sich die XOR-Verknüpfung nicht auf ein einstufiges Perzeptron abbilden?

a) Sie erfordert eine multiplikative Transferfunktion.
b) Sie benötigt zwei Stufen und eine lineare Transferfunktion.
c) Sie erfordert eine nichtlineare Transferfunktion und zwei verborgene Schichten.
d) Sie erfordert eine nichtlineare Klassifikation.

18. Wie darf die *Transferfunktion* der Fehlerrückführung *nicht* sein?

a) nichtlinear
b) nichtsigmoid
c) nichtmonton
d) bipolar

19. Welches ist ein Nachteil des mehrstufigen gegenüber dem einstufigen Perzeptron?

a) hoher Rechenaufwand
b) rückwärtsgerichtete Verbindungen zwischen Neuronen
c) nur lineare Klassifikation
d) Architektur mit mindestens zwei verborgenen Schichten

20. Welches ist ein Nachteil der CCN-Architektur im Vergleich zum mehrstufigen Perzeptron?

a) Der Rechenaufwand ist grösser.
b) Die Universalität ist geringer.
c) Das Modell ist schwerer verständlich.
d) Das Modell klassifiziert nur nichtlinear.

21. Ordnen Sie die Indikationen A bis F den Methoden 1 bis 5 zu (mehrere Lösungen):

A eher explorativ
B eher konfirmatorisch
C Methode einheitlich für beliebige Beziehungen
D Ergebnisse dem Endbenutzer leicht erklärbar
E Ergebnisse auch symbolisch
F Entwicklungsaufwand hoch

1 Neuronale Netze
2 Induktion
3 OLAP
4 Expertensysteme
5 Inferenzstatistik (induktive Statistik)

22. Ordnen Sie die Begriffe A bis D den Kategorien 1 und 2 zu:

A unabhängige Variable
B abhängige Variable
C Kriterium
D Prädiktoren

1 Eingaben
2 Ausgaben

23. Ordnen Sie die Definitionen und Beispiele A bis E den Anwendungsklassen 1 bis 4 zu:

A Lösungssuche unter Nebenbedingungen
B Individuen bekannten Klassen zuordnen
C Individuen unbekannten Klassen zuordnen
D OCR
D Marktkorbanalyse

1 Vorhersage
2 Klassifikation
3 Clustering
4 Optimierung

24. Ordnen Sie die Beschreibungen A bis C den Perzeptrontypen 1 bis 3 zu:

A einstufiges Perzeptron
B mehrdimensionales Perzeptron
C Zweiklassen-Perzeptron

1 eine Gewichtungsstufe
2 binäre Ausgabe
3 zwei oder mehr Eingabevariablen

Vertiefungshinweise

Lehrbücher

▷ Bigus. J.P., *Data Mining With Neural Networks: Solving Business Problems from Application Development to Decision Support*, McGraw Hill 1996, 220 S.

Anwendungsorientierte nichttechnische Einführung. Als Mitarbeiter der IBM verwendet Bigus die *IBM Neural Network Utility*.

▷ Fausett, L., *Fundamentals of Neural Networks: Architectures, Algorithms, and Applications*, Prentice-Hall 1994, 461 S.

Didaktisch geschickte formale Einführung mit vielen Beispielen und Aufgaben. Die Beispiele sind in gut verständlichem Pseudocode beschrieben. Der umfangreiche Lösungsband (294 S.) ist getrennt erhältlich und enthält unter anderem den Quellcode von Programmen in C und Fortran.

▷ Gately, E., *Neural Networks for Financial Forecasting*, Wiley 1996, 169 S.

Kurze und gut verständliche nichtformale Einführung. Gately beschreibt an Beispielen aus dem Bank- und Finanzwesen die Entwicklung prognostischer Anwendungen.

▷ Kinnebrock, W., *Neuronale Netze. Grundlagen, Anwendungen, Beispiele*, 2. Aufl., Oldenbourg 1994

▷ Yamamoto, Y., Zenios, S.A., *Application of Neural Networks to Mortgage-Backed Securities*, Proceedings of the World Congress on Neural Networks, Portland (OR), Lawrence Erlbaum Associates, Hillsdale (NJ), 1993, S. 646-649

Bericht über die CCN-Anwendung von Abschnitt 8.4.5.

Zeitschriften

Eine umfangreiche Zeitschriftenbibliographie finden Sie auf der folgenden Website: ftp://ftp.sas.com/pub/neural/FAQ.html

Websites

▷ ftp://ftp.sas.com/pub/neural/FAQ.html

Umfangreiche Einführung in die Usenet newsgroup "comp.ai.neural-nets". Der Inhalt erstreckt sich auf Grundbegriffe neuronaler Netze und Verweise auf Bücher, Zeitschriften, Websites, Software und Lerndaten.

▷ SPSS *Neural Connection*: http://www.spss.com/neuro/

▷ NeuralWorks *Predict*: *http://www.neuralware.com/*

Eine umfangreiche Verweissammlung finden Sie auf der Website ftp://ftp.sas.com/pub/neural/FAQ.html.

Glossar

Das Glossar enthält sowohl die im Text eingeführten Grundbegriffe als auch nicht eingeführte Begriffe angrenzender Bereiche. In der Foliensammlung führt ein Klick auf ein mit ‣ eingeleitetes Wort zur Definition.

1:1-Beziehung: ‣Beziehung

1:n-Beziehung: ‣Beziehung

3GL (engl. 3rd Generation Language): ‣Drittgenerationssprache

4GL (4th Generation Language): ‣Viertgenerationssprache

ABC-Analyse: Verfahren zur Bildung von Schwerpunkten, zum Beispiel zur Unterscheidung in "wichtige" (A), "weniger wichtige" (B) und "unwichtige" (C) Massnahmen. Anwendungen finden sich zum Beispiel bei der Unterscheidung von Beschaffungs- und Bereitstellungsmaßnahmen, in der Organisationsanalyse oder im Zeitmanagement.

Abfrage (engl. query): Man kann lesend oder schreibend auf ‣Datenbanken zugreifen: Eine *Auswahl*abfrage (Abfrage im engeren Sinn) ist eine Anweisung, die Daten sucht, aber nicht ändert. Eine *Aktions*abfrage ist hingegen eine Anweisung, die Daten fortschreibt (Anfüge-, Lösch-, Aktualisierungs- oder Tabellenerstellungsabfragen).

Abfragesprache (engl. query language): Sprache zur Suche oder Modifikation von Daten. *Prozedurale* Abfragesprachen sind Programmiersprachen, die vom Benutzer die Angabe von Datenstrukturen, Anweisungssequenzen und Kontrollstrukturen in einer bestimmten Reihenfolge verlangen. Ein Beispiel ist die eingebaute Programmiersprache von MS Excel und ‣MS Access (‣Visual Basic for Applications). In einer *nichtprozeduralen* oder deklarativen Abfragesprache genügt hingegen meist eine einzige (verbale oder grafische) Anweisung. Diese spezifiziert nur das gewünschte Ergebnis, ohne darauf einzugehen, wie es am effizientesten erzielt werden kann. Beispiele nichtprozeduraler Abfragesprachen sind ‣QBE und ‣OLAP.

Abhängigkeit, funktionale (engl. dependency): Begriff aus der ‣Normalisierungstheorie. Seien A und B ‣Attribute einer ‣Relation R: Wenn zu jedem Zeitpunkt t jeder Wert von A eindeutig einen Wert von $B = f(A, t)$ identifiziert, so sagt man B sei funktional abhängig von A und schreibt $A \rightarrow B$.

ActiveX: Komponententechnologie von Microsoft. Eine ActiveX-Komponente ist ein Programmodul (‣DLL), das klein genug für die Übertragung auf dem ‣Internet ist. Im Gegensatz zu einem ‣Applet sind ActiveX-Komponenten Binärcode-Module und für die Betriebssysteme von Microsoft optimiert.

ad hoc: ungeplant, "aus dem Stegreif". Der Begriff wird meist für ›Abfragen verwendet, die erst als Reaktion auf Ergebnisse der gleichen Abfragesitzung formuliert werden.

ad hoc berechnete Daten: ›vorberechnete Daten

Agent: Prozedur, die nach einem bestimmten Ereignis automatisch eine Aktion auslöst. Auf einem ›OLAP-Server kann zum Beispiel ein Agent nach dem Überschreiten eines bestimmten Schwellenwertes automatisch den Anwender benachrichtigen. Agenten können auch beim Vorliegen benutzerdefinierter Bedingungen Aktionen wie Bestellungen per E-Mail oder Fax in die Wege leiten. ›Trigger

Aggregation (Konsolidierung, engl. auch roll-up): Zusammenfassung innerhalb einer ›Kategorienhierarchie. Zum Beispiel werden die Jahreserträge aller Unternehmungen einer Region zum regionalen Jahresertrag addiert. Allgemeiner ist eine Aggregation eine Zusammenfassung mit einer Rechenfunktion, insbesondere einer ›SQL-Aggregatsfunktion (zum Beispiel der Summen-, Durchschnitts- oder Minimumsfunktion). Zusammenfassungen oder Aggregate werden ›ad hoc ausgeführt oder vom ›Data Warehouse-Verwalter bzw. erfahrenen Benutzern ›vorberechnet. Die Aggregation ist ein Sonderfall der ›Vorberechnung.

AHP: ›Analytischer Hierarchieprozess

AIX (engl. Advanced Interactive eXecutive): UNIX-Derivat von IBM

Aktion: ›Regel

Aktionsabfrage: ›Abfrage

algorithmisch: Ein algorithmisches Verfahren ist eine umgangs- oder programmiersprachlich formulierte Regelfolge, die nach endlich vielen eindeutigen Schritten Probleme eines meist engen Bereichs beweisbar optimal löst. Beispiel: Simplex-Algorithmus zur Lösung eines Problems der linearen ›Optimierung. ›heuristisch

Analyse: entscheidungsvorbereitende Auswertung von Daten, die in der Regel Ergebnisse von ›Abfragen sind

Analytischer Hierarchieprozess (AHP, engl. Analytic Hierarchy Process): Verfahren der ›Nutzwertanalyse, welches die Entscheidungselemente "Kriterien" und "Alternativen" an einem einzigen Oberziel misst. Im Unterschied zu anderen nutzwertanalytischen Verfahren vergleicht AHP die Entscheidungselemente auch sukzessiv (paarweise) statt nur simultan (alle zusammen).

Anomalie: Unregelmässigkeit beim Datenentwurf, die das Einfügen, Löschen oder Fortschreiben von Tabelleneinträgen erschwert (Einfüge-, Lösch- und Fortschreibungsanomalien). Die ‣Normalisierung versucht Anomalien zu vermeiden, um die Wahrscheinlichkeit widersprüchlicher Daten bereits während des Datenentwurfs zu verringern.

ANSI (engl. American National Standards Institute): US-Gremium, das unter anderem informationsverarbeitende Hardware und Software standardisiert. ANSI hat zum Beispiel den ‣ANSI-Code und ‣SQL standardisiert. ‣Industriestandard, ‣ISO, ‣ASCII, ‣EBCDIC

ANSI-Code: vom ‣ANSI standardisierter Zeichensatz unter dem Betriebssystem MS Windows. Die ersten 128 Zeichen des ANSI-Code entsprechen dem 7bit-‣ASCII-Code. Die restlichen 128 Zeichen stellen Spezialzeichen dar, zum Beispiel Elemente nationaler Zeichensätze und Währungssymbole.

Antwortzeit (engl. response time): Zeit zwischen dem Versand einer ‣Abfrage und dem Erhalt des *Gesamt*ergebnisses. Im Gegensatz zu ‣OLTP-Abfragen kann der Unterschied zwischen dem Erhalt des ersten Teilergebnisses einer Data Warehouse-Abfrage und dem letzten Teil beträchtlich sein.

Anwendung: ‣Applikation

API (engl. Application Programmer Interface): Schnittstelle einer Programmbibliothek, welche dem Programmierer erlaubt, seine ‣Applikation mit einem Drittprogramm, zum Beispiel einem Datenbank- oder Betriebssystem, zu verbinden. Ein API beschreibt vor allem die Namen und Funktionen der Unterprogramme sowie die Zahl und den Typ ihrer Parameter und Rückgabewerte. Das Betriebssystem MS Windows besteht zum Beispiel aus ‣DLLs, die auch API-Unterprogramme enthalten, die der Programmierer aufrufen kann. Weitere Beispiele sind ‣ODBC und das MD-API des ‣OLAP Council.

Applet: plattformunabhängiges kleines ‣Java-Programmodul, das über das Web verteilt werden kann und vom Web Browser interpretiert wird

Applikation (dt. Anwendung): Programmsystem für eine bestimmte Gruppe von Anwendungen und Benutzern. Eine Applikation besteht in der Regel aus einem prozeduralen Teil (Programmlogik) und einem deklarativen Teil (Datenstrukturen, ‣Formulare, ‣Berichte).

Applikationsgenerator: Programm, das auf Grund einer ‣deklarativen Spezifikation des Benutzers einen Prototyp erstellt, der oft programmiersprachlich verfeinert werden kann

Architektur, neuronale: ‣Modell, neuronales

ASCII-Code (engl. American Standard Code for Information Interchange): Code, der ausgewählte Zeichen eines Alphabets auf Bitfolgen abbildet. Die meisten dieser Zeichen lassen sich mit Ausgabegeräten wie Bildschirm und Drucker sichtbar machen, die übrigen codieren nicht direkt sichtbare Operationen. Der 7bit-ASCII-Code ist identisch mit den ersten 128 Zeichen des ›ANSI-Code. Unter DOS/Windows-Rechnern wird der ASCII-Code auch DOS- oder OEM-Code genannt. Wenn die direkte Konversion zwischen Daten verschiedener Anwendungen - zum Beispiel zwischen Datenbank- und Tabellenkalkulationsprogrammen - nicht möglich ist, wird oft ASCII-Text ausgetauscht. ›ANSI, ›EBCDIC

Assoziationsanalyse: ›Data Mining-Methode zur Entdeckung von Beziehungen (›Assoziationsregeln). Eine typische Anwendung ist die ›Marktkorbanalyse.

Assoziationsregel (engl. association rule): Regel, die eine Verbindung zwischen Datenbankeinträgen herstellt. Beispiel: WENN ein Kunde Bier kauft, DANN ist die Wahrscheinlichkeit, dass er auch Chips kauft 0.8.

Assoziierung: ›Assoziationsanalyse

Attribut (Spalte, Feld): (1) Eigenschaft eines Objekts oder (2) Element eines ›Satzes bzw. einer Tabellenzeile

Aufgabe (engl. task): Einheit der ›Parallelverarbeitung. Eine Aufgabe ist je nach Zusammenhang ein Teil einer Anweisung, eine ganze Anweisung, ein Prozess aus mehreren Anweisungen, ein Job aus mehreren Prozessen oder sogar ein unabhängiges Programm.

Ausreisser (engl. outlier): sehr stark abweichender ›Attributwert, der manche Lage- und Verteilungsmasse unerwünscht beeinflusst. Man versucht deshalb mit statistischen Verfahren Ausreisser zu identifizieren und auszusondern.

Auswahlabfrage: ›Abfrage

B-Baum: Datenstruktur auf einem Externspeicher, die einen schnellen Zugriff auf sich ändernde Daten erlaubt. Ein B-Baum ermöglicht die Binärsuche, ohne dass neu eingefügte Daten zu einer unausgeglichenen Baumstruktur führen.

Backend: Programm (zum Beispiel eine ›Datenbankmaschine), das vor dem Endbenutzer verborgen bleibt. ›Frontend

Bandbreite (engl. bandwidth): Kapazität eines Kommunikationsmediums. Die Bandbreite wird oft in Dateneinheiten pro Zeiteinheit gemessen (zum Beispiel Bit pro Sekunde oder ›Gigabyte pro Stunde). ›Durchsatz

Basistabelle (physische Tabelle): permanente ›Tabelle, die - im Gegensatz zu einer ›Ergebnis- oder ›Viewtabelle - samt ihrer Beschreibung länger als eine Sitzung gespeichert bleibt

bedingte Wahrscheinlichkeit: ›Wahrscheinlichkeit, bedingte

Befehlsschaltfläche (engl. command button): ›Steuerelement, das unter einer grafischen Benutzeroberfläche auf einen Mausklick reagiert und eine ›Ereignisprozedur startet. Ein Klick auf eine Schaltfläche kann zum Beispiel ein ›Formular öffnen oder eine ›SQL-Anweisung ausführen.

Benutzersicht (engl. view): Teil einer ›Datenbank, der für einen bestimmten Benutzer(kreis) von Bedeutung ist

Bericht (engl. report): strukturierte und zusammenfassende Abfrage, deren Ergebnis sortiert und formatiert ausgegeben wird. Ein Bericht kann gedruckt oder bildschirmbasiert, ›ad hoc oder ›vorberechnet sein. Er unterscheidet sich von einer ›Abfrage im engeren Sinn durch die Breite der Frage, den Umfang, die Formatierung des Ergebnisses und meist durch die regelmässige Anwendung.

Berichtsdatei (engl. report file): Datei, die zur Erstellung eines ›Berichts aufbereitet wird

Berichtsgenerator (engl. report generator, report designer): Programm, das aus einer Spezifikation des Benutzers eine ›Berichtsdatei erstellt

Beta-Koeffizient: Verhältnis zwischen der Rendite eines Marktportefeuille und der Rendite einer einzelnen Aktie

betriebliche Kennzahl: ›Kennzahl

Beziehung (engl. relationship): Verbindung zwischen mehreren ›Objekttypen. Im ›Relationenmodell werden Beziehungen zwischen zwei ›Tabellen über ein ›Verbundattribut hergestellt, das in beiden Tabellen (eventuell unter verschiedenen Namen) vorkommt. Man unterscheidet zwischen drei Beziehungstypen:

Eine *1:1-Beziehung* ist eine Beziehung zwischen zwei Tabellen, in denen der ›Primärschlüsselwert jeder Zeile der einen Tabelle dem ›Fremdschlüsselwert *genau einer* Zeile der anderen Tabelle entspricht.

Eine *1:n-Beziehung* (auch 1:m-Beziehung genannt) ist eine Beziehung zwischen einer Haupttabelle (1:-Tabelle) und einer Detailtabelle (:n-Tabelle), wobei der ›Primärschlüsselwert jeder Zeile der Haupttabelle dem ›Fremdschlüsselwert *einer oder mehrerer* Zeilen der Detailtabelle entspricht.

Eine *m:n-Beziehung* ist eine Beziehung zwischen zwei Tabellen, wobei der ›Primärschlüsselwert jeder Zeile der einen Tabelle dem ›Fremdschlüsselwert mehrerer Zeilen der anderen Tabelle entspricht und umgekehrt. In ›relationalen Datenbanken muss eine dritte Tabelle, die *Verbindungstabelle*, die beiden Tabellen verknüpfen. Sie muss mindestens die Primärschlüssel der Ausgangstabellen enthalten.

Beziehungsintegrität: (engl. referential integrity): ›Integritätsbedingung, die verlangt, dass zu jedem ›Fremdschlüsselwert der einen ›Tabelle ein passender ›Primärschlüsselwert der verbundenen Tabelle existiert. ›Entitätsintegrität, 1:n-›Beziehung

binärer Entscheidungsbaum: Entscheidungsbaum, der nach einem Testattribut auf eine von *zwei* Antworten (von zwei Baumästen) verzweigt. ›n-ärer Entscheidungsbaum

Bitmap-Index (Bitmuster-Index, engl. bitmapped index): Codierung ›diskreter Attribute als Bitfolgen, die einen schnellen Zugriff auf Attributwerte ermöglichen

Bitmuster-Index: ›Bitmap-Index

Bonitätsprüfung: Prüfung der Kreditwürdigkeit (Bonität) einer natürlichen oder juristischen Person. Zur Bonitätsbeurteilung werden neben ›Kennzahlen auch ›Data Mining-Verfahren eingesetzt.

Browsing: benutzerfreundliche Abfrage mit Operationen wie ›Filtern, ›Slicing and Dicing, ›Drill Down and Up, ›Drill Through und ›Drill Across

Business Process Reengineering (BPR): Analyse von ›Geschäftsprozessen (engl. business processes) mit dem Ziel ihrer Verbesserung

Cache: ›Puffer

CART (engl. Classification And Regression Trees): ›Data Mining-Verfahren, das binäre ›Entscheidungsbäume erstellt. ›CHAID, ›ID3

Cascade Correlation Neural Net: ›CCN

Cash Flow (dt. Kapitalfluss): Kennzahl zur Beurteilung der (vergangenen) Ertrags-, Investitions- und Schuldendeckungskraft einer Unternehmung, vereinfachend die Summe von Nettogewinn und Abschreibungen

CCN (Cascade Correlation Neural Net): Netzmodell, das je nach Aufgabenstellung keine oder mehrere verborgene Schichten inkrementell aufbaut. CCN eignet sich wegen seiner Flexibilität gut für ›generische neuronale Werkzeuge.

CGI: ▸Common Gateway Interface

CHAID (engl. Chi Square Automatic Interaction Detector): ▸Data Mining-Verfahren, das mit ▸Kontingenztafeln und dem ▸Chi Quadrat-Test ▸Entscheidungsbäume der Ordnung >= 2 erstellt. ▸CART, ▸ID3

Chi Quadrat-Test (engl. chi square test): Goodness-of-fit-Test, der beobachtete und erwartete Häufigkeiten vergleicht, um zu testen, ob alle Häufigkeiten gleich gross sind bzw. wie gut sie auf ein vorgegebenes Muster passen

CISC (engl. Complex Instruction Set Computing): ▸RISC

Client: ▸Client/Server-System

Client/Server-System (C/S-System): Verbund von Hardware und Software, der Aufträge von Clients (Arbeitsplatzrechnern) durch Server (Dienstleistungsrechner) ausführt

Client/Server-System, dreistufiges: ▸Client/Server-System, das die Datenhaltung und -verarbeitung auf unterschiedliche, dedizierte Applikationsserver und die Interaktion auf Clients verteilt. ▸zweistufiges Client/Server-System, ▸Host-System, ▸Master/Slave-System, ▸Fileserver-System

Client/Server-System, zweistufiges: ▸Client/Server-System, das die Datenhaltung und -verarbeitung auf einen Server und die Clients verteilt. Die Präsentation ist Aufgabe der Clients. ▸dreistufiges Client/Server-System, ▸Host-System, ▸Master/Slave-System, ▸Fileserver-System

Clusteranalyse (engl. cluster analysis): ▸multivariates statistisches Verfahren, das beobachtete Objekte in möglichst homogene - bei Analysebeginn noch unbekannte - Gruppen (engl. clusters) einteilt. Dabei wird die Ähnlichkeit der Objekte innerhalb eines Clusters minimiert und die Unähnlichkeit zwischen Objekten verschiedener Cluster maximiert.

Clustering: (1) lose Koppelung von Einzelrechnern oder ▸SMP-Systemen, welche die ▸parallele Verarbeitung von ▸Aufgaben erlaubt, ohne dass auch auf gemeinsame Internspeicher und Peripheriegeräte zugegriffen werden muss. (2) ▸Clusteranalyse

COM (engl. Component Object Model): Objektmodell für die anwendungsübergreifende Programmierung von Microsoft

Common Gateway Interface (CGI): Schnittstelle zwischen einem Webserver und einem Programm, das auf einen Datenbank- oder anderen ▸Server zugreift. Ein CGI-Programm kann in einer beliebigen serverunterstützten Programmiersprache geschrieben sein (zum Beispiel C oder Visual Basic). CGI-Programme erweitern ‣HTML serverseitig.

Cookie: Nachricht eines Webservers, die ein Browser in einer Textdatei speichert. Der Browser kann diese Datei an den Server zurücksenden, wenn er von ihm eine Webseite verlangt. Statt einer unpersönlichen Nachricht erhält der Benutzer eine persönlich angepasste Seite.

CPU (engl. Central Prozessing Unit): Zentraleinheit, Prozessor

Data Dictionary (DD, Katalog, Datenlexikon, ‣metadata repository, encyclopedia): Verzeichnis, das ‣Metadaten zur Form und zum Inhalt von Anwendungsobjekten - insbesondere von ‣Datenbankobjekten - enthält (Datentyp, Grösse, Aufbau, Verwendung, etc.)

Data Dictionary-System: Informationssystem, das ‣Metadaten in einem ‣Data Dictionary so verwaltet, dass es möglichst viele Tätigkeiten der Softwareentwicklung und -wartung koordinieren kann. Ein *integriertes* Data Dictionary-System benutzt im Gegensatz zu einem *stand-alone* Data Dictionary-System ein allgemeines Datenbanksystem, zum Beispiel ein ‣RDBMS.

Data Mart (DM): lokales ‣Data Warehouse, das auf die Daten eines ‣Funktionsbereichs, einer Abteilung, einer Arbeitsgruppe oder einer einzelnen Person beschränkt bleibt

Data Mining: nichttriviales “Schürfen” nach Wissen in Massendaten. Nichttrivial ist es, weil komplexe Methoden aus der mathematischen Statistik oder der ‣Künstlichen Intelligenz genutzt werden. Idealerweise ist die Datenquelle ein ‣Data Warehouse.

Data Mining-Werkzeug: Software, die Daten so vorbereitet, dass sie Ergebnisse mit ‣Data Mining-Methoden berechnen und präsentieren kann

Data Warehouse: analytische ‣Datenbank, die strategische ‣Entscheidungen unterstützt, indem sie umfangreiche und regelmässige Auszüge aus ‣Produktionsdatenbanken periodenbezogen und oft ‣aggregiert Endbenutzern zur ‣ad hoc-Analyse bereit stellt. Nach ihrem Umfang unterscheidet man zwischen ‣Enterprise Data Warehouses und ‣Data Marts.

Data Warehouse, zentrales: ‣Data Warehouse, das ‣Produktionsdaten sammelt, transformiert und dann koordiniert an ‣Data Marts verteilt

Datenbank: Sammlung von ‣Datenbankobjekten, zwischen denen ‣Beziehungen bestehen. Oft teilt man die Daten in Benutzer- und Systemdaten ein. Die Systemdaten (‣Metadaten) enthalten Definitionen von ‣Datenbankobjekten wie ‣Basistabellen, ‣Viewtabellen, Synonymen, ‣Wertebereichen, ‣Indizes, Benutzern und Benutzergruppen.

Datenbankmaschine (engl. data base engine): Kern des ‣Datenbanksystems, der nur Datenbankaufgaben im engeren Sinn erledigt. Er enthält keine Benutzerschnittstelle und keine Entwicklungs- und Dienstprogramme.

Datenbankobjekt: Teil einer ‣Datenbank, den der Benutzer ändern kann. Beispiele von Datenbankobjekten sind ‣Tabellen, ‣Abfragen, ‣Formulare, ‣Berichte, Programme, ‣Integritätsregeln, Synonyme, ‣Datentypen und ‣Indizes.

Datenbankstrukturdiagramm: Graph, der ‣Beziehungen zwischen den ‣Entitäten (‣Tabellen in einem in ‣RDBMS) einer ‣Datenbank ‣visualisiert. Eine verbreitete Form von Datenbankstrukturdiagrammen sind ‣Entity-Relationship-Diagramme.

Datenbanksystem (engl. Data Base Management System, DBMS): Gruppe von Programmen zur Verwaltung von ‣Datenbanken

Datenbankverwaltungssystem: ‣Datenbanksystem

datengetriebene Methode: rechenintensive Data Mining-Methode, die *ohne* gezielte Hypothese oder einschränkendes Modell eine Stichprobe aus einer grossen Datenmenge zieht und Ergebnisse ableitet. Beispiele: ‣Regelinduktion, ‣neuronale Netze. Gegensatz: ‣modellgetriebene Methoden. ‣explorativ

Datenmodell, hierarchisches: Beschreibung hierarchischer Beziehungen zwischen Datensätzen. Grundlage älterer ‣Datenbanksysteme wie ‣IMS. Nachteilig wirkt sich die geringe Flexibilität bei Datenbankabfragen und -änderungen (Datenabhängigkeit) aus.

Datenmodell, konzeptionelles (engl. conceptual data model): Vorstufe ‣logischer und ‣physischer Datenmodelle. Im Gegensatz zum physischen Datenmodell bietet das konzeptionelle eine benutzerorientierte Sicht einer Datenbank. Oft fällt ein konzeptionelles Datenmodell - im Gegensatz zum logischen - auch keine detaillierten Entscheidungen zum Datenentwurf (zum Beispiel, ob relational oder normalisiert). Der Text unterscheidet nicht zwischen konzeptionellen und logischen Datenbeschreibungen.

Datenmodell, logisches: abstrakte Beschreibung der Daten von ‣Geschäftsprozessen, die im Gegensatz zu einem ‣physischen Datenmodell möglichst wenig Rücksicht auf die Art und Weise der Implementierung nimmt. Eine verbreitete Notation zur Beschreibung logischer Datenmodelle ist das ‣Entity-Relationship-Diagramm.

Datenmodell, physisches: konkrete Datenbeschreibung, die Rücksicht auf die ›physische Implementierung der Datenstrukturen auf Externspeichern (und damit auf konkrete Software) nimmt. Das physische Datenmodell spielte eine wichtige Rolle für das Leistungsverhalten (engl. performance) eines DBMS.

Datentyp: Paar aus ›Wertebereich und Zugriffsperationen, die sich auf dem Wertebereich ausführen lassen

DB: ›Datenbank

DB2: ›RDBMS von IBM

dBASE: ältestes PC-Datenbanksystem. Das Dateiformat und die Programmiersprache von dBASE haben sich zum Quasistandard XBase entwickelt, den viele Datenbankprodukte mehr oder weniger streng befolgen.

DBMS (engl. data base management system): ›Datenbanksystem

DCL (engl. Data Control Language): Teilmenge der Anweisungen einer Datenbanksprache, welche die Sicherheit und den Schutz der Daten gewährleistet. In ›SQL gehören dazu die Anweisungen "lock", "commit", "rollback", "grant " und "revoke". ›Transaktion, ›DDL, ›DML

DD: ›Data Dictionary

DDL (engl. Data Definition Language): Datenbeschreibungsanweisungen einer Datenbanksprache. In ›SQL gehören dazu die Anweisungen "create", "alter", "drop table", "view " und "index". ›DCL, ›DML

deklarativ (nichtprozedural): beschreibend. ›Abfragesprache

deklarative Abfragesprache: ›Abfragesprache

Denormalisierung: teilweise oder völlige Rücknahme der ›Normalisierung aus Gründen der Abfrageeffizienz oder Benutzerfreundlichkeit

deskriptive Entscheidungstheorie: ›Entscheidungstheorie

deskriptive Statistik: ›Inferenzstatistik

deterministische Entscheidung: ›Entscheidung

Dimension (engl. dimension): meist ›symbolisches und ›diskretes ›Attribut, das die Auswahl, Zusammenfassung und Navigation eines ›Indikators erlaubt. Beispiele: Region, Produkt, Periode

Direct Mailing: Form der ›Direktwerbung, die auf der Basis eigener oder gekaufter Adressen eine Zielgruppe auswählt und deren Mitglieder einzeln anschreibt

Direktwerbung: Werbemassnahmen, die den Empfänger mit einem selbständigen Werbemittel direkt (ohne vermittelnde Partner) ansprechen. Beispiele: Werbebrief, Prospekt oder Katalog, Reaktionskarte

diskretes Merkmal: ›Attribut mit aufzählbar vielen Werten. Gegensatz kontinuierliches (stetiges) Merkmal

Diskriminanzanalyse (engl. discriminant analysis): ›multivariates statistisches Verfahren zur ›Klassifikation von Objekten in zwei oder mehr Klassen. Die Klassifikation erfolgt mit einer Diskriminanzfunktion, in welche die beobachteten Werte mehrerer diskriminierender Variablen eingehen.

DLL (engl. Dynamic Link Library): Unterprogrammbibliothek, deren Komponenten erst zur Laufzeit gebunden werden (engl. dynamically linked). Anders als ein statisch gebundenes Unterprogramm ist ein dynamisches nicht permanenter Teil des Anwendungscode, sondern wird erst bei Bedarf geladen. Weil der Anwendungscode nur einen Verweis auf das DLL-Unterprogramm enthält, müssen Unterprogramme auch dann nur einmal in den Hauptspeicher gehalten werden, wenn sie von verschiedenen Anwendungen aufgerufen werden. Wichtige Beispiele von DLLs sind ›ActiveX-Komponenten.

DM: ›Data Mart

DML (engl. Data Manipulation Language): Such- und Änderungsanweisungen einer Datenbanksprache. In ›SQL gehören die Anweisungen "select", "insert", "delete " und "update" zur DML-Teilsprache. ›DCL, ›DDL

DOLAP (engl. Desktop ›OLAP): ›MOLAP- oder ›ROLAP-System, das ›mehrdimensionale Daten auf einem ›Client (in der Regel einem PC) speichert

dreistufiges Client/Server-System: ›Client/Server-System, dreistufiges

Drilling Across: ›Drilling Down and Up über mehrere ›Data Marts hinweg

Drilling Down and Up: Zusammenfassung und Detaillierung nach einer ›Dimension

Drilling Through: Zugriff auf ›Transaktions*details* aus einem ›OLAP-Werkzeug heraus. Der Zugriff erfolgt aus der gewohnten OLAP-Umgebung (ohne dass der Endbenutzer vordefinierte ›SQL-Anweisungen zu Gesicht bekommt).

Drittgenerationssprache: ›Viertgenerationssprache

DSS (engl. Decision Support System): ›entscheidungsunterstützendes System

dünn besetzte Matrix (auch dünn besiedelte Matrix): Matrix mit vielen ›Nullwerten. Eine dünn besetzte Matrix entsteht zum Beispiel dann, wenn für einen ›Indikator *Zahl der Unternehmungen* die ›Dimensionen *High Tech-Branche* und *Land* verglichen werden. Bei allen Ländern ohne High-Tech-Branche erscheinen dann Nullwerte. Die effiziente Speicherung dünn besetzter Matrizen ist eine wichtige Aufgabe ›mehrdimensionaler ›DBMS.

Durchsatz: Mass für die Leistung eines Rechensystems oder einer seiner Komponenten. Der Durchsatz kann als Zahl der möglichen Aufträge (engl. jobs) oder ›Transaktionen pro Zeiteinheit gemessen werden. ›Bandbreite

durchschnittlicher absoluter Fehler: ›Fehler, durchschnittlicher absoluter

DW: ›Data Warehouse

e: Basis des natürlichen Logarithmus ln. e hat den Näherungswert 2,71828. Statt e schreibt man auch exp(1) und statt e^x auch exp(x). e ist definiert als Grenzwert von $(1 + 1/n)^n$.

EBCDIC (engl. Extended Binary Coded Decimal Interchange Code): 8-bit-Code für ältere IBM- und kompatible Rechner. ›ASCII, ›ANSI

Ebene (engl. layer): Zusatztabelle für jeden Wert einer vierten Dimension eines Hyperwürfels in einem OLAP-Werkzeug

EDW: ›Enterprise Data Warehouse

Eigenvektor: ›Eigenwert

Eigenwert: Zahl λ, für welche die Gleichung $\mathbf{A}\,\mathbf{x} = \lambda\,\mathbf{x}$ nicht triviale Lösungen $(x \neq 0)$ hat. Eine Lösung für **x** heisst Eigenvektor zum Eigenwert λ.

eingebettetes SQL: ›SQL, eingebettetes

einstufiges neuronales Netz: ›neuronales Netz, einstufiges

Eigenkapitalrentabilität (engl. Return On Equity, ROE): Gewinn / Eigenkapital

Endbenutzerwerkzeug: Programm, das auch von einem Anwender ohne Programmierkenntnisse einfach bedient werden kann. Beispiele sind Textverarbeitungs- und Tabellenkalkulationspakete. Der Übergang von Endbenutzerwerkzeugen zu Programmierwerkzeugen ist fliessend, weil die meisten Endbenutzerwerkzeuge eine eingebaute Makro- oder Programmiersprache - zum Beispiel ›Visual Basic für Applikationen - enthalten.

Enterprise Data Warehouse (EDW): ›zentrales Data Warehouse oder Verbund von ›Data Marts, das/der auf die ganze Unternehmung zugreift

Enterprise Data Warehouse, hierarchisches: ›zentrales Data Warehouse, das hierarchisch gegliederten ›Data Marts aufbereitete Daten bereit stellt

Enterprise Data Warehouse, koordiniertes: virtuelles ›Data Warehouse aus den koordinierten ›Data Marts der ganzen Unternehmung

Entität (engl. entity): konkretes oder abstraktes Objekt eines Informationssystems. Im ›Entity-Relationsship-Datenmodell werden Objekte zu Klassen (Entitätstypen) zusammengefasst und zusammen mit ihren Beziehungen analysiert.

Entitätsintegrität (engl. entity integrity): ›Integritätsbedingung, die verlangt, dass jede Tabellenzeile durch einen Primärschlüssel eindeutig bestimmt ist

Entity-Relationsship-Datenmodell (engl. entity relationship data model): ›konzeptionelles bzw. ›logisches Datenmodell zur formalisierten Darstellung der realen Welt. Es besteht aus Objekten (Entitäten) und Beziehungen (engl. relationships). Eigenschaften beschreiben Objekte und ›Beziehungen. Zum ursprünglichen Vorschlag von Chen existiert eine Vielzahl von Varianten. ›Entity-Relationsship-Diagramm

Entity-Relationsship-Diagramm: Notation zur Beschreibung ›konzeptioneller bzw. ›logischer Datenmodelle. In einem Entity-Relationship-Diagramm werden Objekte oft durch Rechtecke und Beziehungen durch Pfeile oder Rauten dargestellt. ›Entity-Relationship-Datenmodell, ›Datenbankstrukturdiagramm

Entropie ("Unordnung"): in der ›Regelinduktion ein Mass für die Information, die eine Klassifikation ohne Testattribute benötigen würde. ›ID3, ›Informationsgehalt, ›Informationstheorie

Entscheidung, betriebliche: rationale Wahl, die ein Entscheidungsträger aus betrieblichen Alternativen in einer gegebenen Umwelt trifft. ›entscheidungsunterstützendes System

Entscheidungsbaum (engl. decision tree): hierarchische Darstellung mehrstufiger ›Entscheidungen. Varianten des Begriffs finden sich in der statistischen ›Entscheidungstheorie, der Unternehmungsforschung (›Operations Research) und der Künstlichen Intelligenz (›KI, vgl. auch ›Expertensysteme und ›Induktion). Für die KI ist ein Entscheidungsbaum eine Hierarchie mit den folgenden Eigenschaften: Der Wurzel und jedem Zwischenknoten ist ein Test zugeordnet, der aufgrund der Knoteneingabe (der relevanten Umweltbedingungen) eine der ausgehenden Kanten (Alternativen, Aktionen) wählt. Jedem Endknoten (Blatt) ist eine Entscheidung (Folgerung, Klasse) zugeordnet. Die Folgerung kann deterministisch ("Wetter ändert") oder probabilistisch ("Wetter ändert mit einer Wahrscheinlichkeit von 0.7") sein.

Entscheidungstheorie: (1) Die *deskriptive* Entscheidungstheorie untersucht, wie Menschen ›Entscheidungen tatsächlich treffen. (2) Die *präskriptive* Entscheidungstheorie untersucht hingegen, wie Menschen oder Maschinen vorgehen müssen, um zu optimalen (rationalen) Entscheidungen zu kommen.

entscheidungsunterstützendes System (EUS, engl. decision support system): computergestütztes Planungs- und Informationssystem, das Endbenutzern aller Entscheidungsebenen beim Lösen komplexer Probleme hilft, indem es Information verdichtet und darstellt. ›Entscheidungsunterstützende Systeme lassen sich nach den folgenden Kriterien einteilen:

(1) *Entscheidungsträger:* Eine Entscheidung kann von einem einzelnen oder einer Gruppe gefällt werden (Individual- oder Kollektiventscheidung).

(2) *Reichweite:* Entscheidungen können ›operativ oder ›strategisch sein.

(3) *Sicherheit*: Deterministische Entscheidungssituationen führen unter bekannten und sicher eintreffenden Umweltbedingungen zu einer sicheren Entscheidung. Objektiv bzw. subjektiv probabilistische Entscheidungssituationen ordnen hingegen Umweltbedingungen objektive (empirische) bzw. subjektive Wahrscheinlichkeiten zu.

(4) *Komplexität*: Wohlstrukturierte Entscheidungen gehen im Gegensatz zu schlecht strukturierten von einer überblickbaren Zahl bekannter Entscheidungsvariablen und Beziehungen aus.

(5) *Programmierbarkeit* (Automatisierungsgrad): Programmierbare Entscheidungsprozesse lassen sich im Gegensatz zu den nichtprogrammierbaren ›algorithmisch oder ›heuristisch darstellen. Oft synonym gebraucht werden die Termini *Management-Informationssystem* (MIS), *Führungsinformationssystem* (FIS) bzw. *Executive Information System* (EIS).

Entwurfsanomalie: ›Anomalie

Ereignisprozedur: Prozedur, die durch ein Ereignis - zum Beispiel einen Klick auf eine ›Schaltfläche - aufgerufen wird

Erfolgsrechnung: neben der Bilanz der wichtigste Teil des ›Jahresabschlusses. Die Erfolgsrechnung ermittelt aus der Gegenüberstellung von Aufwand und Ertrag den Erfolg (Gewinn oder Verlust).

Ergebnistabelle (engl. answer table): temporäre Tabelle, welche die Ergebnisse einer ›Abfrage enthält

Erklärung: ›Wissensbasierte Systeme, insbesondere ›regelbasierte Systeme unterscheiden folgende Erklärungen:

(1) Eine *Wie*-Erklärung begründet, weshalb eine Antwort gilt. Sie ist oft die Ausgabe eines Teils des Lösungsbaums (des Lösungsprotokolls) zwischen der Benutzerfrage und der Antwort. Sie präsentiert deshalb top down (vom Ausgangsziel bis zur Lösung) Regeln und Fakten, die zur Antwort führen.

(2) Eine *Warum*-Erklärung begründet, weshalb eine bestimmte Frage an den Benutzer gestellt wird. Sie ist oft die Ausgabe eines Teils des Suchbaums zwischen der Frage an den Benutzer und dem Ziel der Konsultation. Die Erklärung präsentiert deshalb bottom up (von der Frage bis zum Ausgangsziel zurück) Regeln und Fakten, die zur Frage geführt haben.

(3) Eine *Was-Wenn*-Erklärung präsentiert hypothetische Lösungen unter veränderten Bedingungskonstellationen (engl. hypothetical reasoning).

(4) Eine *Warum-nicht*-Erklärung begründet, weshalb eine bestimmte Regelbedingung nicht zutrifft oder eine Frage abschlägig beantwortet wurde. Das ›Expertensystem gibt zum Beispiel falsifizierte Regeln aus.

(5) Eine *Wozu*-Erklärung begründet, zu welchem Zweck ein bestimmtes Vorgehen gewählt wird.

Erwartungswert: (1) in der Statistik ein Mass für die Verteilung einer Zufallsvariablen X. Sind x_i die Ausprägungen einer *diskreten* Zufallsvariablen X und $f(x_i)$ die jeweiligen Wahrscheinlichkeiten, so ist $E(X) = \Sigma x_i f(x_i)$ der Erwartungswert von X. Für eine *kontinuierliche* Zufallsvariable gilt die entsprechende Integral-Definition. (2) in der ›Regelinduktion (›ID3) ein Mass für die Information, die eine Klassifizierung mit einem bestimmten Testattribut benötigt.

EUS: ›Entscheidungsunterstützendes System

Executive Information System (EIS): ›entscheidungsunterstützendes System

Expertensystem: Software, die Methoden der ›Künstlichen Intelligenz anwendet, indem sie (1) Wissen auf einem eng begrenzten Gebiet problemangepasst, änderungsfreundlich und verarbeitungseffizient darstellt, (2) ›algorithmisch oder ›heuristisch Schlüsse daraus zieht und (3) diese Schlüsse unter Bezug auf Falldaten im Dialog mit dem Benutzer erklärt. Expertensysteme sind meist ›regelbasiert.

explorativ (engl. exploratory, entdeckend): Explorative Verfahren sind im Gegensatz zu ›hypothesentestenden Methoden datengetrieben. Ausgangspunkt ist nicht eine Hypothese, die aus einem Modell abgeleitet wurde, sondern eine Datengesamtheit, deren Strukturen und Abweichungen beschrieben und allenfalls verallgemeinert werden sollen. ›explorative Datenanalyse

explorative Datenanalyse (engl. exploratory data analysis): deskriptive statistische Verfahren zur Aufdeckung von Datenstrukturen und von Abweichungen von einer Referenzgesamtheit. Die Modellannahmen der ›explorativen Datenanalyse sind weniger streng als jene der schliessenden Statistik. Sie vermeidet zum Beispiel einschränkende Anforderungen an das ›Skalenniveau (zum Beispiel ›verhältnisskalierte Daten) oder die Verteilung der Daten (zum Beispiel die Normalverteilungsannahme). Verbreitet sind vor allem grafische Verfahren, Variablentransformationen und ›robuste Kenngrössen (zum Beispiel der Median statt des arithmetischen Mittels).

F-Test: Test der Nullhypothese, dass die Aufnahme einer zusätzlichen unabhängigen Variable nicht eine ›signifikante Zunahme von R^2 bewirkt (R ist der Korrelationskoeffizient einer ›Mehrfachregression)

Fakt (engl.fact): ›Indikator

Faktorenanalyse (engl. factor analysis): ›multivariates statistisches Verfahren, das versucht, Faktoren zu finden, die ›Korrelationsmuster beobachteter Variablen erklären. Ziel sind wenige Faktoren, die einen möglichst grossen Anteil der ›Varianz einer viel grösseren Menge von Variablen erklären. Nachteile sind einschränkende Annahmen und die schwierige Interpretation der gefundenen Faktoren. Anwendungen finden sich etwa in der Psychologie, der Soziologie und im Marketing.

Fehler, durchschnittlicher absoluter: ›Validitätsmass ›neuronaler Netze, das die durchschnittliche absolute Abweichung von tatsächlichen und berechneten Ausgaben ermittelt

Fehlertoleranz (engl. fault tolerance): Fähigkeit eines Systems, auch nach einem teilweisen Ausfall seiner Komponenten die verlangte Leistung ganz oder teilweise zu erfüllen. Dies kann vor allem durch den Einsatz redundanter Komponenten erreicht werden (zum Beispiel durch Stand by-›Server, ›Plattenspiegelung oder ›RAID).

Feld (engl. field, item): ›Attribut

Fileserver-System: Rechnersystem, das Arbeitsplatzrechner so verbindet, dass ein Dienstleistungsrechner (Server) Drucker-, Speicher- und Dateiaustausch-Funktionen, aber keine höheren Verarbeitungsfunktionen übernimmt. ‣Master/Slave-System, ‣Host-System, ‣zweistufiges Client/Server-System, ‣dreistufiges Client/Server-System

Filtern: Auswahloperation (‣Selektion) in ‣Abfragesprachen und ‣OLAP-Systemen

flache Datei (engl. flat file): Datei, die nicht in einem ‣DBMS oder einem anderen strukturierten Zugriffssystem integriert ist

Formular (Bildschirmformular, engl. form): Bildschirmfenster, das ‣Steuerelemente enthält, mit denen der Benutzer Operationen wie Anzeigen und Editieren durchführen kann. Wichtige Steuerelemente von Datenbankanwendungen sind Navigationsschaltflächen, mit denen der Benutzer die Position der laufenden Zeile oder des laufenden ‣Felds ändert.

Fremdschlüssel (engl. foreign key): Attribut, das in einer anderen ‣Tabelle ‣Identifikationsschlüssel ist. Ein Fremdschlüssel ermöglicht ‣Beziehungen zu anderen Tabellen.

FTP: engl. File Transfer Protocol

Frontend: Vom ‣Backend (der Datenbank und der ‣Datenbankmaschine) getrennter benutzernaher Anwendungsteil eines Datenbanksystems. Das Frontend übernimmt in der Regel die Eingabe und Ausgabe.

funktionale Abhängigkeit: ‣Abhängigkeit, funktionale

Funktionsbereich: Eine Unternehmung wird oft nach den wichtigsten Unternehmungsfunktionen in die Bereiche "Forschung und Entwicklung", "Beschaffung", "Produktion" und "Absatz " eingeteilt (Funktionalorganisation).

Gap-Analyse (dt. Lückenanalyse): Methode des strategischen Managements, die Abweichungen zwischen zukünftigen Geschäftsverläufen grafisch darstellt

Gbyte: Abkürzung für Gigabyte (1024 Megabyte bzw. 10^9 Bytes)

Genauigkeit (engl. accuracy): ‣Trefferquote

Generator: ‣Applikationsgenerator, ‣Berichtsgenerator

generisch: allgemein, Gegenteil von dediziert

Geschäftsprozess (Geschäftsvorgang, engl. business process): Folge von geschäftlichen Vorgängen, die in die Entwicklung eines betrieblichen Informationssystems oder in die Simulation einer betrieblichen Aktivität eingeht. Ein Beispiel ist die Abwicklung eines Kundenauftrags von der Bestellung bis zur

Lieferung des Produkts. Wichtige Klassen von Geschäftsprozessen sind Beschaffungsprozesse, Produktionsprozesse, Verteilungsprozesse und Informations- und Kommunikationsprozesse. ‣Funktionsbereich

gespeicherte Prozedur: ‣Prozedur, gespeicherte

GIF (engl. Graphics Interchange Format): komprimiertes Bitmap-Format, insbesondere für den Datenaustausch auf ‣WANs (zum Beispiel dem ‣World Wide Web)

Gigabyte: ‣GByte

Granularität (engl. granularity): Grad der Detaillierung bzw. Zusammenfassung in einem Data Warehouse. Eine hohe Granularität bedeutet einen hohen Speicheraufwand.

Grossrechner: ‣Mainframe

Grundgesamtheit (engl. population): Menge aller Elemente, auf die ein statistisches Ergebnis verallgemeinert werden soll. Wichtig ist, dass die Grundgesamtheit sachlich, räumlich und zeitlich genau definiert wird. Die ‣Inferenzstatistik überträgt die Ergebnisse einer ‣Stichprobe auf die Grundgesamtheit.

Gültigkeit: ‣Validität

GUI (engl. Graphical User Interface): graphische Benutzerschnittstelle

Hashfunktion (Adressberechnungsfunktion): Funktion, die breit gestreute ‣Schlüsselwerte auf einen schmalen Bereich von Zellen abbildet. Die Hashfunktion ist eine effiziente Zugriffsmethode für grosse Datenbestände.

heuristisch: Ein heuristisches Verfahren ist eine umgangs- oder programmiersprachlich formulierte Regelfolge, die nach endlich vielen Schritten Probleme eines meist breiteren Bereichs suboptimal, aber im allgemeinen brauchbar löst. ‣algorithmisch

hierarchisches Data Warehouse: ‣Data Warehouse, hierarchisches

hierachisches Datenmodell: Datenmodell, hierarchisches

Host: ‣Mainframe

Host-System: Rechnersystem aus einem "intelligenten" Grossrechner (‣Mainframe) und "dummen" Terminals. ‣Master/Slave-System

‣**HTML**: ‣Hypertext Markup Language

HTTP: ‣Hypertext Transport Protocol

Hypertext Markup Language (HTML): Standard zur Erstellung von Dokumenten für das World Wide Web (WWW). Der HTML-Zeichenstrom wird sowohl vom Webserver als auch vom Browser (›Client) decodiert. HTML regelt in erster Linie die Form einer Webseite. Verallgemeinerungen wie ›XML spezifizieren auch inhaltliche Aspekte.

Hypertext Transport Protocol (HTTP): Standard, der die ›HTML-Kommunikation zwischen Webserver und ›Client regelt

hypothesentestend (engl. verification driven): ›modellgetriebene statistische Methode

ID3 (engl. Iterative Dichotomiser 3): eines von mehren ›Data Mining-Verfahren, die ›Entscheidungsbäume induzieren. ›CHAID, ›CART

Identifikationsschlüssel: ›Primärschlüssel

importierte Daten: Gegenteil von ›vorberechneten Daten

IMS (engl. Information Management System): noch verbreitetes, älteres Datenbanksystem von IBM mit einem ›hierarchischen Datenmodell

Indikator (Fakt, engl. business measure): ›aggregierbares, meist numerisches und ›kontinuierliches ›Attribut, das die ›mehrdimensionale Messung eines betrieblichen Erfolgskriteriums erlaubt. Beispiele: Umsatz, ›Cash Flow

Induktion: automatische Ableitung eines ›Entscheidungsbaums bzw. von ›Regeln aus Attributwerttupeln. Bei der Entwicklung von Expertensystemen ist die Induktion oft eine Alternative zur Expertenbefragung.

induktive Statistik: ›Inferenzstatistik

Industriestandard (engl. de facto standard): Ein *formaler* Standard wird von einem nationalen oder internationalen Standardisierungsgremium, zum Beispiel ›ANSI oder ›ISO, erlassen. Ein *Industrie*standard entsteht hingegen dann, wenn ein Produkt oder eine Regelung so populär wird, dass es/sie nicht nur vom Hersteller sondern auch von vielen anderen Anbietern unterstützt bzw. kopiert wird. Beispiele sind der IBM-PC, ›TCP/IP und ›dBASE.

Inferenzstatistik (induktive Statistik): Gesamtheit mathematisch-statistischer Fragestellungen, welche die Ergebnisse einer ›Zufallsstichprobe auf ihre Übereinstimmung mit der ›Grundgesamtheit prüfen

Informationsgehalt: domänenunabhängiges, syntaktisches Mass für den Gehalt einer Information. Der Informationsgehalt wird operationalisiert als dualer Logarithmus der Zahl der Binärentscheidungen, die zur Darstellung der Information erforderlich sind. ›Informationstheorie, ›Entropie

Informationstheorie: wahrscheinlichkeitstheoretische Theorie der Speicherung, Umformung und Übermittlung von Information. ›Entropie, ›Informationsgehalt

Index: Tabelle, die für jeden vorkommenden Wert eines ›Attributs, zum Beispiel des Geschlechtsnamens eines Mitarbeiters, die Adresse seiner Tabellenzeile angibt. Ein Index ist in der Regel für den Endbenutzer unsichtbar und beschleunigt vor allem das Suchen und Sortieren von Datensätzen.

Inkonsistenzverhältnis (engl. inconsistency ratio): ›Kennzahl in ›AHP, welche das Ausmass der Inkonsistenz mehrerer Paarvergleiche schätzt

Integrität: Richtigkeit und Vollständigkeit eines Datenbestandes. Die Integrität kann zum Beispiel durch die Eingabe von Werten ausserhalb des ›Wertebereichs eines Attributs (zum Beispiel 13 für eine Monatszahl) oder die fehlende Fortschreibung geänderter Werte (zum Beispiel des Wechsel des Zivilstands) verletzt werden. Ein Teil der Integritätsverletzungen lässt sich durch einen sorgfältigen Datenentwurf, insbesondere eine ›Normalisierung, vermeiden. Die restlichen Integritätsbedingungen sollten nach Möglichkeit zentral (auf der Ebene des ›DBMS) statt lokal (in jeder ›Applikation) geprüft werden. ›Anomalie, ›Entitätsintegrität, Beziehungsintegrität

Integritätsbedingung (Integritätsregel): Bedingung, welche hilft, die ›Integrität einer Datenbank zu gewährleisten

Internet: weltweites öffentliches Netz aus Tausenden von Teilnetzen und Millionen von Teilnehmern, die fehlertolerant kommunizieren und Dienste wie elektronische Post und ›World Wide Web teilen

Internet-Dienste: Dazu gehören vor allem die elektronische Post (E-Mail), Publikationsdienste (vor allem ›World Wide Web), Diskussionsdienste (News Groups), Datentransfer (zum Beispiel ›FTP) sowie Bestellung und Bezahlung von Waren (zum Beispiel Pay-Per-View Publishing).

Internet Protocol (IP): Teil des ›TCP/IP-Protokolls

Internet Server Application Programming Interface (ISAPI): ›proprietäre ›API-Schnittstelle zwischen einem Microsoft-Webserver und einer Applikation, die auf einen Datenbankserver oder eine andere ›Serverapplikation zugreift

Invervallskala: ›Skalenniveau

intervenierende Variable: Variable, die sich einer direkten Beobachtung entzieht, aber indirekt gemessen werden kann

IP: ‣Internet Protocol

ISAPI: ‣Internet Server Application Programming Interface

ISDN (Integrated Services Digital Network): öffentliches digitales Netz, das mehrere Telecom-Dienste integriert (vor allem Telefon, Fax und den Austausch von Computerdaten)

ISO (engl. International Standards Organisation): internationales Gremium, das unter anderem informationsverarbeitende Hardware und Software standardisiert. ‣Industriestandard, ‣ANSI

IT: engl. Information Technology

Jahresabschluss: Bericht über den Erfolgs und das Vermögen einer Unternehmung im abgeschlossenen Geschäftsjahr. Der Jahresabschluss besteht in der Regel aus der Bilanz (Vermögensrechnung), der ‣Erfolgsrechnung und der ‣Kapitalflussrechnung.

Java: objektorientierte Programmiersprache von SUN Microsystems, welche unter anderem die Programmentwicklung für das ‣World Wide Web unterstützt

JavaScript: von ‣Java abgeleitete Skriptsprache, die in ‣HTML eingebettet werden kann und die Interaktion mit WWW-Browsern unterstützt. ‣VBScript

JCL: ‣Job Control Language

Job Control Language: Skriptsprache der ‣Mainframes von IBM zur Steuerung von Aufgaben (engl. jobs) des Betriebssystems. ‣MVS

Kapitalflussrechnung: Neben der Bilanz und der ‣Erfolgsrechnung kann der ‣Jahresabschluss eine Kapitalflussrechnung enthalten. Während die traditionellen Teilrechnungen vor allem der Kontrolle und Planung von Gewinnzielen dienen, zeigt die gebräuchlichste Form der Kapitalflussrechnung die Ursachen einer bestimmten Stufe der Liquidität (flüssige Mittel).

Kategorie: einer von mehreren ‣Wertebereichen einer ‣Dimension. Eine Dimension kann mehrere flache oder hierarchische Kategorien haben. Zur Dimension "Produkt" gehören zum Beispiel die flachen Kategorien Name, Farbe und Grösse. Hierarchische Kategorien der Dimension "Zeit" sind zum Beispiel Jahr, Quartal, Monat und Woche.

kardinal: ‣Skalenniveau

Kardinalität: Zahl der Elemente einer Menge, insbesondere Zahl der möglichen Werte eines ›diskreten ›Atttributs, einer ›Kategorie oder Zahl der an einer ›Beziehung beteiligten Entitäten

Kennzahl (engl. ratio, dt. auch Kenn"ziffer"): Messwert für betriebliche Bestandes- und Bewegungsgrössen. Kennzahlen erhalten ihre Aussagekraft vor allem durch den Vergleich verschiedener Abrechnungsperioden und Betriebe (Perioden- und Betriebsvergleich, innerbetriebliche und zwischenbetriebliche Kennzahlen).

KI: ›Künstliche Intelligenz

Klassifikation: Einteilung von Individuen in bereits bekannte ›diskrete Klassen. Verbreitete Klassifikationsverfahren sind ›Entscheidungsbäume, ›Diskriminanzanalyse und ›neuronale Netze. ›Vorhersage

Klassifikationsgewinn: Gewinn, den eine Klassifizierung mit einem bestimmten Testattribut gegenüber einer Klassifizierung ohne Testattribut erzielt

Kohonen-Netz: sich selbst organisierendes ›unüberwacht lernendes ›neuronales Netz, das vor allem für das ›Clustering von Eingabedaten verwendet wird

Kompression: Verdichtung von Daten. Ein Kompressionsverfahren konvertiert nach einer Abbildungsvorschrift die Quelldaten in ein Komprimat, das wesentlich weniger Speicherplatz erfordert. Kompressionsverfahren werden vor allem von Betriebssystemen, von Datenbanksystemen und von multimedialen Anwendungen bereit gestellt.

Kontingenztafel (engl. contingency table): ›Tabelle, welche die Kombinationshäufigkeiten der Ausprägungen zweier oder mehrerer ›Attribute aufzeichnet

kontinuierliches Merkmal: ›diskretes Merkmal

konzeptionelles Datenmodell: ›Datenmodell, konzeptionelles

Korrelation: Quantifizierung des Zusammenhangs zwischen ›verhältnis- oder ›ordinalskalierten ›Attributen. Der Korrelationskoeffizient zwischen *zwei* Variablen ist positiv, wenn zu einem hohen Wert des einen Attributs tendenziell auch ein hoher Wert des zweiten Attributs gehört. Korrelationskoeffizienten sind so normiert, dass sie zwischen -1 (oder 0) und +1 liegen. Bei ›nominalskalierten Attributen spricht von Kontingenz (›Assoziation) statt von Korrelation.

Künstliche Intelligenz (KI, engl. Artificial Intelligence oder AI): Simulation kognitiver Fähigkeiten des Menschen auf dem Computer. Gegenstand der KI sind vor allem Darstellung und Manipulation von Wissen. Künstlich intelligente Systeme werden deshalb auch ‣wissensbasierte Systeme genannt. Wichtige Anwendungsbereiche sind Sprachübersetzung, Bildverarbeitung, ‣Expertensysteme und Intelligente Tutorielle Systeme. Zu den Methoden gehören vor allem die Methoden ‣regelbasierter Systeme (einschliesslich der Regelinduktion) und ‣neuronale Netze.

LAN: ‣Local Area Network

Legacy-System: Informationssystem, das nicht mehr dem State of the Art entspricht. Meist versteht man unter einem Legacy-System einen Grossrechner (‣Mainframe) mit ‣3GL-Anwendungen und einem ‣Datenbanksystem alter Technologie (zum Beispiel mit einem hierarchischen ‣Datenmodell oder gar einem blossen Dateisystem).

Lernalgorithmus: ‣Modell, neuronales

Lernen, neuronales: Anpassung der Gewichte ‣neuronaler Netze durch die Analyse historischer Daten mit neuronalen ‣Modellen

Lernen, überwachtes: Methode des maschinellen Lernens, die aus einer Menge von Eingaben und *vorgegebenen* korrekten Ausgaben (Musterlösungen) lernt. Typische Beispiele sind die ‣Regelinduktion und ‣Perzeptrons.

Lernen, unüberwachtes: Methode des maschinellen Lernens, die *nur* aus der Beobachtung der Eingaben (ohne vorgegebenen Musterlösungen) lernt. Typische Beispiele sind ‣Clusteranalysen und ‣Kohonen-Netze.

Lernmenge: Stichprobe, aus der die Parameter eines ‣Modells (zum Beispiel die Gewichte eines ‣neuronalen Netzes) berechnet werden

Listenfeld: ‣Steuerelement, das eine Liste von Auswahlmöglichkeiten anbietet. Die Auswahl kann eine Einfach- oder eine Mehrfachauswahl sein.

Local Area Network (LAN, lokales Rechnernetz): Übertragungsnetz für Computerdaten mit räumlich eng begrenzter Ausdehnung. Die Übertragung läuft im Gegensatz zum ‣Wide Area Network in der Regel über private Leitungen.

logisch: ‣physisch

logisches Datenmodell: ‣Datenmodell, logisches

lokales Netz: ‣Local Area Network

m:n-Beziehung: ‣Beziehung

Mainframe (Grossrechner, engl. auch host): Einzelrechner mit vielen ‣Terminals und meist einem ‣proprietären Betriebssystem. Oft identifiziert man Mainframes mit IBM-Grossrechnern unter dem Betriebsystem ‣MVS und stellt sie ‣Client/Server-Systemen unter UNIX gegenüber. Mainframes waren bis in die 80er Jahre die dominierenden Rechner für kommerzielle Anwendungen. Heute übertreffen einzelne ‣Client/Server-Systeme, vor allem ‣Parallelrechner, die Leistungsfähigkeit von Mainframes. Vorteile von Mainframes sind ihre Fähigkeit, ‣Legacy-Anwendungen zu unterstützen und ihre Zuverlässigkeit. Hauptnachteile sind ihre geringe Flexibilität und Kompatibilität.

Marktkorbanalyse (engl. market basket analysis): ‣Data Mining-Methode, die aufdeckt, welche Produkte zusammen mit anderen Produkten im "Warenkorb" der Kunden zu finden sind. Die Ergebnisse von Marktkorbanalysen können zum Beispiel zu einer veränderten Produktpräsentation (etwa einer anderen Gestellanordnung) führen. ‣Assoziationsanalyse

massiv paralleles Mehrprozessorsystem: (MPP, engl. Massively Parallel Processing System): ‣Mehrprozessorsystem, das viele CPUs über einen Hochgeschwindigkeitsbus lose koppelt und dessen Prozessoren (im Gegensatz zum einem ‣symmetrischen Mehrprozessorsystem) den Internspeicher und periphere Geräte getrennt nutzen

Master/Slave-System: Rechnersystem, in dem ein Grossrechner die Verarbeitung und die Steuerung der Interaktion mit dem Benutzer übernimmt, die Präsentation aber durch intelligente Terminals übernommen wird. ‣Host-System, ‣Fileserver-System, ‣zweistufiges Client/Server-System, ‣dreistufiges Client/Server-System

Median: statistischer Lageparameter, der den Mittelpunkt von n ‣ordinalskalierten Werten berechnet. Bei ungeradem n entspricht der Median dem (n+1)/2-ten Wert, bei geradem dem arithmetischen Mittel aus dem n/2-ten und dem (n/2 + 1)-ten Wert.

mehrdimensional: gleichzeitig auf mehrere ‣Dimensionen bezogen

mehrdimensionale Datenbank (engl. multidimensional data base): Eine mehrmensionale Datenbank erleichert die ‣Abfrage von ‣Fakten nach ihren ‣Dimensionen. Sie verbindet entweder zweidimensionale ‣relationale ‣Tabellen (multirelationale Datenbank) oder benutzt die ‣proprietären Datenstrukturen eines mehrdimensionalen Datenbankverwaltungssystems.

Mehrfachregression (engl. multiple regression): ›multivariate Regressionsanalyse, die im Gegensatz zur einfachen ›Regression eine abhängige Variable durch *mehrere* unabhängige Variablen erklärt

Mehrprozessorsystem (MPS, engl. Multiprocessor System): Rechner, der mehrere Prozessoren eng oder lose koppelt, um mehrere ›Aufgaben gleichzeitig (›parallel) zu bearbeiten. Wichtige Arten von Mehrprozessorsystemen sind ›symmetrische und ›massiv parallele MPS.

mehrstufiges neuronales Netz: ›neuronales Netz, mehrstufiges

Messniveau: ›Skalenniveau

Metadaten: Daten, welche Rohdaten und -prozesse (*Objekt*daten und -prozesse) beschreiben. Metadaten werden meist in einem Metadatenbanksystem gesammelt. Beispiele sind Beschreibungen von ›Attributen, ›Datentypen, ›Integritätsregeln und Prozessen. Eine Metadatenbank heisst auch ›Data Dictionary.

Mining: ›Data Mining

MIS: engl. Management Information System. ›DSS

Modell, neuronales: Ein neuronales Modell besteht aus einer Architektur, einer oder mehreren Transferfunktionen und einem Lernalgorithmus . Die *Architektur* definiert Eingabe-, Ausgabe- und Verarbeitungsneuronen und ihre Beziehungen. Eine *Transferfunktion* f leitet die Eingaben an andere Neuronen oder die Umwelt weiter. Der *Lernalgorithmus* berechnet die Gewichte von f.

modellgetriebene Methode: Methode, die von einer Hypothese und einem einschränkenden Modell ausgeht, meist aus einer kleinen ›Grundgesamtheit Daten auswählt und rechnerisch weniger aufwendig ist als eine ›datengetriebene Methode. Beispiele: ›Optimierung, ›Expertensysteme. ›explorativ

Modus: statistischer Lageparameter, der den häufigsten Wert einer Variable angibt. Bei einer ›kontinuierlichen Verteilung ist der Modus der Zufallsvariablenwert mit der größten Wahrscheinlichkeit.

MOLAP (engl. Multidimensional OLAP): ›On Line Analytical Processing ›mehrdimensionaler ›Objektdaten in einem ›proprietären ›mehrdimensionalen ›Server-Datenbanksystem

monotone Funktion: Funktion, die entweder nur "wächst" oder nur "fällt", das heisst: wenn $x_1 < x_2$, dann $f(x_1) \leq f(x_2)$ bzw. wenn $x_1 > x_2$, dann $f(x_1) \geq f(x_2)$.

Monte Carlo-Technik: vor allem von der Simulationstechnik und der ›Inferenzstatistik angewendetes Verfahren zur Erzeugung von Werten von Zufallsvariablen

MPP: ›massiv paralleles Mehrprozessorsystem

MPS: ›Mehrprozessorsystem

MS Access: PC-Datenbanksystem von Microsoft, das den Schwerpunkt auf die endbenutzernahe Verwaltung lokaler Daten legt

multirelationale Datenbank: ›RDBMS mit ›mehrdimensionalem ›Datenmodell

multivariat: mehrere *un*abhängige Variablen betreffend

MVS (engl. Multiple Virtual Storage): Betriebssystem von IBM→Mainframes

na: engl. not available. ›Nullwert

n-ärer Entscheidungsbaum: Entscheidungsbaum, der nach einem Testattribut auf eine von *n* Antworten (auf einen von mehreren Baumästen) verzweigt. ›binärer Entscheidungsbaum

naive Vorhersage: ›Vorhersage

NASDAQ (National Association of Security Dealers Automated Quotation System): Bildschirmkommunikationssystem für den Handel mit High Technology-Wertpapieren.

Netscape Server Application Interface (NSAPI): ›proprietäre ›API-Schnittstelle zwischen einem Netscape-Webserver und einem Programm, das auf einen Datenbankserver oder einen anderen Anwendungsserver zugreift

Netzwerk-Datenbanken: Datenbanken, die ihre Daten in einem ›Netzwerkmodell darstellen

Netzwerkmodell: älteres ›Datenmodell, das stärker als das ›Relationenmodell auf die ›physische Implementation Rücksicht nimmt. Es ist deshalb für den Benutzer komplexer und weniger flexibel, kann aber bei der Verwaltung von Massendaten mit stabiler Struktur effizienter sein.

Neuron: lernfähige Verarbeitungseinheit (Prozessor) eines ›neuronalen Netzes, die Eingaben aus anderen Neuronen oder der Umwelt verarbeitet und an weitere Neuronen oder die Umwelt ausgibt

neuronales Lernen: ›Lernen, neuronales

neuronales Modell: ›Modell, neuronales

neuronales Netz (engl. neural net): System von ‣Neuronen, von denen jedes aus mehreren Eingaben eine einzige Ausgabe berechnet und an andere Neuronen oder die Umwelt weiterleitet. Die Architektur neuronaler Netze ist - anders als jene biologischer Netze mit Millionen und Milliarden von Nervenzellen - sehr einfach. ‣Modell, neuronales

neuronales Netz, einstufiges: ‣neuronales Netz aus Eingabe- und Ausgabeneuronen, die nur über *eine* Gewichtungsstufe verbunden sind. ‣neuronales Netz, mehrstufiges

neuronales Netz, mehrstufiges: ‣neuronales Netz aus Eingabeneuronen, verborgenen Neuronen und Ausgabeneuronen, die durch *mehr als eine* Gewichtungsstufe verbunden sind. Das bekannteste mehrstufige Netz ist das mehrstufige Perzeptron mit Fehlerrückführung (engl. backpropagation). ‣neuronales Netz, einstufiges

nichtprozedurale Abfragesprache: ‣Abfragesprache

nominalskaliert: ‣Skalenniveau

Normalisierung: schrittweises Aufspalten einer ‣Tabelle in kleinere Tabellen mit dem Ziel der Redundanzminimierung. Ein wichtige Rolle spielen die funktionalen ‣Abhängigkeiten zwischen Tabellenattributen.

NSAPI: ‣Netscape Server Application Programming Interface

Nullwert: Wert, der eine fehlende Information darstellt. Im ‣relationalen Modell dürfen ‣Primärschlüssel keine Nullwerte enthalten. Im ‣mehrdimensionalen Modell führen zu viele Nullwerte zu ‣dünn besetzten Matrizen.

Nutzwertanalyse (engl. multicriteria analysis): entscheidungsunterstützende Methode, die vor allem qualitative, aber auch quantitative Entscheidungselemente (Alternativen und Kriterien) auf einer gemeinsamen Punkteskala bewertet. Ein einzelnes oder mehrere Ziele werden in Unterziele (Kriterien) aufgeteilt und gewichtet. Die gewichteten Kriterien gehen in eine Entscheidungsregel ein, welche die Alternativen ordnet und eine oder mehrere auswählt.

Die Nutzwertanalyse eignet sich vor allem für ungewisse, schlecht strukturierte und innovative ‣Entscheidungen. Ein verbreitetes Anwendungsbeispiel ist die Beurteilung von Investitionsalternativen. ‣AHP ist ein mathematisch gut begründetes nutzwertanalytisches Verfahren. *Nachteile* der Nutzwertanalyse sind: (1) Die Synthese von Gewichten (‣Prioritäten) setzt voraus, dass sich die Entscheidungselemente (Ziele, Kriterien und Alternativen) ‣kardinal und unabhängig ‣messen lassen. (2) Die Gewichtung lässt sich auch durch Verfahren wie ‣AHP nur unzulänglich objektivieren. Dies führt vor allem bei Mehrpersonenentscheidungen zu Konflikten. *Vorteile* sind: (a) Die Nutzwertanalyse ist als ›heuristische Methode leicht nachvollziehbar und (b) oft die einzige Alternative bei qualitativen Entscheidungselementen.

Objektdaten: ›Metadaten

objektive Wahrscheinlichkeit: ›Wahrscheinlichkeit, subjektive

objektiv probabilistische Entscheidung: ›Entscheidung

Objekttyp: Klasse von Objekten mit gleichen Attributen. Im ›Relationenmodell wird ein Objekttyp durch ein ›Tabellengerüst (›Relationenschema) beschrieben.

OCR: engl. Optical Character Recognition

ODBC (engl. Open Data Base Connectivity): ›Industriestandard, der - basierend auf ›CLI - die Schnittstelle zwischen einem ›SQL-Datenbanksystem (›Backend) und einem Anwendersystem (›Frontend) oder einem anderen Datenbanksystem normiert

OLAP: ›Online Analytical Processing

OLE (Object Linking and Embedding): Technologie von Microsoft, welche die Kommunikation zwischen verschiedenen Anwendungen (z.B. der MS Office-Suite) erlaubt

OLTP: ›Online Transaction Processing. Gegensatz zu ›OLAP

Online Analytical Processing (OLAP): Abfragemethode, die Endbenutzern einen ›mehrdimensionalen, schnellen Zugriff und benutzerfreundliche ›Analysen (wie mit mehrdimensionalen Tabellenkalkulationspaketen) auf ›Data Marts ermöglicht

Online Transaction Processing (OLTP, Transaktionsverarbeitung): Verarbeitung in einer Transaktionsdatenbank (›Produktionsdatenbank). Die Verarbeitung detaillierter ›operativer Geschäftsvorgänge steht im Gegensatz zur analytischen Verarbeitung zusammenfassender Information zur Unterstützung managementkritischer ›Entscheidungen.

Operations Research (dt. Unternehmungsforschung, engl. auch Management Science): Erforschung mathematischer Methoden zur Unterstützung komplexer Entscheidungen mit dem Ziel der computergestützten Anwendung in der betrieblichen Praxis. Verbreitete Anwendungen sind ›Optimierungsverfahren und Netzwerktechniken.

operativ (engl. operational, dt. auch operational): Anders als ‣strategische ‣Entscheidungen betrifft eine operative Entscheidung konkretisierte und unmittelbar ausführbare Tätigkeiten. Operative Entscheidungen sind kurzfristig und gut strukturiert. Sie lassen sich deshalb gut automatisieren. Strategische Entscheidungen sind hingegen grundsätzlich, langfristig und kaum operationalisiert.

Optimierung: mathematisch begründete Lösungssuche (meist die Minimierung oder Maximierung eines Zielwerts) unter Nebenbedingungen

Optimierung, lineare: mathematisches Verfahren, das die Variablen einer linearen Zielfunktion ermittelt, indem es die Zielfunktion optimiert (minimiert oder maximiert), ohne dabei die Nebenbedingungen (Ungleichungen) zu verletzen. ‣Was-Wenn-Analyse

ordinalskaliert: ‣Skalenniveau

Overfitting (dt. Überlernen): Gefahr des neuronalen Lernens, die Gewichte eines ‣neuronalen Netzes so lange anzupassen, bis sich alle Zufälligkeiten der ‣Lernmenge in den Gewichten spiegeln. Overfitting erschwert die Verallgemeinerung von Stichprobenergebnissen.

Parallelverarbeitung: gleichzeitige Verarbeitung mehrerer ‣Aufgaben (engl. tasks) auf mehreren Prozessoren. ‣MPS

Partitionierung: Teilung einer logisch zusammengehörenden Dateneinheit, zum Beispiel einer viele ‣GByte grossen Tabelle, in mehrere kleinere ‣physische Untereinheiten, zum Beispiel in mehrere physische Tabellen oder Eingabe-/Ausgabeblöcke. Partitionierungen verbessern die Effizienz der Verwaltung, ‣Abfrage und Sicherung von Daten. ‣Spaltenpartitionierung, ‣Speicherpartitionierung

PCI (engl. Peripheral Component Interconnect): 64-bit-Bus, der durch Intel entwickelt wurde, aber prozessorunabhängig ist

Perzeptron, einstufiges: einstufiges ‣neuronales Netz, das einem Eingabevektor mit einer meist linearen oder Treppenfunktion eine Ausgabe, in der Regel eine Klasse, zuordnet

physisch: Oft entspricht die Benutzersicht (‣logische Sicht) auf die Daten nicht der physischen Sicht. Zum Beispiel entspricht eine Tabellenzeile (‣Satz) nicht der Dateneinheit, die in den ‣Puffer geladen wird (Block), oder der Zugriff auf das Attribut einer Zeile (logische Adresse) entspricht nicht der physischen Adresse des Attributs auf dem Externspeicher. Physisch heisst deshalb meist "für die Maschine verständlich" und logisch "für den Benutzer verständlich".

physisches Datenmodell: ›Datenmodell, physisches

Pivoting (engl. to pivot heisst drehen): Austausch von Zeilen und Spalten in einer Tabelle (zum Beispiel in einem Tabellenkalkulations- oder OLAP-System)

Planerfolgsrechnung: zukunftsgerichtete ›Erfolgsrechnung, die auf der Planerlösrechnung und der Plankostenrechnung aufbaut

Plattenspiegelung (engl. disk mirroring): Duplizierung aller Eingabe- und Ausgabeoperationen auf einen zusätzlichen Plattenspeicher

Portfolio-Analyse: ursprünglich ein Verfahren zur Zusammenstellung eines Wertpapierbündels (frz. portefeuille, engl. portfolio), das - nach bestimmten Kriterien bewertet - eine optimale Verzinsung erzielen soll. Seither wurde die Methode variiert und ist ein verbreitetes Instrument des strategischen Managements. Populär ist vor allem die Portfolio-Matrix der *Boston Consulting Group*: Sie vergleicht in einer Vierfelder-Matrix den relativen Marktanteil und das Marktwachstum eines Produkts während seines Lebenszyklus.

POS: engl. Point Of Sale

Präprozessor: Werkzeug, das ein Quellprogramm so umformt, dass es von einem Compiler in ablauffähigen Code übersetzt werden kann

präskriptive Entscheidungstheorie: ›Entscheidungstheorie

Primärschlüssel (engl. primary key, Identifikationsschlüssel): ›Attributmenge, die einen ›Satz eindeutig identifiziert

Priorität: Zahl in ›AHP, die nach dem paarweisen Vergleich aller Kriterien bzw. Alternativen die Präferenzen des Anwenders ordnet. Eine *lokale* Priorität vergleicht eine Alternative bezüglich *eines* Kriteriums (lokale Alternativenpriorität). Eine *globale* Alternativenpriorität vergleichen hingegen eine Alternative bezüglich *aller* Kriterien des Entscheidungsmodells.

Produktionsdatenbank (operative Datenbank, Transaktionsdatenbank, engl. operational data base): Datenbank, die ›operative Geschäftsvorgänge aufzeichnet, indem sie Einzeldaten mit häufigen und detaillierten ›Transaktionen laufend, vollständig und redundanzarm fortschreibt.

programmierbare Entscheidung: ›Entscheidung

proprietär (engl. proprietary): durch einen einzelnen Hersteller definiert. Gegenteil von standardisiert

Projektion: relationale Grundoperation, die jene *Spalten* der Ausgangstabelle in eine Ergebnistabelle aufnimmt, welche die Projektionsbedingung erfüllen. ‣Selektion, ‣Verbund

Prozedur, gespeicherte (engl. stored procedure): Prozedur, die nicht von einem Arbeitsplatzrechner (Client), sondern von einem ‣Server auf einer Datenbank ausgeführt wird. Eine gespeicherte Prozedur besteht aus ‣SQL-Anweisungen und prozeduralen Erweiterungen, insbesondere Kontrollkonstrukten. Gespeicherte Prozeduren werden zur Entwicklungszeit oder erst vor ihrem ersten Aufruf geprüft, kompiliert und gebunden. Sie sind meist einige Male schneller als entsprechende dynamisch entstandene SQL-Anweisungen. ‣Trigger, ‣Agent

prozedurale Abfragesprache: ‣Abfragesprache

Pseudocode: Entwurfssprachliche Prozedur, die den Programmcode in einer programmiersprachen-unabhängigen Notation leserlich zusammenfasst

Puffer (engl. buffer, cache): Teil des Internspeichers, der Daten vor Schreib- oder nach Lesezugriffen auf dem Externspeicher möglichst effizient intern zwischenspeichert. Um Dateioperationen zu beschleunigen, werden zum Beispiel mehrere Sätze eines Externspeichers als Block in den Puffer gelesen, wo sie zur satzweisen Weiterverarbeitung bereit stehen.

QBE (engl. Query By Example): benutzerfreundliche ‣deklarative ‣Abfragesprache für ‣relationale Datenbanken, in welcher der Benutzer die gewünschten Ergebnisspalten in Tabellengerüsten markiert und die Kriterien für die Auswahl der Zeilen und den Verbund von Tabellen einträgt. ‣SQL

RAID (engl. Redundant Array of Inexpensive Disks): System aus vielen kleinen Plattenspeichern, das als ganzes an den Systembus angeschlossen ist. Wegen der grossen Zahl und der geringen Grösse der Festplatten ist diese Speicherart sicherer. Bei einem Ausfall ist zum Beispiel nur ein Teil des gesamten Plattenspeichers betroffen. Ausserdem lassen sich ausgefallene Daten wegen ihrer redundanten Speicherung einfach wieder herstellen.

RBF-Netz (engl. Radial Basis Function network): vorwärtsgerichtetes ‣überwacht lernendes ‣neuronales Netz mit einer einzigen verborgenen Schicht und einer nichtlinearen ‣Transferfunktion

RDBMS (engl. Relational Database Management System, relationales Datenbanksystem): ‣Datenbanksystem, das dem ‣Relationenmodell gehorcht

Recovery: Wiederherstellung des korrekten Zustands einer Datenbank nach einem Fehler, zum Beispiel dem Zusammenbruch des Betriebssystems. Der Wiederanlauf (Rollback) nach einer nicht abgeschlossenen ‣Transaktion lässt sich als Sonderfall einer Recovery-Massnahme interpretieren.

Regel: Paar aus Voraussetzung und Folgerung, die beide einfach oder zusammengesetzt sein können. Im einfachsten Fall besteht eine Voraussetzung und eine Folgerung nur aus Attribut/Wert-Paaren. Attribut/Wert-Paare sind wahr oder falsch und lassen sich durch die Operatoren "und" bzw. "oder" verknüpfen. In einer Folgerung kann statt eines Attribut/Wert-Paars auch eine Aktion stehen. Eine Aktion ist im Gegensatz zu einem ‣Attributwert nicht wahr oder falsch, sondern eine Handlungsanweisung.

Regelbasiertes System: ‣wissensbasiertes System, das Wissen als Regeln und Fakten darstellt

Regelinduktion: ‣Induktion

Regelmodul: Teil eines Expertensystems, dessen ‣Attribute und ‣Regeln inhaltlich und formal zusammengehören

Regressionsanalyse (engl. regression analysis): statistisches Verfahren, das die Koeffizienten einer mathematischen Gleichung so schätzt, dass der Fehler zwischen den aktuellen und vorhergesagten Werten minimiert wird. ‣Mehrfachregression

Relation: ‣Tabelle aus eindeutig identifizierbaren Zeilen, die ihrerseits aus Zellen (‣Attributen) bestehen, die je höchstens einen Eintrag enthalten. ‣Wiederholungsgruppen

Relationenmodell: ‣Datenmodell, in dem alle Daten und ihre ‣Beziehungen als ‣Relationen dargestellt werden

Reliabilität (engl. reliability, dt. auch Zuverlässigkeit): Die Reliabilität einer Methode gibt an, wie gut ihre Ergebnisse bei wiederholter Anwendung der Methode auf Daten der gleichen ‣Grundgesamtheit übereinstimmen. Sie wird oft als ‣Korrelation zwischen zwei Reihen von Ergebniswerten berechnet. ‣Validität

Replikat (engl. replica): Datenobjekt, das auf mehrere Rechner kopiert und regelmässig synchronisiert wird

Replikation: Erstellung und Synchronisierung von ‣Replikaten

Reverse Engineering: Analyse eines Informationssystems mit dem Ziel, Objekte und Beziehungen zu erkennen und sie auf ein anderes (meist höher entwickeltes) System abzubilden. Ein Beispiel ist die Analyse von Quelldaten des Ladeprozesses, um ihre Metadaten in das ›Data Dictionary eines ›Data Warehouse einzufügen.

RISC (engl. Reduced Instruction Set Computing): Im Gegensatz zu ›CISC-Rechnern (engl. Complex Instruction Set Computing) verwenden RISC-Rechner möglichst einfache Anweisungen, die nur je einen CPU-Zyklus erfordern.

robust: Ein Verfahren ist robust, wenn es ohne oder mit wenig einschränkenden Annahmen auskommt und wenig empfindlich auf deren Verletzung reagiert. Gegenteil von sensitiv. ›Sensitivitätsanalyse

ROE (engl. Return On Equity, dt. Eigenkapitalrendite): Verhältnis einer Erfolgsgröße, zum Beispiel des Nettogewinns, zum eingesetztem Eigenkapital. Beide Größen werden bilanziell gemessen. ›ROI

ROI (engl. Return On Investment, dt. Kapitalrendite): Verhältnis des investierten Kapitals oder des Umsatzes zu einer Erfolgsgrösse. Möglicher Ausgangspunkt für Massnahmen der Unternehmenspolitik und Unternehmensplanung. ›ROE

ROLAP (engl. Relational OLAP): ›OLAP auf ›mehrdimensionalen ›Metadaten in einem ›relationalen ›Server-Datenbanksystem

Satz (engl. record): Gruppe von Datenelementen (›Feldern), die als eine Einheit behandelt wird. Im ›Relationenmodell entspricht einer Tabellenzeile ein Satz.

Schaltfläche: ›Befehlsschaltfläche

Schema: Gerüst einer (1) ›Tabelle (*Relationen*schema, auch Tabellenskelett) oder einer (2) Datenbank (*Datenbank*schema, auch Datenbankdefinition)

schlecht strukturierte Entscheidung: ›Entscheidung

Schlüssel: ›Attributmenge, die Sätze ›identifiziert, indiziert, sortiert oder verbindet. ›Primärschlüssel, ›Sekundärschlüssel

schrittweise Regression (engl. stepwise regression): Verfahren, das variablenweise (schrittweise) aufgrund eines Aufnahmekriteriums (zum Beispiel des ›F-Tests) entscheidet, welche unabhängigen Variablen in welcher Reihenfolge in eine ›Regressionsanalyse eingehen

Schneeflockenschema (engl. snow flake schema): um zusätzliche Fakten- oder Unterdimensionstabellen erweitertes ›Sternschema

Schwellenkonstante: Wert, den die Summe der gewichteten Eingaben eines ‣Neurons kompensieren muss, damit das Neuron gerade noch feuert

Script (auch Makro oder Batch File): Befehlssequenz, die von einer einfachen Skriptsprache interpretiert wird. Beispiele von Skriptsprachen für das WWW sind ‣JavaScript oder ‣VBScript.

Sekundärschlüssel (engl. alternate key): Zugriffsschlüssel, der im Gegensatz zum ‣Primärschlüssel nicht alle Sätze eindeutig identifizieren muss

Selektion: ‣relationale Grundoperation, die jene *Zeilen* der Ausgangstabelle in eine ‣Ergebnistabelle aufnimmt, die eine Selektionsbedingung erfüllen. ‣Projektion, ‣Verbund, ‣Filtern

semantisch: auf die Bedeutung - und nicht die Form - bezogen. Der Satz "Der Rhein fliesst bunt" ist zwar syntaktisch (formal, grammatikalisch) korrekt, ‣semantisch aber bedeutungslos.

Sensitivitätsanalyse (engl. sensitivity analysis): Prüfverfahren, das die Empfindlichkeit (Sensitivität, ‣Robustheit) eines Modells auf Parameter- und Datenänderungen untersucht. Beispiel: "Wie lassen sich die Koeffizienten eines linearen ‣Optimierungsmodells ändern, ohne dass die Lösung ihre Optimalität verliert?"

Server: ‣Client/Server-Architektur

Server-Datenbank: Datenbank auf einem Dienstleistungsrechner (engl. ‣Server), die im Gegensatz zu einer ‣lokalen Datenbank mehreren Benutzern zur Verfügung steht

Sicht: ‣Benutzersicht

Signifikanzniveau (dt. Irrtumswahrscheinlichkeit): Wahrscheinlichkeit der fälschlichen Ablehnung einer Hypothese

Signifikanztest: stastistisches Verfahren, das prüft, ob eine Hypothese fälschlicherweise abgelehnt wird

Skalenniveau (Messniveau oder -qualität): Statistiker unterscheiden vier Messqualitäten:

(1) Ein *nominal*skalierter Messwert *klassifiziert* (Bsp. Standort A, Standort B, ...). Die Analyse nominalskalierter Daten beschränkt sich auf Häufigkeitsanalysen (zum Beispiel die Berechnung des ‣Modus).

(2) Ein *ordinal- oder rang*skalierter Messwert *ordnet* (Bsp. Standort A ist besser geeignet als Standort B), misst jedoch den Abstand zwischen den vergli-

chenen ‣Attributwerten nicht. Neben Häufigkeiten lassen sich deshalb auch Lageparameter berechnen (zum Beispiel der Median).

(3) Eine *intervall*skalierte Messung bestimmt den *Abstand* zweier Messwerte, ohne dass ein eindeutiger Nullpunkt definiert ist (Bsp. Abstände in einem genormten Schulleistungstest). Sie erlaubt die Berechnung des arithmetischen Mittelwerts.

(4) Ein *verhältnis*skalierter Messwert bezieht sich zusätzlich auf einen eindeutigen *Nullpunkt* (Bsp. Unternehmungserfolg). Werte, die auf einer Intervall- oder Verhältnisskala gemessen werden können, heissen zusammenfassend kardinal.

skalierbar (engl. scalable): Ein Software- oder Hardwaresystem ist skalierbar, wenn seine Kapazität inkrementell und ohne überdurchschnittlichen Aufwand vergrössert werden kann. Skalierbarkeit ist eine wichtige Anforderung an Data ‣Warehouses, ‣Mehrprozessorsysteme und ‣Client/Serversysteme.

Skript: ‣Script

Slice and Dice (auch Slicing and Dicing): Auswahl und Weglassen von ‣Dimensionen in einem ‣OLAP-Werkzeug

SMP: ‣Symmetrisches Mehrprozessorsystem

Spaltenpartitionierung: spalten- statt zeilenweise Besetzung der ‣physischen Eingabe-/Ausgabeseiten (engl. I/O pages) eines Datenbanksystems. Weil ‣Data Warehouses Tabellen meist spaltenweise statt zeilenweise analysieren, speichern sie ihre Daten oft so, dass Werte der gleichen *Attributspalte* statt Werte des gleichen Satzes (der gleichen Zeile) im gleichen I/O-Block stehen. ‣Partitionierung

Speicherpartitionierung: Objektdaten werden so auf dem Externspeicher angeordnet, dass zusammengehörende Daten möglichst rasch in den Internspeicher gelangen

SQL (engl. Structured Query Language): nichtprozedurale, standardisierte ‣Abfragesprache, die für den Endbenutzer entworfen wurde, heute aber vor allem für den programmierten Zugriff auf ‣Server-Datenbanken, ‣verteilte Datenbanken und zentrale ‣Grossrechner-Datenbanken verwendet wird. Die meisten SQL-Produkte sind Erweiterungen des laufend angepassten ‣ANSI-Standards. eingebettetes ‣SQL, ‣QBE, ‣Abfragesprache

SQL, eingebettetes (engl. embedded SQL): ‣SQL-Anweisungen, die in eine Gastsprache wie C oder COBOL eingebettet sind. Ein ‣Präprozessor übersetzt die eingebetteten SQL-Befehle in Aufrufe aus einer Bibliothek von Unterprogrammen, die der Programmierer nicht zu kennen braucht. Nachteilig ist, dass der Quellcode nach jedem Wechsel der Plattform neu übersetzt werden muss. ‣CLI

Statistik: ‣Inferenzstatistik

statistische Vorhersage: ‣Vorhersage

Sternschema (engl. star schema): ‣logisches Datenbank‣schema, das die ‣Dimensionstabellen eines ‣relationalen ‣Data Warehouse abfragefreundlich um eine ‣Faktentabelle ordnet

Steuerelement (engl. control): graphisches Objekt, zum Beispiel ein Textfeld oder eine ‣Befehlsschaltfläche, in einem ‣Formular oder ‣Bericht. Der Programmierer kann die Eigenschaften von Steuerelementen ändern und so ihr Aussehen oder ihre Reaktionen auf Ereignisse ändern.

Stichprobe (engl. sample, dt. auch Teilerhebung): Erhebung, in die nur ein Teil der ‣Grundgesamtheit eingeht. Eine Vollerhebung kommt meist aus Kosten- und Zeitgründen nicht in Frage. Je nach Auswahlverfahren ist die Repräsentativität von Stichprobenergebnissen mehr oder weniger gewährleistet. Die Modelle der Inferenzstatistik setzen Zufallsstichproben voraus. Der Einsatz von ‣Data Mining-Software erlaubt oft die Nutzung des gesamten Datenvorkommens.

strategisch: ‣operativ

symbolisch: nicht numerisch, auf Zeichenketten statt auf Zahlen bezogen

symmetrisches Mehrprozessorsystem (SMP, engl. Symmetric Multiprocessor System): ‣Mehrprozessorsystem, das wenige CPUs über den Systembus eng koppelt und dessen Prozessoren im Gegensatz zum ‣massiv parallelen Mehrprozessorsystem den Internspeicher und periphere Geräte gemeinsam nutzen

syntaktisch: formbezogen. Der Satz "Der Rhein fliesst bunt" ist zum Beispiel syntaktisch (grammatikalisch) korrekt, ‣semantisch aber bedeutungslos.

‣**Synthese**: in ‣AHP Berechnung der Prioritäten von Kriterien und Alternativen durch Zusammenfassung von Paarvergleichen

subjektive Wahrscheinlichkeit: ‣Wahrscheinlichkeit, subjektive

subjektiv probabilistische Entscheidung: ‣Entscheidung

t-Tests: statistische Verfahren, die unter anderem testen, ob zwei Mittelwerte gleich gross sind oder ob ein Regressionskoeffizient 0 ist

Tabelle: grundlegende Datenstruktur ›relationaler ›Datenbanksysteme. Eine Tabelle besteht aus einer Menge eindeutiger Zeilen mit einer festen Zahl von ›Attributen (Spalten) ohne ›Wiederholungsgruppen.

Task: ›Aufgabe

Tbyte: Abkürzung für ›Terabyte

TCP/IP (Transmission Control Protocol / Internet Protocol): ›Industriestandard, der die Protokolle der Transport- und Vermittlungsschicht des ›ISO-Referenzmodells definiert. TCP regelt das Verpacken und Entpacken von Nachrichten, während IP die eigentliche Übermittlung der Pakete bestimmt.

Template: Ersetzungstext (Textskelett), der Platzhalter enthält, die zur Laufzeit durch konkrete Werte ersetzt werden

Terabyte: 1024 Gigabytes (10^{12} Bytes)

Terminal: Endstation, an der Daten ein- oder ausgegeben werden können. Ein "intelligentes" Terminal kann im Gegensatz zum "dummen" Terminal Eingabe-Ausgabe-Funktionen wie Cursorsteuerung, Pufferung und Datenübertragung selbst durchführen.

Testmenge: Stichprobe, die beurteilen hilft, ob sich ein ›Modell verallgemeinern lässt. ›Lernmenge

Transaktion: Folge von Datenbankbefehlen, die logisch zusammengehören und eine Datenbank von einem konsistenten Zustand in einen anderen überführen. Beispiele von Transaktionen sind Buchungsvorgänge an einem Bankschalter. ›Transaktionsdatenbank

Transaktionsdatenbank: ›Produktionsdatenbank

Transferfunktion: ›Modell, neuronales

Trefferquote (engl. accuracy): Quotient zwischen der Zahl der richtigen ›Vorhersagen und der Gesamtzahl der Vorhersagen

Trigger: Datenbankprozedur, die im Gegensatz zu einer gespeicherten ›Prozedur, die der Programmierer explizit aufruft, automatisch vor oder nach einer "insert"-, "update"- oder "delete"-Anweisung auf einer ›Basistabelle startet. ›Agent

überwachtes Lernen: ›Lernen

Unternehmungsdatenmodell (engl. corporate data model, auch enterprise data model): ‣Datenmodell, das möglichst viele der lokalen Datenmodelle einer Unternehmung (zum Beispiel von Abteilungen oder Arbeitsgruppen) integriert

Unternehmungsforschung: ‣Operations Research

unüberwachtes Lernen: ‣Lernen

URL (Uniform Resource Locator): eindeutige Adresse eines Internetrechners bzw. einer Webseite. Im Beispiel http:// www.wwz.unibas.ch/wi/home.html folgt zum Beispiel auf das Kommunikationsprotokoll (‣http) die Domäne (zum Beispiel WWZ der Universität Basel, CH); oft steht statt des Landes (hier CH) die Domäne COM (engl. commercial). Der restliche Teil der Adresse nennt das Verzeichnis auf dem Web Server (wi/ für Wirtschaftsinformatik) und den Namen der anzuspringenden Webseite (home.html).

Validität: Verallgemeinerungsfähigkeit. Die Validität *messen* heisst nach der Anwendung eines Verfahrens auf eine ‣Stichprobe die berechneten mit den tatsächlichen Ergebnissen vergleichen und diesen Vergleich in einem Mass der Vorhersagegüte operationalisieren. ‣Reliabilität

Varianz: Streuungsmass zur Quantifizierung der Verteilung einer Zufallsvariablen. Ein hohe Varianz bedeutet, dass die untersuchten Variablenwerte "weit voneinander entfernt" sind.

Varianzanalyse (engl. ANalysis Of VAriance, ANOVA): Test der Nullhypothese, dass die Mittelwerte mehrerer ‣Stichproben in der ‣Grundgesamtheit gleich gross sind. Dazu wird die geschätzte ‣Varianz der Stichproben-Mittelwerte mit den geschätzten Varianzen innerhalb der Stichproben verglichen. ‣t-Tests

Verdichtung (Datenreduktion): Rückführung von Daten auf wenige aussagekräftige Grössen. Beispiele von Verdichtungsmethoden sind Gruppenbildung, ‣Kennzahlen (zum Beispiel Mittelwerte, Quoten, Indexzahlen) und ‣multivariate statistische Methoden wie ‣Regressions-, ‣Diskriminanz-, ‣Cluster- oder ‣Faktorenanalyse.

VBA: ‣Visual Basic for Applications

VBScript: von ‣Visual Basic abgeleitete Skriptsprache von Microsoft, die in ‣HTML eingebettet werden kann und die Interaktion mit dem Browser unterstützt. ‣JavaScript

Verbund (engl. join): ‣relationale Grundoperation, die genau zwei ‣Tabellen verbindet. Eine gebräuchliche Art des Verbunds vergleicht jeden ‣Satz der ersten Tabelle mit allen Sätzen der anderen Tabelle. Wenn die Verbundbedingung erfüllt ist, werden die beiden verglichenen Sätze zusammengehängt und als ein Satz in die ‣Ergebnistabelle geschrieben. ‣Selektion, ‣Verbund

Verbundnetz: ‣Wide Area Network

Vergleichsmatrix: quadratische Matrix, die in ‣AHP Entscheidungselemente (Kriterien oder Alternativen) vergleicht. Weil ein Entscheidungselement i mit sich selbst verglichen eine Vergleichszahl (‣Priorität) von 1 ergibt, besteht die Hauptdiagonale der Vergleichsmatrix aus lauter *Einsen*. Einander entsprechende Vergleiche unter und über der Hauptdiagonale sind *reziprok*. Eine Vergleichsmatrix heisst *konsistent*, wenn sie nur konsistente Paarvergleiche darstellt.

verhältnisskaliert: ‣Skalenniveau

verteilte Datenbank (engl. distributed database): Datenbank, die sich über mehrere geographisch entfernte Rechner erstreckt

Viertgenerationssprache (engl. 4th Generation Language, 4GL): Sprache, die auch ungeübten Programmierern erlaubt, in kurzer Zeit eine Anwendung zu entwickeln. Die meisten 4GL unterstützen eine intuitive ‣GUI-Definition und erlauben einen einfachen Zugriff auf Datenbanken. Anders als ‣Drittgenerationssprachen wie C und COBOL werden 4GL-Programme in der Regel interpretiert oder in ‣3GL-Programme übersetzt (‣Applikationsgeneratoren). Sie sind deshalb weniger laufzeit- und speichereffizient als 3GL-Sprachen. ‣VBA

View: ‣Benutzersicht

Visual Basic for Applications (VBA): interpretierter BASIC-Dialekt von Microsoft. VBA eignet sich insbesondere zur applikationsübergreifenden Programmierung, zum Beispiel zur Verknüpfung von MS Office-Anwendungen wie ‣MS Access und MS Excel.

Visualisierung: bildliche Darstellung komplexer Daten zur Entdeckung von ‣Data Mining-Hypothesen oder Veranschaulichung von Ergebnissen

vorberechnete Daten: ‣Data Warehouse-Inhalte, die im Gegensatz zu importierten Daten nicht fremdbezogen sind, sondern vom Datenbankverwalter definiert und nach jedem Ladevorgang berechnet (‣aggregiert) und in das ‣DW eingefügt werden. Vorberechnete Daten verringern die Abfragezeit, erfordern aber anders als ‣ad hoc berechnete Daten Speicherplatz, vergrössern die Ladezeit und erschweren die Datenverwaltung. Dafür erübrigt sich eine Sicherung der vorberechneten Daten.

Vordefinition: Für Abfragen, die vor dem Start einer Applikation bereits bekannt sind, können Indizes gezielt erstellt und Teiloperationen gezielt sequenziert werden

Vorhersage: Berechnung ›kontinuierlicher Zukunftswerte aus unabhängigen Variablen. *Naive* Vorhersagen suchen nicht nach Faktoren, welche die vorherzusagende Grösse beeinflussen könnten und berücksichtigen nur leicht verfügbare Vorinformation (a priori-Information). *Statistische* Vorhersagen (etwa Regressionen oder Entscheidungsbäume) schätzen hingegen die a posteriori-Wahrscheinlichkeit einer Vorhersagegrösse unter der Annahme, dass diese von bestimmten Faktoren beeinflusst wird. ›Klassifikation

Warum-Erklärung: ›Erklärung

VSAM (engl. Virtual Sequent Access Method): ›index-sequentielle Methode des Dateizugriffs von IBM

Wahrscheinlichkeit, bedingte (engl. conditional probability): Wahrscheinlichkeit eines zufälligen Ereignisses unter der Bedingung, dass ein anderes zufälliges Ereignis bereits eingetreten ist

Wahrscheinlichkeit, objektive: ›Wahrscheinlichkeit, subjektive

Wahrscheinlichkeit, subjektive: Quantifizierung der persönlichen Überzeugung eines Experten. Ein Modell muss sich dann mit *subjektiven* Wahrscheinlichkeiten begnügen, wenn keine relativen Häufigkeiten (*objektive* Wahrscheinlichkeitswerte) zur Verfügung stehen.

WAN: ›Wide Area Network

Warum-nicht-Erklärung: ›Erklärung

Was-Wenn-Analyse (engl. what if analysis): Sammelbegriff für Methoden, die untersuchen, wie sich eine Änderung einer oder mehrerer unabhängiger Variablen (Ausgangswerte) auf eine abhängige Variable (Zielwert) auswirkt. Beispiele: Mehrfachoperation, Szenario und Zielwertsuche in Tabellenkalkulationspaketen, mathematische ›Optimierungsverfahren

Was-Wenn-Erklärung: ›Erklärung

Wertebereich (engl. domain): Menge aller Werte, die ein ›Attribut annehmen kann

Wide Area Network (WAN): privates oder öffentliches Übertragungsnetz für Computerdaten mit grosser geographischer Ausdehnung (oft bis in andere Kontinente). Im Gegensatz zu ›LANs transportieren WANs ihre Daten in der Regel über öffentliche Leitungen.

Wie-Erklärung: ›Erklärung

Wiederholungsgruppen: Gruppe von Werten des gleichen Attributs im gleichen ›Satz

Wissensbasiertes System (engl. knowledge based system): (1) System, das Methoden der ›Künstlichen Intelligenz einsetzt. (2) Oft auch Synonym zu ›Expertensystem

wohlstrukturierte Entscheidung: ›Entscheidung

Wozu-Erklärung: ›Erklärung

Würfel (engl. cube, hypercube, multidimensional array): ›mehrdimensionale Datenstruktur, welche die ›Analyse eines ›Indikators (Fakts) nach mehreren ›Dimensionen ermöglicht. Ein dreidimensionaler Würfel besteht zum Beispiel aus dem Indikator "Unternehmungsertrag" und den Dimensionen "Produkt", "Zeit" und "Gebiet". Die Indikatorwerte kann man sich an Schnittpunkten der drei Dimensionen vorstellen. Im dreidimensionalen Koordinatensystem lassen sich zusätzliche Dimensionen durch Objektfarbe, -form, etc. darstellen. ›OLAP-Werkzeuge erlauben durch ›Slicing and Dicing und ›Ebenen einen benutzerfreundlichen Wechsel zwischen beliebigen Dimensionen.

WYSIWYG (engl. What You See Is What You Get): Benutzeroberfläche, die einen Inhalt möglichst wirklichkeitsgetreu formatiert

XML (engl. eXtensible Markup Language): erweiterungsfähige deklarative Sprache, die nicht nur die Form sondern auch den Inhalt von Webseiten beschreiben kann. ›HTML

Zeitreihenanalyse (engl. time series analysis): Auswertung einer Folge numerischer Beobachtungen in Abhängigkeit von der Zeit. Ziel ist meist die Zerlegung des Verlaufs der Zeitreihe in ihre Komponenten. Zu den Komponenten gehören der *Trend* (längerfristige Bewegung, die den Grundverlauf der Zeitreihe bestimmt) sowie *zyklische* (zum Beispiel saisonale) und *zufällige* Schwankungen. Verbreitete Verfahren sind die Methode der gleitenden Durchschnitte, die Methode der kleinsten Quadrate (›Regressionsanalyse), die Spektralanalyse und ›neuronale Netze.

zentrales Data Warehouse: ›Data Warehouse, zentrales

Zufallsstichprobe: ›Stichprobe

Zugriff (engl. access): Positionieren des Lesegeräts mit anschliessendem Lesen oder Schreiben von Daten auf einem meist externen Speicher

Zugriffszeit (engl. access time): ›Antwortzeit

zweistufiges Client/Server-System: ›Client/Server-System, zweistufiges

Anleitung zur CD ROM

Die beiliegende CD ROM enthält ...

⇨ Demoversionen der meisten im Buch behandelten Softwarepakete

⇨ mehr als 800 interaktive Folien mit Hyperlinks zu ...

- einem umfangreichen Glossar
- Anwendungs- und Entwicklungsbeispielen
- Vertiefungsaufgaben.

⇨ Lernmaterialien zur Programmierumgebung der Kapitel 4 und 8

⇨ "Web Quiz", eine interaktive HTML-Anwendung, welche die Wiederholungsaufgaben jedes Kapitels unter Internet Explorer darbietet und korrigiert.

⇨ die Datenbankanwendung TESTS , mit der Sie Mehrfachwahl-, Zuordnungs- und Essayaufgaben für schriftliche und interaktive Tests erstellen können. TESTS lässt Sie nicht nur Prüfungen verwalten, sondern führt Sie über die Hilfekomponente auch in die Entwicklungsumgebung der Kapitel 4 und 8 ein.

Die CD ROM setzt die folgenden Softwareversionen (oder höher) voraus:

- Windows 95/98/2000 oder NT 4.0
- MS Excel 97 mit VBA für einen Teil der Beispiele
- MS Access 97 (MS Access 2000 für die Anwendung TESTVERWALTUNG)
- Acrobat Reader 3.0 zur Navigation der Folien
- MS Internet Explorer 4.0 für den Web Quiz.

A Installation

a) Folien, Beispiele und Aufgaben

1. Starten Sie Windows.
2. Legen Sie die CD ROM in das Laufwerk.
3. Öffnen Sie Windows Explorer.
4. Kopieren Sie das Verzeichnis \EUS samt seinen Unterverzeichnissen irgendwo auf Ihre Festplatte.

Sie können die Dateien des Unterverzeichnisses ...\BEISPIELEAUFGABEN nur dann ändern, wenn Sie den Schreibschutz der auf die Festplatte kopierten Dateien entfernen. Markieren Sie dazu alle Dateien des Unterverzeichnisses und ändern Sie mit einem Rechtsklick die Eigenschaft "Schreibschutz".

b) Acrobat Reader

Sie benötigen Acrobat Reader zur Navigation in den PDF-Dokumenten, zum Öffnen von Anwendungen und zur Verbindung mit den angegebenen Websites. Installieren Sie aber Acrobat Reader nur dann von der CD ROM, falls er nicht bereits in Version 3.0 oder höher auf Ihrer Festplatte vorliegt.

c) Übrige Software

Konsultieren Sie vor der Installation der jeweiligen Software die passende README.PDF-Datei mit Acrobat Reader .

B Anwendung

Ein (Doppel-)Klick auf die Datei ..\EUS\FOLIEN\README.PDF führt Sie in den Gebrauch der Folien, Beispiele und Aufgaben ein. Von dieser Datei gelangen Sie auch über Hyperlinks zu den restlichen Folien und zu den Anwendungen.

C Aktualität

Auswahlkriterien der Demonstrationssoftware waren ...

- die Abbildung der im Text eingeführten Begriffe und Methoden
- die Verfügbarkeit einer zeitlich unbeschränkten Demonstrationsversion

Evaluationsversionen, die nur einige Tage funktionsfähig sind, wurden nicht aufgenommen. Weil einige Demonstrationsprogramme nur noch als Evaluationsversion angeboten werden, enthält die CD ROM nicht immer die aktuellste Version der entsprechenden Software.

Vor dem Erscheinen der zweiten Auflage wurden alle Hyperlinks aktualisiert. Es liegt indessen in der Natur des Internet, dass sich einzelne URL's oder deren Inhalte schon bald wieder ändern.

Stichwortverzeichnis

A

B

F

G

H

N

O

P

Q

R

S

T